JN409633

삼산재집

이 책은 2018년도 정부(교육부)의 재원으로 한국고전번역원의 지원을 받아 수행된 '권역별거점연구소협동번역사업'의 결과물임.

This work was supported by Institute for the Translation of Korean Classics - Grant funded by the Korean Government.

한국고전번역원 한국문집번역총서

삼산재집 5

三山齋集

김이안 지음
金履安

이상아 옮김

일러두기

1. 이 책의 번역 대본은 한국고전번역원에서 간행한 한국문집총간 238집 소재《삼산재집(三山齋集)》으로 하였다. 번역 대본의 원문 텍스트와 원문 이미지는 한국고전종합DB(http://db.itkc.or.kr)에서 확인할 수 있다.
2. 내용이 간단한 역주는 간주(間註)로, 긴 역주는 각주(脚註)로 처리하였다.
3. 한자는 필요한 경우 이해를 돕기 위하여 병기하였다.
4. 맞춤법과 띄어쓰기는 한글 맞춤법과 표준어 규정을 따랐다.
5. 이 책에서 사용한 부호는 다음과 같다.
   ( ): 번역문과 음이 같은 한자를 묶는다.
   〔 〕: 번역문과 뜻은 같으나 음이 다른 한자를 묶는다.
   " ": 대화 등의 인용문을 묶는다.
   ' ': " " 안의 재인용 또는 강조 문구를 묶는다.
   「 」: ' ' 안의 재인용을 묶는다.
   《 》: 책명 및 각주의 전거(典據)를 묶는다.
   〈 〉: 책의 편명 및 운문·산문의 제목을 묶는다.
6. 이 책에서 이른바 '통행본'은 다음의 책을 말한다.
   《의례경전통해》·《의례경전통해속》: 朱熹(南宋), 《儀禮經傳通解》, 《朱子全書》 2-5, 上海:上海古籍出版社·安徽教育出版社, 2002.
   《의례》·《의례주소》: 十三經注疏整理委員會, 《儀禮注疏》, 鄭玄(漢)注, 賈公彦(唐)疏, 北京:北京大學出版社, 2000.
   《예기》·《예기정의》: 十三經注疏整理委員會, 《禮記正義》, 鄭玄(漢)注, 孔穎達(唐)正義, 北京:北京大學出版社, 2000.
   《주례》·《주례주소》: 十三經注疏整理委員會, 《周禮注疏》, 鄭玄(漢)注, 賈公彦(唐)疏, 北京:北京大學出版社, 2000.

차례

삼산재집

제11권

잡저 雜著

잡저雜著

《의례경전통해(儀禮經傳通解)》 중 의심나는 부분을 기록하다[1] 〈사관례〉~〈상복〉 참최장의 전(傳)

儀禮經傳記疑 自士冠禮止喪服斬衰傳

〔1〕 정해년(1767, 영조43) 6월 6일에 처음 《의례경전통해》를 보기

1 의례경전통해(儀禮經傳通解)……기록하다 : 이 글은 저자가 46세 되던 1767년(영조43) 6월 6일부터 이듬해인 1768년 10월 6일까지 거의 매일 일정한 분량을 정하여 두고 《의례경전통해》를 보면서 의문 나는 부분을 기록한 것이다. 이 기간은 저자의 어머니 남양 홍씨(南陽洪氏, 1702. 9. 15~1767. 1. 19)를 위한 자최장기(齊衰杖期)의 거상 기간과 겹치며, 이 가운데 1767년 10월 5일, 26~30일, 11월 1~25일, 12월 6~28일, 1768년 1월 1일~8월 21일의 기록이 보이지 않는다. 《의례경전통해》는 주희(朱熹)의 저술로, 《의례》 경문을 경(經)으로 삼고 《예기》와 경사잡서(經史雜書) 가운데 예와 관련된 기록을 취하여 경문 다음에 덧붙였으며, 여러 주소(注疏)와 유자(儒者)들의 설을 열기하였다. 모두 37권 60편이다. 처음 이름은 《의례집전집주(儀禮集傳集註)》였다. 이 가운데 권24~권37까지 18편은 이전의 초창지본(草創之本)을 수록하였기 때문에 《의례집전집주》라는 서명을 사용하기도 한다. 《의례경전통해》는 여기에서는 《의례경전통해속(儀禮經傳通解續)》 29권 30편을 아울러 지칭한 것이다. 《의례경전통해속》은 주희의 제자 황간(黃榦, 1152~1221)이 《의례경전통해》에 들어 있지 않은 상례(喪禮)와 제례(祭禮) 부분을 편찬한 것으로, 이 가운데 제례 부분은 황간이 미처 완성하지 못하고 세상을 떠나 양복(楊復)이 다시 정리하였다. 황간이 초고를 완성한 뒤 주희 생전에 주희에게 질정을 받은 것으로, 주희의 뜻을 잃지 않은 것으로 평가된다.

시작하였다. 〈사관례(士冠禮)〉 처음~영빈장(迎賓章)[2] 14판(板)

〔1.1〕 관례를 반드시 녜묘(禰廟 아버지 사당)에서 하는 것은 무슨 뜻인지 자세하지 않다.[3]

〔1.2〕 규항(缺項)[4]의 제도는 이미 자세하지 않은데 가공언(賈公彦)

2 사관례(士冠禮)……영빈장(迎賓章) : 〈사관례〉는 《의례경전통해》 및 《의례》의 1번째 편명으로 '사(士)의 관례'라는 뜻이다. 《의례경전통해》 〈사관례〉는 다음과 같이 모두 24장으로 이루어져 있다. (1)서일(筮日), (2)계빈(戒賓), (3)서빈(筮賓), (4)숙빈(宿賓), (5)위기(爲期), (6)진기복(陳器服), (7)즉위(卽位), (8)영빈(迎賓), (9)시가(始加), (10)재가(再加), (11)삼가(三加), (12)예관자(醴冠者), (13)관자현모(冠者見母), (14)자관자(字冠者), (15)빈출취차(賓出就次), (16)관자현형제고자(冠者見兄弟姑姊), (17)전지어군급향대부향선생(奠摯於君及鄕大夫鄕先生), (18)예빈(醴賓), (19)초(醮), (20)쇄(殺), (21)고자관(孤子冠), (22)서자관(庶子冠), (23)모부재(母不在), (24)여자계(女子笄)

3 관례를……않다 : 이와 관련하여 가공언(賈公彦)의 소에 "《예기》 〈관의〉에 '옛날에는 관례를 중히 여겼다. 관례를 중히 여겼기 때문에 묘(廟)에서 관례를 행하였다. 묘에서 관례를 행한 것은 그 일을 존중하기 위한 것이다.'라고 하였다.……《의례》 안에서 단독으로 '묘'라고 한 것은 모두 녜묘(禰廟)이며, 만약 녜묘가 아니면 묘의 이름을 밝혀 구별하였다.……사(士)는 녜묘에서 관례를 행하고, 천자나 제후 같은 경우는 관례를 시조묘(始祖廟)에서 행하였다.……대부의 관례는 없으니, 만약 대부가 어린데도 관례를 행할 경우에는 사와 똑같이 녜묘에서 행한다.〔冠義又云: 古者重冠. 重冠, 故行之於廟. 行之於廟者, 所以尊重事.……儀禮之內單言廟者, 皆是禰廟, 若非禰廟, 則以廟名別之.……士於廟, 若天子、諸侯, 冠在始祖之廟.……無大夫冠禮, 若幼而冠者, 與士同在禰廟也.〕"라는 내용이 보인다.

4 규항(缺項) : 시가관(始加冠)인 치포관(緇布冠)과 함께 머리에 착용하는 것으로, 치포관을 고정시킬 비녀가 없기 때문에 사용한 것이다. '규(缺)'는 정현의 주에 따르면 규(頍)로 읽는다. 다음 그림은 모두 청나라 장혜언(張惠言)의 《의례도(儀禮圖)》에 보

의 소(疏)와 정현(鄭玄)의 주(注)가 또 서로 어긋난다. 대체로 주의 뜻은 규(頍)를 착용하여 관(冠)을 고정한다는 것이다. 그런데 소에서는 이르기를 "이미 무(武) 아래에 별도로 규항이 있으니, 이것은 머리의 네 모퉁이에 끈〔緅〕을 만들어 위로 무에 묶은 뒤에 규항이 고정될 수 있음을 밝힌 것이다.〔旣武以下別有頍項, 明於首四隅爲緅, 上緅於武, 然後頍項得安穩.〕"라고 하였으니, 관을 고정하는 것이 아니고 바로 규를 고정하는 것이다. 주에서는 "항중에 굴이 있으니, 마찬가지로 이를 통해 규를 고정시킨다.〔項中有緅, 亦由固頍.〕"라고 하였다. 그런데 소에서는 이르기를 "규의 양 끝이 모두 굴이 된다.……〔頍兩頭皆爲緅云云.〕"라고 하였으니, 이것은 항중에 굴이 있는 것이 아니고 바로 규의 끝에 굴이 있는 것이다. 모두 이해가 되지 않는다.

〔2〕 6월 7일 : 〈사관례(士冠禮)〉 시가장(始加章)~여자계장(女子笄章)[5] 13판

이는 것이다.

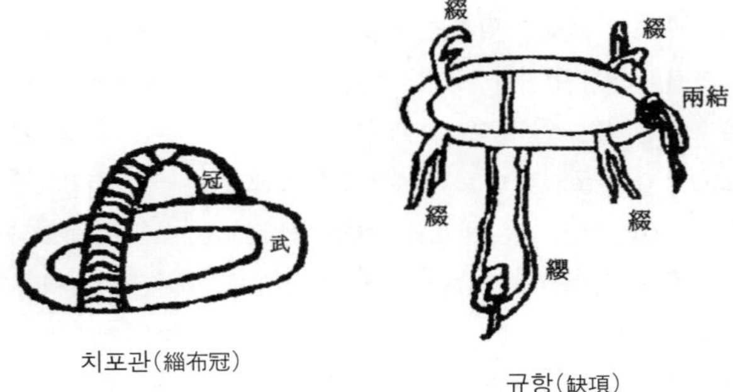

치포관(緇布冠)
규항(缺項)

5 사관례(士冠禮)……여자계장(女子笄章) : '시가장(始加章)'은 《의례경전통해》 〈사

〔2.1〕 삼가장(三加章)의 가공언의 소에 "작변은 이를 착용하고 예주(醴酒)를 받으며 어머니와 형제와 고모와 윗누이를 뵈어야 하기 때문에 거두지 않는 것이다.〔爵弁則服之以受醴, 見母、兄弟、姑姊, 故不徹也.〕"라고 하였다.[6] 작변(爵弁)은 삼가(三加) 때에야 착용하는 것으로 거둘 수 있는 것이 아니니 소의 설은 의심스럽다.

〔2.2〕 "빈이 호의 동쪽에서 예주를 받는다.〔賓受醴於戶東.〕"[7]라는 구절에 대해, 정현의 주에서는 '실호의 동쪽〔室戶東〕'이라 하고 가공언의 소에서는 '방호(房戶)'라고 하니[8] 무엇 때문인가?

관례〉의 9번째 장이며, '여자계장'은 24번째 장이다.

6 삼가장(三加章)의……하였다 : 이 소에 대한 경문은 "재가관(再加冠)인 피변, 시가관(始加冠)인 치포관, 빗, 돗자리를 거두어 방으로 들어간다.〔徹皮弁、冠、櫛、筵, 入于房.〕"이다.

7 빈(賓)이……받는다 : 《의례경전통해》 〈사관례〉의 12번째 예관자장(醴冠者章)에 보인다.

8 정현의……하니 : 정현의 주에는 "'호의 동쪽'은 실호의 동쪽이다.〔戶東, 室戶東.〕"라고 하였고, 가공언의 소에는 "관자는 실호의 서쪽에 있기 때문에 빈이 스스로 방호에 이르러 예주를 취하는데, 찬자가 예주를 따라서 나와 서향하여 빈에게 준다.〔以冠者在室戶西, 賓自至房戶取醴, 贊者酌醴出向西授賓也.〕"라고 하였다. 저자는 가공언의 소에서 경문의 '호(戶)'를 '방호(房戶)'로 해석한 것으로 보았으나, 찬자가 예주를 서향하여 빈에게 준다는 구절을 보면 빈은 방호의 서쪽, 즉 실호(室戶)의 동쪽에 와서 찬자에게 술잔을 받는 것이다. 실(室)과 방(房)은 연이어 있는데, 제후국의 사대부일 경우 1실 1방으로 실이 서쪽, 방이 동쪽에 있다. 실은 주요 예가 행해지는 장소로 호(戶)와 창문〔牖〕이 있으며, 방은 주로 물건을 준비해두거나 사람이 대기하는 장소로 실과 비교했을 때 북벽(北壁)과 창문이 없다.

〔2.3〕 초례장(醮禮章) 정현의 주에 "빈이 당으로 올라와 관자에게 읍을 하여 펴놓은 자리에 나아가도록 하고 이어 술을 따라서 준다. 관자가 남향하여 절하고 받는다.〔賓升, 揖冠者就筵, 乃酌. 冠者南面拜受.〕"라고 하였는데, 이 앞 구절에 대한 주자(朱子 주희(朱熹))의 설에서는 "빈이 당에 올라와 술을 따를 때 관자는 여전히 방을 나와 남향하는 위치에 있다.〔賓升酌時, 冠者猶在出房南面之位.〕"라고 하여 정현의 주의 설과 같지 않다. 만약 그렇다면 빈은 이미 술을 따라 들고 있는데 또 어떻게 관자에게 읍을 하여 펴놓은 자리에 나아가도록 한단 말인가?

〔2.4〕《가례(家禮)》에서는 빈(賓)이 장관자(將冠者 곧 관을 쓸 자)에게 읍을 하여 방을 나오도록 하고 장관자가 나오면 또 읍을 하여 장관자에게 펴놓은 자리에 나아가도록 하였는데,[9] 여기 경문에서는 관자(冠者)가 스스로 방을 나오고 단지 펴놓은 자리에 나아갈 때에만 빈이 읍을 하는 의절이 있다. 내 생각에 관자가 비록 방호(房戶) 바로 앞에 서 있다 하더라도 방 안에 있을 때에는 빈이 관자에게 읍을 해서는 안 될 듯하다. 뿐만 아니라 일시에 두 번 읍을 하는 것은 또한 번다한 혐의가 있으니 감히 어떻게 해야 할지 알지 못하겠다.

9 가례(家禮)에서는……하였는데 : 《가례》 권2 〈관례(冠禮) 관(冠)〉 강(綱)에 "빈이 장관자에게 읍을 하여 자리에 나아가도록 한다.〔賓揖將冠者就席.〕"라는 내용이 보이며, 그 아래 목(目)에 "빈이 장관자에게 읍을 하여 방에서 나와 자리의 오른쪽에 서서 자리를 향하도록 한다.〔賓揖將冠者出房, 立於席右向席.〕"라는 내용이 보인다.

〔2.5〕 일찍이 어느 집의 관례를 본 적이 있는데, 재가(再加)와 삼가(三加) 때 관자(冠者)가 펴놓은 자리에 나아가 모두 그 앞에 썼던 관을 먼저 벗으면 빈(賓)이 비로소 지금 씌워줄 관을 들고 나아가 씌워주었다. 그 사이의 절차가 몹시 오래 걸려서 상투를 드러내고 앉아 있는 모습이 매우 고상하지 않았다. 지금 여기 경문을 살펴보니 참으로 이 사례와 유사하기는 하나 여기 경문에서는 매번 관을 씌워줄 때마다 모두 머리를 빗고 머리싸개 천을 씌워주기 때문에 형편상 이렇게 하지 않을 수 없는 것이다. 지금은 이런 의절도 없이 그저 관만 벗으니 이 때문에 사람의 눈을 놀라게 하는 것이다. 머리를 빗고 머리싸개 천을 씌워주는 의절에 대해 《가례》에는 삼가 때 빈이 축사를 다 마친 뒤에 찬자(贊者)가 재가관(再加冠)인 모자(帽子)를 벗기면 빈이 복두(幞頭)를 씌워주도록 되어 있는데, 이 의절을 따를 수 있을 듯하다. 다만 재가 때 시가관(始加冠)을 벗긴다는 글이 없으니 혹시 호문(互文)으로 보도록 한 것인가?

〔3〕 6월 8일 : 〈관의(冠義)〉 처음~〈사혼례(士昏禮)〉 문명장(問名章)[10] 15판

10 관의(冠義)……문명장(問名章) : 〈관의〉는 《의례경전통해》의 2번째 편명이자 《예기(禮記)》의 편명으로, 《의례》 〈사관례〉의 절문(節文)을 들어 그 예를 제정한 의미를 기술하고 있다. 〈사혼례〉는 《의례경전통해》의 3번째 편명이자 《의례》의 2번째 편명이다. '문명장'은 《의례경전통해》 〈사혼례〉의 2번째 장이다. 《의례경전통해》 〈사혼례〉는 다음과 같이 모두 17장으로 이루어져 있다. (1)납채(納采), (2)문명(問名), (3)예빈(醴賓), (4)납길(納吉), (5)납징(納徵), (6)청기(請期), (7)진기찬(陳器饌), (8)친영(親迎), (9)부지(婦至), (10)부현(婦見), (11)예부(醴婦), (12)부궤(婦饋), (13)향부

〔3.1〕 "대공상(大功喪)이 끝날 무렵에는 아들을 관례시킬 수 있다.〔大功末, 可以冠子.〕"[11]라는 단락은 매우 의심스럽다.

〔3.2〕 "주인이 빈과 함께 당에 오른다.〔以賓升.〕"[12]라는 구절에 대해, 가공언의 소에 "빈과 주인이 대등한 경우 당에 함께 오른다.〔賓、主敵者俱升.〕"라고 하였다.[13] 그러나 다음에 나오는 "빈이 기러기를 당 위 두 기둥 사이에서 준다.〔授于楹間.〕"라는 구절에 대한 해석에서는 또 "지금 사자는 주인과 대등하지 않다.〔今使者不敵.〕"라고 하였으니[14] 모순되어 이상하다. 요컨대 끝내 대등하지 않은데도 사자와 함께 당에 오른 것이니, 또한 우호를 합하는 뜻인가?

〔4〕 6월 9일 : 〈사혼례(士昏禮)〉 예빈장(醴賓章)~부지장(婦至章)[15]

(饗婦), (14)향송자(饗送者), (15)제행(祭行), (16)전채(奠菜), (17)서현부지부모(壻見婦之父母)

11 대공상(大功喪)이……있다 : 《의례경전통해》〈관의〉에 보인다.

12 주인이……오른다 : 《의례경전통해》〈사혼례〉 1번째 장인 납채장(納采章)에 보인다.

13 가공언의……하였다. : 해당 경문에 대한 가공언의 소는 다음과 같다. "예의 통례에 따르면 빈과 주인이 대등한 경우에는 빈과 주인이 당에 함께 오르니, 〈사관례〉 및 여기 경문과 같은 경우이다.〔禮之通例, 賓主敵者, 賓主俱升, 若士冠與此文是也.〕"

14 다음에……하였으니 : 해당 경문에 대한 가공언의 소는 다음과 같다. "일반적으로 빈과 주인이 대등한 경우에는 당 위 두 기둥 사이에서 주고, 대등하지 않은 경우에는 두 기둥 사이에서 주지 못한다.……지금 사자는 주인과 대등하지 못한데도 기러기를 두 기둥 사이에서 주었기 때문에 정현의 주에 '우호를 합함을 밝힌 것이다.'라고 한 것이다.〔凡賓主敵者, 授於楹間, 不敵者, 不於楹間.……今使者不敵, 而於楹間, 故云明爲合好也.〕"

17판

〔4.1〕 "빈이 절하고 예주를 받는다.〔賓拜受醴.〕"[16]라는 구절은 어느 곳에서 절하는가를 말하지 않았는데, 〈향음주례(鄕飮酒禮)〉에서 '빈이 당 위 서쪽 계단 위쪽에서 절하고 실호(室戶) 사이의 펴놓은 자리 앞으로 나아가 잔을 받아서 다시 서쪽 계단 위쪽의 자리로 돌아오는 것'에 근거하면 여기에서도 이와 같을 듯하다. 양복(楊復)의 《의례도(儀禮圖)》에는 자리 위에서 절하도록 되어 있는데[17] 오류인 듯하다.

〔4.2〕 "신부의 자리 앞에는 찰기장밥을 말린 토끼 고기 북쪽에 진설한다.〔設黍于腊北.〕"라는 구절에서, '말린 토끼 고기 북쪽'은 양씨의 《의례도》에 근거하면 마땅히 '새끼 돼지 고기의 북쪽〔豚北〕'이 되어야 하니 동뢰(同牢)의 뜻이 의심스럽다.[18] "모두 폐를 고수레하고 폐를 먹는다.〔皆祭擧、食擧.〕"라는 구절은, 앞에서 이미 폐를 고수레

15 사혼례(士昏禮)……부지장(婦至章) : '예빈장(醴賓章)'은 《의례경전통해》 〈사혼례〉의 3번째 장이며, '부지장'은 9번째 장이다.

16 빈(賓)이……받는다 : 《의례경전통해》 〈사혼례〉의 3번째 장인 예빈장에 보인다.

17 양복(楊復)의……있는데 : '양복'은 남송 사람으로 주희(朱熹)의 문인이다. 주희의 뜻에 근본하여 《의례도(儀禮圖)》 17권과 《의례방통도(儀禮旁通圖)》 1권을 지었다. 《의례》 17편의 경문을 수록하고 구설(舊說)을 절록하여 수록하였으며 각 행례의 의절과 진설의 방위를 상세히 그림으로써 뒤에 나온 《의례》에 관한 도설에 많은 영향을 주었다. 다음 그림은 양복의 《의례도》 권2 〈사혼례〉에 수록된 〈예빈도(醴賓圖)〉 일부이다. 실호(室戶) 사이에 남향으로 펴놓은 빈(賓)의 자리〔筵〕 위에 "절하고 예주를 받는다.〔拜受醴.〕"라는 글이 들어가 있다.

하였는데 지금 먹을 때 또 폐를 고수레한단 말인가?[19]

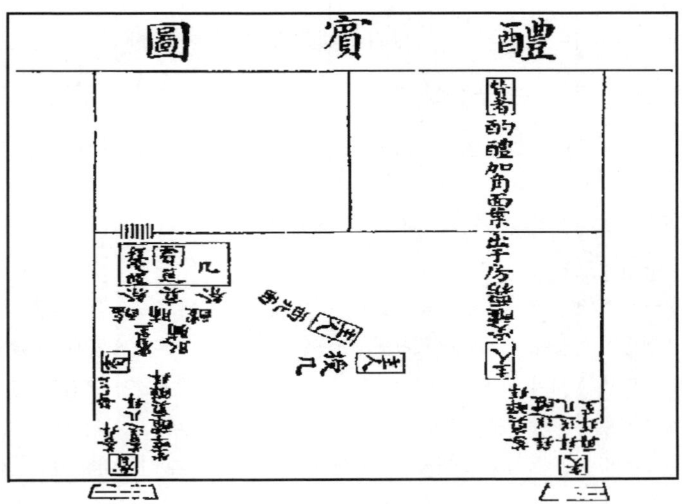

18 신부의……의심스럽다 : 관련 경문은《의례경전통해》〈사혼례〉의 9번째 장인 부지장(婦至章)에 보인다. 오른쪽 그림은 양복의《의례도》권2 〈사혼례〉에 수록된 〈부부즉석도(夫婦卽席圖)〉의 일부로, 그림의 방향은 위쪽이 북쪽, 오른쪽이 동쪽이다. 동쪽의 신부 자리 앞에 진설된 음식 그림을 보면 찰기장밥〔黍〕이 새끼 돼지 고기〔豚〕 북쪽에 진설되어 있고, 말린 토끼 고기〔腊〕는 새끼 돼지 고기 남쪽에 진설되어 있다. '동뢰(同牢)'는 '먹는 희생을 같이한다'는 뜻으로, 혼례에서 신랑과 신부가 함께 식사하는 예를 이른다.

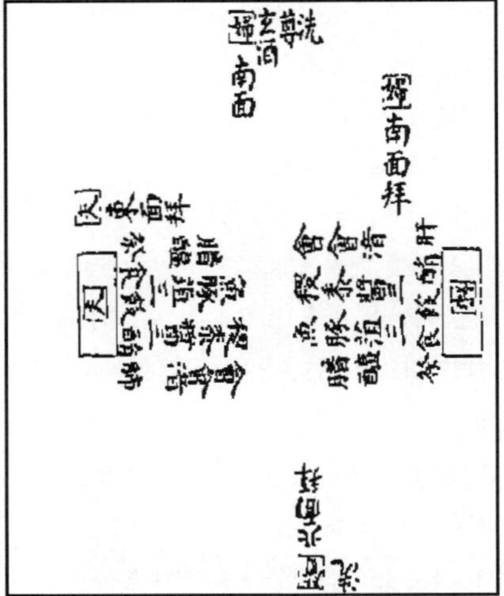

〔5〕 6월 10일 : 〈사혼례(士昏禮)〉 부현장(婦見章)~〈혼의(昏義)〉의 '성부순야(成婦順也)'[20] 15판

〔5.1〕 "신부는 시집온 지 3개월이 된 뒤에 제사를 행한다.〔婦入三月, 然後祭行.〕"[21]라는 구절에 대해, 정현의 주에 "제사를 돕는 것이다.〔助祭也.〕"라고 하였고, 가공언의 소에서는 "이것은 시아버지가 살

19 모두……말인가 : 해당 경문은 "찬자가 주인에게 음식의 진설이 다 갖추어졌다고 고한다. 신랑이 신부에게 읍하여 맞은편 자리에 나아가도록 한다. 신랑과 신부가 모두 앉는다. 신랑과 신부가 모두 자리 앞의 음식을 고수레하여, 아욱 초절임〔葵菹〕・우렁 젓갈〔蠃醢〕・찰기장밥・메기장밥・제폐(祭肺)를 고수레한다. 찬자가 서대(黍敦)를 자리 앞으로 가깝게 옮겨놓고 거폐(擧肺)와 척(脊)을 신랑과 신부에게 준다. 신랑과 신부가 모두 찰기장밥을 먹고 태갱읍(太羹湆)을 마시고 장을 찍어 맛본다. 신랑과 신부가 모두 거폐를 고수레하고 거폐를 먹는다.〔贊告具. 揖婦卽對筵. 皆坐. 皆祭. 祭薦、黍、稷、肺. 贊爾黍, 授肺、脊. 皆食以湆、醬, 皆祭擧、食擧也.〕"이다. 정현의 주에 따르면 '천(薦)'은 채소절임〔菹〕과 젓갈〔醢〕이며, '거(擧)'는 거폐(擧肺)이다. 일반적으로 폐는 자르는 방식과 용도에 따라 두 종류로 구분한다. 한 종류는 자르기는 하지만 조금 남겨놓아서 폐의 중앙과 분리되지 않도록 하는 것으로, 이폐(離肺) 또는 거폐라고 한다. 먹을 때 사용하는 폐로, 다른 음식과 마찬가지로 먹기 전에 반드시 고수레를 해야 하기 때문에 떼기 편하도록 조금 잘라놓는 것이다. 다른 종류의 폐는 완전히 잘라서 분리한 것으로, 제폐(祭肺) 또는 촌폐(刌肺), 절폐(切肺)라고 한다. 오로지 고수레할 때에만 쓰는 폐이며 맛을 보지 않는다. 경문에 나오는 첫 번째 폐는 제폐이며 두 번째 폐는 거폐이다. 저자는 이 두 종류의 폐를 구분하지 않아 본문에서 의문을 제기한 것이다.

20 사혼례(士昏禮)……성부순야(成婦順也) : '부현장(婦見章)'은 《의례경전통해》 〈사혼례〉의 10번째 장이다. 〈혼의(昏義)〉는 《의례경전통해》의 4번째 편명이자 《예기》의 편명이다.

21 신부는……행한다 : 《의례경전통해》 〈사혼례〉의 15번째 장인 제행장(祭行章)에 보인다.

아 있고 시어머니가 없거나, 또는 시아버지가 죽고 시어머니가 연로할 경우에 근거하여 말한 것이다.……〔此據舅在無姑, 或舅沒姑老者云云.〕"라고 하였다. 이른바 '제사를 돕는 것이다〔助祭〕'라는 것은 주부의 일을 행하는 것을 말한 것인가? 이것은 시아버지가 죽고 시어머니가 연로할 경우에는 괜찮지만 시아버지가 살아 있을 때에는 비록 시어머니가 없더라도 어떻게 주부의 일을 행할 수 있겠는가. 아니면 단지 《예기》 〈내칙(內則)〉에서와 같이 "예를 도와 제수 올리는 것을 돕는〔禮相助奠〕" 것이라면[22] 비록 시부모가 모두 살아 있다 하더라도 또 어찌 불가하겠는가. 내 생각에 이것은 시부모가 살아 있는지의 여부를 논할 것 없이 이른바 '제사를 행한다〔祭行〕'는 것은 바로 제사에 참여하는 것을 가리켜서 말한 것이다. 시부모가 죽어서 전채(奠菜)를 올려야 할 경우 아직 전채를 올리기 전에는 참으로 제사에 참여할 수 없지만,[23] 비록 시부모가 살아 있어서 전채를 올릴 일이 없다 하더라도 또한 반드시 이 개월 수를 기다린 뒤에 비로소 조상의 사당 제사에 참여할 수 있는 것이다. 어떨지 모르겠다.

22 예기……것이라면 : 《예기》 〈내칙(內則)〉의 해당 경문은 다음과 같다. "여자가 10세가 되면 외출하지 않으며, 여스승이……제사를 살펴 술·장·변·두·초절임·젓갈을 올려서 예를 도와 제수 올리는 것을 돕도록 가르친다.〔女子十年, 不出, 姆教……觀於祭祀, 納酒、漿、籩、豆、菹、醢, 禮相助奠.〕"

23 시부모가 죽어서……없지만 : 《의례》 〈사혼례〉에 "만약 시부모가 이미 죽었으면 신부는 시집온 지 3개월이 되었을 때 시부모에게 전채를 올린다.〔若舅姑旣沒, 則婦入三月, 乃奠菜.〕"라는 구절이 보인다. '전채(奠菜)'는 정현의 주와 가공언의 소에 따르면 신부가 채소를 광주리〔筐〕에 담아 이것으로 녜묘(禰廟)에서 시부모에게 제사를 지낸다는 말이다.

〔5.2〕 “만약 친영을 하지 않았으면 신부가 시집온 지 3개월이 된 뒤에 신랑이 신붓집 사당에 알현한다.〔若不親迎, 則婦入三月然後壻見.〕”[24]라는 것은, 친영을 했을 경우에는 이런 예가 없음을 밝힌 것이다. 친영할 때에는 신부의 부모가 비록 모두 그 자리에 있다 하더라도 신랑이 예(禮)로 이들과 만난 적이 없는데, 여기에서 어떻게 이미 알현한 뒤에 마침내 아무런 일이 없을 수 있겠는가. 의심스럽다.

〔5.3〕 “사위는 처가의 대문에 들어와 동향하고 예물을 내려놓는다.〔壻入門, 東面奠摯.〕”[25]라는 구절에 대해, 정현의 주에 “사위는 적침(適寢)에서 알현한다.〔壻見於寢.〕”라고 하였다. 양복(楊復)의 《의례도(儀禮圖)》에는 문안에 예물을 내려놓는 것으로 되어 있으니 옳지 않은 듯하다.[26]

〔6〕 6월 11일 : 〈혼의(昏義)〉 중 ‘노애공(魯哀公)’~〈내칙(內則)〉 사

24 만약……알현한다 : 《의례경전통해》 〈사혼례〉의 17번째 장인 서현부지부모장(壻見婦之父母章)에 보인다.

25 사위는……내려놓는다 : 《의례경전통해》 〈사혼례〉의 17번째 장인 서현부지부모장에 보인다.

26 양복(楊復)의……듯하다 : 다음 그림은 양복의 《의례도》 권2 〈사혼례〉에 수록된 〈불친영삼월서현처지부모도(不親迎三月壻見妻之父母圖)〉의 일부이다. 그림 위쪽의 “주부가 여닫이 문 안쪽에 선다.〔主婦立扉內.〕”라는 구절과 바로 아래의 “사위가 예물을 내려놓고 두 번 절하고 나간다.〔壻奠摯再拜出.〕”라는 구절에 근거하면 그림에서 사위가 예물을 내려놓은 곳은 내문(內門) 밖, 대문 안으로 보인다. 본문에서 저자가 말한 ‘문안’이라는 곳이 대문 안이라면 오류가 아니며, 내문 안이라면 저자가 양복의 그림을 오해한 듯하다.

친사장장(事親事長章)의 '미성어제야(未成於弟也)'[27] 33판

〔6.1〕 "정나라 공자 홀이 먼저 짝을 이루고 뒤에 조묘(祖廟)에 알현하였다.〔鄭公子忽先配後祖.〕"[28]라는 구절에 대해, 두예(杜預)의 주에 "예(禮)에 따르면 신부를 맞이할 때에는 반드시 먼저 조묘에 고한 뒤에 길을 떠나야 한다. 이것은 정나라 공자 홀이 먼저 신부를 맞이한 뒤에 조묘에 고한 것이다.〔禮: 逆婦必先告祖廟而後行. 鄭忽先逆婦而後告廟.〕"라고 하였다. 주자(朱子)는 말하기를 "이 설은 《의례》·《백호통의》와 같지 않으니 선왕의 올바른 법이 아닌 듯하다.〔此說與

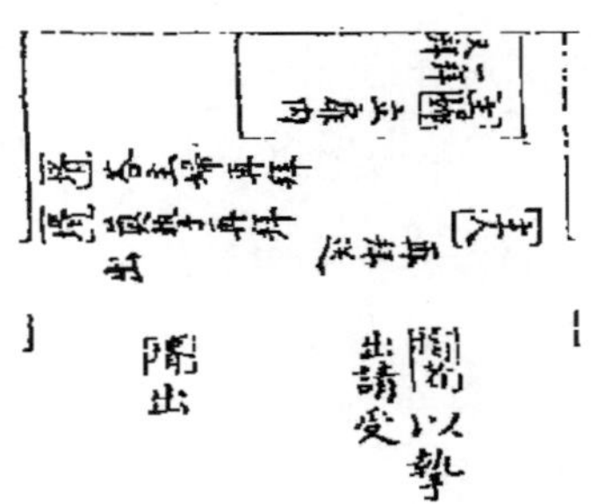

27 혼의(昏義)……미성어제야(未成於弟也) : 〈내칙(內則)〉은 《의례경전통해》의 5번째 편명이자 《예기》의 편명이다. 《의례경전통해》 〈내칙〉은 다음과 같이 모두 9장으로 이루어져 있다. (1)사친사장(事親事長), (2)음식(飮食), (3)남녀지별(男女之別), (4)부부지별(夫婦之別), (5)어처첩(御妻妾), (6)태교(胎教), (7)생자(生子), (8)교자(教子), (9)관계가취(冠筓嫁取)

28 정(鄭)나라……알현하였다 : 《의례경전통해》 〈혼의〉에 보인다. 《춘추좌씨전》 은공(隱公) 8년 조에 "정나라의 공자 홀이 진나라로 가서 부인 규씨를 맞이하였다.……진나라의 침자가 신부를 호송해 정나라까지 왔는데, 공자 홀이 규씨와 먼저 짝을 이루고 뒤에 조묘(祖廟)에 알현하였다.〔鄭公子忽如陳逆婦嬀.……陳鍼子送女, 先配而後祖.〕"라는 내용이 보인다.

儀禮、白虎通義不同, 疑非先王之正法.〕"라고 하였는데, 《가례》에서는 도리어 친영 가기 전에 먼저 사당에 고하도록 하였으니 과연 어느 것이 후일의 정론(定論)인지 알지 못하겠다.

〔7〕 6월 12일 : 〈내칙(內則)〉 음식장(飮食章)의 '반서직(飯黍稷)'~관계가취장(冠笄嫁娶章)[29] 24판

〔7.1〕 "부부의 예는 오직 70세가 되어야 함께 거처하여 간격이 없다.〔夫婦之禮, 惟及七十同藏無間.〕"라는 구절에서 '동장(同藏)'은 바로 앞 경문의 "감히 남편의 상자에 물건을 보관하지 못한다.〔不敢藏於夫之篋笥.〕" 등을 받아서 말한 듯하니,[30] 이때에 이른 뒤에야 비로소 혐의가 없을 수 있다는 것이다. 다만 '동장' 구절 바로 다음의 "첩이 비록 늙었더라도……〔妾雖老云云〕"[31]라는 구절과 이어지지 않는 듯하니 다시 자세히 살펴야 할 듯하다.

29 내칙(內則)……관계가취장(冠笄嫁取章) : '음식장(飮食章)'은 《의례경전통해》 〈내칙〉의 2번째 장이며, '관계가취장'은 9번째 장이다. '취(娶)'는 《의례경전통해》에는 '취(取)'로 되어 있다.

30 부부의……듯하니 : 모두 《예기》 〈내칙〉의 글이다. '부부의 예는……' 구절은 《의례경전통해》 〈내칙〉의 5번째 장인 어처첩장(御妻妾章)에 속하고, '감히 남편의 상자에……' 구절은 4번째 장인 부부지별장(夫婦之別章)에 속한다. 이것은 '동장(同藏)'을 '함께 거처하는 것'으로 본 것이다.

31 첩이 비록 늙었더라도 : '동장(同藏)' 구절 바로 다음에 이어지는 경문은 다음과 같다. "그러므로 첩이 비록 늙었더라도 나이가 아직 50이 되지 않았으면 반드시 5일마다 모심에 참여해야 한다.〔故妾雖老, 年未滿五十, 必與五日之御.〕"

〔7.2〕"남편이 들어가 음식을 먹는데 시부모를 봉양하는 예와 똑같이 한다.〔夫入食如養禮.〕"[32]라는 구절에 대해, 정현의 주에 "신부가 시집온 다음 날 시부모에게 식사 대접을 하는 예와 같이 한다.〔如饋舅姑之禮.〕"라고 하였다. 이것은 다만 음식 가짓수의 많고 적음만을 가리켜서 말한 것인가? 그렇지 않으면 남편이 처에게 식사 대접을 한다는 것인가? 처가 남편에게 식사 대접을 한다는 것인가? 아니면 다른 사람이 이 부부에게 식사 대접을 하여 신부의 일을 행한다는 것인가?

〔8〕 6월 13일 : 〈내치(內治)〉 처음~〈내치〉 끝[33] 24판

〔8.1〕"자사가 말하였다. '오직 성인만이 성인을 세울 수 있으니, 이런 분은 아마도 문왕일 것이다. 문왕에 미치지 못하는 경우에는 각각 자신이 총애하는 사람을 훌륭하게 여겨서 세운다면 적자를 세우는 것과 다름이 없을 것이니 무엇 때문에 한계를 짓겠는가.'〔子思曰: 惟聖立聖, 其文王乎! 不及文王者, 則各賢其所愛, 不殊於適, 何以限之?〕"[34]라는 구절에 대해, 원주에 이르기를 "문왕에 미치지 못하는 경우에는 능히 자신이 총애하는 현자를 추대하여 그를 세울 수 있다

32 남편이……한다 : 《의례경전통해》 〈내칙〉의 7번째 장인 생자장(生子章)에 보인다.

33 내치(內治)……끝 : 〈내치〉는 《의례경전통해》의 6번째 편명으로, 다음과 같이 모두 7장으로 이루어져 있다. (1)내직(內職), (2)근시(謹始), (3)태교(胎敎), (4)생자(生子), (5)입세자(立世子), (6)세자지기(世子之記), (7)제가(齊家)

34 자사(子思)가……짓겠는가 : 《의례경전통해》 〈내치(內治)〉의 6번째 장인 세자지기장(世子之記章)에 보인다. 원출처는 《공총자(孔叢子)》 〈잡훈(雜訓)〉이다.

면 또한 적자를 세우는 것과 다름이 없다는 말이다.〔言有不及文王者, 能推其所愛之賢者而立之, 亦無殊於立嫡矣.〕"라고 하였다. 이 말은 자사의 뜻을 매우 잘못 해석한 것이다. 이것은 '오직 성인(聖人)만이 능히 성인을 알아보아 세울 수 있다. 그렇지 않으면 각각 자신이 총애하는 사람을 훌륭하게 여길 것이어서, 과연 그 사람이 훌륭하여 적자를 세우는 것과 다르지 않을 수 있을까를 기필할 수는 없으니, 어떻게 그 폐단을 예방할 수 있겠는가.'라고 말한 것이다. '다르다'고 한 것은 서자와 달리 대우한다는 것이다.

〔9〕 6월 14일 : 〈오종(五宗)〉 처음~〈친속기(親屬記)〉 끝[35] 35판

〔9.1〕 "서자는 자신의 장자를 위하여 참최복을 입을 수 없다.〔庶子不得爲長子斬.〕"[36]라는 구절에 대해, 공영달(孔穎達) 소의 "할아버지의 서손에게는 압존되어 강복하는 것이다.〔祖庶厭降.〕"라는 설은 근거가 있는가? 이미 할아버지의 서손이라는 이유로 압존되어 강복한다면 비록 이를 미루어서 증조와 고조 이상의 서손에까지 이른다 하더라도 또한 모두 압존되어 강복해야 할 것이다. 그런데 유독 '할아버지의 서손'으로 한계를 삼은 것은 무엇 때문인가? 그리고 또 소에 이르기를 "그 아버지가 현재 살아 있으면 아버지 자신이 제사를 드린

35 오종(五宗)……끝 : 〈오종〉과 〈친속기(親屬記)〉는 각각 《의례경전통해》의 7번째 편명과 8번째 편명이다.

36 서자는……없다 : 《의례경전통해》 〈오종(五宗)〉에 보인다. 원출처는 《예기》 〈상복소기(喪服小記)〉와 〈대전(大傳)〉이다. 다만 〈상복소기〉에는 '득(得)' 자가 없고, 〈대전〉에는 '참(斬)'이 '삼년(三年)'으로 되어 있다.

다.〔其父見在, 父自供祭.〕"라고 한 것은, 만약 이것을 가지고 참최복을 입지 않는 한 단서로 삼는다면 더욱 이해할 수 없다.

〔9.2〕 "서자 자신이 죽으면 그 서자의 아들은 제사를 지낼 때 '효(孝)'를 칭하지 않는 것을 그만둔다.〔身沒而已.〕"[37]라는 구절에 대해, 정현의 주에 "서자의 자식 대에 이르면 '효'를 칭할 수 있다.〔至子可以稱孝.〕"라고 하였으니, 적자가 '효'를 칭하는 것은 말할 필요도 없이 분명한 것이다. 내 생각에 이것은 서자가 종가(宗家)의 제사를 지내는 것이 그 자신이 죽을 때까지만이고 자기 아들에게 종묘의 제사를 전하지는 않는다는 것이니, 아마도 후세의 최장방(最長房) 사례와 같은 것일 듯하다. 여씨(呂氏 여대림(呂大臨))의 설은 더욱 의심스럽다. "종묘의 제사를 끝마친 뒤에 감히 사사로운 제사를 지낸다.〔終事而後, 敢私祭.〕"[38]라는 구절에 대해, 원주에서 여씨가 "종자의 아우가 죽은 뒤 종자 아우의 아들이 집을 달리하여 살면 종자 아우의 아들이 종자 아우의 제사를 주관한다.〔宗子弟死, 其子異宮, 則主祭.〕"라고 한 구절은 옳지만, 여씨가 "종자 아우의 제사는 반드시 종자에게 고해야 하니, 종자 아우의 아들이 제멋대로 제사를 지낼 수 없다.〔其祭也, 必告宗子, 不得以專.〕"라고 하고, 《예기》 〈곡례(曲禮)〉의 "지자는 제사를 지내지 않으니, 제사를 지내면 반드시 종자에게 고한

37 서자……그만둔다 : 《의례경전통해》 〈오종〉에 보인다. 원출처는 《예기》 〈증자문(曾子問)〉이다.

38 종묘의……지낸다 : 《의례경전통해》 〈오종〉에 보인다. 원출처는 《예기》 〈내칙(內則)〉이다.

다.〔支子不祭, 祭必告于宗子.〕"라는 구절을 인용하여 증명한 것은 도리어 옳지 않다.[39] 종자의 아우는 지자(支子)이며 그 아우의 아들은 바로 적자이니, 어찌 지자의 예를 끌어다 쓸 수 있겠는가.

〔10〕 6월 15일 : 〈사상견례(士相見禮)〉 처음~〈투호(投壺)〉 끝[40] 25판

〔10.1〕 "사(士)는 벼슬에서 물러난 선생과 작위를 달리하는 경대부에게는 먼저 가서 알현한다.〔先生、異爵者, 則先見之.〕"라는 구절에 대해, 정현의 주에 "'먼저 가서 알현한다'는 것은 문을 나가서 먼저 절하는 것이다.〔先見之者, 出先拜也.〕"라고 하였다. 일반적으로 주인은 문밖에서 손님을 맞이하여 먼저 절하지 않는 경우가 없으니, 먼저 절하는 것은 특별한 예가 될 수 없다.[41] 의심스럽다.

39 여씨가 종자의……않다 : 저본에 인용된 여씨의 설은 모두 북송의 성리학자 여대림(呂大臨)의 설로, 앞뒤의 문장은 다음과 같다. "집을 달리하여 사는 경우에는 반드시 서자 자신의 집에서 제사를 지내어 자기 아들로 하여금 자기에 대한 제사를 지내게 한다. 이때 서자의 아들은 반드시 종자에게 고한 뒤에 서자인 아버지의 제사를 지내고 제멋대로 제사 지낼 수 없으니, 이것 또한 그 종통을 명확히 하기 위한 것이다.〔蓋異宮者必祭於其宮, 使其子主祭其祭也. 必告於宗子而後行, 不得而專, 亦所以明其宗也.〕"

40 사상견례(士相見禮)……끝 : 〈사상견례〉와 〈투호(投壺)〉는 각각 《의례경전통해》의 9번째 편명과 11번째 편명이다. 이 두 편명 사이에 〈사상견의(士相見義)〉 한 편이 더 있다. 〈사상견례〉는 또한 《의례》의 3번째 편명이기도 하며, 〈투호〉는 《예기》의 편명이기도 하다.

41 사(士)는……없다 : 경문은 다음과 같다. "만약 벼슬에서 물러난 선생과 작위를 달리하는 경대부가 사(士)인 자신을 만나기를 청하면 사양한다. 사양해도 허락을 얻지 못하면 다음과 같이 말한다. '저에게는 그대가 만나볼 덕이 없는데 사양해도 허락을 얻지 못하니 장차 먼저 뵈러 갈 것이나 우선 먼저 뵙겠습니다.'〔若先生、異爵者請見之,

〔10.2〕 "사는 대부에 대해 감히 대부를 맞이하여 먼저 절하지 못한다.〔士於大夫, 不敢拜迎.〕"[42]라는 것은, 이것은 앞에서 "작위를 달리하는 경대부에게는 먼저 가서 알현한다."라는 설과 서로 어긋난다. 그리고 그 "대부를 맞이하여 먼저 절하지 못한다."라는 것은 비록 본래는 공경을 표하기 위해서라고는 하나 서로 만날 때에 또한 너무 간소하여 도리어 무례한 데로 돌아가는 것이 아니겠는가.

〔11〕 6월 16일 : 〈향음주례(鄕飮酒禮)〉 처음~일인거치장(一人擧觶章)[43] 16판

則辭. 辭不得命, 則曰: 某無以見, 辭不得命, 將走見, 先見之.〕" 이 구절에서 '선견지(先見之)'를 이와 같이 인용문 속에 두어 사(士)의 말로 본다면 대문을 나가 자신을 만나기 위해 찾아온 경대부를 만나 절을 해야 한다. 그러나 '선견지'를 인용문 뒤로 두면 '장차 뵈러 가겠다'라고 한 뒤에 사(士) 자신이 먼저 경대부의 집에 가서 경대부를 알현한다는 의미가 된다. 첫 번째와 같이 보면 저자처럼 의문이 들 수 있다.

42 사(士)는……못한다 : 《의례경전통해》 〈사상견례〉에 보인다. 원출처는 《예기》 〈옥조(玉藻)〉이다.

43 향음주례(鄕飮酒禮)……일인거치장(一人擧觶章) : 〈향음주례〉는 《의례경전통해》의 12번째 편명이자 《의례》의 4번째 편명이다. 《의례경전통해》 〈향음주례〉는 다음과 같이 모두 23장으로 이루어져 있다. (1)모빈개(謀賓介), (2)계빈개(戒賓介), (3)설석(設席), (4)속빈(速賓), (5)영빈(迎賓), (6)헌빈(獻賓), (7)빈작주인(賓酢主人), (8)주인수빈(主人酬賓), (9)주인헌개(主人獻介), (10)개작주인(介酢主人), (11)주인헌중빈(主人獻衆賓), (12)일인거치(一人擧觶), (13)낙빈(樂賓), (14)입사정(立司正), (15)사정거치(司正擧觶), (16)여수(旅酬), (17)이인거치(二人擧觶), (18)철조(徹俎), (19)연(燕), (20)빈출(賓出), (21)준입(遵入), (22)배례(拜禮), (23)식사정(息司正)

〔11.1〕 "빈에게 알린다.〔戒賓.〕"[44]라는 구절에 대해, 가공언의 소에 "〈사관례〉에서 주인이 동료에게 알린 것은 그를 존중하기 때문에 주인이 먼저 절한 것이고, 여기 〈향음주례〉에서는 빈이 신분이 낮아 주인을 존경해야 하기 때문에 빈이 먼저 절한 것이다.〔冠禮戒同僚, 尊重之, 故主人先拜; 此賓卑, 宜尊敬主人, 故賓先拜.〕"라고 하고,[45] 〈사관례〉의 '계빈(戒賓)' 조에서는 또 이 예(禮)를 인용하여 "경문이 갖추어지지 않았으니 마땅히 〈향음주례〉에 따르는 것을 올바른 예로 삼아야 한다.〔經文不具, 當依彼爲正.〕"라고 하여, 마치 두 사람의 말인 것처럼 하였으니 매우 이상하다. 요컨대 '경문이 갖추어지지 않았다'라는 설이 정확한 듯하다.

〔11.2〕 '사금(斯禁)'[46]에 대한 가공언 소의 "사의 어금과 대부의 사금

44 빈(賓)에게 알린다 : 《의례경전통해》 〈향음주례〉의 2번째 장인 계빈개장(戒賓介章)에 보인다.

45 가공언의……하고 : 해당 경문에 대한 가공언의 소는 다음과 같다. "〈사관례〉에서는 주인이 먼저 절하면 빈이 답배하였는데 여기 〈향음주례〉에서는 빈이 먼저 절하면 주인이 답배한 것은, 저 〈사관례〉에서는 주인이 동료에게 알리는 것이니 동료는 존귀할 뿐 아니라 또 동료로 하여금 자기 아들에게 관을 씌어주도록 할 것이어서 그를 존중하기 때문에 주인이 먼저 절한 것이다. 그러나 여기 〈향음주례〉에서는 향대부는 존귀하고 빈은 향인이어서 신분이 낮을 뿐 아니라 또 장차 주인인 향대부가 자신을 천거할 것이어서 주인을 존경해야 하기 때문에 빈이 먼저 향대부인 주인이 와준 것에 대해 절하는 것이다.〔冠禮主人先拜, 賓答拜, 此賓先拜, 主人答拜者, 彼冠禮主人戒同寮, 同寮尊, 又使之加冠於子, 尊重之, 故主人先拜. 此則鄕大夫尊矣, 賓是鄕人, 卑矣. 又將貢己, 宜尊敬主人, 故賓先拜辱也.〕"

46 사금(斯禁) : 《의례경전통해》 〈향음주례〉의 3번째 장인 설석장(設席章)에 보인다.

〔士之棜禁、大夫之斯禁〕"이라는 구절에서 '어(棜)'는 연문(衍文)인 듯하다. 《예기》〈옥조(玉藻)〉의 "대부는 술 단지를 하나 진설하는데 어를 쓰고, 사(士)는 술 단지를 하나 진설하는데 금을 쓴다.〔大夫側尊用棜, 士側尊用禁.〕"라는 구절에 대해, 정현의 주에 "어는 사금이다.〔棜, 斯禁也.〕"라고 하였다. 이에 근거하면 금(禁)은 하나의 물건이고, 사금(斯禁)은 다른 하나의 물건으로 또 어(棜)라고도 하며, 사(士)의 금(禁)은 애초부터 어(棜)라고 말하지 않는다. 《예기》〈예기(禮器)〉에서 통칭하여 어금(棜禁)이라고 한 것[47]으로 말하면 별도의 일설이다. 그러나 통칭할 때에는 괜찮지만 어금을 단독으로 들어 사금과 상대적으로 쓸 때에는 안 된다.

〔11.3〕 "주인이 빈이 준 답잔을 들고 자기 자리 앞에서 동쪽 계단 위쪽으로 간다.〔自席前適阼階上.〕"[48]라는 구절에 대해, 정현의 주에 "자리 북쪽으로 내려가니, 편리함을 따른 것이다.〔從北方降, 由便也.〕"라고 하였다. 이것은 다음에 나오는 경문의 "주인과 개는 일반적으로 자리에 올라갈 때 북쪽으로 올라가고 남쪽으로 내려간다.〔主人、介凡升席自北方, 降自南方.〕"라는 구절과 서로 어긋난다.

47 통칭하여……것 : 《예기》〈예기(禮器)〉의 "천자와 제후의 술 단지 받침대는 다리가 없는 폐금을 쓰고, 대부와 사는 다리가 있는 어금을 쓰니, 이것은 낮은 것을 귀함으로 삼기 때문이다.〔天子、諸侯之尊, 廢禁; 大夫、士, 棜禁, 此以下爲貴也.〕"라는 구절을 가리킨다.

48 주인이……간다 : 《의례경전통해》〈향음주례〉의 7번째 장인 빈작주인장(賓酢主人章)에 보인다.

〔11.4〕 주인이 빈(賓)에게 잔을 올릴 때와 빈이 주인에게 답잔을 올릴 때 모두 재차 손을 씻는 것은 잔을 씻는 것에 대해 절하는 의절[49]을 거치기 때문이니, 정현의 주에 "손에 먼지가 묻어 더러워졌기 때문이다.〔爲手坋汚.〕"라고 한 것은, 절을 하면서 손이 더러워져서일 뿐이라고 말한 것이다. 그러므로 개(介) 이하가 잔을 씻는 것에 대해 절을 하지 않으면 또한 재차 손을 씻지도 않는 것이다.

〔11.5〕 "주인은 서남쪽을 향하여 중빈(衆賓)에게 세 번 절한다.〔主人西南面三拜.〕"[50]라는 구절에 대해, 가공언의 소에 "중빈이 각각 주인에게서 일배를 받는다.〔衆賓各得主人一拜.〕"라고 하였다. 중빈의 자리는 서쪽 계단 아래 동향하고 서는 곳인데, 다 서지 못하면 상문(庠門) 서쪽에서 북향한다. 그러므로 계단 아래에 있는 중빈은 서쪽에서 주인에게 일배를 받고, 상문 서쪽에 있는 중빈은 남쪽에서 주인에게 일배를 받고, 그 사이에 있는 중빈은 서남쪽에서 주인에게 일배를 받으니, 이것이 각각 일배를 받는다는 뜻일 것이다. 서남쪽은 비록 별도로 하나의 자리가 되지는 못하지만 이미 서쪽에서부터 서는데

49 주인이……의절 : 주인이 빈(賓)에게 잔을 올릴 때 주인이 잔을 올리기 전에 먼저 당을 내려가 손을 씻은 뒤 잔을 씻어서 들고 당 위에 올라오면 빈은 자신을 위해 잔을 씻어준 것에 대해 감사의 절을 한다. 이에 주인은 들고 온 잔을 당 위 바닥에 내려놓고 답배를 한 뒤 다시 당을 내려가 손을 씻고 다시 당 위에 올라와 술 단지에서 술을 따라 빈에게 올린다. 빈이 주인에게 답잔을 올릴 때에도 마찬가지로 주인이 자신을 위해 잔을 씻는 것에 대해 감사의 절을 하는 의절이 있기 때문에 빈이 답배를 하고 다시 당을 내려가 손을 씻는 것이다.

50 주인은……절한다 : 《의례경전통해》 〈향음주례〉의 11번째 장인 주인헌중빈장(主人獻衆賓章)에 보인다.

다 서지 못하여 남쪽에 서는 것이니, 그렇다면 서쪽의 남쪽과 남쪽의 서쪽이 바로 이른바 '서남쪽'이라는 것이다.

〔11.6〕 "주인이 중빈에게 읍을 하고 당에 올라간다.〔主人揖升.〕"[51]라는 것은 주인이 읍을 하고 스스로 올라간다는 것이고, "중빈의 장으로 당에 올라가 절하고 주인에게서 잔을 받는 사람은 세 사람이다.〔衆賓之長升拜受者三人.〕"라는 것은 중빈이 이어 올라가는 것이다. 주인이 먼저 올라가 잔을 취하여 들고 내려가서 잔을 씻고, 다시 당에 올라와 서쪽 계단 위쪽에서 잔에 술을 채운다. 그런 뒤에 세 사람이 비로소 당에 올라가 이를 받는 것이니, 정빈(正賓)의 예(禮)와 다르다. 이 때문에 《예기》 〈향음주의(鄕飮酒義)〉에서 주인이 "빈과 함께 당에 올라간다.〔以賓升.〕"라고 먼저 말하고, 이어서 "중빈에 이르러서는 당에 올라가 술잔을 받아 앉아서 고수레하고 서서 마신 뒤에 주인에게 답잔을 주지 않고 당을 내려오니, 이는 예를 융숭하게 하는 것과 줄여서 하는 뜻을 분별한 것이다.〔至于衆賓, 升受, 坐祭, 立飮, 不酢而降, 隆殺之義辨矣.〕"라고 한 것이니, 여기에서 이를 밝힐 수 있다. 그런데 가공언의 소에서는 "'주인이 중빈에게 읍을 하고 당에 올라간다'는 것은 세 사람을 선두로 하여 한 사람 한 사람에게 읍을 하고 당에 올라가는 것이다.〔主人揖升者, 從三人爲首, 一一揖之而升.〕"라고 하였으니, 틀린 듯하다. 그리고 당에 올라간 사람은 세 사람인데 "한 사람 한 사람에게 읍을 하고 당에 올라간다."라고 한

51 주인이……올라간다 : 《의례경전통해》 〈향음주례〉의 11번째 장인 주인헌중빈장에 보인다.

것은 무엇 때문인가? 양복(楊復)의 《의례도(儀禮圖)》에는 네 사람으로 되어 있는데,[52] 더욱 말이 되지 않는다.

〔12〕 6월 17일 : 〈향음주례(鄕飮酒禮)〉 낙빈장(樂賓章)~〈향음주의(鄕飮酒義)〉 끝[53] 27판

〔12.1〕 "주인이 당 위 서쪽 계단 위쪽에서 생공(笙工)에게 헌주한다.

52 양복(楊復)의……있는데 : 아래 그림은 송나라 양복의 《의례도(儀禮圖)》 권4 〈향음주례(鄕飮酒禮)〉의 〈주인헌중빈도(主人獻衆賓圖)〉의 일부이다. 서쪽 계단 아래 네 명의 중빈(衆賓)이 모두 동향하여 답배로 일배(一拜)를 하도록 되어 있다.

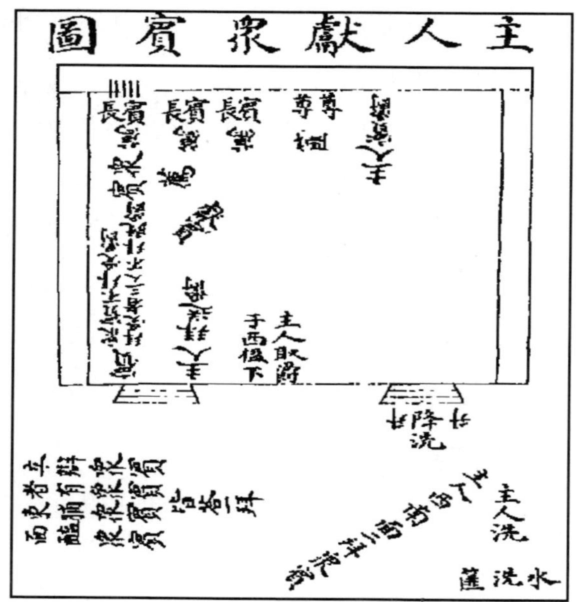

53 향음주례(鄕飮酒禮)……끝 : '낙빈장(樂賓章)'은 《의례경전통해》 〈향음주례〉의 13번째 장이다. 〈향음주의〉는 《의례경전통해》의 13번째 편명이자 《예기》의 편명이다.

〔主人獻之于西階上.〕"[54]라는 구절에 대해, 가공언의 소에 "생공에게 헌주할 때 술잔을 보내고 절하는 것은 서쪽 계단 동쪽에서 한다.〔獻工之時, 拜送在西階東.〕"라고 하였다. 살펴보면 앞의 경문에서 술잔을 보내고 절한 것은 바로 당 위 동쪽 계단 위쪽에서 하였는데,[55] 지금 서쪽 계단 동쪽에서 한다고 말한 것은 무엇 때문인가? 혹시 그 술잔을 보낸 것에 대해 절하는 것은 비록 당 위 동쪽 계단 위쪽에서 하지만, 술잔을 주는 것은 서쪽 계단 동쪽에서 해야 하기 때문에 이렇게 말한 것인가?

"사정이 술잔을 당 아래 바닥에 내려놓고 조금 물러나 공수(拱手)하고 잠깐 서 있는다.〔司正奠觶, 退共, 少立.〕"[56]라는 구절에 대해, 정현의 주에 "스스로 바르게 하는 것이니, 그 사정이라는 지위를 삼간 것이다.〔自正, 愼其位也.〕"라고 하였다. 진실로 스스로 바르게 하기 위해 서 있는 것이라면 서 있을 때가 많을 것인데 하필 술잔을 바닥에 내려놓고 아직 술을 마시지 않았을 때에 하는가? 일반적으로 술잔을 내려놓으면 절을 하는데, 사정(司正)은 지위가 낮아 예를

54 주인이……헌주한다 : 《의례경전통해》 〈향음주례〉의 13번째 장인 낙빈장에 보인다.

55 앞의……하였는데 : 당 아래의 생공(笙工)에 앞서 당 위의 슬공(瑟工)에게 먼저 주인이 헌주하는 예를 가리킨다. 해당 경문은 다음과 같다. "슬공이 노래를 마치면 주인이 슬공에게 헌주한다. 슬공이 슬을 왼손으로 잡는다. 슬공 중 한 사람이 절한 뒤에 일어나지 않고 술잔을 받는다. 주인이 동쪽 계단 위쪽에서 술잔을 보낸 것에 대해 절한다.〔卒歌, 主人獻工. 工左瑟, 一人拜, 不興受爵. 主人阼階上拜送爵.〕"

56 사정(司正)이……있는다 : 《의례경전통해》 〈향음주례〉의 15번째 장인 사정거치장(司正擧觶章)에 보인다. '사정(司正)'은 음주례의 정례(正禮)가 끝나면 음주례 때 관리들 중 한 사람을 뽑아 주인을 도와 예를 행하도록 했던 상(相)을 바꾸어서 사례(射禮)가 시작되기 전에 사례를 감독하도록 한 사람이다.

갖추지 않기 때문에 이것을 가지고 절하는 것으로 간주한 것인가? 사정이 잔의 술을 다 마시고 절하는 것은 누구에게 절하는 것인가? 사정이 절하였는데 이에 답배하는 사람이 없는 것은 또 무엇 때문인가? 반드시 모두 그 설이 있을 것이나 알 수 없다.

〔12.2〕 "주인이 당 위 서쪽 계단 위쪽에서 개에게 수주(酬酒)를 준다.〔主人西階上酬介.〕"[57]라는 구절에 대해, 주자(朱子)의 주에 "빈과 개는 동향하여 주인에게 준다.〔賓、介則東面授主人.〕"라고 하고, 또 이르기를 "빈과 개는 주인의 서쪽에서 술잔을 보낸 것에 대해 절한다.〔賓、介則拜送於主人之西.〕"라고 하였다.[58] 주자 주의 두 '개(介)' 자는 연문(衍文)인 듯하니, 개는 주인에게 수주를 올리는 예가 없다.

〔12.3〕 한 사람이 술잔을 들어 권하는 것을 여수례(旅酬禮)의 시작

57 주인이……준다 : 《의례경전통해》〈향음주례〉의 16번째 장인 여수장(旅酬章)에 보인다.

58 주자(朱子)의……하였다 : 해당 경문에 대한 주희(朱熹)의 주는 다음과 같다. "지금 살펴보면 빈과 주인과 개는 서로 수주를 줄 때 처음에는 모두 북향하였다. 다만 잔에 술을 채운 뒤 잔을 줄 때에는, 빈과 개는 동남쪽을 향하여 주인에게 주고, 주인은 서남쪽을 향하여 개에게 준다. 이미 술잔을 받고 나면 바로 술잔을 준 사람은 다시 북향하는 자리로 돌아와서, 빈과 개는 주인의 서쪽에서 술잔을 보낸 것에 대해 절하고, 주인은 개의 동쪽에서 술잔을 보낸 것에 대해 절하는데, 모두 북향하고 절한다.〔今按賓、主、介相酬初皆北面, 但實觶之後, 授觶之時, 賓、介則東南面授主人, 主人則西南面授介, 已受之後, 卽授者又還北面之位, 賓、介則拜送于主人之西, 主人則拜送于介之東, 皆北面也.〕" 저본에는 "빈과 개는 동향하여 주인에게 준다."라고 하여 '동남향'이 '동향'으로 되어 있는데, '남(南)' 자가 탈문된 듯하다.

으로 삼고,[59] 술잔을 들어 권한 뒤에는 음악으로 빈을 즐겁게 하는 의절을 두고, 그 뒤에는 사정(司正)을 세워 사정이 술잔을 들어서 권하는 의절을 두어, 세 단계의 의절을 행한 뒤에 비로소 여수례를 행하며, 두 사람이 술잔을 들어 권하는 것을 무산작례(無算爵禮)의 시작으로 삼고,[60] 무산작례를 행하기 전 그 사이에 또 조(俎)를 거두는 의절을 둔 것은, 이것은 또한 반드시 그 의미가 있을 것이다.

〔12.4〕 "두 사람이 술잔을 들어 권하면 빈과 개가 자리의 끝에서 답배한다.〔二人擧觶, 賓、介席末答拜.〕"[61]라는 구절에 대해, 가공언의 소에 "'자리의 끝에서 답배한다'는 것은, 빈은 자리의 서쪽에서 남향하여 답배하고, 개는 자리의 남쪽에서 동향하여 답배하는 것이다.〔席末答拜者, 賓於席西南面答拜, 介於席南東面答.〕"라고 하였다.

살펴보면 '자리의 끝〔席末〕'이라는 것에 대해서는 원래 확론이 없다. 〈사관례(士冠禮)〉의 "관자가 자리의 끝에 앉아서 예주를 맛본다.〔冠者筵末坐, 啐醴.〕"라는 구절에 대해 정현의 주와 가공언의 소

59 한……삼고 : 향음주례의 첫 단계인 빈(賓)과 주인의 헌주례가 끝나면, 이어서 주인의 찬자(贊者) 한 사람이 당 아래에서 술잔을 씻어 들고 당에 올라와 술을 따라서 빈에게 술을 권하는데, 이것을 '일인거치(一人擧觶)'라고 하여 여수례(旅酬禮)의 발단으로 삼는 것을 이른다. '치(觶)'는 작(爵)보다 용량이 더 큰 술잔으로, 일반적으로 정례(正禮)가 아닌 여수례와 무산작례(無算爵禮)에 사용하는 술잔이다.

60 두……삼고 : 여수례가 끝나면 주인의 하속 관리 두 사람이 당 아래에서 술잔을 씻어 들고 당에 올라와 술을 따라서 빈(賓)과 개(介)에게 술을 권하는데, 이것을 '이인거치(二人擧觶)'라고 하여 무산작례의 발단으로 삼는 것을 이른다.

61 두……답배한다 : 《의례경전통해》 〈향음주례〉의 17번째 장인 이인거치장(二人擧觶章)에 보인다.

에서는 모두 '자리의 끝'이 어디인지 말하지 않았고, 〈향음주례(鄕飮酒禮)〉 헌빈장(獻賓章)의 "자리의 끝에 앉아서 예주를 맛본다.〔席末坐, 啐醴.〕"라는 구절에 대해 소에서는 단지 '자리의 말미〔席之尾〕'라고만 하였다. 양복(楊復)의 《의례도》에는 '자리의 서쪽 끝〔席之西端〕'으로 되어 있는데, 이것은 〈향음주례〉 앞의 경문 "빈은 자리에 올라가는데 서쪽으로 올라간다.〔賓升席自西方.〕"라는 구절에 대해 소에서 "살펴보면 《예기》 〈곡례〉에 이르기를 '자리는 남향이나 북향으로 폈을 때에는 서쪽을 상위로 삼는다.'라고 하였는데, 지금 빈은 주인에게 통할되기 때문에 서쪽을 아래로 삼은 것이다.〔按曲禮云: 席南向、北向, 以西方爲上. 今賓統於主人, 以西方爲下.〕"라고 하였으니, 양복의 《의례도》는 여기에 근본을 둔 듯하다. 일인거치장(一人擧觶章)의 "빈은 자리의 끝에서 답배한다.〔賓席末答拜.〕"라는 구절에 대해 소에서 "자리의 서쪽에서 답배하는 것이다.〔於席西.〕"라고 말한 것은 자리 위 서쪽에 가까운 곳이 '끝〔末〕'이라고 말한 것은 아니니, 자리 위에서 절하는 법은 없기 때문이다.

헌빈장에 근거하면 '끝'은 자리 위 서쪽이 되고, 일인거치장에 근거하면 자리 아래의 서쪽이 된다. 비록 술을 맛보는 것과 절하는 것의 차이를 가지고 자리의 위인지 아래인지를 구분하기는 하지만 자리의 서쪽이 되는 것은 동일하다. 자리의 서쪽이 되는 이유는, 빈의 자리는 주인에게 통할되어 동쪽을 상위로 하며, 동쪽을 상위로 한다면 서쪽이 끝이 되기 때문이다.

이 사례로 미루어보면 〈사관례〉의 '자리의 끝'은 마찬가지로 '자리 위의 서쪽'이며, 여기 〈향음주례〉 단락의 '빈의 자리의 서쪽'은 마찬가지로 '자리 아래의 서쪽'이라는 것이 의심할 것이 없다. 그러나

"개는 자리에서 동향한다.〔介席東面.〕"라는 구절에 대해서만은, 《예기》 〈곡례〉에 이르기를 "자리를 동향이나 서향으로 폈을 때에는 남쪽을 상위로 삼는다.〔東向、西向, 以南方爲上.〕"라고 하였는데 지금 개(介)의 자리를 남쪽을 끝으로 삼은 것은 무엇 때문인가? 혹시 개는 또 빈에게 통할되어 북쪽을 상위로 삼기 때문인가?

〔13〕 6월 18일 : 〈향사례(鄕射禮)〉 처음~대부작장(大夫酢章)[62] 16판

〔14〕 6월 19일 : 〈향사례〉 낙빈장(樂賓章)~유사장(誘射章)[63] 12판

62 향사례(鄕射禮)……대부작장(大夫酢章) : 〈향사례〉는 《의례경전통해》의 14번째 편명이자 《의례》의 5번째 편명으로, 6향(鄕) 아래의 행정 단위인 주(州)의 학교, 즉 서(序)에서 매년 봄과 가을 두 차례에 걸쳐 거행하는 활쏘기 시합의 예를 기록한 것이다. 《의례경전통해》 〈향사례〉는 다음과 같이 모두 37장으로 이루어져 있다. (1)계빈(戒賓), (2)설위(設位), (3)장후(張侯), (4)속빈(速賓), (5)영빈(迎賓), (6)주인헌빈(主人獻賓), (7)빈작주인(賓酢主人), (8)주인수빈(主人酬賓), (9)헌중빈(獻衆賓), (10)일인거치(一人擧觶), (11)헌대부(獻大夫), (12)대부작(大夫酢), (13)낙빈(樂賓), (14)입사정(立司正), (15)사정거치(司正擧觶), (16)청사(請射), (17)유사(誘射), (18)초사획이미석획(初射獲而未釋獲), (19)취시(取矢), (20)재청사(再請射), (21)재사석획(再射釋獲), (22)빈주대부중빈사(賓主大夫衆賓射), (23)취시시산(取矢視算), (24)임불승자(飮不勝者), (25)헌획자(獻獲者), (26)삼청사(三請射), (27)삼사용악(三射用樂), (28)취시시산(取矢視算), (29)임불승자(飮不勝者), (30)삼사필(三射畢), (31)여수(旅酬), (32)이인거치(二人擧觶), (33)철조(徹俎), (34)연(燕), (35)빈출(賓出), (36)배사(拜賜), (37)식사정(息司正)

63 향사례……유사장(誘射章) : '낙빈장(樂賓章)'은 《의례경전통해》 〈향사례〉의 13번째 장이며, '유사장'은 17번째 장이다.

〔14.1〕 "네 개의 화살을 한꺼번에 손가락에 낀다.〔兼挾乘矢.〕"[64]라는 구절에 대해, 정현의 주에 "활시위와 화살을 방으로 잡는 것을 '협'이라고 한다.〔方持弦矢曰挾.〕"라고 하고, 다음 경문의 주에서는 "활시위와 화살을 측으로 잡는 것을 '집'이라고 한다.〔側持弦矢曰執.〕"라고 하였다.[65] '방(方)'은 "발을 나란히 하지 않는다.〔不方足.〕"[66]라고 할 때의 '방(方)'과 같으니 '나란히 하다〔併〕'라는 뜻이며, '측(側)'은 "하나의 술 단지를 설치한다.〔側尊.〕"라고 할 때의 '측(側)'과 같으니 '단독'이라는 뜻이다. '화살을 나란히 잡는다〔併持〕'는 것은 합쳐서 잡는다는 뜻이며, '단독으로 잡는다〔側持〕'는 것은 각각 잡는다는 뜻이다. 가공언 소[67]의 해석은 옳지 않은 듯하니 자세히 살펴야 할

64 네……낀다 : 《의례경전통해》 〈향사례〉의 16번째 장인 청사장(請射章)에 보인다. '네 개의 화살'에 해당하는 원문은 저본에 '승시(升矢)'로 되어 있는데, 통행본 《의례》에 근거하여 '승(升)'을 '승(乘)'으로 바로잡아 번역하였다.

65 다음……하였다 : 《의례경전통해》 〈향사례〉의 30번째 장인 삼사필장(三射畢章)의 "왼손으로는 활을 잡고 오른손으로는 화살 한 개를 활시위와 함께 잡는데 살촉이 앞으로 가도록 한다.〔左執弓, 右執一个兼諸弦, 面鏃.〕"라는 경문에 대한 정현의 주를 말한다.

66 발을……않는다 : 《의례경전통해》 〈향사례〉의 17번째 장인 유사장(誘射章)의 "물 앞에 이르러 읍을 하고 왼발로 물을 밟되 발을 나란히 하지 않는다.〔及物揖, 左足履物, 不方足.〕"라는 경문에 보인다. '물(物)'은 활을 쏠 때 서 있는 곳을 표시한 것으로, 가로 1척(尺) 2촌(寸), 세로 3척인 십자형의 표지이다.

67 가공언 소 : 해당 경문에 대한 가공언의 소는 다음과 같다. "정현의 주에서 '활시위와 화살을 방으로 잡는 것을 「협」이라고 한다.'라고 하였는데, 이를 아는 이유는 다음에 보이는 〈향사례 기(記)〉의 경문에 '일반적으로 화살을 손가락에 끼는 것은 두 손가락 사이에 가로로 낀다.'라고 하였기 때문이니, 이것이 그 방을 말한다는 것을 알 수 있다. 〈대사례〉의 '네 개의 화살을 손가락에 끼는데 활 밖으로 살촉이 줌에 보이도록 한다.'라

것이다. 이 단락에 대한 정현의 주 중 "습은 마신다는 뜻이다.〔拾, 飮也.〕"라는 구절의 '음(飮)'은 '렴(斂)'의 오류인 듯하다.[68]

〔15〕 6월 20일 : 〈향사례(鄕射禮)〉 초사획이미석획장(初射獲而未釋獲章)~빈주대부중빈사장(賓主大夫衆賓射章)[69] 11판

〔15.1〕 "획자(獲者)가 깃발을 들고 궁음에 상응하도록 외친다.〔擧旌以宮.〕"[70]라는 구절에 대해, 가공언의 소에 "'획'이라고 작게 말하는 것이다.〔小言獲也.〕"라고 하였다.[71] 앞의 정현의 주에 "활쏘는 자가

는 것이 바로 '방으로 한다'는 것이다.〔云方持弦矢曰挾, 知者, 下記云: 凡挾矢, 於二指之間橫之. 是言其方可知. 引大射: 挾乘矢, 於弓外見鏃於弣. 是其方也.〕"

68 정현의……듯하다 : 정현의 주는 다음과 같다. "'수'는 토시이다. 가죽으로 만드니, 활시위를 당길 때 왼쪽 팔에 착용하는 것이다. 활을 쏠 때가 아니면 이를 '습'이라고 한다. '습'은 '거두다'라는 뜻이니, 몸을 가려서 옷을 거두는 것이다.〔遂, 射韝也, 以韋爲之, 所以遂弦者也. 其非射時, 則謂之拾. 拾, 斂也, 所以蔽膚斂衣也.〕" 여기에서 '습은 거두다라는 뜻이다.〔拾, 斂也.〕'라는 구절의 '렴(斂)'이 저자가 본 판본에는 '음(飮)'으로 되어 있었던 듯하다. 통행본 《의례경전통해》에는 '렴'으로 교감되어 있다.

69 향사례(鄕射禮)……빈주대부중빈사장(賓主大夫衆賓射章) : '초사획이미석획장(初射獲而未釋獲章)'은 《의례경전통해》 〈향사례〉의 18번째 장이며, '빈주대부중빈사장'은 22번째 장이다.

70 획자(獲者)가……외친다 : 《의례경전통해》 〈향사례〉의 18번째 장인 초사획이미석획장에 보인다. '획자'는 사자(射者)가 활을 쏘면 깃발을 올려 적중 여부를 외치는 사람이다.

71 가공언의……하였다 : 가공언의 소는 다음과 같다. "'획자가 깃발을 들고 궁음에 상응하도록 외친다.'라는 것은 '획'이라고 크게 말하는 것이고, '획자가 깃발을 내리면서 상음에 상응하도록 외친다.'라는 것은 '획'이라고 작게 말하는 것이다.〔擧旌以宮, 大言獲也; 偃旌以商, 小言獲也.〕" 이에 근거하면 저본의 '소언획야(小言獲也)'의 '소(小)'는

적중시켰으면 크게 '획'이라고 외친다.〔射者中, 則大言獲.〕"[72]라고 하였으니, 이에 근거하면 "'획'이라고 작게 말하는 것이다."라는 것은 적중시키지 못한 것을 말하는 것이며, 여기에서 '크게' 또는 '작게'라고 한 것은 성음의 높고 낮음으로 말한 것뿐인 듯하다.

〔15.2〕 "활쏘기를 마치면 남향하여 읍을 하고, 당을 내려가는데 당에 올라와 활을 쏠 때처럼 읍을 한다.〔南面揖, 揖如升射.〕"[73]라는 구절에서, "남향하여 읍을 한다."라는 것은 누구를 향하여 읍을 하는 것인가? "당을 내려가는데 당에 올라와 활을 쏠 때처럼 읍을 한다."라는 것은 계단 앞에 이르렀을 때와 물(物)[74] 앞에 이르렀을 때 모두 몸을 돌려 북향하여 읍을 하는 것인 듯하다.

〔15.3〕 재사석획장(再射釋獲章)의 "사사(司射)가 복을 허리춤에 꽂고 서향한다.〔搢扑, 西面.〕"라는 구절에서, 서향하여 하는 일도 없이 곧바로 또 북향하는 것은 의심스럽다.[75]

'대(大)'의 오류로 보아야 할 듯하다. '궁음(宮音)'과 '상음(商音)'은 모두 오음(五音)의 하나이다. '획자'는 39쪽 주70 참조.

72 활쏘는……외친다 : "획자(獲者)가 깃발을 들고 궁음에 상응하도록 외친다.〔擧旌以宮.〕"라는 경문 바로 앞의 "획자가 앉아서 '획'이라고 외친다.〔獲者坐而獲.〕"라는 구절에 대한 정현의 주를 말한다.

73 활쏘기를……한다 : 《의례경전통해》 〈향사례〉의 18번째 장인 초사획이미석획장(初射獲而未釋獲章)에 보인다.

74 물(物) : 38쪽 주66 참조.

75 재사석획장(再射釋獲章)의……의심스럽다 : '재사석획장'은 《의례경전통해》 〈향사례〉의 21번째 장으로, 해당 경문은 다음과 같다. "사사가 당을 내려가 복을 허리춤에

〔15.4〕 "사사가 활쏘라고 명하는데 오직 상우에게만 명한다.〔司射所作惟上耦.〕"[76]라는 구절에 대해, 정현의 주에 "빈과 주인이 활쏘기를 할 때에도 사사가 명한다고 오인할까 혐의해서이다.〔嫌賓、主人射亦作之.〕"라고 하였다. 그렇다면 비록 '상우'라고만 말했으나 실은 삼우(三耦)에게 모두 명하는 것이며, 오직 빈과 주인에 대해서만 명하지 않는 것인 듯하다.

〔16〕 6월 21일 : 〈향사례(鄕射禮)〉 취시시산장(取矢視算章)~임불승자장(飮不勝者章)[77] 5판

녹중(鹿中)
《흠정의례의소(欽定儀禮義疏)》

꽂고 서향하여 장차 중을 놓을 곳의 동쪽에 서 있다가 북향하여 석획자에게 중을 설치하라고 명한다.〔降, 搢扑, 西面立于所設中之東, 北面命釋獲者設中.〕" '사사(司射)'는 활쏘기를 관장하는 사람으로, 정현의 주에 따르면 주인의 하속이 담당한다. '복(扑)'은 정현의 주에 따르면 "사사의 가르침을 위반한 자를 매질하기 위한 가시나무 회초리〔所以撻犯教者〕"로, 〈향사례 기(記)〉에 의하면 "길이는 화살대와 같이 3척이며 손잡이 부분을 1척 깎는다.〔楚卜長如笴, 刊本尺.〕" '석획자(釋獲者)'는 활쏘기의 적중 여부에 따라 산가지를 놓아 성적을 계산하는 사람으로, 주인의 유사(有司)가 담당한다. '중(中)'은 산가지를 담는 그릇으로, 공영달의 소에 의하면 "나무를 깎아서 만드는데, 외뿔소나 사슴이 엎드려 있는 것과 같은 모습으로 등 위에 둥근 그릇을 세워놓아 산가지를 담도록 한 것이다.〔刻木爲之, 狀如兕、鹿而伏, 背上立圓圈以盛算.〕"《禮記注疏 投壺 孔穎達疏》

76 사사(司射)가……명한다 : 《의례경전통해》 〈향사례〉의 22번째 장인 빈주대부중빈사장(賓主大夫衆賓射章)에 보인다. '상우(上耦)'는 짝을 이루어 첫 번째로 활쏘기를 하는 사람이다.

77 향사례(鄕射禮)……임불승자장(飮不勝者章) : '취시시산장(取矢視算章)'은 《의례경전통해》 〈향사례〉의 23번째 장이며, '임불승자장'은 24번째 장이다.

〔16.1〕 "이긴 쪽의 연소자가 술잔을 풍 위에 올려놓은 뒤 당에서 내려가 왼쪽 겉옷 소매를 빼어 허리춤에 꽂고 활을 든다.〔奠于豐上, 降, 袒, 執弓.〕"[78]라는 구절에서, 연소자는 이미 당 위에서 일을 끝냈으며, 내려가서는 또 하는 일이 없다. 그렇다면 연소자가 왼쪽 겉옷 소매를 빼어 허리춤에 꽂고 활을 드는 것은 무엇 때문인가?

〔17〕 6월 22일 : 〈향사례(鄕射禮)〉 헌획자장(獻獲者章)~임불승자장(飮不勝者章)[79] 7판

〔17.1〕 "획자가 과녁을 등지고서 북향하여 절한 뒤에 술잔을 받는다.〔獲者負侯, 北面拜受爵.〕"[80]라는 구절에 대해, 정현의 주에 "포와 젓갈, 절조(折俎)를 진설하는 것은 서향하여 진설한다.〔其設薦、俎, 西面錯.〕"[81]라고 한 것은, 바로 지금 과녁 앞에 진설하는 것을 가리켜

78 이긴……든다 : 《의례경전통해》 〈향사례〉의 24번째 장인 임불승자장에 보인다. '풍(豐)'은 술잔을 올려놓는 받침대로, 정현의 주에 따르면 키가 좀 낮은 두(豆)와 비슷한 형태의 기물이다.

79 향사례(鄕射禮)……임불승자장(飮不勝者章) : '헌획자장(獻獲者章)'은 《의례경전통해》 〈향사례〉의 25번째 장이며, '임불승자장'은 29번째 장이다.

80 획자(獲者)가……받는다 : 《의례경전통해》 〈향사례〉의 25번째 장인 헌획자장에 보인다. '획자'는 39쪽 주70 참조.

81 포와……진설한다 : 이 정현의 주와 관련된 경문은 저본에서 제시한 "획자가 과녁을 등지고서……" 경문의 바로 앞 구절로, 다음과 같다. "주인의 찬자(贊者)가 획자(獲者)를 위하여 포와 젓갈을 올리고 절조를 진설하는데, 이 절조 및 포와 젓갈은 획자가 장차 모두 세 곳에 고수레할 것들이다.〔薦脯、醢, 設折俎, 俎與薦皆三祭.〕" '절조(折俎)'는 희생의 생체(牲體)를 담은 조(俎)이다.

서 말한 것이다. 가공언의 소에서는 다음 경문의 '좌개의 서북쪽에 진설한 것〔左个西北所設〕'을 가지고 여기의 진설하는 위치에 해당시켰으니[82] 옳지 않은 듯하다.

〔17.2〕 "빈은 당의 서쪽으로 물러가고 주인은 당의 동쪽으로 물러가서 모두 활과 화살을 내려놓고 왼쪽 겉옷 소매를 다시 입는다.〔賓堂西, 主人堂東, 皆釋弓矢, 襲.〕"라고 하였고, 다음 경문의 대부 역시 왼쪽 겉옷 소매를 다시 입는다.[83] 빈과 주인과 대부는 모두 앞으로 이어서 활쏘기를 할 것이다. 그렇다면 그 '활과 화살을 내려놓고 왼쪽 겉옷 소매를 다시 입는 것'은 무엇 때문인가? 혹시 그 사이에

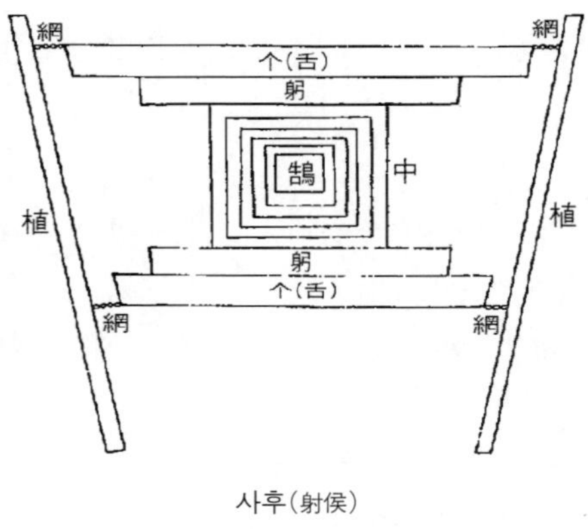

사후(射侯)

82 가공언의……해당시켰으니 : 가공언의 소는 다음과 같다. "정현의 주에서 '그 자리에 진설한다.'라고 한 것은, 다음 경문에서 '좌개의 서북쪽으로 3보 떨어진 곳에 동향하여 포와 젓갈, 절조를 진설한다.'라고 말한 것이 바로 '그 자리에 진설한다.'는 것이다.〔云薦之於位者, 下云: 左个之西北三步東面設薦, 是薦之於位也.〕" '좌개(左个)'는 개의 왼쪽이란 뜻이다. '개'는 과녁의 가장자리 부분에 덧댄 천으로, 설(舌)이라고도 한다. '개(个)'가 저본에는 '개(介)'로 되어 있는데, 일반적인 용례에 근거하여 바로잡아 번역하였다.

83 빈(賓)은……입는다 : 《의례경전통해》 〈향사례〉의 26번째 장인 삼청사장(三請射章)에 보인다. '대부 역시 왼쪽 겉옷 소매를 다시 입는다'는 것은 "대부가 마침내 서서(西序)의 서쪽으로 가서 활과 화살을 내려놓은 뒤 왼쪽 겉옷 소매를 다시 입고 당에 올라가 펴놓은 자리에 나아간다.〔大夫遂適序西, 釋弓矢, 襲, 升卽席.〕"라는 구절을 가리킨다.

음악을 연주하는 한 의절이 있어서 그런 것인가? 그러나 음악을 연주한 뒤에 또한 다시 '왼쪽 겉옷 소매를 벗어 허리춤에 꽂고 활을 잡는다'라는 글이 없으니 모두 의심스럽다.

〔18〕 6월 23일 : 〈향사례(鄕射禮)〉 삼사필장(三射畢章)~〈향사례〉 끝[84] 8판

〔18.1〕 "서쪽 계단으로 당에 올라가 원래의 자리로 돌아가 앉는다.〔升自西階, 反坐.〕"[85]라는 것은 악공 네 사람을 가리키는 것이니, 만약 악정(樂正)이라면 앉는 법이 없기 때문이다. 그런데 정현의 주와 가공언의 소에는 모두 악정의 일로 되어 있으니[86] 옳지 않을 듯하다. 아니면 경문에서 악정이 돌아가는 자리를 언급하지 않았기 때문에 주와 소에서 말하여 보충한 것인가?[87] 그러나 그 구절의 말이 통하지

84 향사례(鄕射禮)……끝 : '삼사필장(三射畢章)'은 《의례경전통해》 〈향사례〉의 30번째 장이다.

85 서쪽……앉는다 : 《의례경전통해》 〈향사례〉의 31번째 장인 여수장(旅酬章)에 보인다.

86 정현의……있으니 : 해당 경문에 대한 정현의 주는 "악정은 서쪽 계단 동쪽에서 돌아와 북향한다.〔樂正反自西階東, 北面.〕"로 되어 있으며, 가공언의 소 역시 이런 뜻으로 되어 있다.

87 경문에서……것인가 : 이에 해당하는 앞뒤 경문은 다음과 같다. "악정이 제자에게 명하여 악공을 도와 자리에 나아가도록 한다. 제자가 악공을 돕는데 당을 내려갈 때처럼 한다. 서쪽 계단으로 당에 올라와 원래의 자리로 돌아가 앉는다.〔樂正命弟子贊工卽位. 弟子相工, 如其降也. 升自西階, 反坐.〕" '승자서계 반좌(升自西階反坐)'의 주어를 악정으로 보면 저자의 말처럼 악정은 애초에 앉지 않으며, 주어를 제자로 보면 당 위에는

않는 것이 많으니 잘못된 글자가 있는 듯하다.

〔18.2〕 "사사가 이어 당의 서쪽에 가서 활을 내려놓고 복을 제거하고 깍지와 토시를 벗고 왼쪽 겉옷 소매를 다시 입는다.〔司射乃適堂西, 釋弓, 去扑, 脫決、拾, 襲.〕"[88]라고 하였는데, 여기에 이르면 활 쏘는 일이 다 끝난 것이다. 그러나 빈(賓)과 주인 이하의 사람들은 오히려 깍지와 토시를 벗는 의절이 없으니, 이 또한 경문이 갖추어지지 않아서 그런 것인가?

〔19〕 6월 24일 : 〈향사의(鄕射義)〉 처음~〈학제(學制)〉의 법제명호지략장(法制名號之略章)[89] 9판

〔20〕 6월 25일 : 〈학제(學制)〉 교민지법장(敎民之法章)~〈곡례(曲禮)〉의 용절장(容節章)[90] 47판

제자의 고정된 자리가 없다. 저자의 말처럼 제자의 인도를 받아 악공이 당에 올라와 앉는다고 보는 것이 이치에 맞다. 또한 악정 역시 당에 올라와 원래의 자리인 악공의 자리 서쪽에서 북향하고 서 있는다고 보는 것이 옳을 듯하다.

88 사사(司射)가……입는다 : 《의례경전통해》〈향사례〉의 30번째 장인 삼사필장(三射畢章)에 보인다. '복(扑)'은 40쪽 주75 참조.

89 향사의(鄕射義)……법제명호지략장(法制名號之略章) : 〈향사의〉는 《의례경전통해》의 15번째 편명이며, 〈학제〉는 16번째 편명이다. 《의례경전통해》〈학제〉는 다음과 같이 모두 4장으로 이루어져 있다. (1)법제명호지략(法制名號之略), (2)교민지법(敎民之法), (3)교자제지법(敎子弟之法), (4)교학지통법(敎學之通法)

90 학제(學制)……용절장(容節章) : '교민지법장(敎民之法章)'은 《의례경전통해》〈학제〉의 2번째 장이다. 〈곡례(曲禮)〉는 《의례경전통해》의 20번째 편명이자 《예기》의

〔20.1〕〈제자직(弟子職)〉의 찬궤장(饌饋章)은 〈곡례〉의 진식장(進食章)과 대체로 같으니,[91] "술은 왼쪽에 놓고 장은 오른쪽에 놓는다.〔左酒右漿.〕"[92]라는 것은 또한 당연히 밥의 좌우가 되어야 한다. 그런데 원주(原注)에서는 "술과 장이 삶은 고깃덩이의 밖에 있는 것이다.〔在胾外.〕"라고 하였으니,[93] 옳지 않은 듯하다. '삼반이두(三飯二

편명이다. 《의례경전통해》에는 이 사이에 17번째 〈학의(學義)〉, 18번째 〈제자직(弟子職)〉, 19번째 〈소의(少儀)〉가 있다. 〈제자직〉은 《관자(管子)》의 편명이기도 하며, 〈소의〉는 《예기》의 편명이기도 하다. 《의례경전통해》 〈학의〉는 (1)명인륜지의(明人倫之義), (2)명례악지의(明禮樂之義), (3)명교학지서(明教學之序) 등 모두 3장으로 이루어져 있다. 《의례경전통해》 〈제자직〉은 (1)학칙(學則), (2)조작(蚤作), (3)수업대객(受業對客), (4)찬궤(饌饋), (5)내식(乃食), (6)쇄소(灑掃), (7)집촉(執燭), (8)청임(請衽), (9)퇴습(退習) 등 모두 9장으로 이루어져 있다. 《의례경전통해》 〈소의〉는 (1)차등(差等), (2)품절(品節), (3)쇄소응대진퇴(灑埽應對進退), (4)시식(侍食) 등 모두 4장으로 이루어져 있다. 《의례경전통해》 〈곡례〉는 (1)통언(通言), (2)용절(容節), (3)거처재결지사(居處齊潔之事), (4)보추봉지지용(步趨奉持之容), (5)언어지례(言語之禮), (6)음식지례(飮食之禮), (7)문유지례(問遺之禮), (8)재거지용(在車之容), (9)복어지례(僕御之禮), (10)종의(從宜), (11)잡기(雜記) 등 모두 11장으로 이루어져 있다.

91 제자직(弟子職)의……같으니 : '찬궤장(饌饋章)'은 《의례경전통해》 〈제자직〉의 4번째 장이며, '진식장(進食章)'은 《의례경전통해》 〈곡례〉의 6번째 음식지례장(飮食之禮章)을 가리킨다.

92 술은……놓는다 : 《의례경전통해》 〈제자직〉의 찬궤장에 보인다. 저본의 '장(漿)'이 통행본에는 '장(醬)'으로 되어 있는데, 이 구절 아래에 "장(醬)은 장(漿)으로 써야 한다.〔醬, 當作漿.〕"라는 《의례경전통해》의 원주가 있는 것에 근거하여 오자를 수정한 듯하다.

93 원주(原注)에서는……하였으니 : 《의례경전통해》 원주의 "예에 따르면, 세 번 밥을 뜬 뒤에 이어서 자를 먹고 효를 두루 먹으며, 모두 마치면 또 술로 입가심을 하고 장으로 입을 헹군다. 이 때문에 밥과 자를 말하고 이를 다 먹는 것이 끝난 뒤에 술과

斗)'라는 구절은 자세하지 않다.

〔21〕 6월 26일 : 〈곡례(曲禮)〉 거처재결지사장(居處齊潔之事章)~〈신례(臣禮)〉 끝[94] 48판

〔21.1〕《예기》〈곡례〉와 〈소의(少儀)〉에 궤헌(饋獻)의 예를 논한 것이 자세하다. 다만 그 주고받을 때에도 또한 반드시 절하고 읍하는 의절을 두었는데, 지금은 상고할 만한 것이 없다. 다만 제사 지낸 뒤에 제육(祭肉)을 군자에게 보낼 때 재배계수(再拜稽首)하고 보내는 것은[95] 《논어》에도 "붕우의 선물에 대해서는 제육이 아니면 절하

장을 말한 것이니, 술과 장이 자의 밖에 있는 것이 분명하다.〔禮: 三飯乃食胾而辯殽, 皆畢, 又用酒以酳, 用漿以漱, 故言飯胾, 而食終乃言酒漿, 明在胾外也.〕"라고 한 구절을 가리킨다. '자(胾)'는 삶은 고깃덩이라는 뜻이며, '효(殽)'는 뼈에 살코기가 붙어 있는 것을 이른다.

94 곡례(曲禮)……끝 : '거처재결지사장(居處齊潔之事章)'은 《의례경전통해》 20번째 편인 〈곡례〉의 3번째 장이며, 〈신례(臣禮)〉는 《의례경전통해》의 21번째 편명이다. 〈신례〉는 다음과 같이 모두 8장으로 이루어져 있다. (1)장조(將朝), (2)시현(始見), (3)조례(朝禮), (4)시좌사식(侍坐賜食), (5)공경(恭敬), (6)간쟁(諫諍), (7)사절(死節), (8)복수(復讎)

95 제사……것은 : 《의례경전통해》〈곡례〉의 7번째 문유지례장(問遺之禮章)에 "섭주(攝主)가 남을 대신하여 지낸 제사의 제육을 군자에게 보내는 것을 '치복(致福)'이라 하고, 자신의 제사를 지내고 제육을 군자에게 보내는 것을 '선(膳)'이라 하고, 부제(祔祭)와 연제(練祭)를 지내고 제육을 군자에게 보내는 것을 '고(告)'라고 한다. 일반적으로 군자에게 선과 고를 할 때 주인은 이 제육을 펼쳐서 동쪽 계단 남쪽에서 사자에게 건네주는데, 남향하여 재배계수하고 보낸다. 사자가 돌아와 복명하면 주인은 또 재배계수한다.〔爲人祭曰致福, 爲己祭而致膳於君子曰膳, 祔、練曰告. 凡膳、告於君子, 主人展

지 않는다.〔朋友之饋, 非祭肉不拜.〕"라는 글이 있으니,[96] 이에 근거하면 다른 경우에는 모두 절하는 의절이 없다는 말일 것이다. 그러나 남에게 활을 줄 때에도 주인이 마찬가지로 절하는데,[97] 이것은 붕우의 선물이 아니어서 그런 것인가? 활을 줄 때에도 절한다면 절하지 않는 경우가 없는 것이니, 붕우가 아니면 참으로 절하지 않음이 없는 것인가? "주인이 절하고 활을 받으면 손님이 조금 몸을 돌려 주인의 절을 피한다.〔主人拜弓, 客旋辟辟拜.〕"[98]라는 구절에 대해, 가공언의 소에 "활을 들고 있기 때문에 절을 하지 못하는 것이다.〔以執弓, 不得拜.〕"라고 하였으니, 활을 들고 있어서 절을 하지 못했다면 활을 바치고 난 뒤에 다시 절을 하지 않는 것은 무엇 때문인가? 받기 전에 절하는 예는 있지만 준 뒤에 절하는 예는 없어서인가?

〔21.2〕 "군주의 수레를 모는 자는 오른쪽에 검을 찬다.〔僕者右帶劍.〕"[99]라는 구절에 대한 가공언의 소의 설[100]은 과연 순서가 뒤바뀐

之以授使者于阼階之南, 南面, 再拜稽首, 送. 反命, 主人又再拜稽首.〕"라는 내용이 보인다. 원출처는 《예기》 〈소의(少儀)〉이다.

96 논어에도……있으니 : 《논어》 〈향당(鄕黨)〉에 "공자는 붕우의 선물에 대해서는 비록 수레와 말이라도 제사 지낸 고기가 아니면 절하지 않았다.〔朋友之饋, 雖車馬, 非祭肉不拜.〕"라는 내용이 보인다.

97 남에게……절하는데 : 《의례경전통해》 〈곡례〉의 7번째 문유지례장(問遺之禮章)에 "무릇 남에게 활을 선물하는 경우……만약 주인이 절하면 손님이 조금 몸을 돌려 주인의 절을 피한다.〔凡遺人弓者……若主人拜, 則客還辟辟拜.〕"라는 내용이 보인다. 원출처는 《예기》 〈곡례 상(曲禮上)〉이다.

98 주인이…피한다 : 위 주97 참조.

99 군주의……찬다 : 《의례경전통해》 〈곡례〉의 9번째 복어지례장(僕御之禮章)에 보

듯하다. 다만 수레 끈〔綏〕은 이를 당겨 잡고서 수레에 오르는 끈이니 마땅히 수레에 매달아놓아야 하는 것이며, 사람이 수레에 오를 때에는 뒤쪽으로 오르니 매달아놓는 것은 또 반드시 수레 뒤쪽에 매달아야 한다. 지금 주자(朱子)의 설[101]대로라면 수레 아래에서 수레 끈을

인다. 원출처는《예기》〈소의(少儀)〉이다.

100 가공언의 소의 설 : 다음과 같다. "군주가 뒤쪽으로 수레에 오르면 수레를 모는 자는 수레에서 군주를 등지고 앞쪽을 향한다. 그리고 군주가 수레를 탈 때 잡는 끈을 취하여 왼쪽 겨드랑이 아래로 가져와 왼쪽 어깨 위에 올리고 다시 등으로 돌려 오른쪽 겨드랑이 아래로 들여 넣었다가 끈의 끝을 자신의 앞쪽에 편다.……끈을 앞쪽에 편 뒤에 그 끝을 수레 앞쪽의 식(軾)의 덮개 위에 던져놓는다.〔君由後升, 僕者在車, 背君而面向前, 取君綏, 由左腋下加左肩上繞背入右腋下, 申綏之末於面前.……綏申於面前, 而擲末於車前幦上也.〕"

101 주자(朱子)의 설 : 다음과 같다. "다음 경문에 비로소 '수레를 모는 자는 자신의 수레 끈을 잡고 수레에 오른다.'라고 하였으니, 그렇다면 이때에는, 수레를 모는 자는 한창 수레 아래에서 검을 차고 군주의 수레 끈을 등에 지고 수레 끈의 끝을 식(軾)의 덮개 위에 던져놓고 있는 것이며, 군주는 참으로 아직 수레에 나아오지 않은 것이다. 그러다가 수레를 모는 자가 자신의 수레 끈을 잡고 수레에 오른 뒤에 군주가 비로소 나와 수레로 나아간다. 그런데 여기의 소에서는 군주가 수레 뒤쪽으로 수레에 오르면 수레를 모는 자는 수레에서 군주를 등지고 군주의 수레 끈을 취하여 식의 덮개까지 끌어다 놓는다고 말하였으니, 잘못이다. 또 수레 끈의 제도는 마땅히 끈으로 고리를 만들어 양쪽 끝이 이어지도록 해야 할 듯하다. 그러므로 수레 끈을 등에 진 자가 고리와 같은 부분으로 왼쪽 겨드랑이 아래를 앞뒤로 지나가서 각각 위로 등에 이르게 할 수 있는 것이니, 등에 진 것을 합쳐서 오른쪽 겨드랑이 가운데로 나오도록 하여 앞에서 펴고, 수레 아래에서 식의 덮개 위로 던져놓는다. 군주가 수레에 오르면 몸을 돌려 뒤쪽으로 향하여 다시 식의 덮개에 있던 고리와 같은 부분을 군주에게 주어 군주가 두 손으로 이를 잡고 수레에 오를 수 있도록 한다.〔下文始言以散綏升, 則是此時僕方在車下帶劍負綏而擲綏末於幦上, 君固未就車也. 及僕以散綏升之後, 君方出而就車. 此疏乃言君由後升, 僕者在車背君取綏而拕諸幦, 誤矣. 又疑綏制當是以索爲環, 兩頭相屬,

등에 지고 수레 끈의 끝을 식(軾)의 덮개 위에 던져놓아야 하는데, 그렇다면 도리어 별개의 다른 끈이 되어 수레 뒤에 매달아놓지 않은 것이 되니, 이 점이 의심스럽다. 그리고 "앞뒤로 지나가서 각각 위로 등에 이르게 한다.〔前後, 各上至背.〕"[102]라는 구절은 더욱 이해하기 어렵다. 뒤쪽의 끈은 참으로 위로 올려 등에까지 이르게 하는 것이 당연하지만, 앞쪽의 끈은 어떻게 등에까지 이르게 할 수 있겠는가. 혹시 오자가 있어서인가?

〔21.3〕 "시동의 수레를 모는 자는 수레바퀴통 끝의 좌우와 식(軾)의 앞에 술을 고수레한다.〔祭左右軌、范.〕"[103]라는 구절에 대해, 정현의 주에서는 《주례(周禮)》의 글[104]을 인용하고 말하기를 "궤(軌)와 지(軹)는 수레에서 똑같이 굴대 끝이라고 한다. '궤'는 '범(范)'과 소리가 같으니, 식(軾)의 앞을 이른다.〔軌與軹, 於車同謂轊頭也. 軌, 與范聲同, 謂軾前也.〕"라고 하였다. 첫 번째 '궤'는 여기 경문의 '좌우궤(左右軌)'의 '궤'를 가리키고, 두 번째 '궤'는 바로 《주례》의 '제궤(祭軌)'의 '궤'를 가리킨다. 《주례》에서 '궤'는 혹 '범(軓)'으로도 쓰니 음은 '범(范)'이다.[105]

故負之者得以如環處自左腋下過前後, 各上至背則合而出於右腋之中, 以申於前, 而自車下擲於幦上. 君升則還身向後, 復以覆幦如環處授君, 使君得以兩手執之而升也.〕"

102 앞뒤로……한다 : 원문은 49쪽 주101 참조.

103 시동의……고수레한다 : 《의례경전통해》 〈곡례〉의 9번째 복어지례장(僕御之禮章)에 보인다. 원출처는 《예기》 〈소의(少儀)〉이다.

104 주례(周禮)의 글 : 《주례》 〈하관(夏官) 대어(大馭)〉의 "두 수레바퀴 끝에 고수레하고 궤에 고수레하고 마침내 술을 마신다.〔祭兩軹, 祭軌, 乃飮.〕"라는 구절을 가리킨다.

〔21.4〕"군주에게 손님의 예우를 받으면 먼저 밥을 맛보고, 두루 음식들을 맛보고, 음료를 마시고서 군주가 식사하기를 기다린다.〔先飯, 辯嘗羞, 飮而俟.〕"[106]라는 구절에서, 일반적으로 식사하는 법은 밥을 세 번 먹으면서 태갱읍(太羹湆)을 마시고 장(醬)을 찍어 먹으며, 밥을 먹고 나면 음료를 마시고,[107] 음료를 마시고 나면 또 밥에 물을 부어 세 번 먹으니 이른바 '손(飧)'이라는 것이다. '손'은 즉 '식사를 권한다〔勸食〕'는 뜻이다.[108] 손례(飧禮)를 행할 때 여러 음식들을 먹기 때문에 밥과 음식을 군주보다 먼저 먹은 것은 맛본 것이고, 음료를 군주보다 먼저 마신 것은 군주에게 권한 것이며, 군주보다 뒤에 밥에 물을 부어 먹는 것은 감히 군주보다 먼저 배불리 먹지 못한 것이다.

105 주례에서……범(范)이다 : 통행본 《주례》에는 '궤(軌)'가 '범(軓)'으로 교감되어 있다. '범(范)'이란 발음은 《경전석문(經典釋文)》을 인용한 것이다.

106 군주에게……기다린다 : 《의례경전통해》 〈신례(臣禮)〉의 4번째 장인 시좌사식장(侍坐賜食章)에 보인다. 원출처는 《예기》 〈옥조(玉藻)〉이다.

107 밥을 세 번……마시고 : '밥을 세 번 먹는다'는 것은, 밥을 한 번 먹고, 태갱읍(太羹湆)을 한 입 마시고, 손가락으로 장을 찍어 맛보는 과정을 세 번 하는 것이다. 이렇게 밥을 세 번 먹고 난 뒤에는 음료를 마셔서 입을 헹구는데, 〈사혼례〉의 경우 술로 입을 헹군다. '태갱읍'은 조미를 하지 않은 순수한 고기국물을 말한다.

108 또……뜻이다 : 《예기》 〈옥조(玉藻)〉에 "군주가 식사를 마쳤으면 또 밥에 물을 부어 만다. 밥에 물을 부어 만다는 것은 밥에 물을 부어 세 번 먹는 것이다.〔君旣食, 又飯飧. 飯飧者, 三飯也.〕"라는 구절이 보인다. 공영달(孔穎達)의 소에 "손(飧)은 음료를 그릇에 부어 밥을 말아서 먹는 것이다.〔飧, 謂用飮澆飯於器中也.〕", "손은 식사를 권하는 것이다.〔飧, 勸食也.〕", "'삼반'은 모두 '손'을 이른다.〔三飯, 竝謂飧也.〕"라고 하였다.

〔22〕 6월 27일 : 〈학기(學記)〉·〈보부(保傅)〉·〈천조(踐阼)〉 3편[109] 28판

〔23〕 6월 28일 : 〈오학(五學)〉 처음~〈연례(燕禮)〉의 진찬기장(陳饌器章)[110] 21판

109 학기(學記)·보부(保傅)·천조(踐阼) 3편 : 〈학기〉는 《의례경전통해》의 27번째 편명이자 《예기》의 편명이며, 〈보부〉는 《의례경전통해》의 30번째 편명이자 《대대례기(大戴禮記)》의 편명이며, 〈천조〉는 《의례경전통해》의 31번째 편명이다. 《의례경전통해》의 21번째 편인 〈신례(臣禮)〉 이후, 저본에는 22번째 〈종률(鐘律)〉, 23번째 〈종률의(鐘律義)〉, 24번째 〈시악(詩樂)〉, 25번째 〈예악기(禮樂記)〉, 26번째 〈서수(書數)〉, 28번째 〈대학(大學)〉, 29번째 〈중용(中庸)〉 구절에 대한 논의가 빠져 있다. 이 가운데 〈서수〉는 본래 편명만 있고 내용이 없는 편이며, 〈대학〉과 〈중용〉은 별도의 논의가 있어 여기에서 언급하지 않은 듯하다. 결국 음악 관련 편명이 모두 빠진 것을 알 수 있다. 〈대학〉 구절에 관한 논의는 《삼산재집》 권7 〈도기서원의 강유에게 답하다〔答道基書院講儒〕〉에 자세히 보이고, 〈중용〉 구절에 관한 논의는 《삼산재집》 권10 〈『중용장구』 중 의심나는 부분을 기록하다〔中庸記疑〕〉에 별도로 수록되어 있다.

110 오학(五學)……진찬기장(陳饌器章) : 〈오학〉은 《의례경전통해》의 32번째 편명이며, 〈연례(燕禮)〉는 《의례경전통해》의 33번째 편명이자 《의례》의 6번째 편명이다. 〈오학〉은 장 구분이 없으며, 《의례경전통해》 〈연례〉는 다음과 같이 모두 28장으로 이루어져 있다. (1)계군신(戒群臣), (2)진찬기(陳饌器), (3)즉위(卽位), (4)주인헌빈(主人獻賓), (5)빈작주인(賓酢主人), (6)주인헌공(主人獻公), (7)주인수공작(主人受公酢), (8)주인수빈(主人酬賓), (9)잉작우공(媵爵于公), (10)공위빈거려(公爲賓擧旅), (11)주인헌고경(主人獻孤卿), (12)재잉작(再媵爵), (13)공위경거려(公爲卿擧旅), (14)주인헌대부(主人獻大夫), (15)낙빈승가헌공(樂賓升歌獻工), (16)공위대부거려(公爲大夫擧旅), (17)낙빈생간합(樂賓笙間合), (18)입사정(立司正), (19)철조(徹俎), (20)연(燕), (21)주인헌사(主人獻士), (22)사(射), (23)빈잉작우공(賓媵爵于公), (24)공위사거려(公爲士擧旅), (25)주인헌서자이하(主人獻庶子以下), (26)무산작(無算爵), (27)빈출(賓出), (28)공여객연(公與客燕)

〔23.1〕 "처음 학교를 세우고 양로례(養老禮)를 행할 때〔始之養也〕"[111] 라는 구절에 대해, 공영달의 소에 "천자가 학교를 시찰할 때에는 우상에서 한다.〔天子視學在虞庠.〕"라고 하고, 그 아래 소에서는 도리어 "천자가 평소에 학교를 시찰할 때에는 동교에서 한다.〔天子尋常視學則於東膠.〕"라고 하여,[112] 두 설이 서로 배치되니 의심스럽다. 그리고 여기에서 시찰하는 학교가 무엇을 가지고 우상(虞庠)임을 알 수 있는가?

〔23.2〕 "삼명은 친족이라도 연치를 따지지 않는다.〔三命不齒.〕"[113]라

111 처음……때 : 《의례경전통해》 〈오학(五學)〉에 보인다. 원출처는 《예기》 〈문왕세자(文王世子)〉이다.

112 공영달의……하여 : '우상(虞庠)'은 주(周)나라의 소학교 이름이며, '동교(東膠)'는 주나라의 대학교 이름이다. 이와 관련하여 《예기》 〈왕제(王制)〉에 "주나라 사람은 벼슬에서 물러난 경대부를 동교에서 봉양하고, 벼슬에서 물러난 사(士)를 우상에서 봉양한다. 우상은 국도의 서쪽 교외에 있다.〔周人養國老於東膠, 養庶老於虞庠. 虞庠在國之西郊.〕"라는 구절이 보이는데, 정현의 주에 "동서와 동교 또한 대학교이니, 국중의 왕궁 동쪽에 있었다.……우상 또한 소학교이다. 하(夏)나라 때의 소학교인 서서는 서쪽 교외에 있었으니, 주나라에서도 소학교를 서쪽 교외에 세웠다.……주나라의 소학교는 순임금 때의 상(庠)과 같은 제도이기 때문에 이름을 '상'이라고 한 것이다.〔東序、東膠亦大學, 在國中王宮之東.……虞庠亦小學也. 西序在西郊, 周立小學於西郊.……周之小學爲有虞氏之庠制, 是以名庠云.〕"라고 하였다.

113 삼명(三命)은……않는다 : 《의례경전통해》 〈오학(五學)〉에 보인다. 원출처는 《예기》 〈제의(祭義)〉이다. '삼명'은 주(周)나라의 제도에 따르면 9등급 작명(爵名) 중 천자의 상사(上士), 공(公)·후(侯)·백(伯)의 작위를 가진 제후국의 경(卿)이 이에 해당된다. 재명(再命)은 천자의 중사(中士), 공·후·백의 작위를 가진 제후국의 대부, 자(子)·남(男)의 작위를 가진 제후국의 경이 이에 해당된다. '연치를 따진다'는 것은 향음주나 향사례를 거행할 때 관작과 연치 중 어느 쪽을 더 높여 자리를 배정할

는 구절에 대해, 공영달의 소에 "만약 제후국의 향음주례라면 경대부는 비록 재명이나 일명이라 할지라도 모두 연치를 따지지 않을 수 있다. 관작을 얻어 경대부가 된 사람은 반드시 연치가 중빈보다 많을 것이기 때문이다.〔若諸侯之國鄕飮酒, 卿大夫, 雖再命一命, 皆得不齒, 以得爵爲卿大夫者, 必年長於衆賓.〕"[114]라고 하고, 또 웅씨(熊氏 웅안생(熊安生))의 설을 인용하여 말하기를 "향음주례에는 나이가 70세인 자가 없다.〔鄕飮酒, 無七十者.〕"라고 하였는데, 모두 정확하지 않은 듯하다. 내 생각에, 제후국의 향음주례에 이미 삼명인 사람이 없다면 그 제후국의 경대부는 마찬가지로 천자의 삼명인 사(士)에 비견되어 그 연치를 따지지 않음을 허여할 수 있으니, 단지 이와 같을 뿐인 듯하다.

〔23.3〕 "나이가 70인 자가 있을 경우에는 감히 먼저 들어가지 못한다.〔有七十者, 不敢先.〕"[115]라는 구절에 대해, 정현의 주에서는 "한

것인가 등의 문제를 말한 것이다.《周禮 春官 典命》

114 만약…… 때문이다 : 주(周)나라에 제도에 따르면 1향(鄕)은 12,500가(家)로 구성되어 있으며, 제후국은 3향, 천자국은 6향으로 이루어져 있다. 향(鄕)의 장(長)인 향대부(鄕大夫)는 향중(鄕中)에서 3년마다 시험을 보여 현능(賢能)한 인재 1인을 선발하여 천자나 제후에게 바치는데, 향음주례는 이렇게 선발한 인재를 바치기 전에 이 인재를 빈(賓)으로 삼아 향학(鄕學)인 상(庠)에서 향대부 주관으로 베풀어주는 음주례를 이른다. 이 때문에 향음주례의 빈은 그 제후국의 경대부보다 반드시 나이가 적을 것이라고 한 것이다. 다만 저본에서 '중빈(衆賓)'이라고 한 것은 통행본《의례경전통해》에도 '중빈'으로 되어 있으나 통행본《예기》에는 '중(衆)' 자가 없는데, '중' 자가 없어야 맞다. 연자(衍字)로 보아야 할 듯하다.

115 나이가……못한다 : 53쪽 〔23.2〕 "삼명은 친족이라도 연치를 따지지 않는다." 바

사람이 술잔을 들어 권한 뒤에 비로소 들어간다.〔一人擧觶乃入.〕"라는 구절을 가지고 증명하였다.[116] 대부가 중빈(衆賓)보다 뒤에 들어가는 것은 바로 그 연치가 높은 자를 존중함을 보이기 위한 것이니, 어찌 감히 먼저 들어가지 못하여 그런 것이겠는가.

〔24〕 6월 29일 : 〈연례(燕禮)〉 즉위장(卽位章)~주인헌사장(主人獻士章)[117] 23판

〔24.1〕 주인수빈장(主人酬賓章)[118]의 "빈이 자리에서 내려온다.〔賓降筵.〕"라는 구절은, 이에 앞서 빈이 자리에 올라가는 의절이 없는데 '내려온다'라고 말한 것은 무엇 때문인가? 〈향음주례〉에 근거해도 이러한 글이 없고 단지 당 위 서쪽 계단 위쪽에서 답배한다고만 하였다.[119] 아마도 이때 빈은 자리에 올라갈 일이 없어서일 것이니, 의심

로 다음에 나오는 구절이다. 다만 경문에는 '유(有)' 자 앞에 '족(族)' 자가 더 들어가 있는데, 이는 정현의 주에 "비록 종족이 아니라 하더라도 그러하니, '재명은 종족에게 연치를 따진다'는 앞의 구절을 이어받았기 때문에 종족을 언급한 것뿐이다.〔雖非族亦然, 承齒乎族, 故言族爾.〕"라는 것에 근거하여 삭제한 듯하다.

116 정현의……증명하였다 : '한 사람이 술잔을 들어 권할 때'라는 것은 주인의 찬자(贊者) 한 사람이 술을 따라 빈(賓)에게 술을 권함으로써 여수례(旅酬禮)의 발단으로 삼는 것을 말한다. 35쪽 주59 참조.

117 연례(燕禮)……주인헌사장(主人獻士章) : '즉위장(卽位章)'은 《의례경전통해》〈연례〉의 3번째 장이며, '주인헌사장'은 21번째 장이다.

118 주인수빈장(主人酬賓章) : 《의례경전통해》〈연례〉의 8번째 장이다.

119 향음주례에……하였다 : 《의례경전통해》〈향음주례〉의 8번째 장인 주인수빈장의 "주인이 술잔에 술을 채워 빈에게 권하는데, 당 위 동쪽 계단 위쪽에서 북향하고

스럽다.

〔24.2〕 "공이 명하면 공에게서 받은 잔을 바꾸지 않고 씻지 않고 돌아와 당에 올라가 선치에 술을 따른다.〔公有命, 則不易, 不洗, 反升酌膳觶.〕"[120]라는 구절에서, 이미 '바꾸지 않는다〔不易〕'라고 말했으면 이 잔이 선치(膳觶)라는 것을 알 수 있으니, 여기의 '치(觶)' 자는 연문(衍文)인 듯하다. "만약 선치일 경우에는 당을 내려가 술잔을 바꾼다.〔若膳觶也, 則降更觶.〕"라는 구절에서, 여기의 '선치'는 빈(賓)이 공에게서 받은 것으로 공이 명하면 바꾸지 않는 술잔이다. 공의 명은 빈을 우대하기 위한 것이기 때문에 빈이 대부에게 권하는 술을 올릴 때에는 감히 그대로 이 선치를 사용하지 못하고 다시 다른 술잔으로 바꾸는 것이다.

〔24.3〕 "각종 음식을 올린다.〔羞庶羞.〕"[121]라는 구절에 대해, 정현의

앉아 잔을 내려놓는다. 이어 절하고 다시 잔을 들고 일어난다. 빈이 당 위 서쪽 계단 위쪽에서 답배한다. 주인이 앉아서 고수레하고 이어 술을 마시는데, 잔의 술을 다 마신 뒤에 일어났다가 앉아서 술잔을 내려놓는다. 이어 절하고 다시 잔을 들고 일어난다. 빈이 서쪽 계단 위쪽에서 답배한다.〔主人實觶, 酬賓, 阼階上北面坐, 奠觶, 遂拜, 執觶興. 賓西階上答拜. 坐, 祭, 遂飮卒觶, 興, 坐, 奠觶, 遂拜, 執觶興. 賓西階上答拜.〕"라는 구절을 가리킨다.

120 공이……따른다 : 《의례경전통해》〈연례〉의 10번째 장인 공위빈거려장(公爲賓擧旅章)에 보인다. '선치(膳觶)'는 청나라 학자 채덕진(蔡德晉)에 따르면 제후가 사용하는 코끼리 뼈 장식이 있는 술잔〔象觚〕이다. 정현의 주에 따르면 "군주가 사용하는 물건을 '선(膳)'이라고 하니, '선'은 좋다는 말이다.〔君物曰膳, 膳之言善也.〕" 신하가 사용하는 잔은 각치(角觶)이다. 《禮經本義 卷5 嘉禮 燕禮 蔡德晉注》

주에 "창자의 기름을 묻혀서 구운 개의 간과 개고기 젓갈을 진열하는 것이다.〔膟肝膋、狗胾醢也.〕"라고 하였다. '찬(膟)'은 상고할 수 없다. 젓갈〔醢〕은 이미 천(薦)에 들어갔는데[122] 또 서수(庶羞)에 들어갔으니, 무엇 때문인가? 가공언의 소에 "정현은 각종 음식에 이 음식과 구운 고기가 들어 있음을 알았다.……〔知有此及炮胾云云.〕"라고 하였는데, 구운 고기〔炮〕가 정현의 주에 보이지 않으니 의심스럽다.[123]

〔24.4〕 "내수가 있다.〔有內羞.〕"[124]라는 구절에 대해, 정현의 주에 "수변의 음식과 수두의 음식이다.〔羞籩之實、羞豆之實.〕"라고 하였는데,[125] 경문에서 '내수(內羞)'라고만 칭한 것은 반드시 그 이유가 있

121 각종 음식을 올린다 : 《의례경전통해》 〈연례〉의 20번째 장인 연장(燕章)에 보인다.

122 젓갈〔醢〕은……들어갔는데 : '천(薦)'은 포와 젓갈을 가리킨다. 42쪽 주81 참조.

123 가공언의……의심스럽다 : 통행본 《의례주소》에는 "여기 〈연례〉와 〈대사례〉에서 희생으로 모두 개를 쓰기 때문에 정현의 주에서 창자의 기름을 묻혀서 구운 개의 간과 개고기가 있음을 안 것이다.〔此及大射, 其牲皆用狗, 故知有肝膋、狗胾.〕"로 되어 있고, 통행본 《의례경전통해》에는 "여기 〈연례〉와 〈대사례〉에서 희생으로 모두 개를 쓰기 때문에 정현의 주에서 이 음식과 개고기가 있음을 안 것이다.〔此及大射, 其牲皆用狗, 故知有此及狗胾也.〕"로 되어 있다. 저자가 본 《의례경전통해》 판본에는 '구(狗)'가 '포(炮)'로 되어 있었던 듯하다. 현재 전하는 《의례경전통해》 판본 중에 '포'로 된 목판본이 있으나(국립중앙도서관 소장 한古朝29-47), 이는 오자이다.

124 내수(內羞)가 있다 : 《의례경전통해》 〈연례〉의 20번째 장인 연장(燕章)에 보인다. 《의례》 〈연례 기(記)〉의 글이다. '내수'는 방중지수(房中之羞)로, 동방(東房) 안에 진열하는 두(豆)와 변(籩)에 담은 음식을 말한다. 여기에서는 '희생의 기름과 함께 끓인 쌀죽〔酏食〕'과 '쌀가루를 넣은 고기완자〔糝食〕'의 2두와 '콩고물을 입힌 쌀기장떡〔糗餌〕'과 '인절미〔粉餈〕'의 2변을 이른다.

을 것이다. 그런데도 여기에서 논하지 않은 것은 무엇 때문인가?

〔25〕 6월 30일 : 〈연례(燕禮)〉 사장(射章)～〈대사의(大射儀)〉 즉위장(卽位章)[126] 19판

125 정현의……하였는데 : 해당 경문에 대한 정현의 주는 다음과 같다. "수두에 담는 음식은 '희생의 기름과 함께 끓인 쌀죽' 및 '쌀가루를 넣은 고기완자'이며, 수변에 담는 음식은 '콩고물을 입힌 쌀기장떡' 및 '인절미'를 이른다.〔謂羞豆之實, 酏食、糝食; 羞籩之實, 糗餌、粉餈.〕" '수변(羞籩)'은 《주례》에 보이는 네 종류의 변(籩) 중 하나로, 수변 외에 볶은 보리〔麷〕나 볶은 삼씨〔蕡〕같이 아침 식사 전에 먹는 조사지변(朝事之籩), 대추〔棗〕나 밤〔栗〕같이 익힌 음식을 담는 궤식지변(饋食之籩), 마름〔蔆〕이나 포(脯) 같이 아헌 때 더 올리는 가변(加籩)이 있다. '수두(羞豆)'도 《주례》에 보이는 네 종류의 두(豆) 중 하나로, 4변과 같이 수두 외에 조사지두・궤식지두・가두가 있다. 《周禮 天官 籩人, 醢人》

126 연례(燕禮)……즉위장(卽位章) : '사장(射章)'은 《의례경전통해》 〈연례〉의 22번째 장이다. 〈대사의(大射儀)〉는 《의례경전통해》 36번째 편명이자 《의례》의 7번째 편명이다. 다만 통행본 《의례주소》에는 편명이 〈대사〉로 되어 있다. 《의례경전통해》 〈연례〉 뒤로 34번째 편명인 〈연의(燕義)〉와 35번째 편명인 〈대사례(大射禮)〉가 있다. 《의례경전통해》 〈대사의〉는 다음과 같이 모두 43장으로 이루어져 있다. (1)계백관(戒百官), (2)장후설악(張侯設樂), (3)진기설위구찬(陳器設位具饌), (4)즉위(卽位), (5)청립빈급집사자(請立賓及執事者), (6)납빈(納賓), (7)주인헌빈(主人獻賓), (8)빈작주인(賓酢主人), (9)주인헌공(主人獻公), (10)공작주인(公酢主人), (11)주인수빈(主人酬賓), (12)잉작우공(媵爵于公), (13)공위빈거려(公爲賓擧旅), (14)주인헌고경(主人獻孤卿), (15)재잉작(再媵爵), (16)공위빈약고경거려(公爲賓若孤卿擧旅), (17)주인헌대부(主人獻大夫), (18)낙빈(樂賓), (19)입사정(立司正), (20)청사(請射), (21)유사(誘射), (22)초사획이미석획(初射獲而未釋獲), (23)취시(取矢), (24)재청사(再請射), (25)재사석획(再射釋獲), (26)공급제공경대부사(公及諸公卿大夫射), (27)취시시산(取矢視算), (28)임불승자(飮不勝者), (29)헌복불(獻服不), (30)헌석획(獻釋獲), (31)삼청사(三請射), (32)삼사용악(三射用樂), (33)취시시산(取矢視算), (34)임불승자(飮不勝者), (35)공위대부거려(公爲大夫擧旅), (36)철조(徹俎), (37)연

〔25.1〕 주인헌서자장(主人獻庶子章)의 정현의 주에 "당 위 동쪽 계단 위쪽에서 헌주하는 것은 외신·내신과 구별한 것이다.〔獻于阼階上, 別於外、內臣也.〕"라고 하였다.[127] 정현의 뜻은 앞 경문의 경대부와 사(士)를 외신(外臣)으로 보고, 여기의 서자(庶子) 이하를 내신(內臣)으로 본 듯하다.[128] 비록 무엇에 근거한 것인지는 알지 못하겠지만 가공언의 소에서는 이로 인해 《주례》의 설을 인용하여 향(鄕)·수(遂)에 있는 신하를 외신으로 보고 조정에 있는 신하를 내신으로 보았는데,[129] 이 장의 문의(文義)에는 뜻이 통하지 않으니

(燕), (38)헌사급축사(獻士及祝史), (39)공위사거려(公爲士擧旅), (40)부사(復射), (41)헌서자좌우정내소신(獻庶子左右正內小臣), (42)무산작(無算爵), (43)빈출공입(賓出公入)

127 주인헌서자장(主人獻庶子章)의……하였다 : 《의례경전통해》 〈연례〉의 25번째 장인 주인헌서자이하장(主人獻庶子以下章)의 "주인인 재부(宰夫)가 세자의 속관인 서자(庶子)들에게 두루 헌주한 뒤에 당을 내려가 술잔을 씻는다. 이어서 당에 올라가 좌우의 정과 내소신에게 헌주하는데 서자에게 헌주할 때의 예와 같이 한다.〔辯, 降洗, 遂獻左、右正與內小臣, 皆于阼階上, 如獻庶子之禮.〕"라는 구절에 대한 정현의 주를 말한다. '좌우의 정(正)'은 정현의 주에 따르면 악정(樂正)과 복인정(僕人正)으로, 대악정은 뜰의 동쪽에, 소악정과 복인정은 뜰의 서쪽에 위치한다. '내소신(內小臣)'은 정현의 주에 따르면 엄인(奄人)과 함께 군주의 음사(陰事)·음령(陰令)을 관장하는 관원과 후(后)·부인(夫人)의 관원을 말한다.

128 정현의 뜻은……듯하다 : 저자는 정현의 주를 "당 위 동쪽 계단 위쪽에서 헌주하는 것은 외신과 내신을 구별한 것이다.〔獻于阼階上, 別於外、內臣也.〕"라고 해석한 것이다. 즉 외신(外臣)인 경(卿)·대부(大夫)·사(士)에게는 손님의 위치인 당 위 서쪽 계단 위쪽에서 헌주하고, 내신(內臣)인 서자(庶子) 이하에게는 주인의 위치인 당 위 동쪽 계단 위쪽에서 헌주한다고 본 것이다.

129 가공언의……보았는데 : 가공언의 소는 다음과 같다. "《주례》를 살펴보면 외명부(外命夫)와 내명부(內命夫)가 있는데, 정현의 주에 이르기를 '외명부는 6향에 나간

의심스럽다. 《주례》 본문에서 이 단락에 대한 가공언 소의 "복인정(僕人正) 이하는 소악정의 북쪽에 있다.〔在小樂正之北.〕"라는 구절을 살펴보면, 이 구절 다음에 이어지는 "복인정 이하는 마찬가지로 서방에 있다.〔亦在西方.〕"라는 말을 볼 때 여기의 '북(北)' 자는 마땅히 '서(西)'가 되어야 한다. 그렇다면 정현 주의 "복인정 이하는 소악정의 북쪽에 선다.〔立于其北.〕"라는 구절의 '북(北)' 역시 마땅히 '서(西)'가 되어야 한다.[130]

자이다.'라고 하였다. 살펴보면 내명부는 조정의 경대부이니, 제후의 신하로 향·수와 채지에 있는 사람은 외신이 되고 조정에 있는 사람은 내신이 된다. 다만 외신과 내신에게는 모두 당 위 서쪽 계단 위쪽에서 헌주하고, 여기 서자 이하의 사람들에게는 동쪽 계단 위쪽에서 헌주하기 때문에 '외신·내신과 구별한 것이다.'라고 한 것이다.〔案周禮有外、內命夫, 鄭注云: 外命夫, 六鄉以出. 案 : 內命夫, 朝廷卿大夫, 則諸侯臣在鄉、遂及采地者爲外臣, 在朝廷者爲內臣. 但外、內臣皆獻於西階上, 此獻於阼階, 故云別於外、內臣也.〕" 이와 관련하여 《주례》 〈천관(天官) 혼인(閽人)〉에 "내외의 명부(命夫)와 명부(命婦)가 궁을 출입할 때 이들을 위하여 벽제한다.〔凡外內命夫、命婦出入, 則爲之闢.〕"라고 하였는데, 정현의 주에 "내명부는 경·대부·사로서 궁중에 있는 자이다.〔內命夫, 卿大夫士之在宮中.〕"라고 하였다.

130 이 단락에……한다 : 이 단락에 대한 정현의 주는 "소악정은 서쪽 악현의 북쪽에 서고, 복인정·복인사·복인사는 그 북쪽에 서는데 북쪽을 상위로 하여 선다. 대악정은 동쪽 악현의 북쪽에 선다.〔小樂正立于西縣之北, 僕人正、僕人師、僕人士立于其北, 北上. 大樂正立于東縣之北.〕"이며, 가공언의 소는 "정현의 주에서 복인정 이하가 소악정의 북쪽에 있음을 아는 것은, 〈향사례〉에서 악공을 돕는 연소자는 모두 서쪽에 있는데 지금 복인정 이하 역시 악공을 돕는 사람이기 때문에 마찬가지로 서방에 있음을 안 것이다.〔知僕人正以下在小樂正之北者, 以鄉射弟子相工皆在西, 今僕人正以下亦是相工之人, 故知亦在西方也.〕"이다. 이에 근거하면 복인정 이하는 악현의 서쪽, 소악정의 북쪽에 서는 것이기 때문에 저자의 주장처럼 '북(北)'을 '서(西)'로 고치면 오히려 틀리게 된다.

〔25.2〕"비는 세의 서쪽에 북쪽에서 남쪽으로 진설한다. 선비를 그 북쪽에 진설하는데 서향하도록 한다.〔篚在洗西, 南陳. 設膳篚在其北, 西面.〕"[131]라는 구절에 대해, 정현의 주에 "'북쪽에서 남쪽으로 진설한다.'라고도 하고 '서향하도록 한다.'라고도 한 것은 그 문자를 다르게 한 것이다.〔或言南陳, 或言西面, 異其文也.〕"라고 하였다. 이에 근거하면 앞 경문에서 양쪽 계단 옆에 진설한 종(鍾)・박(鑮) 역시 모두 북쪽에서 남쪽으로 설치하는데, 마찬가지로 생경(笙磬)과 그 방향을 동일하게 설치한 것인가?[132]

〔26〕7월 1일 : 〈대사의(大射儀)〉 청립빈급집사자장(請立賓及執事者章)~초사획이미석획장(初射獲而未釋獲章)[133] 22판

131 비(篚)는……한다 : 《의례경전통해》〈대사의(大射儀)〉의 3번째 장인 진기설위구찬장(陳器設位具饌章)에 보인다. '비(篚)'는 일종의 대바구니로, 폐백을 담는 폐비(幣篚)와 구분하여 세비(洗篚)라고 한다. 관세(盥洗) 옆에는 손을 씻은 뒤 닦을 수건을 담는 비를 두고, 작세(爵洗) 옆에는 술잔을 씻고 닦을 행주와 술잔을 담아두는 비를 둔다. '선비(膳篚)'는 정현의 주에 따르면 "코끼리 뼈를 장식한 군주의 술잔을 담아두는 비이다.〔君象觚所饌也.〕"

132 앞……것인가 : '앞 경문'은 《의례경전통해》〈대사의〉의 2번째 장인 장후설악장(張侯設樂章)의 "대사례 하루 전날 악인이 동쪽 계단 동쪽에 미리 악현을 설치하여, 생경을 서향으로 설치하며, 생경 남쪽에는 생종을 설치하고 생종 남쪽에는 박을 설치하는데 모두 북쪽에서 남쪽으로 설치한다.……서쪽 계단 서쪽에 송경을 동향으로 설치하며, 송경 남쪽에 종을 설치하고 종 남쪽에 박을 설치하는데 모두 북쪽에서 남쪽으로 설치한다.〔樂人宿縣于阼階東: 笙磬西面, 其南笙鐘, 其南鑮, 皆南陳.……西階之西, 頌磬東面. 其南鐘, 其南鑮, 皆南陳.〕"라는 구절을 가리킨다. '생경(笙磬)'과 '송경(頌磬)'은 설치한 위치에 따라 이름을 달리한 것으로 모두 편경(編磬)을 가리키며, 생종(笙鐘)은 편종(編鐘)을 가리킨다.

〔26.1〕“잉작자(媵爵者)가 차례로 동쪽으로 나아가 방호(方壺)의 술을 따르는데, 술을 따라 돌아갈 때 그다음 사람과 기둥의 북쪽에서 교차한다.〔序進, 酌散, 交於楹北.〕”[134]라는 구절에 대해, 정현의 주에 “서쪽 기둥의 북쪽이다.〔西楹之北.〕”라고 한 것은 옳다. 그러나 다음에 나오는 “상치를 씻어 들고 차례로 나아갔다가 당을 내려간다.〔洗象觶, 序進而降.〕”[135]라는 구절로 말하면, 경문에 기둥에서 교차한다는 글이 없는데도 정현의 주에 또 “동쪽 기둥의 북쪽에서 교차한다.〔交於東楹之北.〕”라고 한 것은 옳지 않은 듯하다. 반드시 ‘기둥의 북쪽에서 교차한다’고 말한 것은 이곳에서 서로 만나는 것을 통해 나아

133 대사의(大射儀)……초사획이미석획장(初射獲而未釋獲章) : ‘청립빈급집사자장(請立賓及執事者章)’은 《의례경전통해》 〈대사의〉의 5번째 장이며, ‘초사획이미석획장’은 22번째 장이다.

134 잉작자(媵爵者)가……교차한다 : 《의례경전통해》 〈대사의〉의 12번째 장인 잉작우공장(媵爵于公章)에 보인다. 저본에는 ‘방호(方壺)의 술을 따르다’의 원문이 ‘작산(爵散)’으로 되어 있으나, 통행본 《의례경전통해》 및 《의례》에 근거하여 ‘작(爵)’을 ‘작(酌)’으로 바로잡아 번역하였다. ‘잉작’은 연례(燕禮)의 헌수례(獻酬禮)가 끝난 뒤 군주의 명을 받아 하대부 중 나이 많은 두 사람으로 하여금 군주에게 다시 헌주하도록 하는 것을 말하는데, 이것으로 여수례(旅酬禮)의 시작을 삼는다. ‘방호’는 군주의 술단지인 와대(瓦大)와 구별하여 경대부사(卿大夫士)를 위해 설치하는 술 단지로, 배가 둥글고 입구가 네모지다. 산작(散爵)이라고도 한다.

135 상치(象觶)를……내려간다 : 해당 경문은 다음과 같다. “잉작자가 상치를 씻어 들고 당에 올라가 술을 채운 뒤에 차례로 나아가 군주의 자리 앞에 앉아서 포와 젓갈의 남쪽에 내려놓는데 북쪽을 상위로 하여 둔다. 이어 당을 내려가 동쪽 계단 아래로 가서 술잔을 보낸 것에 대해 모두 재배계수한다.〔媵爵者洗象觶, 升實之, 序進, 坐奠于薦南, 北上, 降適阼階下, 皆再拜稽首送觶.〕” ‘상치’는 상고(象觚)의 뜻으로 추정하면 이 역시 코끼리 뼈 장식이 있는 술잔이란 뜻으로 추정된다. 정현의 주에 따르면 작(爵)은 1승(升), 고(觚)는 2승, 치(觶)는 3승, 각(角)은 4승, 산(散)은 5승이 들어가는 술잔이다.

감과 물러남의 빠르고 늦은 법도를 보여주기 위한 것이다. 처음에 서쪽 기둥의 북쪽에서 교차하였다면 마지막에도 역시 이와 같을 뿐이니, 이 때문에 경문에서 더 이상 말하지 않은 것이다. 지금 정현주의 설대로라면 처음에는 너무 느리고 마지막에는 너무 촉급한 것이니 어찌 말이 되겠는가.

〔26.2〕 공위빈거려장(公爲賓擧旅章)[136]의 "공이 앉아서 술잔을 내려놓고 답배한다.〔公坐奠觶, 答拜.〕"라는 구절에 대해, 가공언의 소에 "여기부터 이하에서는 모두 '공이 답배한다.'라고 하여 재배한다고 하지 않았으니, 답배하는 경우에 단지 일배만 한 것이다.〔自此已下皆云公答拜, 不言再拜, 答拜者止答一拜.〕"라고 하였다. 살펴보면 앞의 경문 주인헌공장(主人獻公章)[137]부터 이 장에 이르기까지 무릇 "공이 답배한다.〔公答拜.〕"라고 말한 것이 여러 차례이니 어떻게 '여기부터 이하'라고 말할 수 있겠는가. 그리고 공에게 잉작(媵爵)하는 한 가지 일 중에 공이 답배(答拜)를 하기도 하고 답재배(答再拜)를 하기도 하는 것은 무엇 때문인가? 주인이 공에게 헌주할 때 의당 공경을 다해야 할 것인데도 모두 '절한다〔拜〕'고 하고 '재배한다〔再拜〕'고 말하지 않은 것은 또 마찬가지로 모두 일배(一拜)를 한다는 것인가? 〈향사례(鄕射禮)〉에서 주인이 변변찮은 자신의 술을 마셔준 데 대해 재배하면 빈(賓)이 답배로 재배하는데, 〈향음주례(鄕飮酒禮)〉에서는 단지 '답배한다〔答拜〕'고만 하였으니, 〈향음주례〉의

136 공위빈거려장(公爲賓擧旅章) : 《의례경전통해》 〈대사의〉의 13번째 장이다.

137 주인헌공장(主人獻公章) : 《의례경전통해》 〈대사의〉의 9번째 장이다.

빈이 〈향사례〉의 빈보다 높아서 그런 것인가?[138] 이와 같은 사례는 다 들 수 없을 정도이니, 요컨대 확론이 되지 못할 듯하다.

〔26.3〕 "각종 사기(射器)를 들여오는데, 삼우(三耦) 및 경대부 이하 여러 사람들의 활과 화살은 손가락에 끼지 않은 상태로 들여온다.〔衆弓矢不挾.〕"[139]라는 구절에 대해, 정현의 주에 "공과 빈에게 주는 활과 화살은 손가락에 낀다.〔納公與賓弓矢者挾之.〕"라고 하였다. 여기에서 이른바 '손가락에 낀다〔挾〕'는 것은, 또한 앞에서 사사(司射)가 손가락에 끼는 것과 같이한다는 것인가? 공과 빈에게 활과 화살을 준 뒤에 손가락에 끼는 것은 괜찮지만 손가락에 낀 상태에서 주는 것은 어떻게 해야 하는가? 다음 경문에서 공이 활쏘기를 할 때 대사정(大司正)이 활을 건네주고 소신사(小臣師)가 화살을 건네주는데,[140] 손가락에 낀 상태로 준 적이 없으니 의심스럽다.

〔27〕 7월 2일 : 〈대사의(大射儀)〉 취시장(取矢章)～헌복불장(獻服不

138 향음주례의……것인가 : 〈향음주례〉의 주인은 향(鄕)의 장(長)인 향대부(鄕大夫)로 제후의 경대부이며, 빈(賓)은 3년에 한 번 선발하는 대비(大比) 때 향(鄕) 중의 현인(賢人)으로 선발된 처사(處士)이다. 선발은 향대부가 경대부에서 물러난 노인인 향선생(鄕先生)과 함께 상의하여 정한다. 〈향사례〉의 주인은 향(鄕)의 하급 행정조직인 주(州)의 장(長)이며, 빈(賓)은 주(州) 중의 현인으로 선발된 처사이다. 선발은 주의 장이 스스로 정한다.

139 각종……들여온다 : 《의례경전통해》 〈대사의〉의 20번째 장인 청사장(請射章)에 보인다.

140 공이……건네주는데 : 《의례경전통해》 〈대사의〉의 26번째 장인 공급제공경대부사장(公及諸公卿大夫射章)에 보인다.

章)[141] 15판

〔27.1〕 "하나의 짝이 대기하던 차(次)에서 나온다.〔一耦出.〕"[142]라는 구절에서 '하나의 짝〔一耦〕'이라고 말하였으면 이는 두 사람이다. 그런데 정현의 주에서 "한 명의 상사가 나오는 것이다.〔一上射出.〕"라고 한 것은 무엇 때문인가?

"상사는 동향한다.〔上射東面.〕"라는 이 한 단락[143] 또한 끝내 명확하지 않다. 대체적인 뜻으로 말하면 상사(上射)와 하사(下射) 모두 왼손으로 활을 잡는데, 그 잡는 법은 모두 활 몸체가 북쪽으로 가도록 하고 활의 양 끝이 남쪽을 향하도록 한다는 것이니, 이른바 "활을 남쪽으로 뒤집어지도록 한다.〔南踣弓.〕"[144]라는 것이다. '부(踣)'는

141 대사의(大射儀) ……헌복불장(獻服不章) : '취시장(取矢章)'은 《의례경전통해》 〈대사의〉의 23번째 장이며, '헌복불장'은 29번째 장이다.

142 하나의……나온다 : 《의례경전통해》 〈대사의〉의 24번째 장인 재청사장(再請射章)에 보인다.

143 상사(上射)는……단락 : 《의례경전통해》 〈대사의〉의 24번째 장인 재청사장에 보이는데, 관련 경문은 다음과 같다. "화살을 준비해두는 기물인 복에 이르러 읍을 한 뒤에 상사는 동향하고 하사는 서향하여 선다. 상사가 읍을 하고 앞으로 나아가 앉아서 활을 가로로 하고 오른쪽 손바닥이 위로 가도록 손을 뒤집어 활 아래쪽으로 화살 하나를 취한다.……하사가 앞으로 나아가 앉아서 활을 가로로 하고 오른손 손등이 위로 가도록 손을 엎어서 활 위쪽으로 화살 하나를 취한다.〔及楅揖, 上射東面, 下射西面. 上射揖, 進坐, 橫弓, 卻手自弓下取一个.……下射進坐, 橫弓, 覆手自弓上取一个.〕" '상사'는 사사(司射)의 명으로 두 사람씩 짝을 지어 활쏘기를 할 때 두 명 중 존자(尊者)를 말한다. 무사(武事)는 오른쪽을 숭상하기 때문에 상사는 보통 오른쪽에 선다. 다른 한 사람은 왼쪽에 서며 하사(下射)라고 한다.

144 활을 남쪽으로……한다 : "활을 가로로 한다.〔橫弓〕"라는 구절에 대한 정현의 주

'뒤집어지다〔倒〕'와 같은 뜻이니, 무엇을 '뒤집어지다'라고 하는가? 활을 느슨히 풀어놓았을 때에는 활의 양 끝이 위쪽으로 향했는데 지금 이를 뒤집어 남쪽을 향하도록 하였기 때문에 "남쪽으로 뒤집어지도록 한다.〔南踣〕"라고 한 것이다.

그 화살을 취하는 것은 상사와 하사 모두 오른손을 사용한다. 그런데 상사에 대해 '활 아래쪽〔弓下〕'이라고 한 것은, 오른손이 활 남쪽, 즉 활의 끝이 향하는 곳에 있기 때문에 '아래쪽〔下〕'이라고 한 것이니, 또한 '안쪽〔裏〕'이라고도 할 수 있다. 하사에 대해 '활 위쪽〔弓上〕'이라고 한 것은, 오른손이 활 북쪽, 즉 활의 등에 있기 때문에 '위쪽〔上〕'이라고 한 것이니, 또한 '바깥쪽〔表〕'이라고도 할 수 있다. 다만 그 화살을 취하는 손을 한 사람은 뒤집어서 취하고 다른 한 사람은 엎어서 취하는데, 이것은 그 뜻이 자세하지 않다.

〔27.2〕 "사궁이 세 과녁의 획자(獲者)를 위하여 복불의 동북쪽에 술 단지를 설치한다.〔司宮尊侯于服不之東北.〕"[145]라는 구절은, 이때 복불(服不)은 서방에 서 있으니 그 술 단지는 마땅히 앞에서 설치했던

이다.

145 사궁(司宮)이……설치한다 : 《의례경전통해》 〈대사의〉의 29번째 장인 헌복불장(獻服不章)에 보인다. '복불(服不)'은 관직 이름이다. 사자(射者)가 활을 쏘면 깃발을 올려 적중 여부를 외치는 사람인 획자(獲者)의 한 사람으로, 군주의 과녁인 대후(大侯)를 관장하기 때문에 정식 관직명을 칭한 것이다. 복불의 직임에 대해 《주례(周禮)》 〈하관(夏官) 복불씨(服不氏)〉에 "맹수를 기르고 길들이는 것을 관장한다.〔掌養猛獸而教擾之.〕", "활쏘기를 할 때에는 과녁을 펼치는 것을 도우며 깃발을 들고 핍에 처하여 활이 과녁에 맞기를 기다린다.〔射則贊張侯, 以旌居乏而待獲.〕"라는 내용이 보인다. '핍(乏)'은 날아오는 화살로부터 몸을 보호하기 위해 설치하는 병풍 모양의 가리개이다.

동북쪽의 헌주를 담은 두 술 단지의 남쪽에 설치해야 한다.[146] 그런데 양복(楊復)의 《의례도(儀禮圖)》에는 동쪽 계단 아래에 설치하는 것으로 되어 있으니, 옳지 않다.

〔27.3〕 "획자가 왼손으로 술잔을 잡는다.〔獲者左執爵.〕"[147]라는 구절에 대해, 가공언의 소에서 제폐(祭肺)의 뜻을 논하였는데[148] 끝내 자세하지 않다. 또한 오자가 있는 듯하다. "재부유사(宰夫有司)와 서자(庶子)가 포와 젓갈, 절조(折俎)를 진설하면 복불이 서서 잔의

146 복불(服不)은……한다 : 관련 경문은 《의례경전통해》 〈대사의〉의 3번째 장인 진기설위구찬장(陳器設位具饌章)의 "대후의 핍 동북쪽에 술 단지를 설치하는데, 헌주를 담은 술 단지를 두 개 설치한다.〔尊于大侯之乏東北, 兩壺獻酒.〕"라는 구절을 가리킨다. 이에 대한 정현의 주에 "복불의 술 단지는 때를 기다려 남쪽에 설치한다.〔服不之尊, 俟時而陳於南.〕"라는 내용이 보인다. '헌주(獻酒)'는 정현의 주에 따르면 탁주의 일종인 사주(沙酒)이며, 청나라 경학가 오정화(吳廷華)에 따르면 헌주에만 사용하고 작주(酢酒)나 수주(酬酒)에는 사용하지 않는 술이라는 뜻이다. 《儀禮章句 卷7 大射儀 吳廷華注》

147 획자(獲者)가……잡는다 : 《의례경전통해》 〈대사의〉의 29번째 장인 헌복불장(獻服不章)의 "획자가 왼손으로 술잔을 잡고 오른손으로 포와 젓갈, 조(俎)의 음식을 고수레한 뒤 두 손으로 술잔을 잡고 술을 고수레한다.〔獲者左執爵, 右祭薦、俎, 二手祭酒.〕"라는 구절을 가리킨다. '획자'는 사자(射者)가 활을 쏘면 깃발을 올려 적중 여부를 외치는 사람이다.

148 가공언의……논하였는데 : 가공언의 소는 다음과 같다. "'조(俎)의 음식을 고수레한다.'라는 것은 조 위의 폐를 고수레하는 것이다. 다만 폐에는 두 종류가 있는데, 여기에서 '고수레한다'고 한 것은 제폐를 고수레하는 것이며 이폐가 아니다.……일반적으로 고수레할 때, 제폐를 고수레할 때에는 모두 술잔을 바닥에 내려놓지 않는 것이 보통이다.〔祭俎者, 謂祭俎上肺. 但肺有二種, 此云祭是祭肺也, 非是離肺.……凡祭, 祭肺皆不奠爵是其常.〕" '제폐(祭肺)'에 대해서는 18쪽 주19 참조.

술을 다 마신다.〔設薦俎, 立卒爵.〕"라는 구절에서, 사마정(司馬正)이 헌주한 것은 단지 한 잔뿐인데, 이 한 잔으로 과녁의 좌개(左个)와 우개(右个) 및 가운데에 일일이 고수레하고 이때에 이르러서야 잔의 술을 다 마신다는 것인가?[149] 매우 의심스럽다.

〔28〕 7월 3일 : 〈대사의(大射儀)〉 헌석획장(獻釋獲章)~〈빙례(聘禮)〉의 석폐우녜급행장(釋幣于禰及行章)[150] 20판

149 재부유사(宰夫有司)와……것인가 : 관련 경문이 《의례경전통해》 〈대사의〉의 29번째 장인 헌복불장(獻服不章)에 보인다. '재부유사'는 제사 때 음식을 올리는 것을 관장하는 재부(宰夫)의 하속이다. '서자(庶子)'는 세자의 속관이다. '사마정(司馬正)'은 군정(軍政)을 관장하는 관리의 하속이다. '개(个)'는 저본에는 '개(介)'로 되어 있는데, 일반적인 용례에 근거하여 바로잡아 번역하였다. 개는 과녁의 가장자리 부분에 덧댄 천으로, 설(舌)이라고도 한다. 43쪽 주82 참조.

150 대사의(大射儀)……석폐우녜급행장(釋幣于禰及行章) : '헌석획장(獻釋獲章)'은 《의례경전통해》 〈대사의〉의 30번째 장이다. 〈빙례(聘禮)〉는 《의례경전통해》의 37번째 편명이자 〈의례〉의 8번째 편명이다. 《의례경전통해》 〈빙례〉는 다음과 같이 모두 44장으로 이루어져 있다. (1)도사명사개(圖事命使介), (2)구재폐(具齎幣), (3)수사폐(授使幣), (4)석폐우녜급행(釋幣于禰及行), (5)수명우조(受命于朝), (6)수행(遂行), (7)과타국(過他國), (8)습의(習儀), (9)급경(及竟), (10)삼전폐(三展幣), (11)교로(郊勞), (12)지조(至朝), (13)치관(致館), (14)설손(設飧), (15)행빙례(行聘禮), (16)향례(享禮), (17)빙향부인(聘享夫人), (18)유언(有言), (19)예빈(禮賓), (20)사적(私覿), (21)개사적(介私覿), (22)공송빈문군로빈개(公送賓問君勞賓介), (23)경대부로(卿大夫勞), (24)귀옹희(歸饔餼), (25)문경(問卿), (26)빈사면어경(賓私面於卿), (27)개사면어경(介私面於卿), (28)빈문상사자(賓問嘗使者), (29)주국대부유고(主國大夫有故), (30)부인귀례어빈(夫人歸禮於賓), (31)대부희빈개(大夫餼賓介), (32)사향연수헌(食饗燕羞獻), (33)대부향사빈개(大夫饗食賓介), (34)환옥보향(還玉報享), (35)주군취빈관(主君就賓館), (36)빈배사수행(賓拜賜遂行), (37)증송(贈送), (38)귀반명(歸反命), (39)예문급녜(禮門及禰), (40)조주국상(遭主國喪), (41)빙군

〔28.1〕 앞 경문의 재청사장(再請射章)[151]에서는 세 짝〔三耦〕이 번갈아 화살을 취한 뒤에 모두 활과 화살을 대기 장소인 차(次)에 내려놓고 오른손의 깍지〔決〕와 왼팔의 토시〔拾〕를 벗고 왼쪽 겉옷 소매를 다시 입고 서향하는 자기 자리로 돌아갔다. 그런데 여기 삼청사장(三請射章)[152]에 와서는 단지 대부와 대부의 짝만 활과 화살을 내려놓고 오른손의 깍지와 왼팔의 토시를 벗고 왼쪽 겉옷 소매를 다시 입고 자기 자리로 돌아간다고 말했을 뿐, 세 짝은 왼쪽 겉옷 소매를 다시 입는다 등의 말이 없으니 경문이 갖추어지지 않은 듯하다. 〈향사례〉에서는 재청사(再請射) 때에도 세 짝에 대해서는 왼쪽 겉옷 소매를 다시 입는다는 글이 없고, 삼청사(三請射)에는 또 단지 대부에 대해서만 왼쪽 겉옷 소매를 다시 입는다고 말했을 뿐 삼우에 대해서는 이런 글이 없으니, 혹시 〈대사례〉와 달라서 그런 것인가?

〔28.2〕 이 편에서는 짝을 정하는 법이 가장 불분명하다. 청사장(請射章)[153]에 이르기를 "이어서 사사(司射)가 세 짝을 선발하여 정한다.〔遂比三耦.〕"라고 하였는데, 이때 대부는 당 위에 있으니 이 세 짝은 사(士)인 듯하다. 재청사장(再請射章)에 이르기를 "사사가 군주의 명을 받아 빈에게 공을 모시고 활쏘기를 하라고 명한다.〔命賓御於公.〕"라고 하였으니 이것은 또 하나의 짝이며, "여러 공경에게는 각

홍(聘君薨), (42)사상(私喪), (43)빈개졸(賓介卒), (44)소빙(小聘)

151 재청사장(再請射章) : 《의례경전통해》 〈대사의〉의 24번째 장이다.

152 삼청사장(三請射章) : 《의례경전통해》 〈대사의〉의 31번째 장이다.

153 청사장(請射章) : 《의례경전통해》 〈대사의〉의 20번째 장이다.

각의 짝을 각 공경들에게 고한다.〔諸公卿則以耦告于上.〕"라고 하였으니 이것은 또 공경의 짝이며, "대부에게는 대부들이 당에서 내려가 자리에 나아간 뒤에 각각의 짝을 각 대부들에게 고한다.〔大夫, 則降, 卽位而後告.〕"라고 하였으니 이것은 또 대부의 짝이며, "사와 대부가 짝이 된다.〔士與大夫爲耦.〕"라고 하였으니 이것은 또 대부와 사를 합쳐서 짝으로 삼은 것이며, "이어서 여러 짝을 정해준다.〔遂比衆耦.〕"라고 하였는데 정현의 주에 "여러 짝은 사이다.〔衆耦, 士也.〕"라고 하였으니 이것은 또 앞의 세 짝 외에 다시 여러 사(士)들의 짝이 있는 것이다. 가공언의 소에 이르기를 "왕기 밖의 제후는 짝이 셋이다.〔畿外諸侯三耦.〕"라고 하였는데,[154] 이에 근거하면 이미 일고여덟 짝을 넘은 것이다. 여러 짝이 아무리 많더라도 단지 첫 번째 활쏘기 할 때 짝지은 세 짝만을 가리켜서 말하는 것이라면 괜찮다. 그러나 가공언의 소에 또 이르기를 "나라에는 모두 세 경과 다섯 대부가 있으니 세 짝에 여섯 명일 뿐이다. 그런데 사(士)로 하여금 짝이 되도록 하는 것은 경대부가 혹 일이 있어서 숫자가 혹 부족할 수도 있기 때문이다.……〔國皆有三卿五大夫, 三耦六人而已, 而使士爲耦者, 卿大夫或有故, 數容不足云云.〕"[155]라고 하였으니, 이것은 반드시

154 가공언의……하였는데 : 《의례경전통해》 〈대사의〉의 20번째 장인 청사장(請射章) 중 "이어서 사사(司射)가 세 짝을 선발하여 정한다.〔遂比三耦.〕"라는 경문에 대한 가공언의 소에 "짝의 수와 과녁의 수로 말하면, 천자의 대사례와 빈사례에는 짝이 여섯이고 과녁이 셋이며, 왕기 내의 제후일 경우에는 과녁이 둘이고 짝이 넷이며, 왕기 밖의 제후일 경우에는 대사례와 빈사례에 모두 과녁이 셋이고 짝이 셋이다.〔若耦及侯數, 天子大射、賓射, 六耦三侯; 畿內諸侯則二侯四耦; 畿外諸侯大射、賓射, 皆三侯三耦.〕"라는 내용이 보인다.

경대부로 세 짝을 갖추는 것이 부족한 연후에 사(士)로 보충하는 것이다. 그렇다면 첫 번째 활쏘기 할 때 선발하여 정한 세 짝은 이미 그 짝의 수 안에 들어가지 않은 것이니 합치면 여섯 짝이 되며, 또 공(公)과 빈(賓)의 짝 및 여러 사(士)들의 짝이 있으니, 어디에 제후의 세 짝이라는 것이 있는가? 의심스럽다.

〔29〕 7월 4일 : 〈빙례(聘禮)〉 수명우조장(受命于朝章)～치관장(致館章)[156] 16판

〔29.1〕 "사신은 빙문 가서 향례를 행할 때 다섯 필 현훈의 비단 위에 올려서 바칠 옥을 받는다.〔享玄纁束帛上.〕"[157]라는 구절에 대해, 정현의 주에 "'비단'은 지금의 벽옥색 비단이다.〔帛, 今之璧色繒也.〕"라고 하였다. 이 비단은 벽옥을 올려두기 위한 것이기 때문에 같은 색을 취한 것이며 비단 전체가 벽옥색인 것은 아니다. 만일 이 비단이 순색이어서 사신의 수레에 꽂는 깃발인 전(旃)과 같다면 바로

155 나라에는…… 때문이다 : 《의례경전통해》 〈대사의〉의 24번째 장인 재청사장(再請射章) 가공언의 소에 보인다.

156 빙례(聘禮)……치관장(致館章) : '수명우조장(受命于朝章)'은 《의례경전통해》 〈빙례〉의 5번째 장이며, '치관장'은 13번째 장이다.

157 사신은……받는다 : 《의례경전통해》 〈빙례〉의 5번째 장인 수명우조장에 보인다. 이 구절이 통행본 《의례경전통해》와 《의례》에는 "사신은 빙문할 나라의 부인에게 빙례 때에 바칠 장과 향례 때 현훈의 다섯 필 비단에 올려서 바칠 종을 받는다.〔受夫人之聘璋, 享玄纁束帛加琮.〕"로 되어 있다. 이에 근거하면 저본의 원문에 보이는 '상(上)' 자는 연자(衍字)이거나 '가(加)' 자를 같은 뜻의 다른 글자로 쓴 듯하다.

대적(大赤)이 된다.[158] 그렇다면 '다섯 필 현훈의 비단'은 두 종류의 비단이 아니라 하나의 검고 붉은 비단일 뿐이다.

〔29.2〕 "빈은 사양하여 '예가 아니니 감히 사양하지 않을 수 없습니다.'라고 한다.〔辭曰 : 非禮也, 敢.〕"라는 구절에서, 사양하는 말과 대답하는 말에 대해 가공언의 소의 설에서는 모두 빈(賓)의 일이라고 하였는데,[159] 옳은지 알지 못하겠다.

〔29.3〕 "변변치 않은 선군의 사당〔先君之祧〕"[160]이라는 구절에 대해, 정현의 주에 이르기를 "'조'라는 말은 '초'라는 말이다. 위로 넘어간다는 뜻이니, 훼철하지 않는 것이다.〔祧之言, 超也. 超上去意也, 不毁之也.〕"라고 하였다.[161] 후세에 조(祧)의 뜻을 말하는 자들은 이와

158 만일……된다 : 《주례(周禮)》 〈춘관(春官) 사상(司常)〉에 "순색 비단으로 만든 깃발은 전이다.〔通帛爲旃.〕", 《의례》 〈빙례〉에 "사신은 전을 수레에 꽂는다.〔使者載旃.〕"라는 구절이 있다. 《주례》 정현의 주에 "순색 비단을 대적이라고 하니, 주나라의 정색을 따른 것으로 장식이 없다.〔通帛謂大赤, 從周正色, 無飾.〕"라고 하였다.

159 빈(賓)은……하였는데 : 《의례경전통해》 〈빙례〉의 11번째 장인 교로장(郊勞章)의 기(記)에 보인다. 관련 경문은 다음과 같다. "빈은 사양하여 '예가 아니니 감히 사양하지 않을 수 없습니다.'라고 하며, 대답하여 '예가 아니니 감히 사양하지 않을 수 없습니다.'라고 한다.〔辭曰: 非禮也, 敢. 對曰: 非禮也, 敢.〕" 이에 대해 가공언의 소에 "사양하는 것은 빈이 주인에게 사양하는 것을 말하고, 대답하는 것은 빈이 주인에게 답하는 것을 말한다.〔辭謂賓辭主人, 答謂賓答主人.〕"라고 하였다.

160 변변치……사당 : 《의례경전통해》 〈빙례〉의 12번째 장인 지조장(至朝章)에 보인다.

161 정현의……하였다 : 가공언의 소에서 《예기》 〈제법(祭法)〉의 정현의 주를 인용한 것이다. 다만 "훼철하지 않는 것이다.〔不毁之也.〕"라는 구절은 《의례》 〈빙례〉의 가

완전히 상반되니[162] 괴이하다. 왕숙(王肅)의 설[163]을 고찰해야 할 것이다.

〔30〕 7월 5일 : 〈빙례(聘禮)〉 설손장(設飧章)~사적장(私覿章)[164] 20판

〔30.1〕《주례》〈소행인(小行人)〉에 보이는 육폐(六幣)의 설에 근거하면 규(圭)를 바칠 때 마땅히 정실(庭實)이 있어야 한다.[165] 그런데

공언의 소에는 정현의 주로 인용되어 있으나, 《예기》〈제법〉의 정현의 주에는 보이지 않는다.

162 후세에……상반되니 : '조(祧)'를 천(遷)의 뜻으로 보아 체천해야 할 대상으로 본 것을 말한다.

163 왕숙(王肅)의 설 : 《공자가어(孔子家語)》〈묘제(廟制)〉에 "원묘가 '조'가 되니, 조는 두 개가 있다.〔遠廟爲祧, 有二祧焉.〕"라는 구절이 보이는데, 왕숙의 주에 "'조'는 멀다는 뜻이다. 친이 다하면 조가 되니, '조가 두 개'라는 것은 고조의 부모와 할아버지를 말한다.〔祧, 遠意. 親盡爲祧, 二祧者, 高祖及父母、祖是也.〕"라고 하였다.

164 빙례(聘禮)……사적장(私覿章) : '설손장(設飧章)'은 《의례경전통해》〈빙례〉의 14번째 장이며, '사적장'은 20번째 장이다.

165 주례……한다 : '육폐(六幣)'는 조빙(朝聘) 때 바치는 여섯 가지 예물이란 뜻으로, '육폐의 설'은 《주례》〈추관(秋官) 소행인(小行人)〉의 "여섯 가지 예물을 다음과 같이 조화시킨다. 하(夏)나라와 은(殷)나라 후손의 나라에서는 왕에게 말과 함께 규(圭)를 바치고, 왕후에게 범이나 표범의 가죽과 함께 장(璋)을 바친다. 5등의 제후는 왕에게 비단 위에 벽(璧)을 올려 함께 바치고, 왕후에게 무늬 있는 비단 위에 종(琮)을 올려 함께 바친다. 자작(子爵)과 남작(男爵)의 제후가 서로 빙문할 때에는 상대방 군주에게 수놓은 직물 위에 호(琥)를 올려 함께 바치고, 부인에게 보(黼)의 무늬가 있는 직물 위에 황(璜)을 올려 함께 바친다.〔合六幣: 圭以馬, 璋以皮, 璧以帛, 琮以錦, 琥以繡, 璜以黼.〕"라는 구절을 가리킨다. '정실(庭實)'은 뜰에 진열하는 예물로, 말이나 짐승의 가죽 등을 말한다.

벽(璧)을 바칠 때 이르러서야 다섯 필의 비단과 네 필의 가죽을 함께 올리니[166] 무엇 때문인가? 다시 《주례》를 자세히 살펴보면 "왕에게 말과 함께 규를 바친다.〔圭以馬.〕"라는 것은 하(夏)나라와 은(殷)나라 왕의 후손이 주(周)나라 왕에게 향례(享禮)를 거행할 때의 예를 말한 것이지, 제후들이 서로 빙문할 때 상대방에게 바치는 규(圭)를 가리킨 것이 아니다. 그렇다면 비록 똑같은 규라 하더라도 향례에는 정실이 있지만 빙례에는 본래 없는 것인가? 그러나 《주례》에는 또 "왕에게 비단 위에 벽을 올려 함께 바친다.〔璧以帛.〕"라고 말하고 정실이 있다고는 말하지 않았다. 〈빙례〉에서 벽을 바칠 때 이미 다섯 필 비단을 사용했는데 또 네 필 말을 둔 것은 무엇 때문인가? 주인 나라의 군주가 빈(賓)에게 예례(醴禮)[167]를 베풀 때와 빈의 사적(私覿)[168] 때에도 모두 예물로 바치는 말〔馬〕이 있으며, 혼례의 납징(納徵) 때에도 그러하니, 혹시 폐백이 있으면 본래 정실이 있는

166 벽(璧)을……올리니 : 관련 내용이 《의례경전통해》 〈빙례〉의 15번째 장인 행빙례장(行聘禮章), 16번째 장인 향례장(享禮章), 17번째 장인 빙향부인장(聘享夫人章)에 보인다. 빙문 간 사신은 빙례(聘禮) 때 그 나라의 군주에게는 규(圭)를 바치고 부인(夫人)에게는 장(璋)을 바치며, 빙례가 끝나면 그 나라 군주의 시조묘(始祖廟) 문을 나온다. 그리고 바로 이어서 향례(享禮)를 거행하는데, 정실(庭實)과 함께 군주에게는 벽(璧)을 비단 위에 올려 바치고, 부인에게는 종(琮)을 비단 위에 올려 바친다.

167 예례(醴禮) : 사신이 빙례와 향례를 마치면 주인 나라의 제후가 사신에게 예주(醴酒)로 대접하는 예를 이른다.

168 사적(私覿) : 사신이 상대방 군주와 빙례나 향례처럼 공식적으로 만나는 것이 아닌 사적으로 만나는 것을 말한다. 빙례와 향례가 끝난 뒤 사신이 주인 나라의 군주에게 사적을 요청하면 군주는 사양하고 사신에게 먼저 예례를 베풀어준다. 예례가 끝나면 사신이 다섯 필의 무늬 있는 비단과 네 필의 말을 예물로 삼아 사적을 행한다.

것인가? 그러나 이때에는 모두 바치는 옥이 없으니 또 마땅히 구별해야 한다.

〔30.2〕 예빈장(禮賓章)[169]에서 "빈이 당을 내려가 예물로 주는 비단에 대해 절하려고 하면 공이 사양한다. 이에 빈이 다시 당에 올라가 재배계수한다.〔賓降拜, 公辭. 升, 再拜稽首.〕"라고 하였는데, '당을 내려가 절하려고 한다.〔降拜〕'라는 것은 절을 하는 것이 아니라 빈(賓)이 당을 내려가 절하려고 한 것을 말한 것이니, 공이 사양했기 때문에 빈이 다시 당에 올라가 이어 절을 한 것이다. 이 구절에 대한 정현의 주에 "빈이 이때에도 빙례(聘禮)와 향례(享禮) 때처럼 마주 향하고서 비단을 받는데 북향하여 받는다.……〔亦訝受而北面云云.〕"라고 하였는데, '아수(訝受)'는 앞뒤 문장의 뜻에 근거하면 서로 마주 향하고서 받는 뜻인 듯하다. 이미 '이때에도 빙례와 향례 때처럼 마주 향하여 비단을 받는데 북향하여 받는다.'라고 하였다면, 주인 나라의 군주는 이때에 남향한다는 것인가?

〔31〕 7월 6일 : 〈빙례(聘禮)〉 개사적장(介私覿章)~귀옹희장(歸饔餼章)의 '신추배화(薪芻倍禾)'[170] 10판

〔31.1〕 "군주의 유사(有司) 두 사람이 사신의 개(介)가 예물로 바친

169 예빈장(禮賓章) : 《의례경전통해》 〈빙례〉의 19번째 장이다.

170 빙례(聘禮)……신추배화(薪芻倍禾) : '개사적장(介私覿章)'은 《의례경전통해》 〈빙례〉의 21번째 장이며, '귀옹희장(歸饔餼章)'은 24번째 장이다.

가죽을 묘문(廟門) 밖에 남향으로 둔다.〔委皮南面.〕"[171]라는 구절에 대해, 정현의 주에 "개(介)가 다시 묘문을 들어가기에 편하도록 한 것이다.〔便其復入也.〕"라고 하였는데, 이 뜻이 자세하지 않다. 가공언의 소에 "가죽을 든 자가 남향하여 가죽을 묘문 가운데에 둔다.〔執皮者南面委皮於門中.〕"라고 하였는데, 이때 군주가 당에서 내려와 뜰 가운데에 서 있으니 가죽을 든 자가 어떻게 남향하여 군주를 등질 수 있겠는가. 내 생각에 여기에서 남향하는 것은 가죽을 가지고 말한 것이다. 묘문에 들어가 빙문 간 나라의 군주에게 가죽을 바칠 때 그 가죽의 머리가 동쪽으로 가도록 한 것을 북향이라고 한다면, 묘문을 나와 개(介)에게 가죽을 되돌려줄 때 그 가죽의 머리가 서쪽으로 가도록 한 것을 남향이라고 할 것이니, 반드시 남향하도록 한 것은 도로 돌려주는 뜻을 분명히 하기 위해서일 뿐이다. 옳을지 모르겠다.

〔31.2〕 "식초와 육장(肉醬) 백 단지를 비의 양쪽에 진열한다.〔醯、醢百甕, 夾碑.〕"[172]라는 구절에 대해, 정현의 주에 "'비의 양쪽에 진열한다'는 것은 동서 양쪽에 진열한 생정(牲鼎)의 가운데에 진열하는 것이다.〔夾碑, 在鼎之中央也.〕"라고 하였다. 《주례》 〈추관(秋官) 장객(掌客)〉의 가공언의 소에서 이 정현의 주를 인용하면서 '정(鼎)'을 '정(庭)'으로 썼는데, 어느 것이 옳은지 자세하지 않다.

171 군주의……둔다 : 《의례경전통해》 〈빙례〉의 21번째 장인 개사적장에 보인다.
172 식초와……진열한다 : 《의례경전통해》 〈빙례〉의 24번째 장인 귀옹희장(歸饔餼章)에 보인다.

〔31.3〕 "쌀 백 광주리를 진열한다.〔米百筥.〕"[173]라는 구절에 대해, 가공언의 소에 "식초와 육장의 남북으로 가운데에 두는 것이다.〔在醯、醢之南北之中.〕"라고 하였는데, 이 구절은 자세하지 않다. 그 대체적인 뜻은, 쌀을 식초와 육장의 남쪽에 두는데 이 위치는 뜰의 남북으로 중앙에 해당됨을 말한다고 이른 듯하니, 그렇다면 비(碑)가 뜰에서 북쪽 가까이 있다는 것을 알 수 있다. 식초와 육장을 비의 양쪽에 진열하였으니, 식초와 육장 또한 생정(牲鼎) 줄의 첫머리가 비와 동일 선상에 위치하여 남쪽으로 진열한 것과 같이 비와 동일 선상에서 남쪽으로 진열해야 할 것이다. 그렇다면 생정 줄의 끝은 북쪽으로 비와 이미 멀리 떨어져 있는 것인데, 쌀은 그 생정 줄 끝의 남쪽에 있기 때문에 이렇게 말한 것일 뿐이다.

〔32〕 7월 7일 : 〈빙례(聘禮)〉 귀옹희장(歸饔餼章)의 '빈피변영대부(賓皮弁迎大夫)'~귀반명장(歸反命章)[174] 20판

〔32.1〕 "사신이 귀국하여 마침내 조정에 들어가 침문 밖 치조(治朝)에 빙문 간 나라에서 받은 예물을 늘어놓는다.〔乃入, 陳幣于朝.〕"[175]라는 구절에 대해, 가공언의 소에 "사신이 빙문 간 나라의 군주에게

173 쌀……진열한다 : 《의례경전통해》 〈빙례〉의 24번째 장인 귀옹희장에 보인다.

174 빙례(聘禮)……귀반명장(歸反命章) : '귀옹희장'은 《의례경전통해》 〈빙례〉의 24번째 장이며, '귀반명장'은 38번째 장이다.

175 사신이……늘어놓는다 : 《의례경전통해》 〈빙례〉의 38번째 장인 귀반명장에 보인다.

서 받은 폐백이 8번째 공식적으로 받은 예물이다.〔贈賄幣, 八也.〕"라고 하였다. '회(賄)'는 빙문을 받은 나라의 군주가 빙문을 보낸 군주에게 주는 것으로 빈(賓 사신)에게는 없는 폐백이니, 여기의 '증회폐(贈賄幣)'는 '귀국할 때 빙문국 근교에 이르러 전송의 의미로 받은 폐백〔郊贈幣〕'의 오류인 듯하다. 소에 또 이르기를 "상개는 귀국할 때 빙문국 근교에 이르러 전송의 의미로 받는 폐백이 없다.〔上介無郊贈幣.〕"라고 하였는데, 상개(上介)는 근교에 이르렀을 때 전송의 의미로 받는 폐백이 있으며 다만 '빙문국 교외에 도착했을 때 빙문국에서 일행을 맞이하여 위로하기 위해 보낸 폐백〔郊勞幣〕'이 없을 뿐이니, 그렇다면 여기의 '교증(郊贈)'은 '교로(郊勞)'의 오류일 듯하다.

〔32.2〕 "사신은 귀국하여 빙문 간 나라의 군주가 향례(享禮)의 보답으로 준 벽옥(璧玉)을 들고 마찬가지로 앞의 의절과 같이 고한다.〔禮玉亦如之.〕"[176]라는 구절에 대해, 가공언의 소에 "그 동쪽 상위에 있는 자는 '뒤쪽에서'라고 말할 필요가 없다.〔其在東上者, 不須云自後.〕"라고 하였는데, 이 단락은 알기가 어렵다. 사개(士介) 네 명이 가죽을 들고 북향하고 있으면 폐백을 받을 사(士)가 동쪽에서 와서 받기 때문에 사개의 동쪽 상위에 있는 자에 대해서는 곧바로 그 오른쪽에 나아가서 받는 것이며, 나머지 세 사람에 대해서는 그 오른쪽에 모두 사람이 있기 때문에 곧바로 나아가지 못하고 그 뒤쪽으로 나아간 것뿐이다.

176 사신은……고한다 : 《의례경전통해》 〈빙례〉의 38번째 장인 귀반명장에 보인다.

〔33〕 7월 8일 : 〈빙례(聘禮)〉 예문급녜장(禮門及禰章)~〈공사대부례(公食大夫禮)〉 계빈빈종장(戒賓賓從章)[177] 19판

〔33.1〕 "빙문 온 군주인 빈과 그 신하인 객에게 초상이 나면 이들은 주인 나라로부터 오직 꼴과 양식만 받는다.〔賓、客有喪, 唯芻、稍之受.〕"[178]라는 구절에 대해, 정현의 주에 "그 정례인 손례와 옹희례는 주인이 보내주면 받는다.〔其正禮飧、饔餼, 主人致之則受.〕"라고 하였다.[179] 앞 경문에 "사신이 이미 다른 나라의 국경에 들어선 경우, 군주의 부음을 알리는 자가 아직 이르지 않았으면 옹희례를 받고

177 빙례(聘禮)……계빈빈종장(戒賓賓從章) : '예문급녜장(禮門及禰章)'은 《의례경전통해》〈빙례〉의 39번째 장이다. 〈공사대부례(公食大夫禮)〉는 《의례경전통해》의 39번째 편명이자 《의례》의 9번째 편명으로, 빙문을 받은 나라의 군주가 빙문을 온 다른 나라의 사신에게 사례(食禮)를 거행하여 대접하는 예이다. 《의례경전통해》에는 이 앞에 38번째 〈빙의(聘義)〉가 있다. 《의례경전통해》〈공사대부례〉는 다음과 같이 모두 17장으로 이루어져 있다. (1)계빈빈종(戒賓賓從), (2)진기찬(陳器饌), (3)영빈즉위(迎賓卽位), (4)배지(拜至), (5)정조입(鼎俎入), (6)설정찬(設正饌), (7)빈제정찬(賓祭正饌), (8)설가찬(設加饌), (9)빈제가찬(賓祭加饌), (10)빈정식(賓正食), (11)유폐(侑幣), (12)졸식(卒食), (13)빈출(賓出), (14)배사(拜賜), (15)사상대부례(食上大夫禮), (16)불친사(不親食), (17)대부상사례(大夫相食禮)

178 빙문……받는다 : 《의례경전통해》〈빙례〉의 42번째 장인 사상장(私喪章) 기(記)에 보인다. 원출처는 《주례》〈추관(秋官) 장객(掌客)〉이다.

179 정현의……하였다 : 손례(飧禮)와 옹희례(饔餼禮)는 모두 빙례 때 빈객을 대접하는 예로, 정현의 주에 따르면 예를 다 갖추지 않은 소례(小禮)를 '손', 다 갖춘 대례(大禮)를 '옹희'라고 한다. 옹희례는 죽인 희생〔饔〕과 살아 있는 희생〔餼〕을 포함하여 꼴과 땔나무, 각종 곡식 등을 모두 갖추어 보내준다. 죽인 희생〔饔〕이란 익힌 고기〔飪〕와 생고기〔腥〕를 이른다.

향례와 사례는 받지 않으며, 부음을 알리는 자가 이르렀으면 오직 양식만 받는다.〔赴者未至, 則受禮, 不受饗、食; 赴者至, 則惟稍受之.〕"[180]라고 하였는데, 이에 근거하면 부음이 이른 뒤에는 손례와 옹희례 역시 받지 말아야 하니, 정현의 주는 근거한 것을 알지 못하겠다.

〔33.2〕"상복을 입고 개(介)의 뒤를 따라간다.〔衰而從之.〕"[181]라는 구절에 대해, 가공언의 소에 "귀국하여 군주에게 복명한 뒤 궁궐 문을 나와서는 조복을 벗고 길할 때 입는 심의로 도로 갈아입는다.〔反命, 出門去朝服, 還服吉時深衣.〕"라고 하였다. 이미 '길할 때 입는 심의(深衣)'라고 말했으면 초상 때 어떻게 심의를 입을 수 있겠는가. 경문에서 분명히 "상복을 입고 개(介)의 뒤를 따라간다."라고 하였고, 정현의 주에도 "이미 자최나 참최의 상복을 입었으니 오고 갈 때에 차마 드러내놓고 빨리 달려가지 못하는 것이다.〔已有齊斬之服, 不忍顯然趨於往來.〕"라고 하였는데, '길할 때 입는 심의로 도로 갈아입는다'는 것은 무슨 근거로 그렇게 말한 것인지 알지 못하겠다. 괴이하다.

〔33.3〕"주인이 빙문을 와서 죽은 사신을 위해 예와 예물을 보내주는

180 사신이……받는다 : 《의례경전통해》 〈빙례〉의 41번째 장인 빙군훙장(聘君薨章)에 보인다.

181 상복을……따라간다 : 《의례경전통해》 〈빙례〉의 42번째 장인 사상장(私喪章)에 보인다.

데 반드시 죽은 자를 위해 쓰일 수 있는 것으로 한다.〔主人歸禮、幣, 必以用.〕"[182]라는 구절에 대해, 가공언의 소에 "옹희례(饔餼禮)와 손례(飧禮)[183] 때의 방과 비단이다.〔饔飧紡帛.〕"라고 하였다. 옹희례와 손례 때의 폐백은 애초에 없고, 방(紡)은 오직 빙문을 보낸 군주에게 선물로 줄 때에만 다섯 필의 백색 세견(細絹)을 사용할 뿐이니, 의심스럽다.

〔34〕 7월 9일 : 〈공사대부례(公食大夫禮)〉 진기찬장(陳器饌章)~〈공사대부의(公食大夫義)〉 끝[184] 25판

〔34.1〕 "음식을 묘문(廟門) 밖 동쪽에서 익힌다.〔亨于門外東方.〕"[185] 라고 하였는데, 앞에서 정(鼎)을 묘문과 마주 보는 곳에 진열하였으니,[186] 혹시 진열하는 장소와 익히는 장소가 자리를 달리하는 것인가? 빈(賓)이 대문 왼쪽으로 들어와 공(公)과 빈이 절할 때에 모두

182 주인이……한다 : 《의례경전통해》 〈빙례〉의 43번째 장인 빈개졸장(賓介卒章)에 보인다. '주인'은 빙문을 받은 나라의 군주이다.

183 옹희례(饔餼禮)와 손례(飧禮) : 79쪽 주179 참조.

184 공사대부례(公食大夫禮)……끝 : '진기찬장(陳器饌章)'은 《의례경전통해》 〈공사대부례〉의 2번째 장이다. 〈공사대부의(公食大夫義)〉는 《의례경전통해》의 40번째 편명으로, 장 구분이 없다.

185 음식을……익힌다 : 《의례경전통해》 〈공사대부례〉의 2번째 장인 진기찬장 기(記)에 보인다.

186 앞에서……진열하였으니 : 《의례경전통해》 〈공사대부례〉 진기찬장에 "전인이 정 일곱 개를 진열하는데, 묘문과 마주 보는 곳에 서쪽을 상위로 하여 남향으로 진열한다.〔甸人陳鼎七, 當門, 南面西上.〕"라는 내용이 보인다.

위치와 방향을 말하지 않았으나,[187] 〈빙례(聘禮)〉에 근거하면 빈(擯)의 자리가 대문의 말뚝〔闑〕 동쪽에 있으니[188] 공 역시 대문 안의 동쪽에 있어야 한다. 그렇지 않으면 혹 대문과 마주 보는 곳에 남향하고 있을 수도 있으며, 빈은 대문 왼쪽으로 들어가서 북향한다. 양복(楊復)의 《의례도》에는 공과 빈이 모두 묘문 서쪽에서 남향하고 절하도록 되어 있으니,[189] 옳지 않은 듯하다.

〔34.2〕 "주인 나라의 경대부들은 동협의 남쪽에 선다.〔大夫立于東夾南.〕"[190]라는 구절은, 이것은 당 아래에 서는데 위로 동협과 동일 선

187 빈(賓)이……않았으나 : 《의례경전통해》 〈공사대부례〉 3번째 장인 영빈즉위장(迎賓卽位章)에 "공이 빈과 같은 조복(朝服)을 입고 빈을 대문 안에서 맞이한다. 빈(擯)인 대부가 빈을 인도하여 맞아들인다. 빈이 대문의 왼쪽(서쪽)으로 들어가면 공이 재배한다. 빈이 공의 절을 피하고 재배계수한다. 공이 읍을 하고 빈을 인도하여 각 문에 먼저 들어가면 빈이 따라 들어간다. 묘문에 이르러 공이 읍을 하고 들어가면 빈이 들어가 세 번 읍을 한다.〔公如賓服, 迎賓于大門內. 大夫納賓. 賓入門左, 公再拜. 賓辟, 再拜稽首. 公揖入, 賓從. 及廟門, 公揖入, 賓入三揖.〕"라는 내용이 보인다. '빈(擯)'은 군주를 대신하여 빈(賓)을 맞이하는 사람이다.

188 빙례(聘禮)에……있으니 : 《의례경전통해》 〈빙례〉 15번째 장인 행빙례장(行聘禮章) 정현의 주에 "빈이 궁궐의 외조(外朝) 밖에 마련된 차(次)에서 나와 대문의 말뚝 서쪽에서 북향한다. 상빈(上擯)이 대문의 말뚝 동쪽, 문지방의 바깥쪽에서 서향한다.〔賓出次, 直闑西, 北面. 上擯在闑東閾外, 西面.〕"라는 내용이 보인다.

189 양복(楊復)의……있으니 : 다음 그림은 송나라 양복의 《의례도(儀禮圖)》 권9에 실린 〈진기찬급영빈즉위도(陳器饌及迎賓卽位圖)〉이다. 그림을 보면 대문 밖 서쪽에 위 주187에 보이는 〈공사대부례〉의 경문이 실려 있는데, 이는 행례의 위치라기보다 설명에 가까워 공(公)과 빈(賓)이 모두 대문 밖 서쪽에서 절을 하였다고 보기는 어려울 듯하다.

상에 있다고 말한 것뿐이다. 이 때문에 정현의 주에 "'동협의 남쪽'은 동서상의 위치를 말한 것이다.〔東夾南, 東西節也.〕"라고 한 것이다. 만약 당 위라고 한다면 이것은 바로 동상(東箱)이다. 아래 경문에서 빈정식(賓正食) 때 공이 읍을 하고 동상으로 물러가니,[191] 대부가 어찌 그곳에 서 있을 수 있겠는가. 양복(楊復)의 《의례도》[192]는 틀린

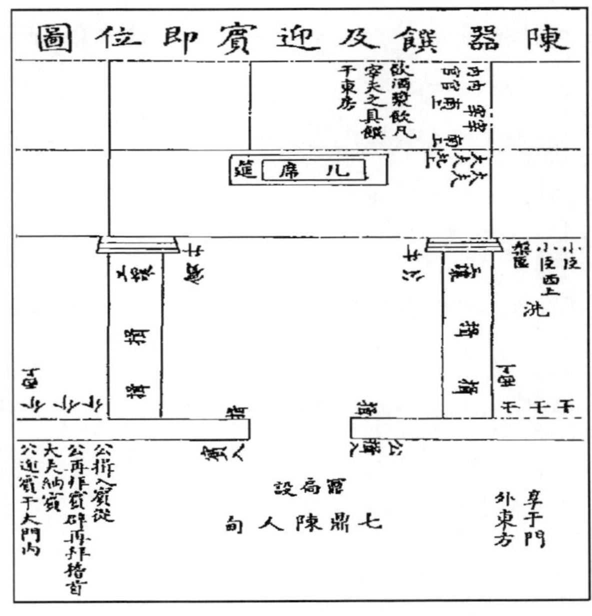

190 주인……선다 : 《의례경전통해》 〈공사대부례〉 3번째 장인 영빈즉위장(迎賓卽位章)에 보인다.

191 빈정식(賓正食)……물러가니 : 《의례경전통해》 〈공사대부례〉 10번째 장인 빈정식장(賓正食章)에 보인다.

192 양복(楊復)의 의례도 : 82쪽 주189의 〈진기찬급영빈즉위도(陳器饌及迎賓卽位圖)〉를 보면 당 위 동상(東箱) 서쪽에 "대부가 북쪽을 상위로 하여 선다.〔大夫北上.〕"라는 글과 함께 서향하도록 되어 있다.

듯하다.

〔34.3〕 "재는 동협의 북쪽에 남쪽을 상위로 하여 서향한다.〔宰東夾北, 西面, 南上.〕"[193]라는 구절에 대한 정현의 주에 "'재'는 재부의 부류이다.〔宰, 宰夫之屬也.〕"라고 하였고, 다음 경문의 "재가 오른손으로 등을 든다.〔宰右執鐙.〕"[194]라는 구절에 대한 정현의 주에 또 이르기를 "'재'는 태재이니, 재부의 장이다.〔宰, 太宰, 宰夫之長也.〕"라고 하였다. 여기의 태재(太宰)가 이미 동협(東夾)의 자리에 함께 있다면 어떻게 재부의 부류로 이를 총괄할 수 있겠는가. 앞 경문의 '동협의 남쪽〔東夾南〕'이 당 아래였다면[195] 여기의 '동협의 북쪽〔東夾北〕' 역시 당 아래가 되어야 한다. 다시 살펴야 할 것이다.

〔34.4〕 동협(東夾)의 제도는 매우 명확하지 않다. 양복(楊復)의 〈침묘변명도(寢廟辨名圖)〉에는 동협이 동방(東房)의 동쪽에 있는데,[196] 여기 〈공사대부례〉의 "주인 나라의 경대부들은 동협의 남쪽에 선다.〔大夫立東夾南.〕"[197]라는 구절에 대한 가공언의 소에는 "서의 서

193 재(宰)는……서향한다 : 《의례경전통해》 〈공사대부례〉 3번째 장인 영빈즉위장(迎賓卽位章)에 보인다.

194 재(宰)가……든다 : 《의례경전통해》 〈공사대부례〉 6번째 장인 설정찬장(設正饌章)에 보인다. '등(鐙)'은 정현의 주에 따르면 와두(瓦豆)이다.

195 앞……아래였다면 : 82쪽 〔34.2〕 참조.

196 양복(楊復)의……있는데 : 다음 그림은 양복의 《의례도(儀禮圖)》에 보이는 〈침묘변명도(寢廟辨名圖)〉이다. 동방(東房) 동쪽에 동협실(東夾室)이, 서방(西房) 서쪽에 서협실(西夾室)이 그려져 있다.

쪽은 정당이고, 서의 동쪽은 협실이다.〔序西爲正堂, 序東爲夾室.〕" 라고 하였다. 이에 근거하면 동협은 바로 서(序 당 위의 가벽)의 동쪽에 있고 방(房)의 동쪽에 있는 것이 아니다.

아래 경문의 "공은 읍하고 상으로 물러난다.〔公揖, 退于箱.〕"[198]라는 구절에 대한 정현의 주에 "'상'은 동협의 앞에 있으니, 일을 대기하는 곳이다.〔箱, 東夾之前, 俟事之處.〕"라고 하고, 《이아(爾雅)》 곽씨(郭氏 곽박(郭璞))의 주에도 또한 "상(箱)은 협실 앞의 당이다.〔夾室

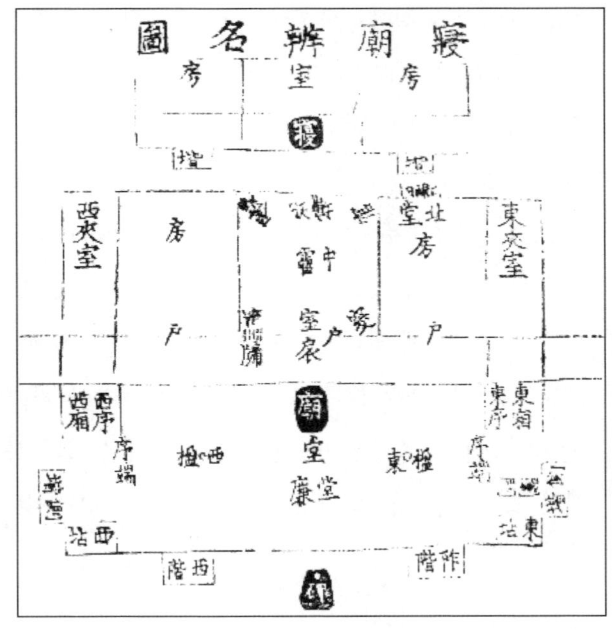

197 주인……선다 : 《의례경전통해》 〈공사대부례〉 3번째 장인 영빈즉위장(迎賓卽位章)에 보인다.

198 공은……물러난다 : 《의례경전통해》 〈공사대부례〉 10번째 장인 빈정식장(賓正食章)에 보인다.

前堂.〕"라고 하였다.[199] 이것은 동상(東箱)이니, 또한 동당(東堂)이라고도 한다. 이에 근거하면 동협의 남쪽은 당이 되며 동상이 된다.

〈특생궤식례(特牲饋食禮)〉의 "두·변·형을 동방에 진열한다.〔豆、籩、鉶在東房.〕"라는 구절에 대한 정현의 주에 "'동방'은 방 안의 동쪽이니, 협실의 북쪽 동일 선상에 있다.〔東房, 房中之東, 當夾北.〕"라고 하고, 여기 〈공사대부례〉의 "재는 동협의 북쪽에서 서향한다.〔宰東夾北, 西面.〕"[200]라는 구절에 대한 가공언의 소에 "'동협의 북쪽에서 서향한다.'라는 것은 북당의 남쪽, 협실과 마주 보는 곳에 있다는 말이다.〔東夾北西面者, 謂在北堂之南, 與夾室相當.〕"라고 하였는데, '북당(北堂)'이라는 것은 〈사혼례(士昏禮)〉 정현의 주에서 "방의 중반 북쪽이다.〔房中半以北.〕"라고 하였으니, 이에 근거하면 동협의 북쪽은 또 당이 되며 서쪽으로 방과 통한다. 그러므로 혹 '동방(東房)'이라고도 하고 혹 '북당'이라고도 하는 것이다.

다만 〈특생궤식례〉의 '두·변·형' 구절에 대한 가공언의 소에 "협실은 동방의 반 이남으로 만드니, 벽 밖으로 멀리 바라보면 동방은 협실의 북쪽 동일 선상에 있다.〔夾室半以南爲之, 以壁外相望, 則當夾北也.〕"라고 하고, 또 이르기를 "협실은 방의 남동쪽에 가까이 있기 때문에 정현의 주에서 '동방은 방 안의 동쪽이니, 협실의 북쪽 동일 선상에 있다.'라고 한 것이다.〔夾室在房近南東, 故云房中之東當夾

199 이아(爾雅)……하였다 : 《이아》 〈석궁(釋宮)〉의 "실에 동상과 서상이 있는 것을 '묘'라 하고, 동상과 서상은 없고 실이 있는 것을 '침'이라고 한다.〔室有東西廂曰廟. 無東西廂, 有室曰寢.〕"라는 구절에 대한 곽박(郭璞)의 주에 보인다.

200 재(宰)는……서향한다 : 84쪽 〔34.3〕 참조.

北.]"라고 하였으니,[201] 이에 근거하면 협실은 반은 방의 동쪽에 있고 반은 서(序)의 동쪽에 있는 것이다. 그리하여 그 북쪽 벽은 방의 중반 이남에 있고, 그 벽 북쪽의 당은 또 방과 통하지 않고 벽이 있어서 분리되어 있는 것이다. 이와 같다면 앞의 설과 조금 다르게 된다.[202] 마땅히 다시 자세히 살펴야 할 것이다.

〔34.5〕 정조입장(鼎俎入章)[203]은 마땅히 〈특생궤식례〉·〈소뢰궤식례〉와 함께 참조하여 보아야 한다.

〔34.6〕 "재부(宰夫)가 찰기장과 메기장을 담은 궤의 뚜껑을 열어 각각 그 서쪽에 뒤집어놓는다.〔啓簋會, 各却于其西.〕"[204]라는 구절에 대해, 가공언의 소에 "궤의 뚜껑은 여섯 개이니, 둘씩 둘씩 겹쳐서 뒤집어 각각 그 궤의 서쪽 두 곳에 둔다.〔簋蓋有六, 兩兩相重而仰之, 各當其簋之西爲兩處.〕"라고 하였다. 여섯 개의 뚜껑을 둘씩 둘씩 겹치면 마땅히 세 곳이 되어야 할 것이니, '두 곳〔兩處〕'이라고 한 것은

201 또……하였으니 : 저본에는 '남동(南東)'이 '동남(東南)', '협북(夾北)'이 '협지북(夾之北)'으로 되어 있으나, 통행본 《의례경전통해속》 권17 〈특생궤식례〉 및 《의례주소》 〈특생궤식례〉에 근거하여 바로잡아 번역하였다.

202 앞의……된다 : 동협 북쪽의 당이 서쪽으로 방과 통한다는 설과 다르다는 말이다.

203 정조입장(鼎俎入章) : 《의례경전통해》 〈공사대부례〉의 5번째 장이다.

204 재부(宰夫)가……뒤집어놓는다 : 《의례경전통해》 〈공사대부례〉 6번째 장인 설정찬장(設正饌章)에 보인다. 빈(賓)을 위한 정찬(正饌)에 부추 절임〔韭菹〕과 육장〔醓醢〕, 창포 뿌리〔昌本〕와 고라니 고기 젓갈〔麋臡醢〕, 순무 절임〔菁菹〕과 사슴 고기 젓갈〔鹿臡醢〕 등 모두 6두(豆)를 진설한다.

자세하지 않다.

〔34.7〕 "부추 절임을 취하여 젓갈에 두루 찍어 고수레한다.〔取韭菹以辯擩于醢.〕"[205]라는 구절에서, 단지 부추 절임만 취하였다면 '두루〔辯〕'라고 해서는 안 된다. 그러나 또한 단지 부추 절임만 고수레하는 의리도 없으니, 혹시 먼저 취하는 것은 이 부추 절임에 있고 그다음으로 여러 채소 절임을 취하는 것인가? 이미 절임을 젓갈에 찍었다면, 곧바로 이것이 또한 젓갈을 고수레하는 것이어서 이를 위해 별도의 고수레를 하지 않는 것인가? 만일 그렇다면 그 찍는 채소 절임 역시 각각 마땅한 젓갈이 있어서 여러 젓갈에 두루 찍는 것인가? 다음 경문의 "상형의 채소를 숟가락으로 떠서 두루 찍는다.〔扱上鉶以柶, 辯擩之.〕"[206]라는 구절에 대해, 가공언의 소에 "이때 형이 네 개이나 빈을 넉넉히 대우하기 때문에 하나의 숟가락을 사용하는 것이다.〔此有四鉶, 而優賓, 故用一柶.〕"라고 하였다. 이에 근거하면 비록 네 개의 형이 있더라도 단지 상형(上鉶)의 채소만 고수레하는 것인가? 만일 그렇다면 또 어떻게 '두루 찍는다'라고 말할 수 있겠는가.

205 부추……고수레한다 : 《의례경전통해》 〈공사대부례〉 7번째 장인 빈제정찬장(賓祭正饌章)에 보인다.

206 상형(上鉶)의……찍는다 : 《의례경전통해》 〈공사대부례〉 7번째 장인 빈제정찬장에 보인다. 빈(賓)을 위한 정찬(正饌)에, 양고기 육수에 채소를 넣어 끓인 국 즉 양형(羊鉶)과, 돼지고기 육수에 채소를 넣어 끓인 국 즉 시형(豕鉶)을 각각 두 개씩 모두 4형(鉶)을 진설한다. '형'은 채소국을 담는 그릇으로, '상형'은 이 가운데 양형을 말한다.

〔34.8〕“소·양·돼지의 세 희생의 폐를 중앙이 떨어지지 않도록 자른다.〔三牲之肺不離.〕”[207]라는 구절에 대해, 정현의 주에 “이 거폐를 중앙이 떨어지지 않도록 하여 자르는 것은 빈이 고수레할 때 편리하게 하기 위해서이다. 이폐를 고수레하는 경우, 폐의 끝을 잘라 고수레한다.〔此擧肺不離而刌之, 便賓祭也. 祭離肺者, 絶肺祭也.〕”라고 하였다. 내 생각에, 이폐(離肺)는 자르지 않기 때문에 사람이 이를 잘라서 고수레해야 한다. 그러나 촌폐(刌肺)로 말하면 이미 잘려 있기 때문에 다시 자를 일이 없으니, 이것이 촌폐가 고수레하기에 편리한 이유이다.[208] 가공언의 소에 “고수레하려고 할 때에 그 끝을 잘라서 고수레하니 이 점은 제폐와 다르다.〔將祭之時, 絶末以祭之, 與祭肺異也.〕”라고 하였는데, 참으로 그러한지 알지 못하겠다.

〔34.9〕“가장 먼저 음식을 올렸던 사(士) 한 사람〔先者一人〕”[209]이라

207 소·양·돼지의……자른다 : 《의례경전통해》〈공사대부례〉 7번째 장인 빈제정찬장(賓祭正饌章)에 보인다.

208 내……이유이다 : 저자는 정현의 주를 “이 거폐는 분리되지 않도록 하며, 폐를 자르는 것은 빈이 고수레할 때 편리하게 하기 위해서이다.〔此擧肺不離, 而刌之便賓祭也.〕”라고 본 것이다. 그러나 이것은 바로 앞 정현의 주에 “경문의 ‘폐불리(肺不離)’는 자른다〔刌〕는 뜻이다. 그런데 ‘자른다〔刌〕’고 하지 않은 것은 자른다고 하면 제폐가 되기 때문이다.〔肺不離者, 刌之也. 不言刌, 刌則祭肺也.〕”라고 한 것과, 가공언의 소에 “정현의 주에서 ‘「자른다」고 하지 않은 것은 자른다고 하면 제폐가 되기 때문이다.’라고 한 것은, 자른다는 점에서는 제폐와 똑같지만 실은 거폐라는 것이다.〔云不言刌, 刌則祭肺也者, 是與祭肺同, 其實擧肺.〕”라고 한 것을 모두 살피지 않음으로 인해 생긴 오해로 보인다. 폐의 종류에 대해서는 18쪽 주19 참조.

209 가장……사람 : 《의례경전통해》〈공사대부례〉 8번째 장인 설가찬장(設加饌章)

는 구절에 대해, 정현의 주에 "반드시 '쌀밥의 남쪽'이라고 말한 것은 각종 음식을 가찬(加饌)으로 올릴 때 정찬(正饌)의 두와 나란히 두지 않음을 밝힌 것이다.〔必言稻南者, 明庶羞加, 不與正豆倂也.〕"라고 하였다. 앞에서 정찬의 두(豆)를 첫 줄에 진설했는데 여기 경문에서 '쌀밥의 남쪽'이라고 하였으니 바로 둘째 줄이다. 이것은 바로 정찬의 두와 나란히 진설하지 않은 것이다.[210] 가공언의 소에서 해석한 것은 분명하지 않은 듯하다.[211]

에 "재부가 공에게 차조밥을 건네주면 공이 이것을 태갱읍(太羹湆)의 서쪽에 진설한다.……재부가 쌀밥을 차조밥의 서쪽에 올린다.……사(士)가 각종 음식을 올린다.……가장 먼저 음식을 올리는 사(士) 한 사람이 당에 올라가 각종 음식을 쌀밥의 남쪽, 찰기장밥과 메기장밥을 담은 궤의 서쪽에 진설하는데, 이때 진설하는 음식과 동쪽의 궤 사이로 사람이 다닐 수 있을 만큼 떨어진 곳에 진설한다.〔宰夫授公飯粱, 公設之于湆西.……宰夫膳稻于粱西.……士羞庶羞.……先者一人升, 設于稻南簋西, 間容人.〕"라는 내용이 보인다.

210 앞에서……것이다 : 정찬의 진설과 관련된 경문은 다음과 같다. "재부가 동방에서 6두를 가지고 와서 올리는데 초장의 동쪽에 서쪽을 상위로 하여 진설한다. 부추 절임을 가장 서쪽에 진설하고, 그 동쪽에 육장과 창포 뿌리를 진설하며, 창포 뿌리 남쪽에 고라니 고기 젓갈을 진설하고, 그 서쪽에 순무 절임과 사슴 고기 젓갈을 진설한다. 사(士)가 조(俎)를 두(豆)의 남쪽에 서쪽을 상위로 하여 진설한다.……재부가 찰기장밥과 메기장밥이 든 궤 여섯 개를 조의 서쪽에 진설하는데, 둘씩 짝을 맞추어 동북쪽을 상위로 하여 나란히 진설한다. 찰기장밥을 쇠고기를 담은 조 옆에 진설하고 찰기장밥 서쪽에 메기장밥을 진설한다.〔宰夫自東房薦豆六, 設于醬東, 西上: 韭菹, 以東醓醢、昌本, 昌本南麋臡, 以西菁菹、鹿臡. 士設俎于豆南, 西上.……宰夫設黍稷六簋于俎西, 二以並, 東北上. 黍當牛俎, 其西稷.〕" 이에 근거하면 6두는 동쪽에 3두씩 남북으로 두 줄에 걸쳐 진설하며, 찰기장밥과 메기장밥은 그 남쪽인 세 번째 줄에 진설한다. 쌀밥은 초장과 함께 서쪽 첫 줄에 진설하기 때문에 곧바로 '쌀밥의 남쪽'이라고만 하면 각종 음식을 두 번째 줄의 두(豆)와 나란히 진설하게 된다. 저본의 내용은 6두를 두 줄로 진설하는 것을 놓친 듯하다.

〔34.10〕 "일반적으로 고기구이에는 장이 없다.〔凡炙無醬.〕"[212]라는 구절에서, 여기의 '장(醬)'은 "맞는 장을 얻지 못하면〔不得其醬〕"[213]의 '장'과 같다.

〔34.11〕 "빈(賓)이 차조밥을 취하고 또 쌀밥에 나아가 취한다.〔取粱卽稻.〕"[214]라는 것은, 앞의 경문에서 먼저 찰기장밥을 취하고 다음에 메기장밥을 취하는 것과 같다.[215]

211 가공언의……듯하다 : 가공언의 소는 다음과 같다. "찰기장밥과 메기장밥 서쪽의 북쪽 가까운 곳에 쌀밥이 있기 때문에 각종 음식을 찰기장밥과 메기장밥의 서남쪽에 진설하되 남쪽으로 진설하는 것이니, 이것은 쌀밥·차조밥과 각종 음식이 모두 가찬(加饌)이기 때문에 남북으로 이어서 진설하되 정찬(正饌)인 찰기장밥과 메기장밥의 서쪽에 진설하는 것이며, 아래로 정찬의 두와 나란히 되지 않게 진설하는 것이다.〔以其黍稷西之近北有稻, 故庶羞設黍稷西南, 南陳之, 是稻粱與庶羞俱是加, 故南北相繼, 而在黍稷正饌之西, 是下不與正豆併也.〕"

212 일반적으로……없다 : 《의례경전통해》 〈공사대부례〉 8번째 장인 설가찬장(設加饌章) 기(記)에 보인다.

213 맞는……못하면 : 《논어》 〈향당(鄉黨)〉에 "고기를 자른 것이 반듯하지 않으면 먹지 않았고, 그 고기에 맞는 장을 얻지 못하면 먹지 않았다.〔割不正不食, 不得其醬不食.〕"라는 구절이 보인다.

214 빈(賓)이……취한다 : 《의례경전통해》 〈공사대부례〉 9번째 빈제가찬장(賓祭加饌章)에 보인다.

215 앞의……같다 : 《의례경전통해》 〈공사대부례〉 8번째 장인 설가찬장(設加饌章)에 "찬자가 동향하고 앉아서 오른손으로 찰기장밥을 취하여 왼손으로 옮기고 다시 오른손으로 취하여 세 개의 궤(簋)에 담긴 찰기장밥을 두루 취한다. 또 세 개의 궤에 담긴 메기장밥을 두루 취하여 왼손으로 옮긴다. 그리고 이것을 모두 오른손으로 되돌려 쥐고 일어나서 빈에게 준다.〔贊者東面坐, 取黍實于左手辯, 又取稷辯, 反于右手, 興以授賓.〕"라는 내용이 보인다.

〔34.12〕 "다시 정찬(正饌)인 찰기장밥과 메기장밥을 아홉 번 먹을 때에는 정찬의 초장과 태갱읍(太羹湆)을 먹지 않는다.〔不以醬、湆.〕"[216]라는 구절에 대해, 정현의 주에 "뒤에 태갱읍을 말한 것은 혹 때로는 뒤에 태갱읍을 먹기도 하기 때문이다.〔後言湆, 或時後用.〕"라고 하였다. 이것은 식사하는 법이 태갱읍을 먼저 먹고 초장을 뒤에 먹는데 때로는 태갱읍을 뒤에 먹기도 한다는 것을 말한 것이다. 가공언의 소의 설[217]은 분명하지 않다.

〔34.13〕 "상대부는 각종 음식을 먹을 때〔上大夫庶羞〕"[218]라는 구절에 대해, 정현의 주에 "각종 음식을 먹는 것이다.〔食庶羞.〕"라고 하였는데, 가공언의 소에서는 "다시 밥을 더 먹을 때 각종 음식을 먹을 수 있다는 것이다.〔食加飯之時, 得兼食庶羞.〕"라고 하였다. 앞의 주에서 다시 밥을 더 먹을 때에는 가찬의 각종 음식을 먹지 않는다고 한 것[219]에 근거하면 이것은 상대부이기 때문에 예를 달리한 것인가?

216 다시……않는다 : 《의례경전통해》 〈공사대부례〉 12번째 장인 졸식장(卒食章)에 보인다. 일반적으로 '밥을 한 번 먹는다〔一飯〕'는 것은, 손으로 한 번 밥을 떠서 먹고, 태갱읍을 한 입 마시고, 조(俎)에 담긴 고기를 장에 찍어 한 입 먹는 것을 말한다.

217 가공언의 소의 설 : 가공언의 소는 다음과 같다. "앞의 경문에서 '빈이 가찬인 차조밥과 쌀밥으로 세 번 밥을 먹을 때 정찬인 태갱읍과 초장을 곁들여 먹는다.'라고 하였는데, 먼저 태갱읍을 말하고 뒤에 초장을 말한 것은 먼저 태갱읍을 먹는다는 것이며, 여기에서 태갱읍을 뒤에 말한 것은 혹은 먼저 밥을 세 번 먹고 뒤에 태갱읍을 먹기도 하기 때문에 글을 쓸 때 선후를 둔 것이다.〔前文賓三飯以湆醬, 先言湆, 後言醬, 是先用湆, 此後言湆, 或容前三飯後用湆, 故作文有先後也.〕"

218 상대부는……때 : 《의례경전통해》 〈공사대부례〉 15번째 장인 사상대부례장(食上大夫禮章) 기(記)에 보인다.

그러나 정현의 주와 뜻이 어긋난다.

〔34.14〕 "뜰에 진열하는 예물은 비의 바깥쪽(남쪽)에 진열한다.〔庭實陳于碑外.〕"[220]라는 구절에 대해, 정현의 주에 "뜰을 3등분했을 때 남쪽 3분의 1 되는 곳에 진열하지 않은 것은, 보내줌을 말한 것이니 의당 안쪽에 가깝게 해야 하기 때문이다.〔不參分庭一在南者, 以言歸, 宜近內.〕"라고 하였다. '귀(歸)'는 "주인 나라의 군주가 사신에게 옹과 희를 보내준다.〔歸饔餼.〕"[221]라고 할 때의 '귀'이니, 이 예는 음식을 보내주는 것에 중점을 두며, 음식을 대접하는 것은 의당 사람에게 가깝게 해야 하기 때문이다. 가공언의 소에서 "빈과 함께 바깥쪽을 향하는 것이다.〔與賓向外.〕", "빈과 함께 안으로 들이는 것이다.〔與賓入內.〕"라는 설[222]은 그 뜻이 자세하지 않다.

219 앞의……것 : 〔34.12〕의 경문에 대한 정현의 주에 "더 이상 정찬을 먹지 않는다는 것이다. 처음에 밥을 더 먹을 때에는 정찬을 먹고, 여기에서 정찬을 먹을 때에는 가찬의 서수를 먹는 것은 서로 예를 이루어준 것이다.〔不復用正饌也. 初時食加飯用正饌, 此食正飯用庶羞, 互相成也.〕"라는 구절을 가리킨다.

220 뜰에……진열한다 : 《의례경전통해》〈공사대부례〉 16번째 장인 불친사장(不親食章)에 보인다.

221 주인……보내준다 : 《의례경전통해》〈빙례〉 24번째 장인 귀옹희장(歸饔餼章)에 보인다. '옹희'는 79쪽 주179 참조.

222 가공언의……설 : 가공언의 소는 다음과 같다. "뜰에 예물을 진열하는 올바른 법은 모두 뜰을 3등분했을 때 남쪽 3분의 1 되는 곳에 진열하는 것이니, 〈사혼례 기〉에서 납징에 사슴 가죽을 바칠 때 이렇게 하였다. 지금 '비의 바깥쪽'이라고 하여 비를 기준으로 말한 것은 북쪽에 가깝게 진열한다는 것이다. 저 〈사혼례〉에서는 주인의 뜰에 진열하는 것이어서 빈과 함께 바깥쪽을 향할 것을 상정하였기 때문에 남쪽에 가깝게 진열한 것이고, 여기에서는 객관에 진열하는 것이어서 빈과 함께 안으로 들일 것을 상정하였기

〔35〕 7월 10일 : 〈제후상조례(諸侯相朝禮)〉 처음~〈제후상조의(諸侯相朝義)〉[223] 15판

〔35.1〕 "중간에 오랫동안 일이 없을 때 제후국들 간에 서로 빙문한다.〔殷相聘.〕"[224]라는 구절에 대해 정현의 주와 가공언의 소[225]는 모두 분명하지 않다. 만약 12년마다 한 번 은현(殷見)할 때[226]라고 한다

때문에 정현이 '보내줌을 말한 것이기 때문에 안쪽에 둔 것이다.'라고 한 것이다.〔庭實正法, 皆參分庭一在南而陳之, 昏禮記納徵執皮者是也. 今云碑外, 繼碑而言, 是近北矣. 彼陳於主人之庭, 擬與賓向外, 故近南, 此陳於客館, 擬與賓入內, 故鄭云以言歸, 故在內也.〕"

223 제후상조례(諸侯相朝禮)……제후상조의(諸侯相朝義) : 〈제후상조례〉와 〈제후상조의〉는 각각 《의례경전통해》의 41번째 편명과 42번째 편명으로, 모두 장 구분이 없다.

224 중간에……빙문한다 : 《의례경전통해》 〈제후상조례〉에 보인다. 원출처는 《주례》 〈추관(秋官) 대행인(代行人)〉이다.

225 정현의……소 : 정현의 주에 "'은(殷)'은 '중간'이라는 뜻이다. 오랫동안 일이 없으면 또 함께 조현하는 제후들이 왔을 때에 서로 빙문하는 것이다.〔殷, 中也. 久無事, 又於殷朝者及而相聘也.〕"라고 하였고, 가공언의 소에 "《예기》 〈빙의〉와 〈왕제〉에서는 모두 '제후들은 3년에 한 번 천자에게 경을 사신으로 보내 대빙을 한다.'라고 하였는데 여기에서 '삼년(三年)'이라 하지 않고 '은(殷)'이라고 한 것은, 중간에 오랫동안 일이 없어 함께 조현하는 제후들이 왔을 때에 마찬가지로 서로 빙문하는 것을 보여주고자 해서 '은'이라 하고 '삼년'이라 하지 않은 것이다.〔聘義、王制皆云三年一大聘, 此不言三年, 而云殷者, 欲見中間久無事, 及殷朝者來及, 亦相聘, 故云殷, 不云三年也.〕"라고 하였다.

226 12년마다……때 : 주(周)나라 제도에 천자는 일이 없으면 12년마다 한 번 6복(服)의 제후들을 두루 순수한다. 그러나 일이 있으면 제후들이 천자에게 가서 조현하는데, 봄에는 동방 6복의 제후들이, 여름에는 남방 6복의 제후들이, 가을에는 서방 6복의 제후들이, 겨울에는 북방 6복의 제후들이 함께 알현하기 때문에 이러한 알현을 '은현(殷

면《예기》〈왕제(王制)〉와 〈빙의(聘義)〉에서 논한 햇수[227]에 비추었을 때 간격이 너무 뜨고, 1년 안에 이미 천자를 조현하였는데 또 각각 서로 빙문하는 것이라고 하면 또한 형세상 행하기 어려운 것이다.

〔35.2〕 "빙문 간 군주는 빈관(賓館)에서 주인 나라의 군주가 보낸 사신을 맞이할 때 빈자(擯者)를 늘어세운다.〔旅賓.〕"[228]라는 구절의 '려(旅)'를 정 사농(鄭司農 정중(鄭衆))은 "태산에 여제를 지냈다.〔旅於泰山.〕"라고 할 때의 '려(旅)'와 같이 읽었다.[229] '려태산(旅泰山)'을 옛날에는 어떻게 해석하였기에 여기에 인용하였는지 알지 못

見)'이라고 한다. 6복의 제후는 왕기(王畿) 밖의 제후국을 왕기와의 거리에 따라 5백리마다 6등급으로 구분한 것으로,《주례》〈추관(秋官) 대행인(大行人)〉에 따르면 후복(侯服)·전복(甸服)·남복(男服)·채복(采服)·위복(衛服)·요복(要服)을 이른다. 각각 1년·2년·3년·4년·5년·6년마다 왕에게 조현한다.

227 예기……햇수 :《예기》〈왕제(王制)〉에 "제후는 천자에 대해 매년 한 번 소빙을 하고, 3년마다 한 번 대빙을 하고, 5년마다 한 번 조현을 한다.〔諸侯之於天子也, 比年一小聘, 三年一大聘, 五年一朝.〕", 〈빙의(聘義)〉에 "그러므로 천자가 제후를 위하여 이 예를 만들어주되, 매년 소빙을 하고 3년마다 대빙을 하도록 한다.〔故天子制諸侯, 比年小聘, 三年大聘.〕"라는 내용이 보인다.

228 빙문……늘어세운다 :《의례경전통해》〈제후상조례(諸侯相朝禮)〉에 보인다. 원출처는《주례》〈추관(秋官) 사의(司儀)〉이다.

229 정 사농(鄭司農)은……읽었다 : 해당 경문에 대한 정현의 주에서 정중(鄭衆)의 "'려'는 '태산에 여제를 지냈다.'라는 구절의 '려'와 같이 읽는다.〔旅, 讀如旅於泰山之旅.〕"라는 설을 인용한 것이다. '태산에 여제를 지냈다.'라는 것은《논어》〈팔일(八佾)〉에 "계씨가 태산에 여제를 지냈다.〔季氏旅於泰山.〕"라는 구절로, 이것은 주희의 주에 따라 해석한 것이다.

하겠다.

〔35.3〕 "빙문 간 군주가 주인 나라의 군주에게 예물을 드릴 때〔及將幣〕"라는 구절에서,[230] 가공언의 소에 "어떻게 주인이 다시 답배할 수 있겠는가.〔何得主人再答拜?〕"라고 하였다. '답(答)'은 《주례》에는 '도(度)'로 되어 있다.[231] 다만 선정(先鄭 정중(鄭衆))은 '욕되이 와

230 빙문……구절에서 : 《의례경전통해》 〈제후상조례(諸侯相朝禮)〉에 보인다. 원출처는 《주례》 〈추관(秋官) 사의(司儀)〉로, 저본의 논의와 관련된 경문은 다음과 같다. "빙문 간 군주가 주인 나라의 군주에게 예물을 드릴 때, 주인 나라의 군주는 빈자(擯者)가 전달하는 말을 통해 세 차례 사양한 뒤 수레를 타고 나가 빈을 맞이하여 욕되이 와준 것에 대해 절한다. 빈이 수레를 타고 앞으로 나아가 답배한다.〔及將幣, 交擯, 三辭, 車逆拜辱. 賓車進答拜.〕"

231 가공언의……있다 : 《의례경전통해》 〈제후상조례(諸侯相朝禮)〉에 수록된 정현의 주에 "정 사농은 '교빈(交擯)은 빈자(擯者)가 서로 말을 전달한다는 것이다. 빈이 수레를 타고 앞으로 나아가 수레에서 내려 답배한 뒤 빈이 다시 수레에 올라 앞으로 나아가면, 주인이 그 절에 답하여 절한다.……'라고 하였다. 나는 이렇게 생각한다. 이미 세 차례 사양한 뒤 주인 나라의 군주는 수레를 타고 대문을 나가 빈을 맞이하여, 빈을 보면 수레에서 내려 욕되이 와준 것에 대해 절하며, 빈은 수레를 타고 앞으로 나아가 수레에서 내려 그 절에 답배하는 것이다.〔鄭司農云: 交擯, 擯者交也. 賓車進答拜, 賓上車進, 主人乃答其拜也.……玄謂: 旣三辭, 主君則乘車出大門而迎賓, 見之而下拜其辱, 賓車乃前下答拜也.〕"라고 한 것에 대해, 가공언의 소에 "정중(鄭衆)은 '주인이 답배한다.'라고 하였는데 정현이 이 해석을 따르지 않은 것은, 수레를 타고 빈을 맞이하여 욕되이 와준 것에 대해 절한 사람은 이미 주인이니, 지금 수레를 타고 나아가 답배하는 것은 마땅히 손님이 되어야 하기 때문이다. 어떻게 주인이 다시 답배할 수 있겠는가.〔先鄭言主人答拜, 後鄭不從者, 車逆拜辱, 已是主人, 今云車進答, 當是客, 何得主人再答拜?〕"라고 하였다. 가공언의 소는 《주례》에는 "先鄭云: 賓車進答拜, 賓上車進, 主人乃答其拜也. 後鄭不從者, 車逆拜辱, 已是主人, 今云車進答, 當是客, 何得主人再度拜? 故不從也."로 되어 있다. '답(答)'이 《주례》에는 '도(度)'로 되어 있는데, 이렇게

준 것에 대해 절한 것〔拜辱〕'을 바로 빈(賓)의 절로 보았으며,[232] 여기의 '수레를 타고 앞으로 나아가 재배하는 것〔車進再拜〕'은 바로 주인의 절인데 지금 이를 배척하고 '주인이 다시 절하는 것〔主人再度拜〕'으로 보았으니, 선정의 설은 따를 수 없을 듯하다.

〔35.4〕 "일반적으로 제후의 예는〔凡諸侯之禮〕"이라는 구절에서,[233]

보면 '어떻게 주인이 다시 절할 수 있겠는가.'로 해석된다.

232 선정(先鄭)은……보았으며 : 해당 경문에 대한 정중(鄭衆)의 설에는 이러한 내용이 없다. 바로 이 앞의 "주인 나라의 군주가 근교에 가서 빈을 위로하는데, 양국 군주는 빈자(擯者)를 통해 말을 전달한다. 빈은 세 차례 사양한 뒤 수레를 타고 나가 주인 나라의 군주를 맞이하여 욕되이 와준 것에 대해 절한다.〔主君郊勞, 交擯. 三辭, 車逆, 拜辱.〕"라는 경문에 대한 정중의 설에 "'거역(車逆)'은 주인이 수레를 타고 빈관에 가서 빈을 맞이하는 것이다. '배욕(拜辱)'은 빈이 주인 나라의 군주에게 욕되이 와준 것에 대해 사례하는 절을 하는 것이다.〔車逆, 主人以車迎賓於館也. 拜辱, 賓拜謝辱也.〕"라고 한 것을 가리키는 것으로 보인다. 다만 경문의 해석은 정중의 설을 따르지 않은 정현의 주에 따라 해석한 것이다. 여기 경문은 주인 나라의 군주가 빈관(賓館)으로 찾아가 위로하는 내용이기 때문에 빈(賓)의 배욕례(拜辱禮)로 본 정중의 설이 옳을 듯하다.

233 일반적으로……구절에서 : 《의례경전통해》 〈제후상조례(諸侯相朝禮)〉에 보인다. 원출처는 《주례》 〈추관(秋官) 장객(掌客)〉으로, 저본의 논의와 관련된 경문은 다음과 같다. "일반적으로 제후의 예는……손례(飧禮)에 5뢰를 쓰고, 각종 음식 40두(豆), 쌀밥과 기장밥 10보(簠), 채소 절임과 장류 40두(豆), 육수에 채소를 넣어 끓인 국을 담은 형(鉶) 42개, 술 단지 40개, 삶은 희생을 담은 정(鼎) 12개, 찰기장밥과 메기장밥을 담은 궤(簋) 12개, 생고기를 담은 정(鼎) 36개를 모두 진열한다.〔凡諸侯之禮: ……飧五牢, 食四十, 簠十, 豆四十, 鉶四十有二, 壺四十, 鼎、簋十有二, 牲三十有六, 皆陳.〕" '손례'는 79쪽 주179 참조. '뢰(牢)'는 소·양·돼지를 각각 한 종류씩 희생으로 쓰는 것을 말한다.

정현의 주에 "희생을 잡지 않으면 형과 정도 없다.〔不殺則無鉶鼎.〕" 라고 하였다. 가공언의 소에서는 형정(鉶鼎)을 배정(陪鼎)으로 보았는데,[234] 희생을 잡지 않으면 아울러 정정(正鼎)도 없으니 어찌 배정만을 말한 것이겠는가. 단지 형(鉶)과 정(鼎)으로 해석하는 것이 옳을 것이다. 경문에서도 형(鉶) 몇 개, 정(鼎)과 궤(簋) 몇 개로 구분하여 말하고 있으니 여기에서 증명할 수 있다.[235]

〔35.5〕 가공언의 소에 "'형'이란 기물은 쇠고깃국·양고깃국·돼지고깃국 세 등급의 국을 담는 것이다.〔鉶器, 所以盛膷、臐、膮三等之羹.〕"라고 하였다.[236] 살펴보면 〈공사대부례(公食大夫禮)〉의 "재부가 형을 진설한다.〔宰夫設鉶.〕"라는 구절에 대해, 가공언의 소에 "국을 형에 담는 것에 근거하여 말하면 '형갱'이라 하고, 기물에 근거하여 말하면 '형정'이라 하고, 정정의 뒤에 진설하는 것에 근거하여 말하면 '배정'이라 하고, 각종 음식을 담는 것에 근거하여 말하면 '수정'이라 한다.〔據羹在鉶言之, 謂之鉶羹; 據器言之, 謂之鉶鼎; 正鼎之後設之, 謂之陪鼎; 入庶羞言之, 謂之羞鼎.〕"라고 하였다.[237] 이에

234 가공언의……보았는데 : 가공언의 소는 다음과 같다. "형정은 즉 배정을 말한다. 다만 희생을 잡았을 때에단 비로소 형정이 있으니, 희생을 잡지 않으면 형정도 없다는 것을 알 수 있다.〔鉶鼎, 卽陪鼎是也. 但殺乃有鉶鼎, 不殺則無鉶鼎可知.〕"

235 단지……있다 : 관련 경문은 97쪽 주233 참조.

236 가공언의……하였다 : 《의례경전통해》 〈제후상조례(諸侯相朝禮)〉에 보인다. 원출처는 《주례》 〈추관(秋官) 장객(掌客)〉의 가공언의 소이다.

237 공사대부례의……하였다 : 《의례경전통해》 〈공사대부례(公食大夫禮)〉 6번째 장인 설정찬장(設正饌章)에 보인다.

근거하면 형(鉶)은 정찬(正饌)으로 들어가기도 하고 서수(庶羞)로 들어가기도 하는데, 〈공사대부례〉에서는 바로 정찬에 들여 넣었다. 그리고 〈공사대부례〉에서는 쇠고깃국〔膷〕·양고깃국〔臐〕·돼지고깃국〔膮〕을 서수로 삼았는데 바로 형에 담았으니, 형에 담는 것은 쇠고깃국에는 콩잎〔藿〕, 양고깃국에는 씀바귀〔苦〕, 돼지고깃국에는 고비〔薇〕를 넣은 국이다.[238] 지금 손례(飧禮)에서도 별도로 서수를 두었는데 또 형을 사용하여 쇠고깃국·양고깃국·돼지고깃국을 담았으니[239] 형을 또한 서수에 들여 넣은 것이다. 그렇다면 경문에서는 왜 형(鉶) 몇 개, 각종 음식〔食〕 몇 개라고 하여 각각 말하였는가? 가공언의 소 중 "정현의 주에 '궤는 찰기장밥과 메기장밥을 담는 기물이다.'라고 한 것은〔簋, 黍稷器也者〕"이라는 구절은, 이 구절 다음에 빠진 글이 있는 듯하다.[240]

238 형에 담는……국이다 : 《의례경전통해》 〈공사대부례(公食大夫禮)〉 6번째 장인 설정찬장 기(記)에 보인다.

239 지금……담았으니 : 관련 경문은 97쪽 주233 참조. 이 경문에서 '각종 음식〔食〕'은 정현의 주에 "'사'는 각종 음식으로, 맛있어서 먹을 만한 것이다.〔食者, 庶羞美可食者也.〕"라고 해석한 것을 따른 것으로, 이에 따르면 형갱(鉶羹)과 별도로 서수(庶羞)를 둔 것이다.

240 가공언의 소 중……듯하다 : 《주례》 〈추관(秋官) 장객(掌客)〉의 가공언의 소에 "정현의 주에 '궤는 찰기장밥과 메기장밥을 담는 기물이다.'라고 한 것은, 정현의 주에 '경문에서 「삶은 희생을 담은 정(鼎) 12개」라는 것은 익힌 고기 1뢰를 말하니 정정 9개와 배정 3개이다. 모두 서쪽 계단 앞에 진설한다.'라고 한 것은, 그 배정 3개는 내렴에 진설한다.〔云簋黍稷器也者, 鼎十有二者, 飪一牢, 正鼎九與陪鼎三, 皆設於西階前者, 其陪鼎三, 設於內廉.〕"라는 내용이 보인다.

〔35.6〕〈빙례(聘禮)〉 정현의 주에 "제후의 예는, 수레의 쌀은 살아 있는 희생의 수에 비견하고 말을 먹일 벼는 죽인 희생의 수에 비견한다.〔諸侯之禮, 車米視生牢, 禾視死牢.〕"라고 하였는데,[241] 지금 손례(飧禮)에는 살아 있는 희생이 없는데도 정현의 주에 쌀과 벼의 다과(多寡)를 나열한 것[242]은 무엇에 비견하여 말한 것인가?

〔35.7〕 가공언의 소 중 "주인인 자작 제후와 남작 제후의 부인은 빙문 온 제후에 대해 오직 두 종류의 예가 있다.〔子、男夫人於諸侯, 推有二禮以.〕"라는 구절은, 《주례》에는 '추(推)'가 '유(惟)'로 되어 있고 '이(以)'가 '의(矣)'로 되어 있다.[243] 살펴보면 이 장의 공(公)・후(侯)・백(伯)・자(子)・남(男)의 등급은 모두 다른 나라의 군주에게 조현하는 군주를 가리켜서 말한 것이니, 빈(賓)의 존비(尊卑)에 비추어 주인 나라에서 이 빈을 대접하는 데 차등을 둔 것이다. 그런데 지금 "주인인 자작 제후와 남작 제후의 부인은 빙문 온 제후에 대해 오직 두 종류의 예가 있다."라고 하였으니, 이것은 주인 나라에서 스스로 자기 작위 등급의 존비를 가지고 빈을 대우하는 것에 차등을 둔 것이니, 어찌 그러겠는가. 글자가 잘못되어 그런 듯하다.

〔36〕 7월 11일 : 〈근례(覲禮)〉 처음~행향례장(行享禮章)[244] 13판

241 빙례(聘禮)……하였는데 : 《의례경전통해》 〈빙례(聘禮)〉 14번째 장인 설손장(設飧章)에 보인다.

242 지금……것 : 관련 경문은 97쪽 주233 참조.

243 주례에는……있다 : 《주례》 〈추관(秋官) 장객(掌客)〉의 가공언의 소에 보인다.

〔37〕 7월 12일 : 〈근례〉 청사장(請事章)～〈조사의(朝事義)〉 끝[245] 12판

〔37.1〕 사방명장(祀方明章) 이 한 장은 매우 의심스럽다. 천자가 하나의 단(壇)에서 6복(服)의 제후와 회합하고 아울러 여섯 종류의 옥을 써서 천지 사방의 신을 모아 제사하니,[246] 천하의 예(禮)가 이보다 더 큰 것이 없을 것이다. 그런데 어찌하여 《주례》〈대종백(大宗伯)〉에 실리지 않을 수 있단 말인가. 《시경》과 《서경》, 전(傳)이나 기(記)를 참조하여도 대략이라도 전혀 보이지 않으니 무엇 때문인가? 정현은 이 장을 설명하면서 오로지 맹약으로 풀이하였으나 경문

244 근례(覲禮)……행향례장(行享禮章) : 〈근례〉는 《의례경전통해》의 43번째 편명이자 《의례》의 10번째 편명이다. 《의례경전통해》〈근례〉는 다음과 같이 모두 13장으로 이루어져 있다. (1)지교(至郊), (2)교로(郊勞), (3)사사(賜舍), (4)계일(戒日), (5)수사(受舍), (6)석폐우녜(釋幣于禰), (7)행근례(行覲禮), (8)행향례(行享禮), (9)청사(請事), (10)왕로(王勞), (11)사거복(賜車服), (12)향(饗), (13)사방명(祀方明)

245 근례……끝 : '청사장(請事章)'은 《의례경전통해》〈근례〉의 9번째 장이다. 〈조사의(朝事義)〉는 《의례경전통해》의 44번째 편명으로, 《대대례기(大戴禮記)》〈조사(朝事)〉에서 관련 내용을 뽑아 수록하였다.

246 천자가……제사하니 : 《의례경전통해》〈근례〉 사방명장(祀方明章)에 "방명이라는 것은 나무이니 사방 4척이다. 각 면에 여섯 가지 색을 입히니, 동방은 청색, 남방은 적색, 서방은 백색, 북방은 흑색, 위는 현색, 아래는 황색이다. 또 각 면을 깎고 여섯 가지 옥을 박아 장식하니, 위는 규옥, 아래는 벽옥, 남방은 장옥, 서방은 호옥, 북방은 황옥, 동방은 규옥이다.〔方明者, 木也, 方四尺. 設六色 : 東方青, 南方赤, 西方白, 北方黑, 上玄, 下黃. 設六玉 : 上圭, 下璧, 南方璋, 西方琥, 北方璜, 東方圭.〕"라는 내용이 보이는데, 정현의 주에 "여섯 가지 색으로 그 신을 형상하고, 여섯 가지 옥으로 예를 차린다.……방명이란 것은 상하사방의 신명을 형상한 것이다.〔六色象其神, 六玉以禮之.……方明者, 上下四方神明之象也.〕"라고 하였다. '6복(服)의 제후'는 94쪽 주226 참조.

에는 '맹(盟)' 자가 한 자도 보이지 않는다. 《주례》 〈사의(司儀)〉에도 제후를 모아 단을 만드는 예가 있으나[247] 애초에 방명(方明)을 언급하지 않았으니 맹약의 유무를 더욱 알 수 있다. 오직 《주례》 〈추관(秋官) 사맹(司盟)〉에만 "일반적으로 제후국들 사이에 화합하지 못하여 회동하게 되면 그 맹약하는 말과 맹약의 예의를 관장하여 북향하고 명신에게 고하며, 맹약이 끝난 뒤에는 부본을 만들어 6경(卿)에게 준다.〔凡邦國有疑會同, 則掌其盟約之載及其禮儀, 北面詔明神, 旣盟則貳之.〕"라고 하였으니, 정현은 이 경문에 근거하여 말한 것뿐이다. 그러나 여기의 이른바 '명신(明神)'이라는 것이 또 어찌 반드시 방명(方明)이라고 장담할 수 있겠는가. 그리고 정현은 이 예(禮)를 시회은동(時會殷同)으로 보았으니,[248] 시회(時會)에 정벌하거나 토죄할 일이 있으면 맹약을 하는 일도 혹 있을 수 있다. 그러나 은동(殷同)으로 말하면 12년에 한 번 왕이 순수(巡守)를 하지 않으면 6복의 제후가 모두 천자에게 조현가니[249] 이것은 성대한 예이다. 무슨 맹약을 할 일이 있겠는가. 정현은 또 《예기》 〈왕제(王制)〉의 "천자는 순수하는 해에 대종에 이르러 땔나무를 태워 하늘에 제사

247 제후를……있으나 : 《주례》 〈추관(秋官) 사의(司儀)〉에 "왕이 장차 제후와 회동하게 되면 사의에게 단을 쌓아 3층으로 만들게 하고, 단 주위에 낮은 담장을 둘러 궁을 형상하고, 궁의 사방에 문을 하나씩 내도록 한다.〔將合諸侯, 則令爲壇三成, 宮, 旁一門.〕"라는 내용이 보인다.

248 이 예(禮)를……보았으니 : 정현의 주는 다음과 같다. "이것은 왕이 정해진 기한 없이 때때로 사방의 제후에게 조회받고, 12년째에 순수하지 않을 경우 6복의 제후에게서 함께 조회받는 것을 이른다.〔此謂時會殷同也.〕"

249 은동(殷同)으로……조현가니 : 94쪽 주226 참조.

한다.〔至于岱宗, 柴.〕"라는 것을 왕이 순수할 때의 맹약으로 보았는데,[250] 대종(岱宗 태산)에서 시제(柴祭)와 망제(望祭)를 지내는 것은 순(舜)임금 때부터 시작되었으니[251] 순박하고 고졸했던 상고 시대에도 맹약하는 일이 있었다는 것인가? 정현은 또 왕의 맹약에는 해를 주관하고 제후는 산천을 주관하고 왕관백(王官伯)은 달을 주관한다고 하였는데,[252] 그 설이 더욱 황당무계하다.

내 생각에 이 단락은 문체가 부화함에 가까워 경문과 비슷하지 않은 듯하다. 아마도 후세의 유자(儒者)들이 특이한 설을 별도로 기록하여 〈근례〉의 뒤에 덧붙여놓았는데 정현이 이를 변별하지 못하고 따라서 이를 위해 설명해놓은 듯하다. 비록 그렇지 않고 참으로 방명의 예가 있었다 하더라도 또한 순수할 때 사악(四嶽)에 시제와 망제를 지내는 예를 모방하여 한 것에 불과할 뿐이요 맹약을 한 것은

250 예기……보았는데 : 《의례경전통해》〈근례〉 사방명장(祀方明章) 정현의 주에 "《예기》〈왕제〉에 이르기를 '왕이 순수하는 해에 대종에 이르러 땔나무를 태워 하늘에 제사한다.'라고 하였는데, 이것은 왕이 순수할 때의 맹약이다.〔王制曰: 王巡守, 至于岱宗, 柴. 是王巡守之盟.〕"라는 내용이 보인다.

251 대종(岱宗)에서……시작되었으니 : 《서경》〈우서(虞書) 순전(舜典)〉에 "순수하는 해의 2월에 동쪽 지역을 순수하여 대종에 이르러 땔나무를 태워 하늘에 제사하고, 산천을 멀리 바라보고서 산천의 등급에 따라 제사하고, 마침내 동쪽 제후들을 만나보았다.〔歲二月, 東巡守, 至于岱宗, 柴, 望秩于山川, 肆覲東后.〕"라는 내용이 보인다.

252 왕의……하였는데 : "이는 왕이 순수할 때의 맹약이니 그 신은 해를 주관한다.……이는 제후의 맹약이니 그 신은 산천을 주관한다.……이는 왕관백이 제후와 회합하여 맹약하는 것이니 그 신은 달을 주관할 듯하다.〔是王巡守之盟, 其神主日也.……是諸侯之盟, 其神主山川也.……是王官之伯會諸侯而盟, 其神主月與!〕"라는 내용이 보인다. '왕관백(王官伯)'은 왕이 제후와 맹약할 때 자신을 대신해 맹약을 주관하도록 파견한 노신이다.

아니다. 그런데도 정현이 스스로 자신의 생각으로 견강부회하였으니 따를 수 없다.

살펴보면 여기 경문에 대한 가공언의 소에서는 먼저 해에 제사하고, 다음에 방명어게 제사하고, 다음에 제후에게 조회받고, 조회를 다 받고 나면 또 단 위에 방명을 올려놓고 맹서의 예를 행한다고 하였으며, 《주례》〈추관 사맹〉의 소에서는 "왕은 사시에 제후들과 만나 각각 그 신에게 제사하며, 방명을 제사하게 되어서는 여러 신이 모두 이르기 때문에 여섯 가지 색과 여섯 가지 옥의 자리가 있는 것이다.〔王會同四時, 各祀其神, 及祀方明, 則諸神皆及, 故有六色六玉之位焉.〕"라고 하였다. 이른바 '각각 그 신에게 제사한다'는 것은 바로 여기 경문에서 이른바 "봄의 회동에는 동문 밖에서 해의 신에게 절하고, 여름의 회동에는 남문 밖에서 해의 신에게 예를 드리며, 겨울의 회동에는 북문 밖에서 달과 네 개의 큰 강의 신에게 예를 드리고, 가을에는 서문 밖에서 산천과 구릉의 신에게 예를 드린다.〔拜日於東門外, 禮日於南門外, 禮月與四瀆於北門外, 禮山川丘陵於西門外.〕"라는 것이다. 하루 사이에 이미 문(門)의 신에게 제사하였는데 또 단에 제사한다면 너무 번독하지 않겠는가.

〔38〕 7월 13일 : 〈역수(曆數)〉 처음~'동하치일(冬夏致日)'[253] 12판

〔38.1〕 "순임금은 선기옥형으로 천문을 살폈다.〔舜在璿璣玉衡.〕"[254]

253 역수(曆數)……동하치일(冬夏致日) : 〈역수〉는 《의례경전통해》의 45번째 편명으로, 《주례》와 《서경》 등에서 관련 내용을 뽑아 수록하였다.

라는 구절은, 공영달(孔穎達)의 소 중 《주역》의 괘수(卦數)는 마땅히 주비(周髀)[255]의 술수(術數)에 들어 있어야 할 것이다. 《주관(周官)》 〈춘관(春官) 태사(太史)〉의 구절에 대한 가공언의 소에 "삭기가 그믐에 들면 그다음 달이 윤달이다.〔朔氣在晦, 則後月閏.〕"라고 하였는데,[256] '삭(朔)'은 '중(中)'이 되어야 할 듯하다. 《주관》 〈춘관 풍상씨(馮相氏)〉의 "12년에 한 번 하늘을 한 바퀴 도는 세성(歲星)에 대한 관찰을 관장한다.〔掌十有二歲.〕"라는 구절에 대한 가공언의 소에 "태세는 땅에서 왼쪽으로 운행하고, 세성은 하늘에서 오른쪽으로 운행한다.〔太歲左行於地, 歲星右行於天.〕"라고 하였는데,[257] 이른바

254 순(舜)임금은……살폈다 : 원출처는 《서경》 〈우서(虞書) 순전(舜典)〉이다.

255 주비(周髀) : 천체 학설 중 일종의 개천설(蓋天說)을 말한다. 공영달의 소에 채옹(蔡邕)의 설을 인용하여 "주비의 술수에서는 하늘은 엎어놓은 동이와 같다고 본다. 이는 북두성과 북극성을 중심으로 삼아 중앙은 높고 사방 가장자리는 낮아서 해와 달이 옆으로 운행하여 돌기 때문에 해가 가까워서 보이면 낮이 되고 해가 멀어서 보이지 않으면 밤이 된다는 것이다.〔周髀之術, 以爲天似覆盆. 蓋以斗極爲中, 中高而四邊下, 日月旁行繞之, 日近而見之爲晝, 日遠而不見爲夜.〕"라고 말한 내용이 보인다.

256 주관(周官)……하였는데 : 《주례》 〈춘관(春官) 태사(太史)〉의 "금년의 한 중기부터 내년의 그 중기까지의 날수, 즉 태양력의 날수와 음력 12개월의 날수를 바르게 조정하여 백성의 일을 차례 짓는다.〔正歲年以序事.〕"라는 구절에 대한 가공언 소에 "1년 중에 24기가 있다.……모두 절기가 앞에 있고 중기가 뒤에 있다. 절기는 삭기라고도 한다. 삭기가 그믐에 들면 그다음 달이 윤달이고, 중기가 초하루에 있으면 그 전달이 윤달이다.〔一年之內有二十四氣.……皆節氣在前, 中氣在後. 節氣, 一名朔氣. 朔氣在晦, 則後月閏; 中氣在朔, 則前月閏.〕"라고 한 구절을 말한다. '삭기가 그믐에 들면〔朔氣在晦〕'의 '삭(朔)'은 통행본 《의례경전통해》에는 '중(中)'으로 바로잡혀 있다.

257 태세(太歲)는……하였는데 : 《주례》 〈춘관 풍상씨(馮相氏)〉의 가공언의 소는 다음과 같다. "'세'는 태세를 이르니, 땅에서 왼쪽으로 운행한다. 12진을 운행하여 1년에 1진씩 이동하는 것이다.……이것은 태세가 땅에서 하늘 위의 세성과 상응하여 운행한다

'태세(太歲)'라는 것 또한 별인가? 태세는 땅에서 운행하고 세성은 하늘에서 운행하여 모두 1년에 1차(次)[258]씩 이동한다면 하늘 위와 땅 아래에 각각 12차가 있다는 것인가?

〔39〕 7월 14일 : 〈역수(曆數)〉 중 '보장씨(保章氏)'~〈하소정(夏小正)〉 끝[259] 21판

〔40〕 7월 15일 : 〈월령(月令)〉 중 '맹춘(孟春)'~'계춘(季春)'[260] 11판

〔40.1〕 "계춘(季春)의 달에 국의를 선제에게 올린다.〔薦鞠衣于先帝.〕"라는 구절에 대해, 공영달의 소에 "오제에게 제사할 때에는 본래 대구를 입으니, 지금 국의를 올리는 것은 신의 자리에 올리는 것인 듯하다.〔祭五帝自服大裘, 今薦鞠衣, 蓋薦於神坐.〕"라고 하였다.[261] 그렇다면 이 옷을 입고 제사하는 것이 아니라 다만 신의 자리

는 것이다. 세성은 양이니 하늘에서 오른쪽으로 운행하여 1년에 1진씩 이동한다.〔歲謂太歲, 左行於地, 行於十二辰, 一歲移一辰者也.……此太歲在地, 與天上歲星相應而行. 歲星爲陽, 右行於天, 一歲移一辰.〕" '진(辰)'은 하늘을 12개의 방위로 구분하였을 때 북두성 자루가 가리키는 방향으로, 자(子)・축(丑)・인(寅)・묘(卯) 등을 말한다.

258 차(次) : 황도(皇道) 부근의 하늘을 서쪽에서 동쪽으로 12개로 나누었을 때 그 각각 나눈 하늘을 말한다.

259 역수(曆數)……끝 : 〈하소정(夏小正)〉은 《의례경전통해》의 47번째 편명이자 《대대례기(大戴禮記)》의 편명이다. 《의례경전통해》의 46번째 편명은 〈복서(卜筮)〉인데 편명만 있고 내용이 없다.

260 월령(月令)……계춘(季春) : 〈월령〉은 《의례경전통해》의 48번째 편명이자 《예기》의 편명이다.

앞에 올리는 것뿐이니, 과연 이러한 예가 있었는가?

〔41〕 7월 16일 : 〈월령(月令)〉 중 '맹하지월(孟夏之月)'~〈월령〉 끝 32판

〔41.1〕 "상제에게 크게 기우제를 지낸다.〔大雩帝.〕"[262]라는 구절에 대해, 정현의 주에 "우제를 지내는 올바른 법은 마땅히 4월에 지내야 한다.〔雩之正, 當以四月.〕"라고 하고, 또 말하기를 "주나라는 겨울과 봄·여름에는 비록 가물어도 예에 따르면 기도만 드리고 우제는 없다.〔周冬及春、夏雖旱, 禮有禱無雩.〕"라고 하였다. 4월은 즉 주(周)나라의 계하(季夏)이다. 그런데도 여름에 우제가 없다고 말한 것은 무엇 때문인가? 4월에 우제를 지내는 것은 예(禮)의 떳떳한 것이기

261 계춘(季春)의……하였다 : 해당 경문이 《의례경전통해》 〈월령(月令)〉에는 "이 달에 천자는 마침내 국의를 선제에게 올린다.〔是月也, 天子乃薦鞠衣於先帝.〕"로, 《의례경전통해속(儀禮經傳通解續)》 〈백신(百神)〉의 6번째 장인 선제장(先帝章)에는 "계춘에 천자는 마침내 국의를 선제에게 올린다.〔季春, 天子乃薦鞠衣于先帝.〕"로 되어 있다. 공영달의 소는 〈백신〉에 보인다. '국의(鞠衣)'는 왕후의 6복(服) 중 하나로, 왕후가 친잠(親蠶)할 때 입는다. 옷의 색깔이 뽕잎이 처음 나올 때와 같은 옅은 누런색이다. '선제(先帝)'는 정현의 주에 따르면 태호(大昊) 복희씨(伏羲氏)와 같은 사람을 이른다. '오제(五帝)'는 저본에는 '오제(五祭)'로 되어 있는데, 통행본 《의례경전통해》와 《예기》에 근거하여 바로잡아 번역하였다. '오제'는 《예기》 〈월령〉에 근거하면 태호 복희, 염제(炎帝) 신농(神農), 황제(黃帝), 소호(少昊), 전욱(顓頊)이다. '대구(大裘)'는 천자가 제사 때 입는 6복(服) 중 하나로, 하늘에 제사할 때 입으며 검은색 양가죽으로 만든다.

262 상제에게……지낸다 : 《의례경전통해》 〈월령〉의 중하지월(仲夏之月) 조에 보인다. 원문의 '제(帝)'는 저본에는 '제(祭)'로 되어 있으나 통행본 《의례경전통해》와 《예기》에 근거하여 바로잡아 번역하였다.

때문에 비록 가물지 않아도 우제를 지내고, 가물게 되어 우제를 지내는 것은 오직 가을 석 달에만 있고 4월에는 없기 때문에 이렇게 말한 것인가?

〔41.2〕 "율은 황종의 궁성에 응한다.〔律中黃鐘之宮.〕"[263]라는 구절에 대해, 공영달의 소에 "토는 절기의 변화를 징험할 수 있는 법[264]이 없기 때문에 황종의 궁성을 취하여 토에 응하게 한 것뿐이니 절기의 변화를 징험하는 것이 아니다.〔土無候氣之法, 取黃鐘宮聲以應土耳, 非候氣也.〕"라고 하였다. 만약 그렇다면 이것은 그 음이 궁성(宮聲)인 것과 다름이 없는데 무엇 때문에 다시 "율은 황종의 궁성에 응한다."라고 말하였는가? 율려(律呂)의 설은 대체로 분명하지 않으니 마땅히 다시 생각해야 할 것이다.

〔42〕 7월 17일 : 〈왕제지갑 분토(王制之甲 分土)〉 처음~'북방왈역(北方曰譯)'[265] 5판

263 율(律)은……응한다 : 《의례경전통해》 〈월령〉의 중앙토(中央土) 조에 보인다.

264 절기의……법 : 옛날에는 갈대 막을 태워 그 재를 율관(律管) 안에 넣어두면 어느 절기(節氣)에 이르렀을 때 이에 상응하는 율관 안의 재가 절로 날아오르기 때문에 이에 근거하여 절기의 변화를 예측할 수 있었다고 한다.

265 왕제지갑 분토(王制之甲 分土)……북방왈역(北方曰譯) : 〈왕제지갑 분토〉는 《의례경전통해》의 51번째 편명이다. 《예기》 〈왕제(王制)〉와 《서경》·《주례》 등에서 관련 내용을 뽑아 수록하였다. 〈왕제지갑 분토〉 이전의 편명으로, 49번째 〈악제(樂制)〉와 50번째 〈악기(樂記)〉가 저본에는 빠져 있다.

〔43〕 7월 18일 : 〈왕제지갑 분토(王制之甲 分土)〉 중 '주례대사도(周禮大司徒)'~〈왕제지을 제국(王制之乙 制國)〉 중 '내재범건국(內宰凡建國)'[266] 11판

〔43.1〕 살펴보면 극남(極南)의 55도(度)가 가장 높은 곳에 해당하고 다시 그 남쪽 12도는 하지(夏至)의 해가 다니는 길이 된다.[267] 그렇다면 '땅의 중앙〔土中〕'은 참으로 해와 먼 북쪽에 치우쳐 있는 것이다. 그런데도 지금 '해와 가까운 남쪽〔日南〕'이 있는 것[268]은 그 북쪽 중에 나아가 다시 남과 북을 구분한 것이다. 땅의 중앙으로부터 사방의

266 왕제지갑 분토(王制之甲 分土)……내재범건국(內宰凡建國) : 〈왕제지을 제국(王制之乙 制國)〉은 《의례경전통해》의 52번째 편명이다.

267 극남(極南)의……된다 : 《의례경전통해》〈역수(曆數)〉 중 "순임금은 선기옥형으로 천문을 살폈다.〔舜在璿璣玉衡.〕"라는 구절에 대한 공영달의 소와, 《서경》〈우서(虞書) 순전(舜典)〉 중 해당 경문에 대한 채침(蔡沈)의 주에 보인다.

268 해와 가까운……것 : 《의례경전통해》〈왕제지갑 분토〉에 "《주례》〈지관(地官) 대사도(大司徒)〉에 다음과 같은 내용이 보인다. '대사도는 토규를 사용하여 해 그림자를 헤아리는 법으로 땅의 사방의 원근을 헤아려서 해 그림자를 바로잡아 땅의 중앙을 구한다. 표를 세운 곳이 해와 가깝게 남쪽에 치우쳐 있으면 해 그림자가 짧고 더운 날이 많으며, 해와 멀게 북쪽으로 치우쳐 있으면 해 그림자가 길고 추운 날이 많으며, 동쪽으로 치우쳐 있으면 해 그림자가 서쪽으로 치우쳐 있고 바람 부는 날이 많으며, 서쪽으로 치우쳐 있으면 해 그림자가 동쪽으로 치우쳐 있고 흐린 날이 많다.'〔周禮大司徒: 以土圭之灋測土深, 正日景, 以求地中. 日南則景短多暑, 日北則景長多寒, 日東則景夕多風, 日西則景朝多陰.〕"라는 내용이 보인다. '토규(土圭)'는 해 그림자를 측량하는 1척 5촌의 기구로, 《문선(文選)》 이선(李善)의 주에 정현의 설을 인용하여 "토규의 길이는 1척 5촌이다. 하지 일에 8척의 표를 세워서 정오에 재어 토규의 그림자와 길이가 똑같아지면 천하의 중앙에 해당하는 곳이다.〔圭長一尺五寸, 夏至之日, 豎八尺表, 日中而度之, 圭影正等, 天當中也.〕"라고 말한 내용이 보인다.

원근을 헤아리는 데 반드시 하지의 해 그림자를 사용하는 것은 그 까닭이 있을 것이니 마땅히 생각해야 할 것이다.

"무릇 제후국을 건립하는 데 토규를 사용한다.〔凡建邦國, 以土圭.〕"라는 구절에 대한 논의[269]는 《의례경전통해》에 단지 정 사농(鄭司農 정중(鄭衆))의 설만 싣고 강성(康成 정현(鄭玄))의 설을 취하지 않았는데,[270] 각각의 설에 득실이 있기 때문인가? 그러나 앞의 경문 중 〈왕제(王制)〉의 부용(附庸)을 논한 곳에서 이미 강성의 설을 썼

269 무릇……논의 : 《주례》 〈지관 대사도〉에 "무릇 제후국을 건립하는 데 토규로 그 토지를 측량하여 그 강역을 제정한다. 여러 공국(公國)의 땅은 사방 500리의 강역을 봉하는데 여기에서 조세를 받아먹는 것이 반이며, 여러 후국(侯國)의 땅은 사방 400리의 강역을 봉하는데 여기에서 조세를 받아먹는 것이 3분의 1이며, 여러 백국(伯國)의 땅은 사방 300리의 강역을 봉하는데 여기에서 조세를 받아먹는 것이 3분의 1이며, 여러 자국(子國)의 땅은 사방 200리의 강역을 봉하는데 여기에서 조세를 받아먹는 것이 4분의 1이며, 여러 남국(男國)의 땅은 사방 100리의 강역을 봉하는데 여기에서 조세를 받아먹는 것이 4분의 1이다.〔凡建邦國, 以土圭土其地而制其域: 諸公之地, 封疆方五百里, 其食者半; 諸侯之地, 封疆方四百里, 其食者參之一; 諸伯之地, 封疆方三百里, 其食者參之一; 諸子之地, 封疆方二百里, 其食者四之一; 諸男之地, 封疆方百里, 其食者四之一.〕"라는 내용이 보인다.

270 정 사농(鄭司農)의……않았는데 : 정중(鄭衆)은 "'여기에서 조세를 받아먹는 것이 반이다'라는 것은 공이 받아먹는 조세가 그 반뿐이라는 것이다. 그 나머지 반은 모두 부용국과 소국이니 천자에게 속한다. 3분의 1이라는 것도 그러하다.〔其食者半, 公所食租稅得其半耳. 其半皆附庸、小國也, 屬天子. 參之一者亦然.〕"라고 하여 조세를 받는 주체를 해당 제후국으로 보았다. 즉 후국(侯國)이라면 3분의 1만 제후가 조세로 받고 나머지 3분의 2는 천자에게 바친다고 본 것이다. 그러나 정현은 "대국의 공물이 무거운 것은 이를 바르게 하기 위한 것이고, 소국의 공물이 가벼운 것은 사랑하여 길러주는 것이다.〔大國貢重, 正之也; 小國貢輕, 字之也.〕"라는 관점에서 보아, 조세를 받는 주체를 천자로 보았다. 즉 후국이라면 천자가 3분의 1의 조세만 받고 나머지 3분의 2는 해당 제후국에서 조세로 받는다는 것이다.

는데,[271] 정 사농의 여기 주가 바로 이와 어긋나는데도 지금 단지 두 설을 함께 실어놓기만 하고 절충하는 말이 없으니 의심스럽다. 만약 정 사농의 말대로라면 부용국은 천하의 3분의 2를 차지하고도 남음이 있을 것이니[272] 어찌 그러하겠는가.

〔44〕 7월 19일 : 〈왕제지을 제국(王制之乙 制國)〉 중 '왕기천리(王畿千里)'~'구부위정(九夫爲井)' 6판

〔44.1〕 "대도의 토지를 500리 강지 안에 지형에 맞게 둔다.〔以大都之田任畺地.〕"[273]라는 구절에 대해, 가공언의 소에 "'전'은 원교 밖에

271 왕제(王制)의……썼는데 : 《의례경전통해》 〈왕제지갑 분토〉에 《예기》 〈왕제〉의 "무릇 사해 안에는 9주가 있다. 하나의 주는 사방 천 리이니, 하나의 주에는 100리의 나라 30개, 70리의 나라 60개, 50리의 나라 120개, 모두 210개의 나라를 세울 수 있다.〔凡四海之內九州. 州方千里, 州建百里之國三十, 七十里之國六十, 五十里之國百有二十, 凡二百一十國.〕"라는 구절을 인용하고, 이에 대한 주에 정현의 "주공이 예를 제정할 때 9주의 큰 경계는 사방 7천 리였다. 7×7=49이니, 사방 천 리인 나라를 49개 세울 수 있다. 그 중에 하나는 왕기(王畿) 안에 있으니 나머지는 48개이다. 8주에 각각 사방 천 리인 나라를 6개 둘 수 있다.……무릇 1주에 땅이 사방 천 리인 나라를 5개 세우고, 사방 100리인 나라를 59개 세운다. 그 나머지는 사방 100리인 나라 41개를 세울 수 있으니, 이는 부용의 땅이다.〔周公制禮, 九州大界方七千里, 七七四十九, 方千里者四十有九也. 其一爲畿內, 餘四十八. 八州各有方千里者六.……凡處地方千里者五, 方百里者五十九. 其餘方百里者四十一, 附庸地也.〕"라는 설을 싣고 있다. 이에 의거하면 극히 일부만이 부용국의 땅으로 배정되어 있는 것이다.

272 만약……것이니 : 정중(鄭衆)의 말대로라면 여러 공국(公國)의 땅 중 절반, 여러 후국(侯國)과 백국(伯國)의 땅 중 3분의 2, 여러 자국(子國)과 남국(男國)의 땅 중 4분의 3이 소국과 부용국의 땅이 된다. 110쪽 주270 참조.

있으니 이 안에 6수(遂)의 7만 5천 가호를 둔다. 나머지 토지는 이미 9등의 사람이 받은 것이니 이것으로 공읍을 삼는다.〔甸在遠郊之外, 其中置六遂七萬五千家, 餘地旣九等之人所受, 以爲公邑也.〕"라고 하였다. 경문을 살펴보면 9등의 사람들을 국중(國中)과 근교(近郊)·원교(遠郊)[274]의 땅에 처하게 하고 공읍(公邑)의 토지를 전(甸) 안에 지형에 맞게 두었으니, 그렇다면 9등의 사람들과 공읍은 각각 별개의 일인데도 지금 '9등의 사람이 받은 것이니 이것으로 공읍을 삼는다'라고 말하고 있다. 혹시 이 9등의 사람이 받은 것이 원교 이내에 있으면 전(甸)·리(里)·장(場)·포(圃)·택(宅)·전(田) 등으로 부르고, 전지(甸地) 밖에 있으면 공읍이라고 부르는 것인가? 정현의 주에 근거하면 전지는 6수(遂)의 7만 5천 가호 외에 향(鄕)·수의 여부(餘夫)[275]를 처하게 하여 공읍으로 삼고 다시 9등의 사람이 받는

273 대도(大都)의……둔다 : 원출처는《주례》〈지관(地官) 재사(載師)〉이다. 정현의 주와 가공언의 소에 따르면 '대도(大都)'는 삼공(三公)의 채읍과 왕의 자제들의 식읍을 말한다. '강지(畺地)'는 왕기(王畿)의 경계까지 500리의 땅이라는 뜻으로, 여기에서는 전(甸) 밖에서부터 왕기 경계까지의 땅을 이른다. '전'은 도성으로부터 100리 밖~200리 사이의 땅을 이른다.

274 근교(近郊)·원교(遠郊) : 정현의 주에 따르면 도성 밖 50리까지의 지역을 '근교', 50~100리까지의 지역을 '원교'라고 한다.

275 향(鄕)·수(遂)의 여부(餘夫) : '향'은 도성 밖 100리 이내의 지역에 둔 행정 단위이다. 6개로 구분하여 6향이라고 부르며,《주례》〈지관(地官) 향대부(鄕大夫)〉에 따르면 향마다 향대부를 두어 그 정교(政敎)와 금령을 관장하게 한다. '수'는 도성 밖 100~200리 사이의 지역에 둔 행정 단위이다. 6개로 구분하여 6수라고 부르며,《주례》〈지관(地官) 수인(遂人)〉에 따르면 수마다 수인을 두어 그 정령을 다스리게 한다. '여부'는 한 농부의 집에서 법으로 정해진 100묘의 토지를 받는 가장 한 사람 외의 나머지 여력이 있는 남자를 말한다.《맹자》〈등문공 상(滕文公上)〉 주희의 주에, 정자의 설을

다고 말하지 않았는데, 가공언 소의 설은 무엇을 근거로 이렇게 말한 것인가?

〔44.2〕 주자(朱子)의 주에 "공읍, 대부의 채지, 공의 채지와 왕의 자제들의 식읍, 경의 채지를 모두 도비라고 한다.〔公邑、家邑、大都、小都, 皆謂之都鄙.〕"라고 하였다. 살펴보면 《주례》〈지관(地官) 대사도(大司徒)〉에 대한 정현의 주에 "도비는 왕의 자제와 공경대부의 채지이다.〔都鄙, 王子弟、公卿大夫采地.〕"라고 하였으니, 그렇다면 이것은 공읍으로 도비를 삼지 않은 것이다. 《주례》〈동관(冬官) 장인(匠人)〉의 주에서는 또 말하기를 "채지에는 정전을 만드니 향·수 및 공읍과는 다르다.〔采地制井田, 異於鄉、遂及公邑.〕"라고 하였다. 정현의 뜻은 아마도 채지(采地)에는 정전(井田)을 만들어 조법(助法)을 시행하고, 공읍(公邑)과 향(鄕)·수(遂)에는 구(溝)·혁(洫)을 만들어 공법(貢法)을 시행한다는 말일 것이다.[276] 그런데 지

인용하여 "한 집의 가장은 위로 부모가 있고 아래로 처자가 있어서 다섯 식구와 여덟 식구를 비율로 삼아 토지 100묘를 받는다. 만일 아우가 있으면 이 사람이 '여부'이니, 나이 16세에 별도로 토지 25묘를 받고 장성하여 아내가 있기를 기다린 뒤에 다시 100묘의 토지를 받는다.〔一夫上父母, 下妻子, 以五口八口爲率, 受田百畝. 如有弟, 是餘夫也. 年十六, 別受田二十五畝, 俟其壯而有室, 然後更受百畝之田.〕"라고 한 내용이 보인다.

276 정현의……것이다 : 115쪽 주279 참조. '구(溝)·혁(洫)'은 경작지 사이로 난 도랑으로, 《주례》〈동관(冬官) 장인(匠人)〉에 "9명의 가장이 하나의 정전을 경작하는데, 정과 정 사이에 너비 4척, 깊이 4척인 도랑을 '구'라고 한다. 사방 10리의 토지를 '성(成)'이라고 하는데, 성과 성 사이에 너비 8척, 깊이 8척인 도랑을 '혁'이라고 한다.〔九夫爲井, 井間廣四尺, 深四尺, 謂之溝. 方十里爲成, 成間廣八尺, 深八尺, 謂之洫.〕"라는 내용이 보인다. 하나의 정전은 사방 1리의 토지로 만든다.

금 "공읍, 대부의 채지, 경의 채지, 공의 채지와 왕의 자제들의 식읍을 모두 도비라고 한다."라고 하였으니, 주자는 이에 대해 정현의 설을 취하지 않은 것인가? 만약 그렇다면 그 토지를 구획하는 데 또한 두 법이 없는 것이니, 구혁을 통용한다는 말인가? 정전을 통용한다는 말인가?

〔45〕 7월 20일 : 〈왕제지을 제국(王制之乙 制國)〉 중 '왕제방일리(王制方一里)'~〈왕제지병 왕례(王制之丙 王禮)〉 중 '왕입내조(王入內朝)'[277] 15판

〔45.1〕 "야(野)에는 9분의 1 세법을 써서 조법을 시행한다.〔請野九一而助.〕"[278]라는 구절에 대해, 주자는 국중(國中)에 10분의 1 세법을 써서 스스로 세금을 바치게 하는 것을 주(周)나라의 공법(貢法)으로 삼았다. 그리고 또 말하기를 "주나라에서 이른바 '철법'이라는 것은 아마도 이러하였던 듯하다.〔周所謂徹法者蓋如此.〕"라고 하였다. 이에 근거하면 주나라의 철법(徹法)은 단지 국중에만 시행하였던 듯하다.

277 왕제지을 제국(王制之乙 制國)……왕입내조(王入內朝) : 〈왕제지을 제국〉과 〈왕제지병 왕례(王制之丙 王禮)〉는 각각 《의례경전통해》의 52번째, 53번째 편명이다.

278 야(野)에는……시행한다 : 《의례경전통해》 〈왕제지을 제국 전(傳)〉에 "야에는 9분의 1 세법을 써서 조법을 시행하고, 국중에는 10분의 1 세법을 써서 스스로 세금을 바치게 하소서.〔請野九一而助, 國中什一使自賦.〕"라는 내용이 보인다. 원출처는 《맹자》 〈등문공 상(滕文公上)〉이다. '야'는 정현의 주에 따르면 도성 밖 100~200리의 전(甸)과 200~300리의 초(稍)를 통칭한 것이다.

그러나 앞의 경문 "철(徹)은 통한다는 뜻이다.〔徹者, 徹也.〕"[279]라는 구절에 대해, 또 주에서 말하기를 "주나라 때에는 한 집안의 가장에게 토지 100묘를 주었다. 향과 수에는 공법을 시행하여 10명의 가장마다 하나의 구(溝)를 두었으며, 도비에는 조법을 시행하여 여덟 가구가 정전(井田)을 함께 하여, 경작하게 되면 노동력을 서로 통하여 일하고, 수확하게 되면 이랑 수를 계산하여 분배하였기 때문에 '철'이라고 이른 것이다.〔周時一夫授田百畝. 鄕、遂用貢法, 十夫有溝; 都鄙用助法, 八家同井, 耕則通力而作, 收則計畝而分, 故謂之徹.〕"라고 하였다. 그렇다면 국중에 시행한 공법이든 야(野)와 도비(都鄙)에 시행한 조법이든 모두 철법이라고 말할 수 있는 것이다.

다만 《주례》를 살펴보면 비록 10명의 가장마다 하나의 구(溝)를 둔다고 하였으나[280] 여기 10명의 가장 안에 노동력을 서로 통하여 합쳐서 일하는 것을 조법에서 하는 것처럼 한다는 내용은 보이지 않기 때문에 평범하게 철법을 도비의 조법으로 삼은 것이다. 지금 보니 이와 같은데, 마땅히 다시 자세히 살펴야 할 것이다.

279 철(徹)은 통한다는 뜻이다 : 《의례경전통해》〈왕제지을 제국 전〉에 "하후씨는 50묘에 공법을 시행하였고, 은나라 사람은 70묘에 조법을 시행하였고, 주나라 사람은 100묘에 철법을 썼으니, 그 실제는 모두 10분의 1 세법을 쓴 것이다. '철'은 통한다는 뜻이며, '조'는 빌린다는 뜻이다.〔夏后氏五十而貢, 殷人七十而助, 周人百畝而徹, 其實皆什一也. 徹者, 徹也. 助者, 藉也.〕"라는 구절이 보인다. 원출처는 《맹자》〈등문공상(滕文公上)〉이다.

280 주례를……하였으나 : '10명의 가장'은 《주례》에는 '9명의 가장'으로 되어 있다. 113쪽 주276 참조.

〔45.2〕"국도 21향 중 사(士)와 농(農)의 향은 15향이다.〔士鄕十五.〕"[281]라는 구절에 대해, 관자(管子 관중(管仲))가 사민(四民)의 일을 논한 것에, 사(士)를 조용한 곳에 처하게 하여 그 효와 공손함과 공경과 의리의 행실을 닦게 한 것[282]은 좋다. 그러나 결국은 이 사들을 삼군(三軍)의 정족수에 채워 넣고 제후와 상경(上卿)인 고자(高子)·국자(國子)가 이들을 통령하도록 되어 있으니 어디에 그 조용한 곳에 처하여 학문을 강마할 여지가 있단 말인가. 그리고 사의 쓰임이 그저 군대의 조직에 편입시키는 것에 있을 뿐이라면 그저 앉고 일어서고 치고 찌르는 것이 이들의 일일 것이니, 또 어찌 이들을 청정한 곳에 처하게 하여 학문을 강마하게 할 필요가 있겠는가.

281 국도……15향이다 : 《의례경전통해》〈왕제지을 제국〉에 "관자가 이에 국도를 21향으로 나누었다. 이 가운데 공(工)과 상(商)의 향은 6향이고, 사(士)와 농(農)의 향은 15향이다. 환공(桓公)이 5향을 통솔하고, 국자(國子)가 5향을 통솔하고, 고자(高子)가 5향을 통솔한다.〔管子於是制國以爲二十一鄕: 工、商之鄕六, 士鄕十五. 公帥五鄕焉, 國子帥五鄕焉, 高子帥五鄕焉.〕"라는 내용이 보인다. 원출처는 《국어(國語)》〈제어(齊語)〉이다. 위소(韋昭)의 주에 따르면 1향은 2천 가(家)이니 21향은 모두 4만 2천 가이다. 공(工)과 상(商)은 각각 3향(鄕)씩이며 병역을 지지 않는다. 15향은 모두 3만 명으로, 이들이 3군(軍)을 이룬다. 국자(國子)와 고자(高子)는 모두 제(齊)나라의 상경(上卿)으로 각각 5향씩, 좌군(左軍)과 우군(右軍)을 거느린다.

282 관자(管子)가……것 : 사(士)·농(農)·공(工)·상(商) 사민(四民)의 거주구역을 어떻게 획정할 것이냐는 제 환공(齊桓公)의 물음에, 관중(管仲)이 "옛날 성왕들은 사의 거주 구역을 획정할 때 이들을 청정한 곳에 나아가도록 하였습니다.……저 사들을 한 곳에 모여살게 하여, 평소 일이 없을 때에는 부로는 부로와 의리를 담론하고 자제는 자제와 효를 담론하고 군주를 섬기는 자는 공경을 담론하고 나이가 어린 자는 공손함을 담론하도록 하는 것입니다.〔昔聖王之處士也, 使就閒燕.……令夫士群萃而州處, 閑燕則父與父言義, 子與子言孝, 其事君者言敬, 其幼者言悌.〕"라고 대답한 것을 이른다.

〔46〕 7월 21일 : 〈왕제지병 왕례(王制之丙 王禮)〉 중 '왕시연조(王眡燕朝)'~〈왕제지병 왕례〉 끝 7판

〔46.1〕 "《주례》 〈천관(天官) 궁백〉에 '왕궁의 사와 서자를 관장한다.'라고 하였다.〔宮伯 : 掌王宮之士、庶子.〕"라는 구절에 대해, 정현의 주에 "정 사농(鄭司農 정중(鄭衆))은 '서자는 숙위하는 관직이다.'라고 하였다.〔鄭司農云 : 庶子, 宿衛之官.〕"라고 하였다. 가공언의 소에 "정 사농의 말은 〈하관 제자〉의 관직과 같다고 말한 것이다.〔謂若夏官諸子職.〕"라고 하였는데, 지금 〈제자〉를 살펴보면 숙위의 법이 없으니 의심스럽다.

소에 또 이르기를 "왕궁 안에 있는 경대부의 적자·서자와 사의 적자를 관장한다.〔掌王宮中卿大夫之適子·庶子、士之適子也.〕"라고 하였는데, 이른바 '왕궁 안에 있는 경대부'라는 것은 무슨 관직인가? 정현의 〈천관 궁정(宮正)〉에 대한 주에 "왕궁 안에 있는 관부란 선부·옥부·내재·내사와 같은 등속이다.〔官府之在宮中者, 若膳夫、玉府、內宰、內使之屬.〕"라고 하였으니,[283] 이것은 경대부가 아니다. 또 〈궁정〉의 주에 이르기를 "'차'는 여러 관리가 직숙하는 곳이니, 지금 부서에 있는 여러 '려'와 같은 것이다.〔次, 諸吏直宿, 若今部署諸廬.〕"라고 하였는데, 가공언의 소에 〈동관 장인(匠人)〉의 "노침(路寢) 밖에 아홉 곳의 정무를 보는 곳이 있으니 아홉 경이 다스린다.

283 정현의……하였으니 : 《주례》 〈천관(天官) 궁정(宮正)〉의 "사시(四時)에 왕궁 안에 있는 관부와 직숙(直宿)하는 곳의 관리의 다소를 점검한다.〔以時比宮中之官府、次舍之衆寡.〕"라는 구절에 대한 주를 말한다.

〔外有九室, 九卿治之.〕"라는 구절을 인용하여 이를 증명하였다. 만약 그렇다면 모든 경(卿)이 다 여기에 있는 것이니 어찌 반드시 '왕궁 안에 있는 경대부'라고 말할 필요가 있겠는가.

〔46.2〕 "궁백(宮伯)은 여덟 군데 숙위하는 곳과 여덟 군데 휴식하는 곳의 직무를 배분한다.〔授八次、八舍之職事.〕"[284]라는 구절에 대해, 정현의 주에서 인용한 정 사농(鄭司農 정중(鄭衆))의 설[285]은, 《주례》를 살펴보면 단지 서자(庶子)만이 왕궁을 호위한다고 했을 뿐 여기에 기록한 〈하관(夏官)〉 이하의 관직에는 모두 왕궁을 호위하는 일이 실려 있지 않으니, 혹시 별도로 보이는 곳이 있는 것인가? "제사에 음악을 쓴다.〔祭祀用樂.〕"[286]라는 구절 또한 〈하관 제자(諸子)〉에는 이 글이 실려 있지 않고 유독 〈춘관 태서(大胥)〉에만 보이니,

284 궁백(宮伯)은……배분한다 : 원출처는 《주례》 〈천관(天官) 궁백(宮伯)〉이다.

285 정 사농(鄭司農)의 설 : 해당 경문에 대해 《의례경전통해》에 실린 "정 사농은 말하기를 '서자는 〈하관〉의 제자이니, 국자인 쉬(倅)를 통령하여 그 교육과 관리를 관장하는 자이다.'라고 하였다.〔鄭司農云: 庶子, 夏官諸子所領國子之倅而掌其教治者也.〕"라는 정중(鄭衆)의 설을 말한다. '국자인 쉬(倅)'는 정현의 주에 "공·경·대부·사의 아들로 아버지의 보좌를 이른다.〔謂公卿大夫士之子, 是父之副貳.〕"라고 하였다. 다만 통행본 《주례주소》에는 해당 경문에 대한 정현의 주에 이 내용이 실려 있지 않고, "서자는 왕궁을 호위하니, 노침 안에 있는 것은 '차(次)'이고 밖에 있는 것은 '사(舍)'이다.〔庶子衛王宮, 在內爲次, 在外爲舍.〕"라는 정중의 설이 실려 있으며, 《의례경전통해》에 실린 위 정중의 설은 보이지 않는다.

286 제사에 음악을 쓴다 : 해당 경문에 대해 《의례경전통해》에 실린 "제사에 음악을 쓸 경우에는 태서가 북을 쳐서 학사들을 불러 학궁 안의 춤과 음악에 관한 일을 차례로 안배한다.〔祭祀用樂, 則大胥以鼓徵之而序其宮中之事.〕"라는 정현의 주를 말한다.

혹시 주자가 정현의 주를 윤색하면서 이를 보충해 넣은 것인가?

〔46.3〕 "《주례》 〈하관 제자〉에 '국가에 큰일이 있으면 국자를 거느리고 태자에게 가서 그 명을 따른다.'라고 하였다.〔諸子: 國有大事, 則帥國子而致於太子, 惟所用之.〕"라고 하고, 또 이르기를 "만약 전쟁의 일이 있으면 이들에게 병거(兵車)와 갑옷을 준다.……〔若有兵甲之事, 則授之車甲云云.〕"라고 하였다. 태자는 사병(私兵)을 두어서는 안 되니 이른바 '만약 전쟁의 일이 있으면' 이하는 태자에게 가서 명을 따르는 일이 아닌 것인가?

〈제자〉 중 "국가에 요역의 일이 있을 때 국자는 한가한 쉬(倅)의 반열에 둔다.〔國子存遊倅.〕"라는 이 구절은 명확하지 않다. 정현의 주에 "'유쉬'는 쉬 중에 아직 벼슬하지 않는 자이다.〔遊倅, 倅之未仕者.〕"라고 하였는데, 《주례》 가공언의 소에 "이 국자를 직무가 없어 한가한 쉬의 반열 안에 두는 것이다.〔此國子存遊暇無事之倅中.〕"라고 하였다. 《주례》에 근거하면 '국자'가 바로 쉬이다. 이미 '국자'라고 했다면 모두 아직 벼슬하지 않은 자이니 또 어찌 별도로 '벼슬하지 않은 쉬'가 있겠는가. 여기 정현의 주와 가공언의 소를 보면, 만약 국자라고 말했다면 비록 이미 벼슬하는 자가 있더라도 아직 벼슬하지 않은 쉬의 반열 안에 두어서 덕을 닦고 도를 익히도록 해야 한다. 다만 이미 벼슬했다면 '국자'라는 호칭을 계속 써서는 안 될 것이니 끝내 의심스럽다.

〔46.4〕 "《주례》 〈천관 주정〉에 '오제를 관장한다.'라고 하였다.〔酒正 : 掌五齊.〕"라는 구절에서 '오제(五齊)'[287]는 바로 제사에 쓰는 것

이니 이 편에 넣어서는 안 될 것이다.

〔47〕 7월 22일 : 〈왕제지정 왕사(王制之丁 王事)〉 처음~'범국야지도(凡國野之道)'[288] 15판

〔47.1〕 "《주례》 〈추관(秋官) 장객〉의 '왕은 제후들을 모은다.'라고 하였다.〔掌客: 王合諸侯.〕"[289]라는 구절에 대해, 정현의 주에 "제후들에게 향례를 베풀면서 왕의 예수(禮數)인 12뢰(牢)를 쓴 것은, 공·후·백·자·남의 제후가 모두 있어 이들에게 한꺼번에 연향을 베푸는 것이어서 각각의 제후에 맞게 쓸 수 있는 예가 없기 때문이다.〔饗諸侯而用王禮之數者, 以公侯伯子男盡在, 是兼饗之, 莫敵用也.〕"라고 하였다. 살펴보면 경문에 "제후의 우두머리에게는 12번 헌주하는 예를 행한다.〔諸侯長, 十有再獻.〕"라고 하였으니, 12뢰는 바로 이 제후를 위하여 진설한 것이다. 그렇다면 무엇 때문에 '각각의 제후에 맞게 쓸 수 있는 예가 없다'고 한 것인가?

287 오제(五齊) : 술을 청탁에 따라 다섯 종류로 구분한 것으로, 즉 범제(泛齊), 예제(醴齊), 앙제(盎齊), 제제(緹齊), 침제(沈齊)이다.

288 왕제지정 왕사(王制之丁 王事)……범국야지도(凡國野之道) : 〈왕제지정 왕사〉는 《의례경전통해》의 54번째 편명이다.

289 주례……하였다 : 저본의 논의와 관련하여 《주례》 〈추관(秋官) 장객(掌客)〉에 "왕이 제후들을 모아 향례를 베풀어줄 때에는 12뢰를 갖추고 아울러 백 가지 맛있는 음식을 갖춘다. 제후의 우두머리에게는 12번 헌주하는 예를 행한다.〔王合諸侯而饗禮, 則具十有二牢, 庶具百物備. 諸侯長, 十有再獻〕."라는 내용이 보인다. 1뢰는 소·양·돼지의 세 종류 희생을 모두 갖춘 것을 말한다.

〔47.2〕 "서자는 한결같이 대부의 예에 비견하여 대접한다.〔庶子壹眡其大夫之禮.〕"[290]라는 구절에서, 살펴보면 〈하관(夏官) 대사마(大司馬)〉의 "전쟁에 패하여 왕이 직접 사와 서자의 죽음에 조문하거나 부상을 위로할 경우에〔王弔勞士、庶子〕"라는 구절에 대한 정현의 주에 "서자는 경대부의 아들로 종군한 자이니, 혹 서사라고도 한다.〔庶子, 卿大夫之子從軍者, 或謂之庶士.〕"라고 하였으니, 여기의 서자 역시 경대부의 아들로 왕을 따라 전쟁에 나간 것인가? 〈천관(天官) 궁백(宮伯)〉에서도 "왕궁의 사와 서자를 관장한다.〔掌王宮之士、庶子〕"라고 하였는데, 정현의 주에 "내 생각에 '왕궁의 사'는 왕궁 안에 있는 여러 관리의 적자를 이른다. 서자는 나머지 자식들이다.〔謂王宮之士謂王宮中諸吏之適子也. 庶子, 其支庶也.〕"라고 하였으니, 이것은 〈대사마〉의 서자와는 또 구별된다.

〈지관(地官) 유인(遺人)〉의 "국가의 위적을 관장한다.〔掌邦之委積.〕"[291]라는 구절에 대한 정현의 주에 "'위적'은 늠인과 창인이 국가

290 서자(庶子)는……대접한다 : 원출처는 《주례》 〈추관(秋官) 장객(掌客)〉이다. '서자'와 관련한 논의는 117쪽 〔46.1〕 참조.

291 국가의 위적(委積)을 관장한다 : 저본의 논의와 관련하여 《주례》 〈지관(地官) 유인(遺人)〉에 "국가의 위적을 관장하여 왕이 백성들에게 은혜를 베푸는 것에 대비한다. 향리의 위적으로는 향에 거주하는 백성 중에 곤궁한 자를 구휼하고, 12국문(國門)과 12관문(關門)을 출입할 때의 세금 위적으로는 노인과 고아를 부양하고, 도성 밖 100리 이내인 6향(鄕)의 위적으로는 빈객을 대접하고, 도성 밖 100리부터 200리까지인 6수(遂)의 위적으로는 빈객으로 잠시 와서 우거하는 사람을 대접하고, 도성 밖 400리까지인 현과 500리까지인 도의 위적으로는 흉년에 대비한다.〔掌邦之委積, 以待施惠. 鄕里之委積, 以恤民之艱阨; 門關之委積, 以養老孤; 郊里之委積, 以待賓客; 野鄙之委積, 以待羇旅; 縣都之委積, 以待凶荒.〕"라는 내용이 보인다. '위적'은 곡식, 꼴, 땔나무 등의

의 비용에 충당하고 남은 아홉 종류 곡물의 여분을 바친 것이다.〔廩人、倉人以九穀之餘共之.〕"라고 하였는데, 가공언의 소에는 또 "위적은 향리 및 12국문과 12관문 이하에서 각각 당해 연도의 세금을 가지고 한 해 국가의 비용으로 쓰고 남을 부분을 계산하여 임의로 남겨둔 것이다.〔鄕里、門關以下, 各以其當年所稅, 計一年國用外, 隨便留之.〕" 라고 하여 두 설이 같지 않다. 그리고 정현의 주에 근거하면 향리 이하에서 각각 위적을 두어 빈객 및 빈객으로 잠시 와서 우거하는 사람, 노인, 고아 등에게 쓸 용도에 대비한 듯하다. 그렇다면 왕기(王畿) 천 리 안 곳곳에 여기에 해당되는 사람이 천백보다 못하지는 않을 것이니 어찌 수십 명의 소속 관리가 두루 관리할 수 있겠는가. 당시에 필시 간이한 법이 있었을 것이나 들을 수 없는 것이 한스럽다.

〔48〕 7월 23일 : 〈왕제지정 왕사(王制之丁 王事)〉 중 '균인범균력정(均人凡均力政)'~〈왕제지무 설관(王制之戊 設官)〉 중 '구명작백(九命作伯)'[292] 14판

〔48.1〕 "증빙서에 근거하여 백성을 모은다.〔以質劑致民.〕"[293]라는 구절에 대해, 정현의 주에 "조세를 납입한 명단에 근거하여 백성을

비축분을 말한다.

292 왕제지정 왕사(王制之丁 王事)……구명작백(九命作伯) : 〈왕제지무 설관(王制之戊 設官)〉은 《의례경전통해》의 55번째 편명이다.

293 증빙서에……모은다 : 《의례경전통해》 〈왕제지정 왕사〉에 보인다. 원출처는 《주례》 〈지관(地官) 여사(旅師)〉이다.

모아 빌려주는 것이다.〔按入稅者名, 會而貸之.〕"라고 하였다. 이 구절은 흉년이 들었을 때 백성 중에 조세를 납입하는 자도 있고 납입하지 못하는 자도 있기 때문에 조세를 납입한 자들의 명단에 근거하여 그 수를 헤아려서 빌려주는 것을 가리키는 듯하다. 만약 그렇다면 그 조세를 납입하지 못한 자에게는 별도로 방법을 강구하여 안배한다는 것인가? 정현의 주에 또 이르기를 "모두 나라에 내는 세율에 따라 이자를 받는다.〔皆以國服爲之息.〕"라고 하였다. 살펴보면 이 '나라에 내는 세율〔國服〕'에 대한 설은 〈지관(地官) 천부(泉府)〉 정현의 주에 자세하다. 그런데 그 법이 가까운 자에게는 후히 하고 먼 자에게는 박하게 하니[294] 또한 만민을 똑같이 대하는 왕자(王者)의 정사가 아니다. 토지에 대한 일정한 세금은 진실로 그 이익의 유무와 역(役)의 다소에 따라 차등을 두는 것이 당연하지만, 이자를 내는 것에 이르러서는 또 어찌 멀고 가까운 것에 차이를 두겠는가. 이것에 대해서는 의심이 없을 수 없다.

294 그런데……하니 : 《주례》 〈지관 천부(泉府)〉 정현의 주에 "나라에서 도성 밖의 원포(園圃)와 도성 안 거주 구역의 전지를 받았는데 만 전을 빌렸을 때에는 1년에 이자로 500전을 낸다.〔於國事受園、廛之田而貸萬泉者, 則朞出息五百.〕"라고 하였는데, 이것은 가공언의 소에 따르면 〈지관 재사(載師)〉의 "무릇 땅을 사용하는데 관공서는 세금이 없고, 원포와 백성의 거주 구역은 20분의 1의 세금을 받고, 근교는 10분의 1을 받고, 원교는 20분의 3을 받고, 전·초·현·도는 모두 10분의 2를 넘지 않도록 하며, 오직 자연적으로 조성된 옻나무 숲의 세금만은 20분의 5를 받는다.〔凡任地, 國宅無征, 園、廛二十而一, 近郊十一, 遠郊二十而三, 甸、稍、縣、都皆無過十二, 唯其桼林之征二十而五.〕"라는 규정에 근거하여 말한 것이다. 전(甸)·초(稍)·현(縣)·도(都)는 각각 도성 밖 100리부터 200리까지, 300리까지, 400리까지, 500리까지의 구역을 말한다.

〔48.2〕 “공자는 들에서 곡하는 것을 싫어하였다.〔孔子惡野哭者.〕”[295] 라는 이 조항은 왕사(王事)에 해당하는 바가 없다.

〔48.3〕 “삼명은 왕의 벼슬 자리를 받는다.〔三命受位.〕”[296]라는 구절에 대해, 정현의 주에 “열국의 경이 처음으로 왕의 조정에 그 자리가 나열되어 왕의 신하가 되는 것을 말한다.〔謂列國之卿始有列位於王, 爲王之臣也.〕”라고 하였다. 이 설은 아직 확실한 증거가 없으며 왕의 상사(上士) 또한 삼명(三命)이니, 그렇다면 이 삼명에 이른 뒤에야 왕의 신하가 될 수 있는 것인가?

〔48.4〕 “사명은 제후가 하사하는 제기(祭器)를 받을 수 있다.〔四命受器.〕”[297]라는 구절에 대해, 정현의 주에서는 《예기》 〈예운(禮運)〉을 인용하여 대부는 제기를 구비하지 않는다는 것을 증명하고 이 제기를 하사받는 사명(四命)을 공(公)의 고(孤)라고 하였다.[298] 또 이르

295 공자는……싫어하였다 : 《의례경전통해》 〈왕제지정 왕사(王制之丁 王事)〉에 보인다. 원출처는 《예기》 〈단궁 상(檀弓上)〉이다.

296 삼명(三命)은……받는다 : 《의례경전통해》 〈왕제지무 설관(王制之戊 設官)〉에 보인다. 원출처는 《주례》 〈춘관(春官) 대종백(大宗伯)〉이다.

297 사명(四命)은……있다 : 《의례경전통해》 〈왕제지무 설관〉에 보인다. 원출처는 《주례》 〈춘관 대종백〉이다.

298 정현의……하였다 : 통행본 《의례경전통해》와 《의례》의 해당 경문에 대한 정현의 주에 “이 사명(四命)은 공의 작위를 가진 제후의 고(孤)로서 처음으로 제기를 소유할 수 있는 자이다. 《예기》 〈예운〉에 ‘대부가 관원을 구비하고 제기를 남에게 빌리지 않고 음악을 모두 구비하는 것은 예가 아니다.’라고 하였다.〔此公之孤始得有祭器者也. 禮運曰：大夫具官, 祭器不假, 聲樂皆具, 非禮也.〕”라는 내용이 보인다. ‘고(孤)’는 삼공(三

기를 "왕의 하대부 역시 사명이다.〔王之下大夫亦四命.〕"라고 하였다. 만약 그렇다면 〈예운〉에서 논한 것은 오직 제후의 대부만을 가리킨 것인가? 왕의 대부 역시 제기를 구비하지 못한다면 왕의 사명으로서 받는 것은 무엇인가?

〔49〕 7월 24일 : 〈왕제지무 설관(王制之戊 設官)〉 중 '제후지오의(諸侯之五儀)'~'고인(稿人)' 7판

〔49.1〕 "무릇 제후의 적장자는〔凡諸侯之適子〕"[299]이라는 구절에 대해, 정현의 주에 "아버지인 제후를 대신하여 왕에게 조현하면 왕은 그를 대접할 때에 모두 상경의 예를 쓴다.〔其賓之皆以上卿之禮.〕"라고 하였다. 이것은 바로 자(子)・남(男)의 작위를 가진 제후의 아들과 천자에게서 아직 제후의 후사(後嗣)로 명을 받지 못한 자를 가리

公) 바로 아래의 관직이다. '예운(禮運)'은 저본에 '예기(禮器)'로 되어 있는데, 통행본 《의례》・《의례경전통해》・《예기》에 근거하여 '기(器)'를 '운(運)'으로 바로잡아 번역하였다. 다음에 나오는 '〈예운〉' 역시 같다.

299 무릇 제후의 적장자는 : 저본의 논의 내용과 관련하여 《주례》 〈춘관(春官) 전명(典命)〉에 "무릇 제후의 적장자가 천자에게서 후사로 명함을 받았는데, 그 군주를 대신하여 천자를 조현하게 되면 그 군주에 대한 예보다 한 등급 낮추어 대접한다. 만약 아직 후사로 명함을 받지 못하였으면 가죽과 비단의 예물을 들고 자・남의 작위를 가진 제후 다음에 이어서 조현한다.〔凡諸侯之適子誓於天子, 攝其君, 則下其君之禮一等. 未誓, 則以皮帛繼子、男.〕"라는 내용이 보인다. 정현의 주에 "자・남의 작위를 가진 제후의 아들과 천자에게서 아직 후사로 명을 받지 못한 자는 모두 소국의 군주가 조현한 다음에 가죽과 비단을 들고 조회한다.〔子、男之子與未誓者, 皆次小國之君, 執皮帛而朝會焉.〕"라고 하였다.

킨다. 만약 이미 후사로 명을 받았다면 본래 그 군주의 예보다 한 등급을 낮추어야 한다. 가공언의 소에서 "만약 조현하는 예를 행하게 되면 빈과 개는 제후의 예에 따르고, 그 옹희례와 향례는 한결같이 경과 동일하게 한다.〔若行朝禮, 擯、介依諸侯; 其饔餼、饗, 一與卿同.〕"라고 한 것[300]은 분명한 증거가 없는 듯하다.

〔50〕 7월 25일 : 〈왕제지무 설관(王制之戊 設官)〉 중 '내립춘관종백(乃立春官宗伯)'~〈왕제지무 설관〉 끝 6판

〔50.1〕 6관(官)에 소속된 관직은 많기도 하고 적기도 하여 관직 수가 모두 다 60개가 되는 것은 아니니 의심스럽다.[301] 그리고 《예기》 〈왕제(王制)〉에 이르기를 "천자에게는 3공, 9경, 27대부, 81원사가 있다.〔天子: 三公, 九卿, 二十七大夫, 八十一元士.〕"라고 하였는데, 정현의 주에 "이것은 하나라의 제도이다.〔此夏制也.〕"라고 하였다. 주나라의 관직은 360개라고 말하지만 이것은 관직 이름으로 말한 것뿐이고 사실은 하나의 관(官) 안에 소속된 관직은 일정하지 않다. 지금

300 가공언의……것 : '빈(擯)'은 왕을 도와 빈(賓)을 맞이하고 말을 전달하는 자이다. '개(介)'는 조현 온 제후를 도와 말을 전달하는 자이다. '옹희례(饔餼禮)'는 79쪽 주179 참조. '향례(饗禮)'는 왕이 손님으로 온 제후에게 성대한 예를 갖추어 대접하는 예이다.

301 6관(官)에……의심스럽다 : 《예기》 〈왕제(王制)〉 공영달의 소에 "《주례》는 그 관직이 360개이다.〔周禮, 其官三百六十.〕"라는 내용이 보인다. 통행본 《주례》에 근거하면, 천관(天官)의 관직은 63, 지관(地官)은 79, 춘관(春官)은 70, 하관(夏官)은 60, 추관(秋官)은 66개가 있어 모두 338개이다. 동관(冬官)은 결락되었는데, 한(漢)나라 사람들이 보충한 〈고공기(考工記)〉에 언급된 공(工)은 모두 30공이다.

《주례》에 근거하면 대부의 수는 이미 본래부터 매우 많고, 사(士)로 말하면 단지 〈지관(地官)〉 중 6향(鄕) 6수(遂)의 사만 해도 2만 명에 가까우니, 만약 다른 곳의 사까지 합친다면 또 얼마나 될지 알 수 없다. 어찌하여 하(夏)나라의 제도와 이렇게까지 현격하게 차이 난단 말인가?

〔51〕 7월 26일 : 〈왕제지기 건후(王制之己 建侯)〉 처음~'이휼례애구란(以恤禮哀寇亂)'[302] 9판

〔51.1〕 "천자를 봄에 알현하는 것을 '조'라고 한다.〔春見曰朝.〕"[303]라는 구절에 대해, 《주례》 정현의 주에 "6복 안의 제후들은 사방에서 사시에 나누어 천자를 조현하러 오는데, 혹은 일찌감치 봄에 조현하고, 혹은 왕을 높여 여름에 조현하고, 혹은 왕사(王事)에 부지런히 하여 가을에 조현하고, 혹은 예정에 없이 이른 것처럼 겨울에 조현하여, 이름이 다름에 따라 예를 달리하여 번갈아가며 두루 조현한다.〔六服之內, 四方以時分來, 或朝春, 或宗夏, 或覲秋, 或遇冬, 名殊禮異, 更遞而遍.〕"라고 하였다. 이에 근거하면 1복(服) 안의 제후들이 동방의 제후들은 봄에 조현하고, 남방의 제후들은 여름에 조현하고, 서방의 제후들은 가을에 조현하고, 북방의 제후들은 겨울에 조현하는 듯하다.

302 왕제지기 건후(王制之己 建侯)……이휼례애구란(以恤禮哀寇亂) : 〈왕제지기 건후〉는 《의례경전통해》의 56번째 편명이다.

303 천자를……한다 : 원출처는 《주례》 〈춘관(春官) 대종백(大宗伯)〉이다.

《주례》〈추관(秋官) 대행인(代行人)〉의 정현의 주에 이르기를 "그 조공하는 해에 사방의 제후들은 각각 넷으로 나누어 사시에 달려와 조현한다.〔其朝貢之歲, 四方各四分, 趨四時而來.〕"라고 하였는데, 이에 근거하면 그 1복의 제후들이 또 16으로 나뉘어서 넷씩 사시(四時)에 나누어 오는 것이다.

그 뜻을 자세히 살펴보면 봄・여름・가을・겨울의 조현하는 예가 이미 다르니, 만약 그저 사방만 구분하여 조현하러 온다고 하면 동방과 남방의 제후들은 봄과 여름의 조현만 있고 가을과 겨울의 조현하는 예는 없으며, 서방과 북방의 제후들은 가을과 겨울의 조현하는 예만 있고 봄과 여름의 조현하는 예는 없게 될 것이다. 그러므로 반드시 이와 같이 상세하게 나눈 뒤에야 사방의 제후국들이 각각 봄・여름・가을・겨울의 조현하는 예를 행할 수 있어서 고르지 않음이 없게 된다. 다만 이것이 근거할 만한 고사(古事)가 있는지는 알 수 없다.

〔52〕 7월 27일 : 〈왕제지기 건후(王制之己 建侯)〉 중 '대사마이구벌지법(大司馬以九伐之法)'~〈왕제지경 명기 상(王制之庚 名器上)〉 중 '군자원포주(君子遠庖廚)'[304] 13판

〔53〕 7월 28일 : 〈왕제지경 명기 상(王制之庚 名器上)〉 중 '왕지오면(王之五冕)'~'조복지이호(朝服之以縞)' 7판

304 왕제지기 건후(王制之己 建侯)……군자원포주(君子遠庖廚) : 〈왕제지경 명기 상(王制之庚 名器上)〉은 《의례경전통해》의 57번째 편명이다.

〔53.1〕 "무릇 조문하는 일에 왕은 흰색 작변(爵弁)에 환질(環絰)을 두른다.〔凡弔事, 弁絰服.〕"[305]라는 구절에 대해, 정현의 주에 "의사는 그 하상(下裳)을 소로 바꿀 뿐이다.〔疑蓑變其裳以素耳.〕"라고 하였다. '의사(疑蓑)'는 마땅히 '의최(疑衰)'가 되어야 한다.[306] '소(素)'는 만약 백색으로 풀이한다면 의상(疑裳) 역시 백색이니 '그 하상을 소로 바꾼다'라고 말할 수 없다. 마땅히 '가공하지 않은 백색 생견〔絹素〕'의 '소(素)'가 되어야 할 듯하다. 그렇다면 조복(朝服)의 소벽적(素辟積)[307]과 같은 것은 모두 가공하지 않은 백색 생견의 뜻이 되겠지만, 상의는 포(布)이고 하상은 생견으로 하는 것이 도치된 혐의가 없겠는가?

〔53.2〕 "호관에 소로 가선을 두른다.〔縞冠素紕.〕"[308]라는 구절은, 살펴보면 경문 중에 호(縞)니 소(素)니 포(布)니 마(麻)니 백(帛)이니 사의(絲衣)니 하는 것은 그 등품(等品)의 고하를 알기 어렵다. 경문을 살펴보면 나머지 옷은 모두 포를 쓰고 오직 면복(冕服)과 작변복

305 무릇……두른다 : 원출처는 《주례》 〈춘관(春官) 사복(司服)〉이다.

306 의사(疑蓑)는……한다 : 통행본 《의례경전통해》와 《의례》에는 모두 '의최(疑衰)'로 되어 있다. 저자가 본 판본에 오자가 있었던 듯하다. '의최'는 왕이 대부나 사(士)의 상례에 참여했을 때 입는 상복이다. '의'는 비긴다〔擬〕, '최'는 상복이라는 뜻으로, 길복에 비견되는 상복이라는 말이다.

307 소벽적(素辟積) : 흰 명주 베로 주름을 잡아 하상(下裳)을 만든다는 뜻이다. 《예기》 〈교특생(郊特牲)〉에 "하나라 · 상나라 · 주나라의 왕이 모두 피변을 쓰고 흰 명주 베로 주름을 잡은 하상을 입었다.〔三王共皮弁素積.〕"라는 구절이 보인다. 피변소적(皮弁素積)은 군주가 조회를 볼 때 입는 옷이다.

308 호관(縞冠)에……두른다 : 원출처는 《예기》 〈옥조(玉藻)〉이다.

(爵弁服)에만 사의를 사용하니, 사의가 가장 높아서 그런 것인가? 여기 경문 '호관소비(縞冠素紕)'의 '비(紕)'는 가선을 지칭하는 것이니, 필시 그 등품이 본바탕인 천보다는 아래일 것이다. 여기에서 '호'가 '소'보다 높음을 알 수 있다. 또 공자는 계강자(季康子)가 '호'로 조복(朝服)을 만든 것을 비판하였다.[309] 조복은 본래 15승(升) 포를 사용하는데 호로 이를 바꾼 것을 참람하다고 여겼으니, 호는 소보다 높을 뿐 아니라 또 포보다도 높을 수 있는 것이다.

피변복(皮弁服)과 조복은 모두 포로 만든 상의(上衣)에 소로 주름을 잡아 만든 하상(下裳)을 입는다. 필시 상의가 높고 하상이 낮을 것이니, 포가 소보다 높을 듯하다. 그러나 정현의 주에 "면복은 중의에 소를 사용하고, 피변복·조복·현단복은 중의에 포를 사용한다.〔冕服, 中衣用素; 皮弁、朝服、玄端, 中衣用布.〕"라고 하였으니, 그 본복의 등급에 따라 그 중의(中衣)의 고하를 알 수 있다. 그렇다면 소가 도리어 포보다 높은 것인가?

또 피변복 이하 세 종류의 복은 모두 포를 사용하는데 그 중의에 도리어 또 포를 사용하고 있다. 비록 똑같이 포이기는 하지만 세

309 공자는……비판하였다 : 《예기》 〈옥조〉에 "조복을 백색 생견으로 만든 것은 계강자로부터 시작되었다. 공자가 말하였다. '조복을 입고 조회를 보니, 청삭을 마친 뒤에 조복을 입는다.' 공자가 또 말하였다. '국가가 도에 부합하지 않으면 그 복식을 성대하게 하지 않는다.'〔朝服之以縞也, 自季康子始也. 孔子曰: 朝服而朝, 卒朔然後服之. 曰: 國家未道, 則不充其服焉.〕"라는 구절이 보인다. 방각(方慤)의 주에 "조복은 포로 만들고 생사로 만들지 않으며, 검은색을 사용하고 흰색을 사용하지 않는다. 그러나 후세에는 이와 반대로 하니, 이것은 계강자가 예를 잃은 것에서 시작되었다.〔朝服以布, 不以純; 以緇, 不以縞. 然而後世則反之者, 則始乎季康子之失禮也.〕"라는 내용이 보인다.

종류의 복에 사용하는 포는 모두 15승포로, 정현은 이것을 마의(麻衣)라고 하였다.[310] 이것은 그 고움과 거침에 따라 고하가 같지 않은 것이다. 그렇다면 그 고와서 마가 된 것은 중의의 포보다 높을 뿐 아니라 또한 소보다 높으며, 그 거친 것이 바로 소보다 아래가 되는 것인가?

《예기》〈옥조(玉藻)〉에 이르기를 "백으로 중의를 만들어 포로 만든 겉옷 안에 입는 것은 예가 아니다.〔以帛裏布, 非禮也.〕"라고 하였는데, 정현은 사의(絲衣)와 마의(麻衣)로 이를 해석하였다.[311] 이에 근거한다면 백(帛)은 정해진 이름이 없이 사의나 마의와 같은 것들을 모두 '백'이라고 말할 수 있는 것인가?

〔53.3〕"새 솜을 '견'이라 하고 헌솜을 '포'라 한다.〔纊爲繭, 縕爲袍.〕"라는 구절에 대해, 정현의 주에 "'광'은 지금의 새 면을 말한다. '온'은 지금의 광과 옛 서를 말한다.〔纊, 謂今之新綿也. 縕, 謂今纊及舊絮也.〕"라고 하였다. 이에 근거하면 한(漢)나라 때에는 면(綿)·광(纊)·서(絮) 세 명칭이 있었던 것이니, 이른바 '광'은 주(周)나라

310 정현은……하였다 : 아래 주311 참조.

311 예기……해석하였다 : '백으로 중의를 만들어 포로 만든 겉옷 안에 입는 것〔以帛裏布〕'의 '리(裏)'가 저본에는 '과(裹)'로 되어 있으나 통행본 《의례경전통해》와 《의례》에 근거하여 바로잡아 번역하였다. 정현의 주는 다음과 같다. "중의와 겉옷이 서로 걸맞아야 한다는 것이다. 면복은 사의이니 중의에 소를 사용하고, 피변복·조복·현단복은 마의이니 중의에 포를 사용한다.〔中外宜相稱也. 冕服, 絲衣也, 中衣用素; 皮弁服、朝服、玄端, 麻衣也, 中衣用布.〕" '마의(麻衣)'는 제후·대부·사(士)가 평소 집에서 입었던 심의(深衣)를 말한다. 《예기》〈간전(間傳)〉 정현의 주에 "'마'라는 것은 순수하게 포를 사용하고 채식이 없는 것이다.〔謂之麻者, 純用布, 無采飾也.〕"라는 내용이 보인다.

때의 광이 아니고 '면'이 바로 주나라의 광에 해당된다. 이 때문에 '면'으로 광을 해석하고, '지금의 광'으로 온(縕)을 해석한 것인가?

〔54〕 7월 29일 : 〈왕제지경 명기 상(王制之庚 名器上)〉 중 '유군유보구(惟君有黼裘)'～〈왕제지신 명기 하(王制之辛 名器下)〉 중 '찬대행(贊大行)'[312] 9판

〔54.1〕 "심의(深衣)의 하상(下裳)의 임을 연결하여 뒷폭을 트여 있는 오른쪽 옆으로 구부려서 앞으로 오게 겹친다.〔續衽鉤邊.〕"[313]라는 구절의 '속임(續衽)'의 뜻은 정현의 주가 본래 매우 분명하다.[314] 그러나 '구변(鉤邊)'으로 말하면, 이른바 "지금의 곡거와 같다.〔若今曲裾.〕"라고 한 것은 끝내 의심스럽다. 공영달의 소의 설이 근거를 둔 바가 없지 않은데[315] 《가례(家禮)》의 주에서 양복(楊復)이 이에 대

312 왕제지경 명기 상(王制之庚 名器上)……찬대행(贊大行) : 〈왕제지신 명기 하(王制之辛 名器下)〉는 《의례경전통해》의 58번째 편명이다.

313 심의(深衣)의……겹친다 : 원출처는 《예기》 〈심의(深衣)〉이다.

314 속임(續衽)의……분명하다 : 정현의 주는 다음과 같다. "'속'은 '이어 붙이다'는 뜻의 촉(屬)과 같다. '임'은 하상(下裳)의 옆에 있는 것이다. 이를 연결하여 하상의 앞뒤 판이 분리되지 않도록 하는 것이다.〔續, 猶屬也. 衽, 在裳旁者也. 屬連之, 不殊裳前後也.〕"

315 공영달의……않은데 : '구변(鉤邊)'과 관련한 공영달의 소는 다음과 같다. "정현은 후한 때 하상에 곡거가 있었기 때문에 속임구변이 한나라 때의 곡거와 비슷하다고 생각한 것이다. 당나라의 붉은색 조복은 후한 명제 때부터 만든 것이니, 정현이 '지금의 곡거'라고 한 것은 바로 당나라 조복의 곡거이다.〔鄭以後漢之時, 裳有曲裾, 故以續衽鉤邊似漢時曲裾. 今時朱衣朝服, 從後漢明帝所爲, 則鄭云今曲裾者, 是今朝服之曲裾也.〕"

해 논하면서 전적으로 잘못을 주석가들에게 돌렸으니[316] 억울하지 않겠는가. 지금 이를 바로잡고자 한다면 정현의 곡거(曲裾) 설로부터 시작하여 논파하는 것이 마땅할 것이다. 다만 《가례》의 "좌우 폭을 교차하여 구부린다.〔左右交鉤.〕"라는 설[317]은 또한 매우 알기 어렵다. 내 생각에는 이미 그 좌우의 옆을 연결하여 하상의 앞뒤 판이 분리되어 있지 않다면 그 양쪽 끝이 다한 곳에 바느질하고 남은 부분을 접어서 안쪽으로 꿰매야 할 것이니, 단지 이것이 바로 '구변'이며 다른 뜻은 없는 듯하다. 경문 중 '가장자리를 선 두른다〔純邊〕'라고 할 때의 '변(邊)'이 바로 또한 하상의 양쪽 끝이 다한 곳을 가리키는 것이니, 하나의 증거가 될 수 있다.

〔54.2〕 "심의(深衣)의 소매 길이는 손에까지 이르고 다시 되접어 팔꿈치에 이르게 한다.〔反詘之及肘.〕"[318]라는 것은, 지금 이 척수(尺數)에 따라 만들면 소매가 겨우 손만 덮고 말아서 끝내 되접어 팔꿈치에까지는 이르지 못한다. 《가례》의 "소맷부리의 베 밖에 별도로 이어 붙인 끝동의 너비〔袂口布外別此緣之廣〕"[319]라는 것은 《예기》

316 가례(家禮)의……돌렸으니 : 자세한 내용이 《가례》 〈통례(通禮) 심의제도(深衣制度)〉 소주 중 양복(楊復)의 주에 보인다.

317 가례의……설 : 《가례》 〈통례 심의제도〉 소주 중 남송의 성리학자인 채연(蔡淵)의 주에 "속임구변이라는 것은, 단지 하상의 옆을 잇는데 앞뒤 폭을 꿰매지 않고 좌우 폭을 교차하여 구부린 것이 바로 구변이며, 별도로 한 폭을 두어서 갈고리처럼 재단하여 하상의 옆에 꿰맨 것이 아니다.〔謂續衽鉤邊者, 只是連續裳旁, 無前後幅之縫, 左右交鉤卽爲鉤邊, 非有別布一幅, 裁之如鉤而綴于裳旁也.〕"라는 내용이 보인다.

318 심의(深衣)의……한다 : 원출처는 《예기》 〈심의(深衣)〉이다.

〈옥조(玉藻)〉와 〈심의(深衣)〉의 경문 및 정현의 주에 모두 이러한 제도가 있는 것이 보이지 않는다. 오직 〈심의〉 중 공영달의 소[320] 한 단락이 증거가 될 만하나 그 말이 또한 근거한 바가 없으니 의심스럽다.

이제 살펴보면 이 경문에 대한 정현의 주에 "팔뼈의 위아래가 각각 1척 2촌이다.〔臂骨上下各尺二寸.〕"라고 하였으니, 이에 근거하면 '소매의 길이가 손에까지 이르고 되접어 팔꿈치에까지 이르게 하는 것'이 아니고 곧장 그 중간에서 소매를 접으면 그 접은 곳이 팔꿈치에 해당하는 것뿐이다.

공영달의 소에 "상의의 폭 경계에 팔을 거의 다 덮도록 이어 붙이고 또 소매를 상의에 이어 붙이기 때문에 소매를 되접어 팔꿈치에까지 이를 수 있는 것이다.〔使屬於衣幅之畔覆臂將盡, 又屬袂於衣, 故反袂得及於肘也.〕"라고 하였는데, 그 설이 그럴듯하나 끝내 부합되지

319 소맷부리의……너비 : 《가례》 〈통례(通禮) 심의제도(深衣制度)〉 중 '검은색 비단 끝동〔黑緣〕' 조에 보인다.

320 공영달의 소 : 다음과 같다. "소매의 길이는 2척 2촌이니 끝동의 1촌 반을 합치면 2척 3촌 반이다. 그 시접으로 줄어드는 부분을 각각 1촌씩 제거하면 나머지는 2척 1촌 반이 남게 되니 어깨에서부터 손까지 2척 4촌이다. 지금 2척 1촌 반의 소매를 되접었을 때 팔꿈치까지 이를 수 있는 것은, 소매를 상의에 붙이는데 폭의 너비가 2척 2촌이니 몸의 등뼈부터 어깨까지 단지 1척 1촌일 뿐이기 때문이다. 어깨부터 팔을 덮으면 또 1척 1촌이니, 이것은 상의의 폭 경계가 팔을 거의 다 덮는 것이다. 그런데 지금 또 소매를 상의에 붙인 것이 또 2척 1촌 반이기 때문에 그 소매를 되접었을 때 팔꿈치에까지 이를 수 있는 것이다.〔袂長二尺二寸, 幷緣寸半, 爲二尺三寸半. 除去其縫之所殺各一寸, 餘有二尺一寸半在, 從肩至手二尺四寸. 今二尺一寸半之袂, 得反詘及肘者, 以袂屬於衣, 幅闊二尺二寸, 身脊至肩但尺一寸也. 從肩覆臂, 又尺一寸, 是衣幅之畔覆臂將盡. 今又屬袂於衣又二尺一寸半, 故反詘其袂得及於肘也.〕"

않은 이유는, 팔꿈치로부터 손에 이르기까지의 치수 또한 전체 소매 길이의 치수 안에 들어 있기 때문일 뿐이다.

〔54.3〕 "울창주를 따라 강신하는 관규에는 술을 담는 부분인 찬이 있다.〔祼圭有瓚.〕"[321]라는 구절에 대해, 정현의 주에 "아랫부분에는 반이 있는데 입구의 지름이 1척이다.〔下有槃, 口徑一尺.〕"라고 하였다. 이 반(槃)의 입구는 반의 끝부분인 듯하다. 그렇다면 그 지름이 1척의 너비가 될 수 없으니 또한 1촌의 오류이다.

〔55〕 윤7월 1일 : 〈왕제지신 명기 하(王制之辛 名器下)〉 중 '홀천자이구옥(笏天子以球玉)'~'일명온불(一命縕韍)' 3판

〔55.1〕 "천자부터 제자까지 모두 띠의 매듭 부분에 끈으로 만든 뉴를 붙이고 이 뉴에 꿰어서 매듭짓는데, 끈의 너비는 3촌이다.〔竝紐約用組, 三寸.〕"[322]라는 구절에 대해, 공영달의 소에 "'뉴(紐)'는 띠의 매

규찬(圭瓚)

321 울창주를……있다 : 《의례경전통해》 〈왕제지신 명기 하(王制之辛 名器下)〉에 보인다. 원출처는 《주례》 〈춘관(春官) 전서(典瑞)〉이다. '관규(祼圭)'는 강신례 때 사용하는 주기(酒器)의 옥으로 된 손잡이를 이른다. 《주례》 〈동관(冬官) 옥인(玉人)〉에 "관규는 1척 2촌이니, 찬이 있으며, 종묘에서 제사를 지낼 때 사용한다.〔祼圭尺有二寸, 有瓚, 以祀廟.〕"라는 내용이 보인다. 위 그림은 송나라 섭숭의(聶崇義)의 《삼례도집주(三禮圖集注)》에 보이는 규찬(圭瓚) 그림이다. 손잡이는 규(圭)로 되어 있고 술을 담는 부분이 찬(瓚)이다.

322 천자부터……3촌이다 : 원출처는 《예기》 〈옥조(玉藻)〉이다. 저본에는 '삼촌(三

듭 부분에 그 뉴를 붙이는 것을 말한다. '약(約)'은 물건을 뉴에 끼워서 그 띠를 묶어 매듭짓는 것을 이른다. 그 '뉴를 붙이고 이 뉴에 꿰어서 매듭짓는' 물건은 모두 끈을 사용하여 만들기 때문에 '모두 띠의 매듭 부분에 끈으로 만든 뉴를 붙이고 이 뉴에 꿰어서 매듭짓는다.'라고 한 것이다. '3촌'이라는 것은 뉴를 붙이고 이 뉴에 꿰어 매듭짓는 끈의 너비가 3촌이라는 말이다.〔紐, 謂帶之交結之處, 以屬其紐. 約者, 謂以物穿紐約結其帶. 其所紐約之物, 竝用組爲之, 故云竝紐約用組. 三寸者, 謂紐約之組闊三寸也.〕"라고 하였다.

이에 근거하면 뉴(紐)는 또한 별도로 끈을 사용하여 띠에 붙여서 만든 것이다. 만약 그렇다면 정현의 주에 이른바 "그 뉴의 가장자리를 장식한다.〔裨其紐.〕"라는 것 또한 채색 비단으로 그 끝을 장식해야 하니[323] 이것은 옳지 않은 듯하다. 다만 뉴의 법이 과연 어떤 것인지 알지 못하겠다. 지금 사람들은 대부분 뉴를 띠의 두 고리로 여기는데 근거로 삼을 만한 것이 있는가?

또 공영달의 소에 이르기를 "사(士)는 뉴에 검은 비단을 쓰는데, 오직 아래로 한 가닥 늘어뜨린 부분만 가장자리를 장식한다.〔士則用緇, 惟裨向下一垂者.〕"라고 하고, 또 이르기를 "단지 그 한 가닥 아래로 늘어뜨린 부분만 가장자리를 장식한다.〔但裨其一條下垂者.〕"라고 하였으니, 그렇다면 옛날에는 띠를 본래 《의례》 〈상복(喪服)〉의

寸)'이라는 원문이 없으나 논의의 편의상 경문을 보충하였다.

323 정현의……하니 : 정현의 주에 "비(裨)는 채색 비단으로 그 가장자리를 장식하는 것이다. 군주는 띠의 처음부터 끝까지 가장자리를 장식하고, 대부는 그 뉴와 늘어뜨린 부분의 가장자리를 장식하고, 사(士)는 그 늘어뜨린 부분의 가장자리를 장식한다.〔裨, 謂以繒采飾其側. 人君充之, 大夫裨其紐及末, 士裨其末而已.〕"라는 내용이 보인다.

교대(絞帶)처럼 한 가닥만 늘어뜨려 오늘날 두 가닥을 늘어뜨리는 것과 같지 않았던 것인가? 다시 살펴보아야 할 것이다.

〔56〕 윤7월 2일 : 〈왕제지신 명기 하(王制之辛 名器下)〉 중 '천자패백옥(天子佩白玉)'~'범시왕시(凡矢枉矢)' 8판

〔56.1〕 "군주와 함께 있을 경우 세자는 왼쪽에 차고 있는 패의 끈을 묶어 소리가 나지 않게 하고 오른쪽에는 패를 찬다.〔左結佩, 右設佩.〕"[324]라는 구절에 대해, 공영달의 소에 "왼쪽에는 차고 있는 옥패의 끈을 묶고 오른쪽에는 사패를 차는 것이다. '사패'는 목수나 대휴 같은 것이다.〔結左邊玉佩, 而設右邊事佩. 事佩, 是木燧、大觿之屬.〕" 라고 하였다. 패옥은 본래 왼쪽에 차는 것과 오른쪽에 차는 것이 있다. 그런데 별도로 목수(木燧)와 대휴(大觿)[325]를 끌어와 오른쪽에 차는 패(佩)에 해당시켰으니 오활한 것이 아니겠는가. 그러나 이와 같이 해석하지 않으면 또 덕패(德佩)와 사패(事佩)[326]를 말할 수 없으니 의심스럽다.

324 군주와……찬다 : 원출처는 《예기》 〈옥조(玉藻)〉이다.

325 목수(木燧)와 대휴(大觿) : '목수'는 나무로 만든 불을 피우는 도구이고, '대휴'는 코끼리 뼈로 만든 송곳이다.

326 덕패(德佩)와 사패(事佩) : 해당 경문에 대한 정현의 주에 "세자는 자신이 거처하던 곳을 나갔는데 군주가 자신과 함께 있으면 덕패를 제거하고 사패를 차서, 덕을 피하며 일에 나아감을 보인다.〔出所處而君在焉, 則去德佩而設事佩, 辟德而示卽事也.〕"라고 하였는데, 공영달의 소에 "옥은 덕을 표시하는 것이기 때문에 옥을 제거하여 자신이 덕이 없음을 보이는 것이다.〔玉以表德, 去之示己無德也.〕"라고 하였다.

〔56.2〕 "왕후가 타는 세 종류의 수레에는 모두 용과 개가 있다.〔皆有容、蓋.〕"[327]라는 구절에서, 용(容)의 제도는 비록 자세하지 않으나 요컨대 휘장으로 외부를 가리는 것이다. 그런데 또 꿩 깃을 두어 가리니 혹시 용 위에 꿩 깃을 더해 장식으로 삼은 것인가?

〔57〕 윤7월 3일 : 〈왕제지신 명기 하(王制之辛 名器下)〉 중 '수방국자(守邦國者)'~〈왕제지신 명기 하〉 끝 6판

〔58〕 윤7월 4일 : 〈왕제지임 사전(王制之壬 師田)〉 처음~'태축대사(大祝大師)'[328] 10판

〔58.1〕 "《주례》 〈하관 대사마〉의 '무릇 군대의 편제는 다음과 같다.' 〔大司馬: 凡制軍〕"라는 단락에서, 정현 주의 '수구(遂寇)'는 '축구(逐寇)'가 되어야 한다.[329] 군대를 내는 법은, 향(鄉)과 수(遂)는 1가

327 왕후가……있다 : 원출처는 《주례》 〈춘관(春官) 건거(巾車)〉이다. 왕후는 《주례》에 의거하면 모두 다섯 종류의 수레를 타는데, 이 가운데 세 종류의 수레에 모두 용(容)과 개(蓋)가 있다는 말이다. '세 종류의 수레'는 왕을 따라 제사 지낼 때 타는 중적(重翟), 왕을 따라 제후들에게 빈례(賓禮)나 향례(饗禮)를 베풀 때 타는 염적(厭翟), 왕을 알현할 때 타는 안거(安車)이다. '용'은 수레 휘장이며, '개'는 수레 덮개이다.

328 왕제지임 사전(王制之壬 師田)……태축대사(大祝大師) : 〈왕제지임 사전〉은 《의례경전통해》의 59번째 편명이다.

329 정현……한다 : 《주례》 〈지관(地官) 소사도(小司徒)〉의 "대사도를 도와서 함께 외적을 몰아내고 도적을 감찰하여 체포한다.〔以比追胥.〕"라는 구절에 대한 정현의 주에 "'추'는 외적을 몰아내는 것이다.〔追, 逐寇也.〕"라는 구절이 보인다. 통행본 《의례경전통해》와 〈의례〉에는 모두 '축(逐)'으로 되어 있다. 저자가 본 판본에 오자가 있었던

(家)에서 한 사람을 내고 도비(都鄙)는 10가에서 한 사람을 내며, 도비는 또 스스로 그 갑옷과 수레와 말을 갖추지만 향과 수는 그렇지 않다.[330] 이것은 그 수고와 비용이 서로 합당하게 하고자 해서인가? 아니면 사마법(司馬法)이 본래 주공(周公)이 만든 법과 다른데 정현이 억지로 이를 인용한 것인가?

〔58.2〕 대사마(大司馬)가 출정과 사냥 때 달리 맡은 직임이 없으니 의심스럽다.

〔58.3〕 "중군의 장수는 북을 두드려 군사의 사기를 진작시키도록 한다.〔中軍以鼙令鼓.〕"[331]라는 구절에 대해, 가공언의 소에 "이것은 6군 중에 3군이 각각 한쪽에 처하여 모두 자체적으로 중군이 있는 것이다.〔此六軍, 三軍居一偏, 皆自有中軍也.〕"라고 하였다. 만약 그렇다면 좌군과 우군에 각각 하나의 중군이 있어서 각각 그 군령을 시행하는 것이니, 어찌 통령하는 사람이 없단 말인가? '이비령고(以鼙令鼓)'의 뜻 역시 자세하지 않다.

〔59〕 윤7월 5일 : 〈왕제지임 사전(王制之壬 師田)〉 중 '태사대사(大師

듯하다.

330 군대를……않다 : 출처가 자세하지 않다. '향(鄕)'과 '수(遂)'는 112쪽 주275 참조. '도비'는 113쪽 〔44.2〕 참조.

331 중군(中軍)의……한다 : 원출처는 《주례》〈하관(夏官) 대사마(大司馬)〉 중동(中冬) 조이다.

大師)'~〈왕제지계 형벽(王制之癸 刑辟)〉 중 '팔왈의빈지벽(八曰議賓之辟)'[332] 33판

〔60〕 윤7월 6일 : 〈왕제지계 형벽(王制之癸 刑辟)〉 중 '사사장오금(士師掌五禁)'~〈상복(喪服)〉 참최삼년장(斬衰三年章)의 전(傳)[333] 24판

〔60.1〕 "부인은 상장(喪杖)을 짚지 않는다.〔婦人不杖.〕"라는 구절에 대해 가공언의 소에서는 동자(童子)인 부인을 이에 해당시켰다.[334] 만약 그렇다면 전문(傳文)에서 단지 "동자는 상장을 짚지 않는다.

332 왕제지임 사전(王制之壬 師田)……팔왈의빈지벽(八曰議賓之辟) : 〈왕제지계 형벽(王制之癸 刑辟)〉은 《의례경전통해》의 60번째 편명이다.

333 왕제지계 형벽(王制之癸 刑辟)……전(傳) : 〈상복(喪服)〉은 《의례경전통해속(儀禮經傳通解續)》의 1번째 편명이자 《의례》의 11번째 편명이다. 《의례경전통해속》 〈상복〉은 다음과 같이 모두 12장으로 이루어져 있다. (1)편목(篇目), (2)참최삼년(斬衰三年), (3)자최삼년(齊衰三年), (4)자최장기(齊衰杖期), (5)자최부장기(齊衰不杖期), (6)자최삼월(齊衰三月), (7)상대공구월칠월(殤大功九月七月), (8)대공정복구월(大功正服九月), (9)세최기장제지(繐衰旣葬除之), (10)상소공오월(殤小功五月), (11)소공정복오월(小功正服五月), (12)시마삼월(緦麻三月)

334 부인은……해당시켰다 : 《의례경전통해속》 〈상복〉 참최삼년장(斬衰三年章)의 전(傳)에 "동자는 왜 상장(喪杖)을 짚지 않는가? 슬픔으로 병이 날 리 없기 때문이다. 부인은 왜 상장을 짚지 않는가? 부인 역시 슬픔으로 병이 날 리 없기 때문이다.〔童子何以不杖? 不能病也. 婦人何以不杖? 亦不能病也.〕"라고 하였는데, 가공언의 소에 "부인이 상장을 짚지 않는다는 것은 또한 동자인 부인을 말한다. 만약 성인인 부인이라면 바로 상장을 짚는다.……여러 경문에 모두 부인이 상장을 짚는다는 글이 있으니, 여기에서는 동자인 부인을 말하는 것이 분명하다.〔婦人不杖, 亦謂童子婦人. 若成人婦人正杖.……諸經皆有婦人杖文, 明此童子婦人.〕"라고 한 것을 가리킨다.

〔童子不杖.〕"라고만 해도 충분했을 터인데 또 무엇 때문에 "부인은 상장을 짚지 않는다.〔婦人不杖.〕"라고 말했단 말인가? 여기에는 반드시 그 이유가 있을 것이다.

〔61〕 윤7월 7일 : 〈상복(喪服)〉 참최삼년장(斬衰三年章)의 '교대자승대(絞帶者繩帶)'~'서자불위장자삼년(庶子不爲長子三年)' 14판

〔61.1〕 "아침에 1일(溢)의 쌀과 저녁에 1일의 쌀로 만든 멀건 죽을 마신다.〔朝一溢米, 夕一溢米.〕"라는 것은 정현의 주와 가공언의 소에 근거하면 2승(升) 남짓이 되니[335] 지금 사람들의 식사법으로 논한다면 배불러서 거의 슬픔을 잊을 수 있을 정도이다. 그러나 《주례》에 따르면 무릇 만민이 먹는 곡식이 사람마다 한 달에 4보(鬴)를 먹을 수 있으면 상등의 풍년이 든 해이고, 사람마다 한 달에 3보를 먹을 수 있으면 중등의 풍년이 든 해이다. 사람마다 한 달에 2보를 먹게 되면 국중에 명을 내려서 백성들을 옮겨 곡식이 있는 곳에 나아가게 한다.[336] 지금은 상등이든 중등이든 따질 것도 없이 단지 한

335 정현의……되니 : 정현의 주에 "20량이 1일이니, 1일은 쌀 1과 24분의 1승이다.〔二十兩曰溢, 爲米一升二十四分升之一.〕"라고 하였고, 가공언의 소에서는 이에 대해 자세히 논하고 있다.

336 주례에……한다 : 《주례》 〈지관(地官) 늠인(廩人)〉에 "무릇 만민이 곡식을 먹는 것이 사람마다 한 달에 4보를 먹을 수 있으면 상등의 풍년이 든 해이고, 사람마다 3보를 먹을 수 있으면 중등의 풍년이 든 해이고, 사람마다 2보를 먹을 수 있으면 하등의 풍년이 든 해이다. 만약 곡식을 사람마다 2보도 먹을 수 없게 되면 국중에 명을 내려서 백성들을 옮겨 곡식이 있는 곳에 나아가게 하고 왕에게 고하여 국가의 지출을 줄이도록 한다.〔凡萬民之食食者, 人四鬴, 上也; 人三鬴, 中也; 人二鬴, 下也. 若食不能人二鬴, 則令邦移

달에 2보만 먹는다 해도 하루에 4승 남짓이 되는데 2일(溢)이라는 것은 겨우 그 반만 얻는 것이니, 여기에서 옛날의 승(升)이나 두(斗)가 오늘날처럼 크지 않았음을 알 수 있다.

"적장자인 아버지가 자신의 적장자를 위하여 참최삼년복을 입는다.〔父爲長子.〕"라는 구절에 대해, 가공언의 소에 "적처의 소생을 모두 적자라 이름한다.〔適妻所生, 皆名適子.〕"라고 하였다. 이것은 《예기》〈내칙(內則)〉의 "천자나 제후는 총자의 경우 왕후나 부인과 예식(禮食)을 하기 전에 만나보고, 적자와 서자는 예식을 한 뒤에 만나본다.〔冢子, 未食而見; 適子、庶子, 已食而見.〕"[337]라는 말에 근거하여 말한 것뿐인 듯하다. 다음 구절에서 가공언의 소에 또 "만약 '적자'라고 말한다면 오직 첫 번째 자식에만 근거하여 말한 것이다.〔若言適子, 惟據第一者.〕"라고 하였는데, 말이 서로 어긋나는 듯하나 뜻은 알 수 있다. 대체로 총(冢)과 적(適)을 상대적으로 말하면 적처의 소생을 모두 '적(適)'이라 이를 수 있지만, '적'을 단독으로 말하면 오직 첫 번째 자식에만 근거하여 말한 것이다.

〔62〕 윤7월 8일 : 〈상복(喪服)〉 참최삼년장(斬衰三年章)의 '위인후자(爲人後者)'~자최삼년장(齊衰三年章)의 '계모여모(繼母如母)' 10판

民就穀, 詔王殺邦用.〕"라는 내용이 보인다. '보(鬴)'는 정현의 주에 따르면 6두(斗) 4승(升)이다.

337 천자나……만나본다 : '예식을 한 뒤에 만나본다〔已食而見〕'의 '이(已)'가 저본에는 '미(未)'로 되어 있으나, 통행본 《예기》에 근거하여 바로잡아 번역하였다.

〔62.1〕 "일찍 죽은 자의 후사가 된 자는〔爲殤後者〕"[338]이라는 구절에 대해, 공영달의 소에 "만약 어머니가 돌아가셔서 아직 3년 상기 안에 있을 경우에는 의당 그 남은 상복 기간을 이어서 입어야 하니 길사로 흉사에 거해서는 안 된다.〔如有母亡而猶在三年之內, 則宜接其餘服, 不可以吉居凶.〕"라고 하였는데, 이 설이 근거가 있는 것인가? '그 남은 상복 기간을 이어서 입는다'는 것은, 가령 3개월이 남았다면 3개월을 입고 복을 벗으며, 5개월이 남았다면 5개월을 입고 복을 벗는다는 것인가?

〔62.2〕 "딸이 아직 혼인하지 않고 집에 있을 때에는 아버지를 위하여 참최삼년복을 입는다.〔女子子在室爲父.〕"라는 구절에 대해, 가공언의 소에 "자신이 이미 성인이 되었다면 또한 아버지를 위하여 참최복을 입을 수 있다.〔身旣成人, 亦得爲父服斬.〕"라고 하였다. 그렇다면 딸은 정혼하기 전에는 참최복을 입을 수 없는 것인가?

〔62.3〕 "딸이 아버지를 위하여 입는 참최삼년복은, 포로 머리를 묶고, 조릿대로 만든 비녀를 꽂고, 삼으로 묶은 북상투를 한다.〔布總, 箭笄, 髽.〕"라는 구절은, 《예기》 〈상복소기(喪服小記)〉에 이미 "남자는 문을 하고 부인은 북상투를 한다.〔男子免而婦人髽.〕"라고 하였

338 일찍……자는 : 《의례경전통해속》 〈상복〉의 2번째 장인 참최삼년장(斬衰三年章) 전(傳)에 "일찍 죽은 자의 후사가 된 자는 후사가 되기 전에 원래 입어주어야 할 본복으로 일찍 죽은 자를 위해 입어준다.〔爲殤後者, 以其服服之.〕"라는 내용이 보인다. 원출처는 《예기》 〈상복소기(喪服小記)〉이다.

으니, 남자가 문(免)을 벗을 때에는 부인 역시 북상투를 벗을 수 있는 것이다. 《의례》〈사상례(士喪禮)〉 가공언의 소에 "북상투는 성복을 하기 전에 하는 북상투가 있고 성복을 한 뒤에 하는 북상투가 있다.〔有未成服之髽、成服之髽.〕"라고 하였는데, 〈상복소기〉 공영달의 소에서 인용한 황씨(皇氏 황간(皇侃))의 설에서 또한 "3년 상기 안에 남자가 항상 문을 하는 것은 아니니 부인은 포로 북상투를 하지 않는다. 그러므로 항상 노계를 한다는 것을 알 수 있다.〔三年之內, 男子不恒免, 則婦人不用布髽, 故知恒露紒也.〕"라고 하였다. 이 말은 일리가 있는 듯하다. 다만 정현은 이 경문에 대한 주에 "북상투는 노계(露紒)이다."라고 한 다음에 삼을 사용하는 법을 함께 언급하였는데,[339] 이것은 소렴 때 착용하는 것과 정히 똑같아서 차이가 없다. 혹시 북상투의 제도를 갖추어 논한다면 이와 같으나 사실은 황씨의 설처럼 3년 안에 삼이나 포를 사용하지 않아서인가?

〔62.4〕"《예기》에 다음과 같이 말하였다. '딸자식은 아직 혼인하기 전 집에 있을 때에 부모를 위하여……'〔記 : 女子子在室爲父母〕"[340]라는 구절에 대한 공영달의 소 중 '대부(大夫)'는 '장부(丈夫)'가 되어야

339 정현은……언급하였는데 : 정현의 주는 다음과 같다. "북상투는 노계이니 남자가 머리를 묶는 것과 같은 것이다. 참최 상에 남자는 삼으로 머리를 묶으니, 부인의 북상투 역시 삼을 사용한다. 대체로 삼을 목에서 시작하여 앞으로 오도록 하여 이마에서 교차하고 다시 뒤로 돌려 상투를 휘감아서 삼두를 착용할 때와 같이 한다.〔髽, 露紒也, 猶男子之括髮. 斬衰, 括髮以麻, 則髽亦用麻. 蓋以麻自項而前, 交於額上, 卻繞紒, 如著幓頭焉.〕"

340 예기에……위하여 : 원출처는 《예기》〈상복소기(喪服小記)〉이다.

한다.[341]

공영달의 소에 "부인은 만약 남편의 집에 있으면 오직 상주가 되었을 때에만 상장(喪杖)을 짚을 수 있다. 그러므로 남편과 장자를 위해서는 비록 상주가 되지 않았더라도 또한 상장을 짚지만, 나머지 사람을 위해서는 상주가 된 것이 아니라면 상장을 짚지 않는다.〔婦人若在夫家, 惟爲主乃杖. 故爲夫與長子, 雖不爲主, 亦杖. 若餘, 非爲主, 則不爲杖.〕"라고 하였다. 남편과 장자 외에 부인이 상장을 짚어야 해서 상주가 되지 않았는데도 또한 상장을 짚는 것은 어떤 상복을 가리켜서 말한 것인가?[342]

정현이 여기의 '여자(女子)'를 반드시 '동자인 부인'이라고 말한 것[343]은 매우 이해할 수 없다. 만약 '집에 있을 때〔在室〕'라는 것이 동녀(童女)를 가리키는 것이라고 한다면, 《의례》 〈상복〉의 "딸이 아직 혼인하지 않고 집에 있을 때에는 아버지를 위하여 참최삼년복

341 공영달의……한다 : 공영달의 소 중 "동녀를 '부인'이라고 칭할 수 있는 것은, 《의례》 〈상복〉 소공장에 이르기를 '시집간 고모가 장상(長殤)한 남녀 조카를 위하여, 할아버지가 장상한 서손자와 서손녀를 위하여 소공상(小功殤) 5개월의 상복을 입는다.'라고 하였으니, 이는 일찍 죽은 아이에게 '부인'이라고 호칭할 수 있는 것이다.〔童女得稱婦人者, 喪服小功章云: 爲姪、庶孫丈夫・婦人之長殤, 是殤之童得稱婦人.〕"라는 구절의 '장부(丈夫)'를 가리킨다. 통행본 《의례경전통해속》 및 《의례주소》에는 모두 '장부'로 되어 있다. 저자가 본 판본에 오자가 있었던 듯하다.

342 남편과……것인가 : 이와 관련하여 해당 경문에 대한 공영달의 소에 "만약 성인인 부인이라면 집에 있을 때에는 부모를 위하여 비록 상주가 되지 않았더라도 또한 상장을 짚는다.〔若成人婦人, 在家爲父母, 雖不爲主亦杖.〕"라는 내용이 보인다.

343 정현이……것 : 정현의 주는 다음과 같다. "'딸자식이 집에 있을 때'라는 것은 또한 동자를 말한다.〔女子子在室, 亦童子也.〕" 이와 관련하여 140쪽 〔60.1〕 참조.

을 입는다.〔女子子在室爲父.〕"라는 구절에 대한 주에서는 "'집에 있다'는 것은 이미 정혼한 경우까지 통틀어 말한 것이다.〔在室者, 關已許嫁.〕"라고 하였으니, 어찌하여 유독 여기에서만 동녀라고 결단한 것인가? 여기의 '여자'가 반드시 동자라고 이미 볼 수 없다면 정현의 주 중 "성인은 바로 상장을 짚는다.〔成人正杖.〕"라고 한 것은 다른 명백한 증거가 없으니 끝내 의심스럽다.

〔62.5〕 "아버지가 돌아가신 경우 어머니를 위하여 자최삼년복을 입는다.〔父卒則爲母.〕"[344]라는 구절에 대해, 가공언의 소에서는 《예기》 〈내칙(內則)〉과 〈복문(服問)〉의 정현의 주를 인용하여 아버지가 돌아가시고 3년 상기 안에는 어머니를 위하여 여전히 기년복(期年服)을 입는다는 설의 증거로 삼았다. 〈복문〉의 정현의 주는 참으로 증거로 삼을 만한데도 공영달은 이미 글자의 오류를 의심하였는데,[345]

344 아버지가……입는다 : 《의례경전통해속》 〈상복〉의 3번째 장인 자최삼년장(齊衰三年章)에 보인다.

345 복문의……의심하였는데 : 《예기》 〈복문〉의 "3년상에 이미 연제를 지내고 기년의 상이 있어서 장례를 마쳤으면, 예전에 띠던 갈대를 그대로 띠고 기년의 수질을 머리에 띠고 공최를 입는다.〔三年之喪旣練矣, 有期之喪旣葬矣, 則帶其故葛帶, 絰期之絰, 服其功衰.〕"라는 구절에 대한 정현의 주에 "아버지의 상에 연제를 마친 뒤에는 7승 최복을 입고, 어머니의 상에 장례를 한 뒤에는 8승 최복을 입는다.〔爲父旣練, 衰七升; 母旣葬, 衰八升.〕"라고 하였는데, 공영달의 소에 "정현의 주에 '어머니의 상에 장례를 한 뒤에는 8승 최복을 입는다.'라고 하였는데, 여기에서 '8승'이라고 한 것은 오류이니 마땅히 '7승'이라고 해야 한다. 그러므로 《예기》 〈간전〉에 이르기를 '어머니를 위하여 입는 소최는 4승포로 만들고 우제와 졸곡을 마친 뒤에는 성포 7승으로 된 상복으로 바꾸어 입는다.'라고 한 것이다. 장례를 한 뒤 상복을 바꾸어 입을 때 어머니를 위한 상복은 7승포로 만든다는 것이다.〔云母旣葬衰八升者, 此言八升者誤, 當云七升. 故間傳云: 爲

비록 이 경문에 대한 정현의 주를 옳지 않다고 보았더라도 이 공영달의 설은 정현의 주에서 나온 것이다. 만약 경문대로 본다면 애초에 이런 뜻이 있다고 볼 수 없다.

〈내칙〉으로 말하면 단지 '여자가 장차 시집가려고 할 때 아버지나 어머니의 삼년상이 있으면 이 3년의 상기가 지난 뒤에 비로소 시집간다.'라고만 하였으니,[346] 그 뜻이 본래 명백하다. 그런데 지금 가공언의 소의 설대로라면 이것은 어머니의 상에 담제(禫祭)를 아직 지내지도 않았는데 시집을 갈 수 있다는 것이니[347] 말이 되는가? 아버지가 살아 계시는데 어머니의 상을 당했을 경우[348] 전(傳)에 이르기

母疏衰四升, 受以成布七升. 是旣葬受時爲母衰七升也.〕"라고 한 것을 가리킨다.

346 내칙으로……하였으니 : 《예기》 〈내칙〉에 "15세가 되면 계례(笄禮)를 행하고 20세가 되면 시집을 가는데, 부모의 상이 있으면 23세에 시집을 간다.〔十有五年而笄, 二十而嫁, 有故, 二十三年而嫁.〕"라는 내용이 보인다.

347 가공언의……것이니 : 가공언의 소는 다음과 같다. "가령 여자가 나이 20세가 되어 2월을 혼인하는 달로 삼아 시집가려고 하였는데 정월에 아버지의 상을 당하였다면, 후년 정월에 13개월이 되어 소상을 지내고 다시 후년 정월에 이르러 대상을 지낸다. 이때 여자의 나이는 22세가 된다. 2월에 시집가려고 하였는데 또 어머니의 상을 당하면 후년 정월 13개월이 되었을 때 대상을 지내니, 여자의 나이 23세가 되어 시집을 간다. 이것은 아버지의 복을 벗으려고 할 때에 어머니의 상을 당했어도 여전히 3년의 상기를 다 펼 수 없다는 것이다.〔假令女年二十, 二月嫁娶之月, 將嫁, 正月而遭父喪, 幷後年正月爲十三月小祥, 又至後年正月大祥, 女年二十二, 欲以二月將嫁, 又遭母喪, 至後年正月十三月大祥, 女年二十三而嫁. 此是父服將除, 遭母喪, 猶不得爲伸三年.〕" 담제(禫祭)는 삼년상의 경우 27개월이 되었을 때 지낸다. 기년상은 11개월이 되었을 때 소상을 지내고, 13개월이 되었을 때 대상을 지내고, 15개월이 되었을 때 담제를 지낸다.

348 아버지가…… 경우 : 《의례경전통해속》 〈상복〉의 4번째 장인 자최장기장(齊衰杖期章)에 "아버지가 살아 계신 경우 어머니를 위하여 자최장기복을 입는다.〔父在爲母.〕"라는 내용이 보인다.

를 "아버지가 반드시 3년이 지난 뒤에 후처를 얻는 것은 심상으로 삼년상을 마치는 자식의 슬픔을 펼 수 있도록 하기 위해서이다.〔父必三年然後娶, 達子之志也.〕"라고 하였다. 아버지도 오히려 어머니를 위하여 3년이 지난 뒤에 후처를 얻는데 자식이 도리어 어머니의 상에 담제를 지내기도 전에 시집을 간다면 말이 되겠는가. 그리고 이 딸의 어머니 상이 어찌하여 공교롭게도 아버지의 복을 장차 벗으려고 할 때에 있고 이미 복을 벗은 뒤에 있지 않단 말인가? 과연 어머니의 상이 혹 이미 아버지의 복을 벗은 뒤에 있었다면 그래도 23세가 되어 시집갈 수 있겠는가? 그 설이 공교하지만 소루하다.

〔63〕 윤7월 9일 : 〈상복(喪服)〉 자최삼년장(齊衰三年章)의 '자모여모(慈母如母)'~자최부장기장(齊衰不杖期章)의 '조부모(祖父母)' 11판

〔63.1〕 "상장(喪杖)을 짚지 않고, 수삼으로 만든 신발을 신는 상복은 다음의 경우에 입는다.〔不杖, 麻屨.〕"[349]라는 구절에 대해, 가공언의 소에 "이 자최부장기장과 앞의 자최장기장은 비록 상장을 짚느냐 짚지 않느냐의 차이가 있지만, 그 정복으로 입는 자최의 상복은 모두 똑같은 5승포로 만든다.〔此章與上章, 雖杖與不杖不同, 其正服齊衰裳皆同五升.〕"라고 하였는데, 이 설은 과연 믿을 수 있는 것인가? 아버지가 살아 계신 경우 어머니를 위하여 입는 상복을 이 설은 강복(降服)하지 않고 정복(正服)에 들인 것이니,[350] 끝내 그 뜻을 알 수 없다.

349 상장(喪杖)을……입는다 : 《의례경전통해속》 〈상복〉의 5번째 장인 자최부장기장(齊衰不杖期章)에 보인다.

그리고 가공언의 소에서 인용한 《예기》 〈잡기(雜記)〉와 〈복문(服問)〉 구절에 대한 정현의 주는, 공영달의 소에서 이에 대해서는 딱히 다르게 해석하지 않았고[351] 경문에는 더욱 근거할 만한 것이 없으니 의심스럽다.

〔64〕 윤7월 10일 : 〈상복(喪服)〉 자최부장기장(齊衰不杖期章)의 '세부모숙부모(世父母叔父母)'~'부위구고(婦爲舅姑)' 15판

〔64.1〕 "대부의 서자가 아버지의 후사인 적곤제를 위하여 자최부장기복을 입는다.〔大夫之庶子爲適昆弟.〕"라는 구절에 대해, 가공언의 소에 "여기의 '서자'는 대부의 첩의 자식이다.〔此大夫之妾子.〕"라고 하였다. 여기의 서자가 만약 오로지 첩의 자식만을 가리킨다면 그 적처 소생 둘째 이하는 이 적곤제를 위하여 무슨 상복을 입어야 하는가? 가공언의 소에 이르기를 "적처 소생 둘째 이하라면 단지 '곤제'라고만 해야 한다.〔當直云昆弟.〕"라고 한 것 또한 옳지 않다. 비록 적처가 낳은 자식이라도 '적자(適子)'라 칭하고 둘째 이하를 '적곤제(適昆弟)'라고 하지 않는데, 무엇 때문이겠는가? 적처가 낳은 자식 중에

350 아버지가……것이니 : 정현의 주에 따르면, 아버지가 돌아가신 뒤 어머니가 돌아가신 경우에 입는 자최삼년복, 아버지가 살아 계시는데 어머니가 돌아가신 경우에 입는 자최장기복의 정복(正服)은 모두 5승포로 만들고 장례 뒤에 바꾸어 입는 상복은 모두 8승포로 만들며, 강복(降服)은 각각 4승포와 7승포로 만든다. 저본에는 '강복(降服)'의 '강(降)'이 '제(除)'로 되어 있는데 앞뒤 문맥에 근거하여 바로잡아 번역하였다.

351 가공언의……않았고 : 《예기》 〈복문(服問)〉 구절에 대한 정현의 주와 공영달의 소는 146쪽 주345 참조.

적제(適弟)가 있을 수 있기 때문이니, 혹 이 사람이 폐질(廢疾)이 있거나 자식 없이 다른 이유로 죽는다면 적(適)이 될 수 없다.[352]

〔64.2〕 "숙중피가 죽자〔叔仲皮死〕"라는 구절에 대한 정현의 주에 이른바 '목규수(木樛垂)'의 '목(木)'은 '불(不)'이 되어야 하니[353] 다시 자세히 살펴야 할 것이다. '노인(魯人)'을 노둔한 사람으로 본 것은,[354] 옛글에서는 이와 같지 않을 듯하다.

〔65〕 윤7월 11일 : 〈상복(喪服)〉 자최부장기장(齊衰不杖期章)의 '부지곤제지자(夫之昆弟之子)'~대공정복구월장(大功正服九月章)의 '부

352 혹…… 없다 : 《예기》 〈상복소기(喪服小記)〉에 "적부가 시부모의 후사가 되지 못한 경우에는 시어머니가 적부를 위하여 소공복을 입는다.〔適婦不爲舅後者, 則姑爲之小功.〕"라는 내용이 보이는데, 정현의 주에 "남편에게 폐질이나 다른 이유가 있어 죽었는데 자식이 없어서 종묘 주인의 지위를 받지 못한 것을 이른다. 소공은 시부모가 서부를 위하여 입는 복이다.〔謂夫有廢疾他故, 若死而無子, 不受重者. 小功, 庶婦之服也.〕"라고 하였다.

353 숙중피(叔仲皮)가… …하니 : 원출처는 《예기》 〈단궁 하(檀弓下)〉로, "숙중피가 죽자 숙중피의 아들인 자류(子柳)의 아내는 노둔한 사람이었으나 시아버지를 위하여 그래도 자최복을 입고 두 가닥으로 꼰 수질을 둘렀다.〔叔仲皮死, 其妻魯人也, 衣衰而繆絰.〕"라는 구절에 대한 정현의 주에 "'무'는 '목규수'의 '규'로 읽어야 한다.〔繆, 讀爲木樛垂之樛.〕"라고 한 것을 가리킨다. '목규수(木樛垂)'는 《의례경전통해속》 〈상복〉 상대공구월칠월장(殤大功九月七月章)에 보이는 "그러므로 일찍 죽은 자를 위한 요질은 허리에 묶고 남은 부분을 꼬지 않고 늘어뜨린다.〔故殤之絰不樛垂.〕"라는 구절을 가리킨다.

354 노인(魯人)을……것은 : 위 《예기》 〈단궁 하〉의 경문에 대한 정현의 주에 "자류의 아내가 비록 노둔하였으나 그 예에 있어서는 잘 배웠다는 말이다.〔言雖魯鈍, 其於禮勝學.〕"라고 한 것을 가리킨다.

지조부모(夫之祖父母)' 19판

〔65.1〕 "손녀가 할아버지와 할머니를 위하여 자최부장기복을 입는다.〔女子子爲祖父母.〕"라는 구절에 대해, 가공언의 소에 "앞의 경문에서 말한 손녀는 성인에 근거하여 말한 것이다.……〔彼女據成人云云.〕"라고 하였다.[355] 정혼하면 곧 성인인데[356] 여기에서는 구분하여 말하였으니 의심스럽다.

〔65.2〕 "대부의 아들이 대부나 명부(命婦)인 백부·백모·숙부·숙모·중자(衆子)·형·아우·형제의 아들을 위하여 자최부장기복을 입는다.〔大夫之子爲世父母、叔父母、子、昆弟、昆弟之子爲大夫者.〕"

355 가공언의……하였다 : 가공언의 소는 다음과 같다. "이 장의 첫머리에 이미 '할아버지와 할머니를 위하여 자최부장기복을 입는다.'라고 하였으니, 이것은 손자와 손녀를 겸하여 말한 것으로 이 손녀는 성인의 딸에 근거하여 말한 것이다. 여기에서 '여자자'라고 말한 것은 15세에 정혼한 손녀를 말하니, 또한 그 글이 중복되어 나왔기 때문에 여기에 차례하여 둔 것이다.〔章首已言爲祖父母, 兼男女, 彼女據成人之女. 此言女子子, 謂十五許嫁者, 亦以重出其文, 故次在此也.〕" 저본에는 '피녀(彼女)'의 '녀'가 '주(註)'로 되어 있으나, 통행본 《의례경전통해속》과 《의례》에 근거하여 바로잡아 번역하였다.

356 정혼하면 곧 성인인데 : 이와 관련하여 "딸이 아직 혼인하지 않고 집에 있을 때에는 아버지를 위하여 참최삼년복을 입는다.〔女子子在室爲父.〕"라는 구절에 대한 가공언의 소에 "딸은 15세에 정혼하면 계례를 행하니……남자가 20세에 관례를 행하는 것과 같다. 죽어도 일찍 죽은 것으로 여기지 않으니 성인과 같다. 이미 성인이 되었다면 또한 아버지를 위하여 참최복을 입을 수 있는 것이다. 비록 정혼하여 성인이 되었더라도 시집을 가는 것은 요컨대 20세가 되어야 남편의 집으로 간다.〔女子子十五許嫁而笄,……與丈夫二十而冠同, 死而不殤, 則同成人矣. 身旣成人, 亦得爲父服斬也. 雖許嫁爲成人, 及嫁, 要至二十乃嫁於夫家也.〕"라는 내용이 보인다.

라는 구절은, 《예기》 〈잡기(雜記)〉를 살펴보면 "대부는 그 부모와 형제 중에 대부가 되지 못한 자를 위하여 입는 상복을 사(士)를 위하여 입는 복과 같이 입는다.〔大夫爲其父母、兄弟之未爲大夫者之喪服如士服.〕"라고 하였으니, 이에 근거하면 형제가 비록 대부가 되지 못하였더라도 강복하는 법이 없어서 이 장과 서로 어긋난다. 어느 것이 옳은지 모르겠다.

〔65.3〕 양복(楊復)의 〈자최도(齊衰圖)〉는 가공언의 소의 설과 합치하지 않는다.[357] 〈자최도〉나 소의 설이 서로 득실이 있는 듯하니 다시 자세히 살펴보아야 할 것이다.

〔65.4〕 "종자의 어머니가 살아 계시면 족인들이 종자의 처를 위하여 복을 입지 않는다.〔宗子之母在, 則不爲宗子之妻服也.〕"[358]라는 구절

357 양복(楊復)의……않는다 : 양복의 《의례도》 〈상복〉의 〈자최부장기강정의복도(齊衰不杖期降正義服圖)〉 중 "정복은, 옷은 5승, 관은 8승포로 만든다. 장례 뒤에는 초상 때 관을 만들었던 포의 승수를 수복의 승수로 삼아, 옷은 8승, 관은 7승포로 만든다.〔正服: 衰五升, 冠八升. 旣葬, 以其冠爲受, 衰八升, 冠七升.〕"라는 구절을 가리키는 듯하다. 《의례》 〈상복〉 자최장기장(齊衰杖期章) 가공언의 소에서는 "정복은, 자최는 5승, 관은 8승포로 만든다. 장례 뒤에는 초상 때 관을 만들었던 포의 승수를 수복의 승수로 삼아, 옷은 8승, 관은 9승포로 만든다.〔正服: 齊衰五升, 冠八升. 旣葬, 以其冠爲受, 衰八升, 冠九升.〕"라고 하고, 자최부장기장(齊衰不杖期章)에서도 장례 뒤의 수복을 "옷은 8승, 관은 9승포로 만든다.〔受衰八升, 冠九升.〕"라고 하여, 자최부장기복의 정복 중 장례 뒤에 입는 수복(受服)의 승수를 양복과 다르게 보았다.

358 종자의……않는다 : 《의례경전통해속》 〈상복〉의 6번째 장인 자최삼월장(齊衰三月章)의 "족인의 장부와 부인이 대종의 종자·종자의 어머니·종자의 처를 위하여 자최삼월복을 입는다.〔丈夫、婦人爲宗子、宗子之母、妻.〕"라는 경문에 대한 전(傳)에 보인다.

에 대해, 가공언의 소에 "종자의 어머니가 70세 이상이 되었으면 종자의 처가 제사에 참여할 수 있으므로 종인이 이에 종자의 처를 위하여 복을 입는다.〔宗子母七十已上, 則宗子妻得與祭, 宗人乃爲宗子妻服.〕"라고 하였다. 살펴보면 아래 〈기(記)〉의 "아버지가 없는 종자가 관례하기 전에 일찍 죽었을 경우에〔宗子孤爲殤〕"[359]라는 구절에 대한 정현의 주에 "아버지가 없는 것이 아니라면 족인이 그 종자를 위해 일찍 죽은 자의 복으로 입어주지 않는다. '아버지가 없는 것이 아니다'라는 것은 아버지에게 폐질이 있거나 나이가 70이 되어 연로해서 아들이 대신 종묘의 일을 주관하는 경우를 이른다.〔不孤, 則族人不爲殤服服之. 不孤, 謂父有廢疾, 若年七十而老, 子代主宗事者也.〕"라고 하였다. 이 의리에 근거하면, 종자의 어머니가 살아 계시면 비록 연로하여 제사에 참여하지 않는다 하더라도 족인이 종자의 처를 위하여 복을 입을 수 없는 것이다. 가공언의 소의 설은 오류인 듯하다.

〔65.5〕 "장자는 아직 그 나라를 떠나지 않은 것을 이른다.〔長子, 言未去也.〕"[360]라는 구절에서, 여기의 장자(長子)는 본래 군주를 위하여

359 아버지가……경우에 : 원출처는 《의례》 〈상복 기(記)〉로, 전체 내용은 다음과 같다. "아버지가 없는 종자가 관례하기 전에 일찍 죽었을 경우에 오복 외의 족인은 그 종자의 장상(長殤)과 중상(中傷)에는 대공복을 입고 하상(下殤)에는 소공복을 입어주는데 모두 3개월만 입으며, 오복 내의 친속은 상복을 입는 개월 수를 일반 친척의 상을 당했을 때와 똑같이 입는다.〔宗子孤爲殤, 大功衰、小功衰, 皆三月. 親則月算如邦人.〕"

360 장자(長子)는……이른다 : 《의례경전통해속》 〈상복〉의 6번째 장인 자최삼월장

참최복을 입어야 하지만 자기 아버지가 이미 국외에 있기 때문에 단지 서인(庶人)이 군주를 위하여 입는 복의 예를 따른 것이다. 그런데 가공언의 소에 "아버지가 이미 본국의 군주와 단절하였으면 그 아들 또한 그 군주를 위하여 복을 입지 않아야 하는데도 자최삼월복을 입기 때문에 발문한 것이다.〔父已絶於君, 亦當不服矣, 而服衰三月, 故發問.〕"라고 하였으니, 옳지 않은 듯하다. 이 아래 "대방(待放)하는 대부가 옛 군주를 위하여 자최삼월복을 입는다.〔舊君.〕"라는 조목에 대한 소에서는 또 "만약 사(士)의 장자라면, 아버지가 본국을 떠났으면 그 아들은 비록 그 나라를 떠나지 않았다 하더라도 곧 그 군주를 위하여 복을 입지 않는다.〔士之長子, 則父去, 子雖未去, 卽無服矣.〕"라고 하였다. 그러나 사(士)의 아들이 이미 그 나라에 있다면 어떻게 그 군주를 위하여 서인(庶人)이 입는 복을 입지 않을 수 있겠는가. 또한 오류이니 다시 자세히 살펴야 한다. 여기 경문에 대한 정현의 주에 "'재외'는 대방하다가 밖에 있는 것이다.〔在外, 待放在外.〕"[361]라고 한 것은 어느 땅을 가리켜서 말한 것인가? 살펴보아야 한다.

(齊衰三月章)의 "대부가 대방(待放)하다가 본국을 떠나 국외에 있을 경우 본국에 남아 있는 그의 처와 장자가 본국의 옛 군주를 위하여 자최삼월복을 입는다.〔大夫在外, 其妻、長子爲舊國君.〕"라는 경문에 대한 전(傳)에 보인다.

361 재외(在外)는……것이다 : 정현의 주는 다음과 같다. "'재외'는 대방하다가 이미 본국을 떠난 자이다.〔在外, 待放已去者.〕" 저본에는 '이거(已去)'가 '재외(在外)'로 되어 있는데, 저자가 본 판본이 이렇게 되어 있는 것인지 아니면 오류인지 자세하지 않다. 경문은 153쪽 주360 참조.

〔66〕 윤7월 12일 : 〈상복(喪服)〉 대공정복구월장(大功正服九月章)의 '대부위세부모(大夫爲世父母)'~소공정복오월장(小功正服五月章)의 '종모장부부인보(從母丈夫婦人報)' 14판

〔66.1〕 "옛 기록에 말하기를 '「시집간 자」라는 것은'〔傳曰: 嫁者〕"[362] 이라는 구절에 대해, 정현의 주에 "방친과 곧 출가할 자에게 강복하는 것이다.〔降旁親及將出者.〕"라고 하였다. '장출자(將出者)'는 자매를 가리켜서 말한 듯하니 장차 출가할 자라는 말이다. 그러므로 경문에서 '형제'를 말하지 않은 것이니, 형제는 장차 출가할 자가 아니기 때문이다. 무릇 통틀어 말하면 자매 역시 방친이 될 수 있지만 그 정이 중하여 방친의 사례를 따라서는 안 되기 때문에 특별히 '장출자'라고 말하여 구별한 것뿐이다. 가공언의 소의 설[363]은 옳지 않은 듯하다.

〔66.2〕 "군주가 군주에게 시집간 고모와 자매를 위하여 대공구월복

362 옛……것은 : 《의례경전통해속》 〈상복〉의 8번째 장인 대공정복구월장(大功正服九月章)의 "시집간 자와 아직 시집가지 않은 자가 백부·백모·숙부·숙모·고모·자매를 위하여 대공구월복을 입는다.〔女子子嫁者、未嫁者爲世父母、叔父母、姑、姊妹.〕"라는 경문에 대한 전(傳)에, "'시집간 자'라는 것은 대부에게 시집간 자이다. '아직 시집가지 않은 자'라는 것은 성인이 되었으나 아직 시집가지 않은 자이다.〔嫁者, 其嫁於大夫者也. 未嫁者, 成人而未嫁者也.〕"라는 내용이 보인다.

363 가공언의 소의 설 : 가공언의 소는 다음과 같다. "이 두 사람은 증조를 위하여 복을 입는데, 정존이기 때문에 비록 출가하였다 하더라도 강복하지 않는다. 그러나 이들은 방친이기 때문에 비록 출가하기 전이라 하더라도 또한 미리 강복하는 것이다.〔彼二人爲曾祖, 是正尊, 雖出嫁亦不降. 此則爲旁親, 雖未嫁亦逆降.〕"

을 입는다.〔君爲姑、姊妹.〕"라는 구절의 전(傳)[364]에 대하여, 가공언의 소에 "공자와 공손은 모두 별자이다.〔公子、公孫竝是別子.〕"라고 하였다. 공손(公孫)은 무엇 때문에 별자(別子 제후의 적장자 이외의 아들)라고 말하였는가?

〔66.3〕 "이모를 위하여 소공오월복을 입는다. 이모도 장부인 외조카와 부인인 외조카를 위하여 보복(報服)으로 소공오월복을 입어준다.〔從母. 丈夫、婦人報.〕"라는 구절에서, '장부와 부인'은 바로 이모를 위하여 복을 입는 자를 가리킨다. 가공언의 소의 설[365]은 급히 보면 알기 어렵다.

〔67〕 윤7월 13일 : 〈상복(喪服)〉 소공정복오월장(小功正服五月章)의 '부지고자매(夫之姑姊妹)'~시마삼월장(緦麻三月章)의 '동자불시(童子不緦)' 5판

364 전(傳) : 전은 다음과 같다. "제후의 아들은 '공자'라고 칭하니 공자는 선군을 위하여 아버지 사당을 세울 수 없다. 공자의 아들은 '공손'이라고 칭하니 공손은 제후를 위하여 할아버지 사당을 세울 수 없다. 이것은 공자와 공손의 지위가 낮음으로 인해 지위가 높은 적장자와 구별한 것이다.〔諸侯之子稱公子, 公子不得禰先君; 公子之子稱公孫, 公孫不得祖諸侯. 此自卑別於尊者也.〕"

365 가공언의 소의 설 : 가공언의 소는 다음과 같다. "'장부와 부인'이라는 것은, 다른 성을 가진 자로 출입에 따라 강복하는 것이 없으니, 이는 모두 성인으로서 장성한 사람의 호칭이다. 어머니의 자매의 아들·딸은 어머니의 자매인 이모와 양쪽에서 서로 상대를 위하여 복을 입어주기 때문에 '보복으로 입어준다'라고 한 것이다.〔丈夫、婦人者, 異姓無出入降, 是皆成人長大爲號也. 母之姊妹之男女, 與從母兩相爲服, 故曰報.〕"

〔67.1〕"대부·공자의 적처의 아들은 자기를 길러준 서모를 위하여 소공오월복을 입는다.〔君子子爲庶母慈己者.〕"라는 구절의 전(傳)[366]에 대한 정현의 주에 "아버지가 돌아가셨으면 서모를 위하여 소공오월복을 입지 않는다.〔父沒則不服之矣.〕"라고 하였는데, '아버지가 돌아가셨으면 서모를 위하여 소공오월복을 입지 않는다.'는 뜻이 이해되지 않는다. 경문에 이르기를 '자기를 길러준 서모를 위하여'라고 하였으니 서모가 아니면 비록 자신을 길러주었다 하더라도 이 사례를 따라서는 안 된다. 그런데 정현의 주에 《예기》〈내칙(內則)〉 구절을 인용하고 "'스승이 될 만한 자'란 부모(傅母)나 어첩(御妾)의 등속이다.〔可者, 是傅、御之屬.〕"[367]라고 하였으니 의심스럽다. 또 정현의 주에 이르기를 "〈내칙〉에 '대부의 자식에게는 사모가 있다.'라고 하였는데, '자기를 길러준 서모'란 바로 이를 말한다.〔大夫之子有食母. 庶母慈己者, 此之謂也.〕"라고 하였다. 〈내칙〉의 정현 주에서

366 전(傳) : "군자자는 귀인의 아들이다. 그런데 서모를 위하여 왜 소공복을 입는가? 자신을 은혜로 길러주었기 때문이다.〔君子子者, 貴人之子也, 爲庶母何以小功也? 以慈己加也.〕"라는 구절을 가리킨다.

367 스승이……등속이다 : 정현은 《의례》〈상복〉의 주에, 《예기》〈내칙(內則)〉의 "어린아이의 방을 집 가운데에 따로 만들고, 여러 어머니와 스승이 될 만한 자를 가려 뽑는데 반드시 너그럽고 관대하며 지혜롭고 따뜻하며 공경하고 삼가며 말수가 적은 자를 구하여 자식의 스승이 되게 한다. 그다음은 자모를 삼고 그다음은 보모를 삼아서 모두 자식의 방에 거처하게 한다. 다른 사람은 일이 없으면 그 방에 가지 않는다.〔異爲孺子室於宮中, 擇於諸母與可者, 必求其寬裕慈惠、溫良恭敬、愼而寡言者, 使爲子師. 其次爲慈母, 其次爲保母, 皆居子室. 他人無事, 不往.〕"라는 구절을 인용하였는데, 〈내칙〉의 정현의 주에 "'여러 어머니'란 여러 첩들이다. '스승이 될 만한 자'란 부모나 어첩의 등속이다.〔諸母, 衆妾也. 可者, 傅、御之屬也.〕"라는 내용이 보인다. '부모(傅母)'는 교도(敎導)와 보육을 담당한 여자 스승이고, '어첩(御妾)'은 군주를 모셨던 첩이다.

는 이 '사모(食母)'를 '유모(乳母)'라고 하였으니[368] 또한 서로 모순된다. 가공언의 소의 설[369]은 왜곡하여 해석하였으니 선뜻 믿기 어렵다.

〔68〕 윤7월 14일 : 〈상복(喪服)〉 시마삼월장(緦麻三月章)의 '족증조부모(族曾祖父母)'~〈상복〉 끝 7판

368 내칙의……하였으니 : 《예기》 〈내칙〉의 해당 경문에 대한 정현의 주에 "사모(食母)는 부모나 어첩 중에서 가려 뽑으니, 《의례》 〈상복〉에서 이른바 '유모'이다.〔選於傅御之中, 喪服所謂乳母也.〕"라는 내용이 보인다.

369 가공언의 소의 설 : 가공언의 소는 다음과 같다. "정현의 주 중 '여러 어머니와 스승이 될 만한 자를 가려 뽑는다.'라는 구절에 '여러 어머니'는 아버지의 첩을 말하니 바로 여기 경문의 '서모'이다. 정현의 주 중 '스승이 될 만한 자란 부모나 어첩의 등속이다.'라는 것은 어머니 외에 별도로 덕행이 있는 부모나 어첩 등이 있어 자식의 스승・자모(慈母)・보모(保母)의 세 어머니에 충당할 수 있는 자를 이른다.〔云擇於諸母與可者, 諸母謂父之妾, 卽此經庶母者也. 云可者傅、御之屬也, 謂母之外別有傅母、御妾之等有德行者, 可以充三母也.〕"

삼산재집

제12권

잡저 雜著

잡저雜著

《의례경전통해(儀禮經傳通解)》 중 의심나는 부분을 기록하다[1] 〈사상례〉~〈종묘〉

儀禮經傳記疑 自士喪禮止宗廟

〔1〕 정해년(1767, 영조43) 윤7월 15일 : 〈사상례(士喪禮)〉 처음~복

1 의례경전통해(儀禮經傳通解)……기록하다 : 이 글은 저자가 46세 되던 1767년(영조43) 6월 6일부터 이듬해인 1768년 10월 6일까지 거의 매일 일정한 분량을 정하여 두고 《의례경전통해》를 보면서 의문 나는 부분을 기록한 것이다. 이 기간은 저자의 어머니 남양 홍씨(南陽洪氏, 1702. 9. 15~1767. 1. 19)를 위한 자최장기(齊衰杖期)의 거상 기간과 겹치며, 이 가운데 1767년 10월 5일, 26~30일, 11월 1~25일, 12월 6~28일, 1768년 1월 1일~8월 21일의 기록이 보이지 않는다. 《의례경전통해》는 주희(朱熹)의 저술로, 《의례》 경문을 경(經)으로 삼고 《예기》와 경사잡서(經史雜書) 가운데 예와 관련된 기록을 취하여 경문 다음에 덧붙였으며, 여러 주소(注疏)와 유자(儒者)들의 설을 열기하였다. 모두 37권 60편이다. 처음 이름은 《의례집전집주(儀禮集傳集註)》였다. 이 가운데 권24~권37까지 18편은 이전의 초창지본(草創之本)을 수록하였기 때문에 《의례집전집주》라는 서명을 사용하기도 한다. 《의례경전통해》는 여기에서는 《의례경전통해속(儀禮經傳通解續)》 29권 30편을 아울러 지칭한 것이다. 《의례경전통해속》은 주희의 제자 황간(黃榦, 1152~1221)이 《의례경전통해》에 들어 있지 않은 상례(喪禮)와 제례(祭禮) 부분을 편찬한 것으로, 이 가운데 제례 부분은 황간이 미처 완성하지 못하고 세상을 떠나 양복(楊復)이 다시 정리하였다. 황간이 초고를 완성한 뒤 주희 생전에 주희에게 질정을 받은 것으로, 주희의 뜻을 잃지 않은 것으로 평가된다.

장(復章)[2] 12판(板)

〔1.1〕 "복자 한 사람이〔復者一人〕"[3]라는 구절에 대해, 주에 "《예기》 〈잡기〉에 이르기를 '초혼(招魂)할 때 부인의 상에는 단의·요적·궐적·국의·전의·단의를 사용한다.'라고 하였다.〔雜記云: 復, 夫人稅衣、揄狄、闕狄、鞠衣、展衣、褖衣.〕"라고 하였다.[4] 살펴보면 〈잡기〉에는 '궐적' 이하 여덟 글자가 없다. 그리고 단의(褖衣)는 즉 단의(稅衣)이다. 같은 옷을 양쪽으로 사용하지는 않았을 것이니 의심스럽다. 중국 판본에는 '요적(揄狄)' 다음에 "정국의전의단의(鄭鞠衣展

2 사상례(士喪禮)……복장(復章) : 〈사상례〉는 《의례경전통해속》의 2번째 편명인 〈사상례 상(士喪禮上)〉을 이른다. 《의례》의 12번째 편명이기도 하다. 《의례경전통해속》 〈사상례 상〉은 다음과 같이 모두 38장으로 이루어져 있다. (1)편목(篇目), (2)시사(始死), (3)복(復), (4)설치철족(楔齒綴足), (5)시사전유당(始死奠帷堂), (6)명부배빈(命赴拜賓), (7)실중위(室中位), (8)군사인조(君使人弔), (9)군사인수(君使人襚), (10)친우수(親友襚), (11)위명(爲銘), (12)진목욕습반함지구(陳沐浴襲飯含之具), (13)목욕(沐浴), (14)습반함(襲飯含), (15)설중치명(設重置銘), (16)진소렴의질대전(陳小斂衣絰帶奠), (17)소렴(小斂), (18)봉시우당배빈습질(奉尸于堂拜賓襲絰), (19)소렴전(小斂奠), (20)유수자(有襚者), (21)설료(設燎), (22)진대렴의전급빈구(陳大斂衣奠及殯具), (23)철소렴전유당(徹小斂奠帷堂), (24)대렴(大斂), (25)빈(殯), (26)대렴전(大斂奠), (27)상차(喪次), (28)군시렴(君視斂), (29)성복(成服), (30)배군명급빈(拜君命及賓), (31)조석곡(朝夕哭), (32)철대렴전(徹大斂奠), (33)조석전(朝夕奠), (34)삭월전천신(朔月奠薦新), (35)서택(筮宅), (36)정곽(井槨), (37)헌명기(獻明器), (38)복장일(卜葬日)

3 복자(復者) 한 사람이 《의례경전통해속》 〈사상례 상〉의 3번째 장인 복장(復章)에 보인다.

4 주에……하였다 : '주'는 가공언(賈公彦)의 소를 가리킨다. '부인(夫人)'은 제후의 아내를 지칭하는 말이다.

衣褖衣)"라고 되어 있는데, 또한 문리가 이루어지지지 않으니 모두 착오가 있는 듯하다.

〔2〕 윤7월 16일 : 〈사상례(士喪禮)〉 설치철족장(楔齒綴足章) ~ 위명장(爲銘章)[5] 10판

〔2.1〕 "주인은 다시 실(室)로 들어가 시상(尸床)의 동쪽에 앉는다.〔入, 坐于牀東.〕"[6]라는 구절에 대해, 정현(鄭玄)의 주에 "'부인'은 죽은 자의 처첩과 자성을 이른다.〔婦人, 謂妻妾、子姓也.〕"라고 하였고, "대공(大功) 이상의 친속은 실 안에 자리한다.〔親者在室.〕"[7]라는 구절에 대해, 정현의 주에 "주인의 제부(諸父)·제형(弟兄)·고모·자매·자성이 대공 이상의 친속 안에 들어간다.〔父、兄、姑、姊妹、子姓在此.〕"라고 하였다. 앞의 경문에서 '자성(子姓)'은 처첩의 반열에 있으니 마땅히 여자 자손일 것이요, 뒤의 경문에서 '자성'은 가공언의 소에 "주인의 손자를 이르니, 죽은 자에게는 증손자가 된

5 사상례(士喪禮)……위명장(爲銘章) : '설치철족장(楔齒綴足章)'은 《의례경전통해속》 〈사상례 상〉의 4번째 장이며, '위명장'은 11번째 장이다.

6 주인은……앉는다 : 《의례경전통해속》 〈사상례 상〉의 7번째 장인 실중위장(室中位章)에 "주인은 다시 실(室)로 들어가 시상(尸床)의 동쪽에 앉고, 중주인은 주인의 뒤에 서향한다. 부인들은 시상을 끼고 맞은편에서 동향한다.〔入, 坐于牀東, 衆主人在其後, 西面. 婦人俠牀, 東面.〕"라는 내용이 보인다. '중주인(衆主人)'은 주인의 형제들, 즉 죽은 자의 아들들을 이른다.

7 대공(大功)……자리한다 : 《의례경전통해속》 〈사상례 상〉의 7번째 장인 실중위장에 보인다.

다.〔謂主人之孫, 於死者爲曾孫.〕"라고 하였다. 그렇다면 주인의 아들은 어디에 자리해야 하는가? 반드시 《예기》〈상대기(喪大記)〉의 이른바 "주인·제부·제형·자성은 모두 동쪽에 앉고, 주부·고모·자매·자성은 모두 서쪽에 앉는다.〔主人、父、兄、子姓皆坐於東方, 主婦、姑、姊妹、子姓皆坐于西方.〕"와 같이 하되, 손자나 증손자는 주인의 뒤에 자리하고 손녀나 증손녀는 주부의 뒤에 자리한 뒤에야 괜찮을 것이다. 정현의 주는 이미 자세함을 잃었고, 가공언의 소는 더욱 자잘한 듯하다.

〔3〕 윤7월 17일 : 〈사상례(士喪禮)〉 진목욕습반함지구장(陳沐浴襲飯含之具章)의 '전인굴감(甸人掘坎)'~습반함장(襲飯含章)의 '설겹대진홀(設韐帶搢笏)'[8] 15판

〔3.1〕 '단의(褖衣)'에 대해, 정현의 주에 "붉은색 가선을 두른 옷을 일러 '단'이라고 한다.〔赤褖而謂之褖.〕"라고 하였는데,[9] 중국 판본에는 "붉은색 가선을 두른 옷을 '단'이라고 한다.〔赤緣之謂褖.〕"로 되어 있다. 이에 대한 가공언의 소 중 '적단(赤褖)'은 '적연(赤緣)', '차연의(此緣衣)'는 '차단의(此褖衣)'가 되어야 한다.[10]

8 사상례(士喪禮)……설겹대진홀(設韐帶搢笏) : '진목욕습반함지구장(陳沐浴襲飯含之具章)'은 《의례경전통해속》〈사상례 상〉의 12번째 장이며, '습반함장(襲飯含章)'은 14번째 장이다.

9 단의(褖衣)에……하였는데 : 《의례경전통해속》〈사상례 상〉의 12번째 장인 진목욕습반함지구장에 보인다.

10 가공언의……한다 : 가공언의 소는 다음과 같다. "정현의 주에 '붉은 가선을 두른

정현의 주에, 《예기》 〈상대기(喪大記)〉의 "상의에는 반드시 하상이 있고 포에는 반드시 겉옷이 있어서 홑옷을 드러내지 않는 것을 한 벌이라 칭한다.〔衣必有裳, 袍必有表, 不禪謂之一稱.〕"라는 글을 인용하였는데,[11] 이에 근거하면 반드시 상의(上衣)와 하상(下裳) 및 포(袍)와 겉옷을 모두 구비한 뒤에 '한 벌'이라고 이른다. 그렇다면 이 앞 경문의 피변복(皮弁服)과 작변복(爵弁服)[12]은 무엇을 가지고 각각 한 벌이 될 수 있는 것인가? 〈상대기〉의 말은 단지 '포는 설의(褻衣 평상복)이기 때문에 이 위에 겉옷을 입어서 한 벌을 이루는 것이다.'라고 말한 것뿐이다.[13] 피변복의 등속이 아니라면 이미 설의

옷을 일러 단이라고 한다.'라고 한 것은 《이아》의 글이다. 《이아》에서는 부인이 시집갈 때 입는 단의를 해석한 것이고, 여기의 단의는 비록 붉은 가선을 두르지는 않지만 '단의'라는 이름이 동일하기 때문에 이를 인용하여 증거로 삼은 것이다.〔云赤緣謂之褖者, 爾雅文. 彼釋婦人嫁時褖衣, 此褖衣雖不赤緣, 褖衣之名同, 故引爲證也.〕" 저자가 본 판본에는 '적연(赤緣)'이 '적단(赤褖)'으로, '차단의(此褖衣)'가 '차연의(此緣衣)'로 되어 있었던 듯하다. 이하에서 저자가 본 판본의 글자가 통행본과 비교했을 때 통행본에 별도의 교감이 없어 명백히 오류인 것으로 판단될 경우 별도의 교감주를 달지 않는다.

11 정현의……인용하였는데 : 《예기》 〈상대기(喪大記)〉의 글은 다음과 같이 정현의 주에서 인용한 것과 순서가 다르게 되어 있다. "포에는 반드시 겉옷이 있어서 홑옷을 드러내지 않으며 상의에는 반드시 하상이 있는 것을 한 벌이라 칭한다.〔袍必有表, 不禪, 衣必有裳, 謂之一稱.〕"

12 피변복(皮弁服)과 작변복(爵弁服) : 관련 경문은 다음과 같다. "동방(東房)에 진열하는 습(襲)에 필요한 의물(衣物)로, 작변복의 치의훈상(緇衣纁裳), 피변복, 단의, 치대, 매겹, 죽홀 등을 진열한다.〔爵弁服純衣, 皮弁服, 褖衣, 緇帶, 韎韐, 竹笏.〕" '치대(緇帶)'는 검은색 비단으로 만든 대대(大帶)이며, '매겹(韎韐)'은 적황색 폐슬이다.

13 포는……것뿐이다 : 《예기집설(禮記集說)》 〈상대기〉 진호(陳澔)의 주에 "포는 옷에 솜이 들어 있는 것이니, 바로 설의이다. 반드시 예복을 두어 포 밖에 겉으로 드러나게 입어서 이 포만 드러나게 해서는 안 된다.〔袍, 衣之有著者, 乃褻衣也, 必須有禮服以表

이니, 포를 기다릴 것도 없이 본래 한 벌이 되는 것인가?

〔3.2〕 "여름에는 흰색 갈구를 준비한다.〔夏葛屨.〕"[14]라는 구절에서, 가공언의 소 중 '삼복(三復)'은 '삼복(三服)'이 되어야 한다.[15] 앞의 경문 중 '단의(褖衣)'[16]에 대한 정현의 주에 "포 밖에 겉으로 드러나게 입는 옷이다.〔所以表袍者也.〕"라고 하였다. 포(袍)는 옷에 솜이 있는 것이니,[17] 이에 근거하면 옷에는 사시(四時)의 차이가 없는데 유독 신발에 대해서만 그 겨울과 여름에 달리 쓰는 것은 무엇 때문인가?

〔3.3〕 "욕의를 대나무 상자에 담는다.〔浴衣於篋.〕"[18]라는 구절에 대해, 정현의 주에 "욕의는 목욕시킨 뒤에 시신에게 입힐 옷이다.〔浴衣, 已浴所衣之衣.〕"라고 하였다. 그러나 다음 경문에서 단지 "욕의로 물기를 닦아 말린다.〔振用浴衣.〕"[19]라고만 하고 이것을 입힌다고

其外, 不可褻露.〕"라는 내용이 보인다.

14 여름에는……준비한다 : 《의례경전통해속》 〈사상례 상〉의 12번째 장인 진목욕습반함지구장(陳沐浴襲飯含之具章)에 보인다.

15 가공언의……한다 : 가공언의 소는 다음과 같다. "〈사관례〉에 이르기를 '작변복에는 분홍색 신을 신고, 피변복의 흰색 주름치마에는 흰색 신을 신고, 현단복에는 검은색 신을 신는다.'라고 하여, 세 가지 복식에 각각 신을 사용하되 신의 색은 치마의 색을 따랐으니 그 신의 색은 본래 분명한 것이다.〔士冠禮云爵弁纁屨、素積白屨、玄端黑屨, 以三服各自用屨, 屨從裳色, 其色自明.〕"

16 앞의……단의(褖衣) : 165쪽 주12 참조.

17 포(袍)는……것이니 : 165쪽 주13 참조.

18 욕의(浴衣)를……담는다 : 《의례경전통해속》 〈사상례 상〉의 12번째 장인 진목욕습반함지구장(陳沐浴襲飯含之具章)에 보인다.

는 하지 않았으니, 그렇다면 여기에서 이른바 '목욕시킨 뒤에 입힐 옷'이라는 것은 살아 있을 때의 법에 근거하여 말한 것뿐이다.

〔3.4〕 주인이 왼손으로 쌀을 떠서 시신의 입에 채워 넣을 때 반드시 시신의 서쪽에서 왼손으로 일을 행하는데[20] 형세상 편치 않다. 혹시 시신의 동쪽에 시사전(始死奠)을 두었기 때문인가?

〔3.5〕 "시신에게 폐슬과 띠를 채운다.〔設韐、帶.〕"[21]라는 구절에 대한 가공언의 소는 모호하여 알기 어려우니, 또한 글자에 오류가 있는 듯하다. 그러나 대체적인 뜻은 습(襲)을 할 때 세 종류의 띠를 사용한다는 말이다. 대대(大帶)가 첫 번째이니, 여기 경문에서 이른바 '치대(緇帶)'라는 것이며[22] 《예기》 〈잡기(雜記)〉에서 이른바 "사(士)는 두 가지 채색의 띠를 사용한다.〔士用二采.〕"라는 것이다.[23] 혁대(革帶)가 두 번째이니, 이것은 경문에는 보이지 않으나 정현의 주에

19 욕의(浴衣)로……말린다 : 《의례경전통해속》 〈사상례 상〉의 13번째 장인 목욕장(沐浴章)에 보인다.

20 주인이……행하는데 : 관련 내용이 《의례경전통해속》 〈사상례 상〉의 14번째 장인 습반함장(襲飯含章)에 보인다.

21 시신에게……채운다 : 《의례경전통해속》 〈사상례 상〉의 14번째 장인 습반함장에 보인다.

22 여기……것이며 : 관련 경문은 165쪽 주12 참조.

23 예기……것이다 : 《예기》 〈잡기 상(雜記上)〉에 "율대를 제후와 대부는 모두 다섯 가지 채색으로 하고, 사(士)는 두 가지 채색으로 한다.〔率帶, 諸侯、大夫皆五采, 士二采.〕"라는 내용이 보인다. '율대(率帶)'는 가공언의 소에 따르면 습(襲)을 할 때 사용하는 대대(大帶)이다.

근거하여 말한 것이다.[24] 소대(小帶)가 세 번째이니, 〈잡기〉에서 이른바 '붉은색과 녹색의 두 가지 채색이 있는 띠〔朱綠帶〕'라는 것이다.[25] 여기의 소대는 혹시 옷고름〔衣鞶〕을 가리켜서 말한 것인가? 요컨대 여기 경문에는 단지 하나의 치대만 있을 뿐이니, 나머지 띠는 별도로 하나의 예(禮)가 되는 것도 무방하다. 어찌 굳이 억지로 끌어 맞추어 같게 할 필요가 있겠는가.

〔4〕 윤7월 18일 : 〈사상례(士喪禮)〉 습반함장(襲飯含章)의 '설결리우완(設決麗于掔)'~소렴장(小斂章)의 '부인좌우실(婦人髽于室)'[26] 13판

〔4.1〕 '설악(設幄)'은 '설악(設握)'으로 써야 하며, 정현 주의 '설악'도 마찬가지이다.[27] 가공언 소의 '탐뉴(貪紐)'는 '관뉴(貫紐)'로 써야 한

24 이것은……것이다 : 정현의 주는 다음과 같다. "'겹·대'는 매겹과 치대이다. '매'와 '치'를 말하지 않은 것은 글을 생략한 것이며 또한 매겹에 본래 띠가 있다는 것을 보이고자 해서이니, 매겹에 사용하는 띠에는 혁대를 사용한다.〔韐、帶, 韎韐、緇帶. 不言韎、緇者, 省文, 亦欲見韐自有帶, 韐帶用革.〕" 가공언의 소에 따르면 치대(緇帶)는 옷을 여미는 띠이고, 혁대(革帶)는 패옥이나 폐슬 등을 거는 띠이다.

25 잡기에서……것이다 : 《예기》 〈잡기 상(雜記上)〉에 "제후의 습에 사용하는 의물은 다음과 같다. 곤의(袞衣)가 한 벌, 현단복이 한 벌, 조복이 한 벌, 소적 즉 피변복(皮弁服)이 한 벌, 훈상 즉 면복(冕服)이 한 벌, 작변복이 두 벌, 현면이 한 벌, 군주가 하사한 포의가 한 벌이다. 붉은색과 녹색의 두 가지 채색이 있는 띠를 채우고, 그 위에 대대를 거듭 착용시킨다.〔公襲: 卷衣一, 玄端一, 朝服一, 素積一, 纁裳一, 爵弁二, 玄冕一, 褒衣一. 朱綠帶, 申加大帶於上.〕"라는 내용이 보인다. 가공언의 소에 따르면 여기의 '주록대(朱綠帶)'는 '옷을 여미는 띠〔束衣之帶〕'이고 대대(大帶)가 아니다.

26 사상례(士喪禮)……부인좌우실(婦人髽于室) : '습반함장(襲飯含章)'은 《의례경전통해속》 〈사상례 상〉의 14번째 장이며, '소렴장(小斂章)'은 17번째 장이다.

다.[28] 결(決)[29]을 끼우는 법은 자세하지 않다. 앞의 경문 진설 조에 "극은 흰 솜으로 두 개를 만든다.〔纊極二.〕"라는 구절이 있는데[30] 지금 습(襲)을 할 때 이것을 사용하는 곳이 보이지 않는다. 오직 정현의 주에 이른바 "결(決)은 가죽으로 바탕을 삼는다.〔以韋爲籍.〕"라는 것이 극(極)과 비슷하기는 하나, 앞의 경문 주에서는 "산 자는 붉은 가죽으로 만든 것을 사용하고 죽은 자에게는 솜을 사용한다.〔生者以朱韋爲之, 而死用纊.〕"라고 하였으니,[31] 이것은 이미 서로 어

27 설악(設幄)은……마찬가지이다 : 《의례경전통해속》 〈사상례 상〉의 14번째 장인 습반함장에 "악수(握手)를 오른손에 맨 뒤에 악수의 끈을 손목에 묶은 결(決)의 끈과 함께 연결하여 묶는다.〔設握, 乃連掔.〕"라는 내용이 보인다. 정현의 주는 다음과 같다. "'악수를 오른손에 맨다'는 것은 끈을 가운뎃손가락에 걸어서 맨 뒤에 손등에서 결(決)의 남은 끈과 연결하여 묶는 것이니, 여기에서는 오른손을 이른다.〔設握者, 以綦繫鉤中指, 由手表與決帶之餘連結之, 此謂右手也.〕" '악수'는 시신의 손을 싸는 비단이다. 《의례경전통해속》 〈사상례 상〉의 12번째 장인 진목욕습반함지구장(陳沐浴襲飯含之具章)에 "악수는 겉감은 검은색 비단을 사용하고 안감은 분홍색 비단을 사용한다. 길이는 1척 2촌이고 너비는 5촌이며, 중앙 부분은 양쪽에서 각각 1촌씩 줄인다. 겉감과 안감 사이에 솜을 채워 넣고 양 끝에 실끈을 단다.〔握手, 用玄纁裏, 長尺二寸, 廣五寸, 牢中旁寸, 著組繫.〕"라는 내용이 보인다. 통행본 《의례경전통해속》에는 경문과 정현 주의 '설악(設幄)'이 모두 '설악(設握)'으로 교감되어 있다.

28 가공언……한다 : 통행본 《의례경전통해속》에는 '관뉴(貫紐)'로 교감되어 있다.

29 결(決) : 활을 당길 때 손가락을 보호하기 위해 오른손 엄지손가락에 끼는 코끼리뼈로 만든 깍지이다. 시신에게는 나무로 만든 결을 끼운다.

30 극(極)은……있는데 : 《의례경전통해속》 〈사상례 상〉의 12번째 장인 진목욕습반함지구장(陳沐浴襲飯含之具章)에 보인다. '극(極)'은 활을 쏠 때 손가락을 보호하기 위해 무두질한 붉은색 쇠가죽으로 만든 일종의 골무로, 식지·장지·무명지에 낀다. 시신에게는 솜으로 만든 극을 두 개만 사용한다.

31 앞의……하였으니 : 《의례경전통해속》 〈사상례 상〉의 12번째 장인 진목욕습반함

긋나는 것이다. 그런데 또 〈대사례(大射禮)〉의 "소사정(小射正)이 붉은 가죽으로 만든 극 세 개를 군주에게 끼워준다.〔朱極三.〕"라는 구절에 대한 정현의 주에 "이것으로 식지·장지·무명지를 감싼다.〔以韜食指、將指、無名指.〕"라고 하였으니, 극(極)은 본래 엄지손가락에 사용하는 것이 아니다. 이런 것들은 모두 의심스럽다.

〔4.2〕 '설악(設握)'에 대한 정현의 주 중 '굴계(掘繫)'는 '악계(握繫)'로 써야 한다.[32] 앞의 경문 '설결(設決)'[33]에 대한 가공언의 소에서는 "악수는 길이가 1척 2촌이니, 오른손을 한 끝으로 감싸고 손등으로 이를 돌리되 반드시 이중으로 한다.〔握手長尺二寸, 裹手一端, 繞於手表, 必重.〕"라고 하였다.[34] 그런데 여기 '설악'에 대한 가공언의 소에서는 "왼손 안에서부터 두는 것에 근거한 것이니, 길이는 1척 2촌이다. 손을 이 안에 들어가도록 가리면 양 끝이 겨우 마주하게 된다.〔據從手內置之, 長尺二寸, 中掩之手, 纔相對也.〕"라고 하였다. 혹시 오른손은 엄지손가락에 결(決)을 끼워서 엄지손가락이 악수 중에 들어가지 않고, 왼쪽 손은 엄지손가락 역시 악수 중에 들어가기 때문에

지구장에 보이는 '극(極)'에 대한 정현의 주는 다음과 같다. "'극'은……산 자는 붉은 가죽으로 만든 것을 사용하는데 세 개를 사용한다. 죽은 자에게는 솜으로 만든 것을 사용할 뿐 아니라 또 두 개만 사용하니 이는 사용하지 않음을 밝힌 것이다.〔極,……生者以朱韋爲之, 而三; 死用纊, 又二, 明不用也.〕"

32 설악(設握)에……한다 : 관련 경문과 정현의 주는 169쪽 주27 참조. 저자가 말하는 정현의 주 중 '굴계(掘繫)'는 '기계(綦繫)'를 말하는 듯하다.

33 앞의 경문 설결(設決) : 168쪽 〔4〕 참조.

34 가공언의……하였다 : '악수는 길이가 1척 2촌이다'라는 구절은 169쪽 주27 참조.

그 손등에 두른 악수가 길이의 차이가 있게 된 것인가?

〔4.3〕 "효(絞)의 너비는 종폭을 쓰고 각 폭의 끝부분을 가른다.〔廣終幅, 析其末.〕"[35]라는 구절에 대해, 정현의 주에 "《예기》 〈상대기(喪大記)〉에 이르기를 '효는 1폭을 갈라 세 가닥으로 만든다.'라고 하였다.〔喪大記曰 : 絞, 一幅爲三.〕"라고 하였다. 〈상대기〉의 정현 주에 근거하면 소렴과 대렴 때 효(絞)를 가르는 법은 같지 않다.[36] 그런데 지금 그 대렴 때의 세 가닥으로 자르는 법을 끌어와서 여기 소렴 때의 폭의 끝부분을 가르는 것을 증명하였으니 의심스럽다.

〔4.4〕 "동당 아래에 전물(奠物)을 진열한다.〔饌于東堂下.〕"[37]라는 구절에 대해, 정현의 주에 "일반적으로 동당이나 서당 아래에 진열해

35 효(絞)의……가른다 : 《의례경전통해속》 〈사상례 상〉의 16번째 장인 진소렴의질대전장(陳小斂衣絰帶奠章)에 보인다. '효'는 옷을 묶는 포대(布帶)이다. '종폭(終幅)'은 2척(尺)이다.

36 상대기의……않다 : 《예기》 〈상대기(喪大記)〉의 "소렴에 포로 만든 효를 쓰는데, 세로로 쓰는 효에 1폭을 쓰고 가로로 쓰는 효에 3폭을 쓴다.……대렴에는 포로 만든 효를 쓰는데, 세로로 쓰는 효에 3폭을 쓰고 가로로 쓰는 효에 5폭을 쓴다.〔小斂: 布絞, 縮者一, 橫者三.……大斂 : 布絞, 縮者三, 橫者五.〕"라는 구절에 대해, 정현의 주는 다음과 같다. "소렴의 효는 너비는 종폭을 쓰고 각 폭의 끝부분을 가르니, 힘 있게 묶기 위해서이다. 대렴의 효는 1폭을 각각 세 가닥으로 자르니, 단단히 묶기 위해서이다.〔小斂之絞也, 廣終幅, 析其末, 以爲堅之强也. 大斂之絞, 一幅三析用之, 以爲堅之急也.〕"

37 동당(東堂)……진열한다 : 《의례경전통해속》 〈사상례 상〉의 16번째 장인 진소렴의질대전장(陳小斂衣絰帶奠章)에 보인다. '동당 아래〔東堂下〕'는 당 아래 동점(東坫)의 동쪽을 이른다.

둘 경우에는 남쪽으로 점과 나란히 되도록 한다.〔凡在東、西堂下者, 南齊坫.〕"라고 하였다. '점(坫)'은 바로 당 모퉁이〔堂隅〕의 이름이다. 그런데 "남쪽으로 점과 나란히 되도록 한다."라고 하였으니, 이것은 당 위가 된다. 무엇을 가지고 당 아래라고 말하겠는가? 아래 경문의 "집사들이 청주·포·젓갈을 들고 예주(醴酒)를 든 하축(夏祝)의 뒤를 따라가서 동쪽 계단으로 당에 오른다.〔酒、脯、醢從, 升自阼階.〕"[38]라는 구절에 근거하면 계단 아래 있는 것이 분명하다.

〔5〕 윤7월 19일 : 〈사상례(士喪禮)〉 소렴장(小斂章)의 기(記) 중 '하후씨상흑(夏后氏尙黑)'~소렴전장(小斂奠章)의 '사대곡(士代哭)'[39] 7판

〔5.1〕 "사(士)는 염이 끝나 왼쪽 겉옷 소매를 벗고 문(免)을 해야 할 때에 대부가 조문을 오면, 비록 용(踊)을 할 때가 되었더라도 용을 중지하고 조문 온 대부에게 절한다.〔當袒, 大夫至, 雖當踊, 絶踊而拜之.〕"[40]라고 하였는데, 왼쪽 겉옷 소매를 벗은 뒤에 용(踊)을 하는 것은 두 경우가 있다. 시신을 받쳐 들고 실(室)에서 나와 당의 소렴상(小斂牀)으로 옮겨 모신 뒤에 남녀가 실에서와 같은 위치에서

38 집사들이……오른다 : 《의례경전통해속》 〈사상례 상〉의 19번째 장인 소렴전장(小斂奠章)에 보인다. 다만 저본에는 '해(醢)' 다음에 '조(俎)'가 빠져 있다.

39 사상례(士喪禮)……사대곡(士代哭) : '소렴장(小斂章)'은 《의례경전통해속》 〈사상례 상〉의 17번째 장이며, '소렴전장(小斂奠章)'은 19번째 장이다.

40 사(士)는……절한다 《의례경전통해속》 〈사상례 상〉의 18번째 장인 봉시우당배빈습질장(奉尸于堂拜賓襲絰章) 기(記)에 보인다. 원출처는 《예기》 〈잡기 하(雜記下)〉이다.

용을 한정 없이 하는 것이 첫 번째 경우이고, 주인이 서쪽 계단 아래에서 빈(賓)에게 절한 뒤에 동쪽 계단 아래의 자리에 나아가 용을 하는 것이 두 번째 경우이다.[41] 지금 이 '용을 중지한다'고 할 때의 '용'은 어느 경우를 가리켜서 말한 것인가? 또 자리에 나아가 용을 하는 것은 조문을 받기 위해서 용을 하는 것인가? 염이 끝났기 때문에 용을 하는 것인가?

〔6〕 윤7월 20일 : 〈사상례(士喪禮)〉 유수자장(有襚者章)의 '유수자(有襚者)'~상차장(喪次章)의 기(記) 중 '철죽조일일미(歠鬻朝一溢米)'[42] 14판

〔6.1〕 대렴전(大斂奠)은 실(室)에 올리는데, 당과 달리 실은 어둡기 때문에 촛불을 둔다.[43] 가공언의 소에 "소렴 때 방에 의물을 진열하면서 횃불을 두지 않은 것은 방호(房戶)와 가까워 밝았기 때문이다.〔於小斂陳衣于房, 無燭者, 近戶得明.〕"라고 하였으니,[44] 그 뜻이 매우 오

41 시신을……경우이다 : 관련 경문이 《의례경전통해속》 〈사상례 상〉의 18번째 장인 봉시우당배빈습질장에 보인다.

42 사상례(士喪禮)……철죽조일일미(歠鬻朝一溢米) : '유수자장(有襚者章)'은 《의례경전통해속》 〈사상례 상〉의 20번째 장이며, '상차장(喪次章)'은 27번째 장이다.

43 대렴전(大斂奠)은……둔다 : 《의례경전통해속》 〈사상례 상〉의 23번째 장인 철소렴전유당장(徹小斂奠帷堂章)의 "촛불은 동당(東堂) 아래 진열해둔 전물(奠物)의 동쪽에 준비해둔다.〔燭俟于饌東.〕"라는 구절에 대한 정현의 주에 "당은 비록 밝더라도 실은 여전히 어둡기 때문이다.〔堂雖明, 室猶闇.〕"라는 내용이 보인다.

44 가공언의……하였으니 : 위 주43의 경문에 대한 소에 보인다.

활하다.

〔6.2〕 "하축(夏祝)이 포건(布巾 소공포)을 들고 전석(奠席 전물(奠物)을 진설할 돗자리)을 든 집사자와 함께 촛불을 든 집사자를 뒤따라 당에 올라가 실(室)의 서남쪽 모퉁이에 자리를 편다.〔祝執巾, 席從, 設于奧.〕"[45]라는 구절에 대해, 가공언의 소에 "포건을 신(神)으로 삼은 것이다.〔以巾爲神.〕"라고 하였다.[46] 만약 그렇다면 그 쓰임이 중한 것이니, 경문에 으당 그 제도를 언급했어야 하며, 또 진설할 때에 이에 대한 진설이 보였어야 한다. 그런데도 모두 이에 대한 언급이 없으니 의심스럽다.

〔6.3〕 "주인이 소공친 이하의 형제들과 북향하고 빈을 향하여 곡한다.〔及兄弟北面哭殯.〕"[47]라는 구절에서, 경문에는 당에 올라가 곡한다는 글이 없는데 양복(楊復)의 《의례도》에는 당 위에서 곡하도록 되어 있으니[48] 근거한 것이 무엇인지 알지 못하겠다.

45 하축(夏祝)이……편다 : 《의례경전통해속》 〈사상례 상〉의 26번째 장인 대렴전장(大斂奠章)에 보인다.

46 가공언의……하였다 : 가공언의 소는, 정현의 "포건을 돗자리의 오른쪽에 둔다.〔巾委於席右.〕"라는 주에 대해 설명한 것이다.

47 주인이……곡한다 : 《의례경전통해속》 〈사상례 상〉의 26번째 장인 대렴전장(大斂奠章)에 보인다.

48 양복(楊復)의……있으니 : 다음 그림은 양복의 《의례도》 권12 〈대렴전도(大斂奠圖)〉의 일부이다. 서쪽 계단 위쪽의 당 위에 "주인이 빈을 전송하고 침문(寢門) 안으로 들어와 소공친 이하의 형제들과 빈을 향하여 곡한다.〔主人入, 及兄弟哭殯.〕"라는 구절이 북향으로 되어 있다.

〔6.4〕 "주인이 읍을 하여 사람들에게 상차(喪次)로 나아갈 것을 청한다.〔主人揖就次.〕"[49]라는 구절에 대해, 정현의 주에 "'차'는 참최상 때 거처하는 의려와 자최상 때 거처하는 악실을 이른다.〔次, 謂斬衰倚廬、齊衰堊室也.〕"라고 하였다. 《예기》 〈상대기(喪大記)〉와 〈간전(間傳)〉에 근거하면 모두 "부모의 상에는 의려에서 거처한다.〔父母之喪, 居倚廬.〕"라고 하였다. 그렇다면 여기 정현의 주 중 '참최상'에는 어머니의 자최상이 포함되어 있다는 것을 알 수 있으니, 정현의 주에서 말한 '자최상 때 거처하는 악실'은 바로 기년복을 가리킬 뿐이다. 다만 참최상 때 거처하는 의려는 경문에 반드시 근거한 바가 있을 터인데 이를 기록하지 못하였으니, 혹시 〈상복〉 전(傳)의 "의려에서 거처한다.〔居倚廬.〕"라는 글이 참최장의 아래에 있기 때문에 이렇게 말한 것인가?

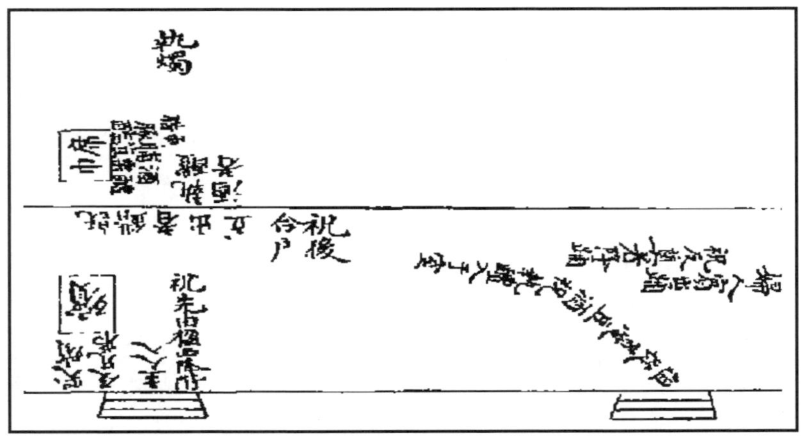

49 주인이……청한다 : 《의례경전통해속》 〈사상례 상〉의 27번째 장인 상차장(喪次章)에 보인다.

〔7〕 윤7월 21일 : 〈사상례(士喪禮)〉 군시렴장(君視斂章)의 '군약유사(君若有賜)'~〈사상례〉 끝[50] 24판

〔7.1〕 "중주인이 군주를 피하여 동쪽 담장 앞으로 물러난다.〔衆主人辟于東壁.〕"[51]라는 구절은, 군주가 사(士)의 초상에 대렴을 보러 왔을 때 중주인(衆主人)의 위치와 차서가 오직 여기에만 있으니 이전과 후에는 어디에 서 있는지 알지 못하겠다. 주인이 대렴을 살피고〔視斂〕, 빙시(憑尸)[52]하고, 관에 흙을 바르는 것을 살필 때〔視塗〕 모두 주인을 따라 당을 오르내리지 못하는가?

〔7.2〕 "부인들이 당 위에서 동쪽 계단 위쪽 자리로 나아간다.〔婦人即位于堂.〕"[53]라는 구절 다음에 주인 이하의 서는 자리를 차례로 서술

50 사상례(士喪禮)……끝 : '군시렴장(君視斂章)'은 《의례경전통해속》 〈사상례 상〉의 28번째 장이다.

51 중주인(衆主人)이……물러난다 : 《의례경전통해속》 〈사상례 상〉의 28번째 장인 군시렴장에 보인다. '중주인'은 주인의 형제들, 즉 죽은 자의 아들들을 이른다.

52 빙시(憑尸) : 일종의 시신에게 고별하는 의식이다. 반드시 시신의 심장 부분에 행하며, 일반적으로 빙시가 끝나면 귀천의 구분 없이 모두 일어나 용(踊)을 한다. 방법은 죽은 자와의 관계에 따라 다르다. 정현의 주와 공영달의 소에 따르면, 군주는 신하에 대해 손으로 어루만지며〔撫〕, 부모는 자식에 대해 시신의 옷을 잡으며〔執〕, 자식은 부모에 대해 시신을 안고 엎드려 울며〔馮〕, 며느리는 시부모에 대해 두 손으로 받쳐 들며〔奉〕, 시부모는 며느리에 대해 어루만지며〔撫〕, 처는 남편에 대해 시신의 옷을 당기며〔拘〕, 남편은 처와 형제에게 시신의 옷을 잡는다〔執〕. 《禮記 喪大記 注疏》

53 부인들이……나아간다 : 《의례경전통해속》 〈사상례 상〉의 31번째 장인 조석곡장(朝夕哭章)에 보인다.

하였는데, 유독 서방(西方)만은 자리가 있는데도 사람이 없으니[54] 의심스럽다.

〔8〕 윤7월 22일 : 〈기석례(既夕禮)〉 처음~조조천거설전천마장(朝祖薦車設奠薦馬章)의 기(記) 중 '사상유여천자동(士喪有與天子同)'[55] 15판

〔8.1〕 "널을 조묘(祖廟)로 옮기는데, 중을 든 사람이 앞장서고 숙전(宿奠)을 든 사람이 뒤따른다.〔重先, 奠從.〕"[56]라는 구절에서, 가공

54 유독……없으니 : 《의례경전통해속》 〈사상례 상〉 조석곡장에 조석곡을 위하여 부인 이하 및 장부 이하의 조석곡을 행하기 전 침문(寢門) 밖의 자리가 나열되어 있는데, 이 중 "침문 밖 서방에서는 동향하여 서는데, 북쪽을 상위로 하여 선다.〔西方, 東面, 北上.〕"라고 하여 위치와 차서만 기술하고 이에 해당하는 사람을 언급하지 않고 있으며, 바로 다음에 이어지는 경문에서 침문 안으로 들어가 실제 곡을 행하는 자리를 언급할 때에도 "침문 밖의 자리와 같이 선다.〔如外位.〕"라고만 하여 이에 대해 언급하지 않고 있다.

55 기석례(既夕禮)……사상유여천자동(士喪有與天子同) : 〈기석례〉는 《의례경전통해속》 3번째 편명인 〈사상례 하(士喪禮下)〉를 이른다. 《의례》의 13번째 편명이기도 하다. '조조천거설전천마장(朝祖薦車設奠薦馬章)'은 《의례경전통해속》 〈사상례 하〉의 4번째 장으로, 〈사상례 하〉는 다음과 같이 모두 21장으로 이루어져 있다. (1)청계기(請啓期), (2)진조조전구(陳朝祖奠具), (3)계(啓), (4)조조천거설전천마(朝祖薦車設奠薦馬), (5)청조기(請祖期), (6)재(載), (7)식구(飾柩), (8)진기(陳器), (9)조전천마(祖奠薦馬), (10)청장기(請葬期), (11)공봉(公賵), (12)친빈봉전부증(親賓賵奠賻贈), (13)진견전명기(陳遣奠明器), (14)견전(遣奠), (15)중출거마전기종(重出車馬奠器從), (16)독봉(讀賵), (17)구행(柩行), (18)공사인증(公使人贈), (19)지광(至壙), (20)폄(窆), (21)반곡(反哭)

56 널을……뒤따른다 : 《의례경전통해속》 〈사상례 하〉의 4번째 장인 조조천거설전천마장에 보인다.

언의 소 중 '여인(女人)'은 '여자(女子)'가 되어야 한다.[57] 정현의 주에 "남자 빈은 앞에 서고 여자 빈은 뒤에 선다.〔男賓在前, 女賓在後.〕"라고 하였으니, 오복(五服)의 친속은 남녀가 좌우로 나뉘어 주인의 뒤를 따르고, 복(服)이 없는 사람은 남자는 앞에 서고 여자는 뒤에 서서 따라가는 듯하다.[58] 가공언 소의 해석[59]은 옳지 않은 듯하다.

〔8.2〕"주인이 널의 동쪽으로 가서 서향하고 선다.〔主人柩東, 西面.〕"[60]라는 구절에 대해, 가공언의 소에 "이때에 이르러서야 비로소 주인이 서향한다고 말한 것은……〔至此乃言主人西面云云.〕"이라고 한 것은 그 뜻이 분명하지 않다.[61] 혹시 주인과 주부가 처음에 널을

57 가공언의……한다 : 통행본 《의례경전통해속》과 《의례주소》에는 모두 '여자(女子)'로 교감되어 있다.

58 정현의……듯하다 : 이와 관련하여 정현의 주는 다음과 같다. "조묘(祖廟)에 들어가는 순서이다. 주인의 뒤를 따라가는 자는, 장부는 오른쪽에 서서 따라가고 부인은 왼쪽에 서서 따라가는데 복(服)의 친소로 선후를 삼되 각각 그 소목을 따라 선후를 삼으며, 남자 빈은 앞에 서고 여자 빈은 뒤에 선다.〔行之序也. 主人從者, 丈夫由右, 婦人由左, 以服之親疏爲先後, 各從其昭穆, 男賓在前, 女賓在後.〕"

59 가공언 소의 해석 : 가공언의 소는 다음과 같다. "'남자 빈은 앞에 서고 여자 빈은 뒤에 선다.'라는 것은, 복(服)이 없는 자 역시 각각 오복의 남자와 부인의 뒤를 따라가는 것으로 순서를 삼은 것을 이른다.〔云男賓在前, 女賓在後者, 謂無服者亦各從五服男子、婦人之後爲序也.〕"

60 주인이……선다 : 《의례경전통해속》 〈사상례 하〉의 4번째 장인 조조천거설전천마장(朝祖薦車設奠薦馬章)에 보인다.

61 가공언의……않다 : 《의례경전통해속》 〈사상례 하〉의 4번째 장인 조조천거설전천마장의 "널을 든 사람들이 서쪽 계단으로 올라간다.……주인이 널을 따라 서쪽 계단으로 당에 오르고, 부인도 주인을 따라 당에 올라가 모두 동향하고 선다.……널을 두

따라 서쪽 계단 아래에 이르렀기 때문에 당 위에 올라간 뒤에 주부는 그대로 서방(西方)의 위치에 있지만 주인은 동방으로 바꾸어 향해야 한다는 것인가?

〔8.3〕 "돗자리를 든 사람이 당에 올라가 널의 서쪽에 편다.〔席升, 設于柩西.〕"[62]라는 구절에 대해, 정현의 주에 "널에 통할되지 않도록 편 것이니, 신은 서향하지 않기 때문이다. 널의 동쪽에 진설하지 않은 것은 동쪽은 신의 자리가 아니기 때문이다.〔不統於柩, 神不西面也. 不設柩東, 東非神位也.〕"라고 하였다. 정현의 뜻은 돗자리를 신의 자리로 생각한 것이니, "널의 동쪽에 진설하지 않았다."라고 한 것은 돗자리와 전물(奠物)을 아울러 가리켜서 말한 것이다. 만약 전물만을 말한 것이라면 널이 바로 전물의 서쪽에 있게 되니 "동쪽은 신의 자리가 아니다."라고 말할 수 없게 된다. 그렇다면 이른바 "널에 통할되지 않도록 편 것이다."라는 것 역시 돗자리와 전물을 아울러

기둥 사이에 머리가 북쪽으로 가도록 바르게 놓는데, 이때 두 계단 사이에 두었던 소렴상(小斂牀)을 사용한다. 주인이 널의 동쪽으로 가서 서향하고 선다.〔升自西階. ……主人從升, 婦人升, 東面. ……正柩于兩楹閒, 用夷牀. 主人柩東, 西面.〕"라는 구절에 대한 가공언의 소에 "이때에 이르러서야 비로소 주인이 서향한다고 말한 것은, 주부는 동향하는 위치를 바꾸지 않기 때문에 널을 따라 당 위에 올라온 뒤 이어서 동향한다고 말한 것이다. 남자는 널의 동쪽에서 서향하는데, 이미 이 서향하는 위치를 고쳤기 때문에 널을 바르게 다 놓기를 기다린 뒤에 비로소 서향한다고 말한 것이다.〔至此乃言主人西面者, 以其主婦東面位不改, 故從柩升, 因言東面. 男子在柩東西面, 旣改西面位, 故待正柩訖乃言西面也.〕"라는 내용이 보인다.

62 돗자리를……편다 : 《의례경전통해속》 〈사상례 하〉의 4번째 장인 조조천거설전천마장(朝祖薦車設奠薦馬章)에 보인다.

가리켜서 말한 것이다. 돗자리가 널의 서쪽에 있는데 전물이 또 돗자리의 서쪽에 있다면 이것은 널에 통할되는 것이다. 그러나 지금 전물이 돗자리의 동쪽에 있기 때문에 "널에 통할되지 않도록 편 것이다." 라고 한 것이다. 가공언의 소에 "널에 가까이 전물을 설치하지 않았다는 것이다.〔不近柩設奠.〕"라고 한 것은 옳지 않은 듯하다.

〔8.4〕 "숙전(宿奠)의 진설이 끝나면 주인이 용을 한정 없이 한다.〔主人踊無算.〕"[63]라는 이 단락은 의심스러운 점이 매우 많다. 경문에서는 "주부가 시신의 발 쪽으로 돌아 널의 동쪽으로 가서 서향한다.〔主婦由足, 西面.〕"라고 하였는데, 정현의 주에 "비로소 동향할 수 있다.〔乃得東面.〕"라그 한 것이 첫 번째 의심스러운 점이다.[64] 앞 경문에서 주인은 오직 빈궁(殯宮) 문 바깥 자리에서만 빈(賓)에게 절하였는데, 가공언의 소에 "주인이 빈궁에서 내려와 빈에게 절하는 것이

63 숙전(宿奠)의……한다 : 《의례경전통해속》 〈사상례 하〉의 4번째 장인 조조천거설전천마장(朝祖薦車設奠薦馬章)에 "숙전(宿奠)의 진설이 끝나면 주인이 용을 한정 없이 한다. 용을 마치면 당을 내려와 빈에게 절하고, 동쪽 계단 아래 서향하는 자리로 나아가 또 용을 하고 왼쪽 겉옷 소매를 다시 입는다. 주부와 대공친 이상의 친속이 시신의 발 쪽으로 돌아 널의 동쪽으로 가서 서향하고 선다.〔主人踊無算, 降, 拜賓, 卽位踊, 襲. 主婦及親者由足, 西面.〕"라는 내용이 보인다. '숙전'은 하룻밤을 보낸 전물(奠物)로, 여기에서는 빈궁(殯宮)에서 거두어 온 전날의 석전(夕奠)을 가리킨다.

64 정현의……점이다 : 정현의 주는 다음과 같다. "전물을 진설할 때 부인들은 모두 실호의 서쪽에서 남향하고 있었는데 전물의 진설이 다 끝났기 때문에 비로소 널의 동쪽으로 갈 수 있는 것이다.〔設奠時, 婦人皆室戶西南面, 奠畢乃得東也.〕" 통행본 《의례경전통해속》과 《의례주소》에는 저본에서 언급한 '동면(東面)'이 모두 '동야(東也)'로 되어 있고, 《의례주소》에는 '동야'에 대한 교감기가 달려 있다. '동야'로 보면 동쪽으로 가서 서향하는 것이기 때문에 경문과 어긋나지 않게 된다.

다.〔主人從殯宮中降拜賓.〕"라고 한 것이 두 번째 의심스러운 점이다.[65] 정현의 주에 "부인은 동향한다.〔婦人東面.〕"라고 하였는데, 가공언의 소에 또 "부인은 서향한다.〔婦人西面.〕"라고 한 것이 세 번째 의심스러운 점이다.[66] "대공친 이상의 친속이 서향하고 선다.〔親者西面.〕"라는 구절은 또한 부인을 가리킨 듯하니, 앞 경문에서 "부인이 당에 올라간다.〔婦人升.〕"[67]라는 구절의 부인이 바로 여기의 '부인'이다. 이 경문에 대한 가공언의 소에 "오직 주부만이 당 위에 올라간다.〔惟主婦升.〕"[68]라고 한 것은 여기에 이르면 그 오류가 분명해진다.

65 앞……점이다 : '주인이 빈궁(殯宮) 문 바깥 자리에서만 빈(賓)에게 절하였다'는 것은, 《의례경전통해속》 〈사상례 하〉의 3번째 장인 계장(啓章)의 "주인이 빈에게 절하고 빈궁 안으로 들어와 동쪽 계단 아래의 자리로 나아가 왼쪽 겉옷 소매를 벗는다.〔主人拜賓, 入卽位, 袒.〕"라는 구절을 가리킨다. '빈궁'은 적침(適寢)을 이른다. 저본에서 인용한 가공언 소의 '주인종빈궁중강배빈(主人從殯宮中降拜賓)'이라는 구절은 통행본 《의례경전통해속》에는 똑같이 되어 있다. 다만 통행본 《의례주소》에는 '습자종빈궁중배빈(襲者從殯宮中拜賓)'으로 되어 있고, 명(明)나라 모진(毛晉)의 급고각본(汲古閣本)에는 원래 '습자주인종빈궁중강배빈(襲者主人從殯宮中降拜賓)'으로 되어 있다는 교감기가 달려 있다.

66 정현의……점이다 : 180쪽 주64 참조.

67 부인이 당에 올라간다 : 해당 경문은 178쪽 주61 참조.

68 오직……올라간다 : 가공언의 소는 다음과 같다. "오직 주인과 주부만이 당 위에 올라가고, 중주인부터 이하의 사람들은 널을 따라 왔다가 서쪽 계단 아래에 이르면 마침내 동쪽 계단 아래로 향하여 서향하는 자리에 나아간다.〔唯主人、主婦升, 自衆主人以下, 從柩至西階下, 遂鄕東階下, 卽西面位.〕" '중주인(衆主人)'은 주인의 형제들, 즉 죽은 자의 아들들을 이른다.

〔8.5〕 "영비패륵〔纓轡貝勒〕"[69]은 《주례》 〈춘관(春官) 건거(巾車)〉 정현의 주에 "정 사농(鄭司農 정중(鄭衆))이 말하기를 '영(纓)은 말 가슴 앞에 있는 것을 말하니, 가죽을 깎아서 만든다.' 하였다.〔鄭司農云 : 纓謂當胸, 以削革爲之.〕"라고 하였다. 그러나 정현은 이를 따르지 않고 "지금의 마앙이다.〔今馬鞅.〕"라고 하였는데, 가공언의 소에 "영(纓)은 말의 목 양쪽에 있기 때문에 정현의 주에서 '지금의 마앙이다.'라고 풀이한 것이다.〔纓是夾馬頸, 故以今馬鞅解之.〕"라고 하였다. '말의 목 양쪽에 있다'는 것은 지금의 이른바 굴레〔革〕라는 것과 비슷하나, 여기 경문에 또 혁설(革靾)이라는 것이 있는데[70] 정현의 주에 설(靾)을 강(韁)으로 여겼으니, 이 혁설이 바로 굴레이다. 그렇다면 앙(鞅)이라는 것은 과연 무슨 물건인가? 궁구해야 할 것이다. 가공언의 소 중 '예구(霓裘)'는 '예구(麑裘)'가 되어야 한다.[71]

69 영비패륵(纓轡貝勒) : 《의례경전통해속》 〈사상례 하〉의 4번째 장인 조조천거설전천마장(朝祖薦車設奠薦馬章) 기(記)에 "조묘(祖廟)에 알현할 때 진열하는 승거는 식(軾)을 털이 짧은 여름철의 사슴 가죽으로 덮는다. 방패, 대로 만든 화살통, 혁설(가죽으로 만든 장례용 굴레)을 싣고, 장식이 없는 붉은 깃발을 싣고, 피변복을 싣는다. 영(말의 뱃대끈), 비(고삐), 패륵(조개 장식 말굴레)을 수레의 끌채 앞 횡목에 매단다.〔薦乘車, 鹿淺幦, 干、笮、革靾, 載旜, 載皮弁服. 纓、轡、貝勒縣于衡.〕"라는 내용이 보인다. 원출처는 《의례》 〈기석례(旣夕禮) 기(記)〉이다.

70 여기……있는데 : 해당 경문은 위 주69 참조.

71 가공언의……한다 : 가공언의 소는 다음과 같다. "'피변복'이라고 한 것은……《논어》 〈향당〉에서 공자가 '흰옷에는 사슴 가죽으로 만든 갖옷을 입는다.'라고 하였으니 또한 매달 초하루 조묘(祖廟)에 고한 뒤 정사를 행할 때 입는 옷이다.〔云皮弁服者,……鄉黨孔子云素衣麑裘, 亦是視朔之服.〕"

〔9〕 윤7월 23일 : 〈기석례(旣夕禮)〉 청조기장(請祖期章)의 '유사청조기(有司請祖期)'～공봉장(公賵章)[72] 16판

〔9.1〕 "천조전(遷祖奠)을 거둔다. 포건(布巾 전물(奠物)을 덮는 천)과 전석(奠席 전물을 진설할 돗자리)은……〔徹奠. 巾、席〕"[73]이라는 구절에 대해, 정현의 주에 "거둔 전물을 당 아래 서서(西序)의 서남쪽에 진설하지 않은 것은 숙전이 아니기 때문이다.〔不設於序西南者, 非宿奠也.〕"라고 하였다.[74] 그렇다면 일반적으로 조전(朝奠)은 모두 하룻밤

72 기석례(旣夕禮)……공봉장(公賵章) : '청조기장(請祖期章)'은 《의례경전통해속》 〈사상례 하〉의 5번째 장이며, '공봉장'은 11번째 장이다.

73 천조전(遷祖奠)을……전석(奠席)은 : 《의례경전통해속》 〈사상례 하〉의 9번째 장인 조전천마장(祖奠薦馬章)에 보인다.

74 정현의……하였다 : 여기 정현의 주와 관련하여 《의례경전통해속》 〈사상례 상〉의 23번째 장인 철소렴전유당장(徹小斂奠帷堂章)에 "진설해두었던 소렴전을 치운다.…… 거둔 전물(奠物)을 당 아래 서서(西序)의 서남쪽 서영(西榮)에 해당되는 곳에 진설하는데, 당 위에 진설했던 것처럼 한다.〔徹饌……設于序西南, 當西榮, 如設于堂.〕"라는 구절이 보이는데, 정현의 주에 "일반적으로 전물을 서서의 서남쪽에 진설하는 것은 일이 끝나면 치우기 위해서이다.〔凡奠設于序西南者, 畢事而去之.〕"라고 하였다. 가공언의 소에 "'일반적으로 전물'이라는 것은 소렴전·대렴전·천구전·조전을 이른다. 다만 뒤의 전물을 진설하려고 할 때에는 이보다 앞서 진설했던 전물을 서서의 서남쪽에 거두어 두었다가 뒤의 전물을 올리는 의식이 끝나기를 기다렸다가 치운다. 그러므로 소렴전을 이곳에 진설해둘 때에 포건을 덮지 않는 것은 오랫동안 진설해두지 않기 때문이다.〔凡奠, 謂小斂奠、大斂奠、遷柩奠、祖奠. 但將設後奠, 則徹先奠於序西南, 待後奠事畢則去之, 故小斂奠設之於此不巾, 以不久設故也.〕"라고 하였다. '천구전(遷柩奠)'은 천조전(遷祖奠)이라고도 하며, 장례를 위해 빈(殯)을 열고 널을 꺼낸 뒤 조묘(祖廟)로 옮겨 알현시킬 때 올리는 전(奠)이다. '숙전(宿奠)'은 빈궁(殯宮)에서 거두어 조묘(祖廟)로 옮겨온 석전(夕奠)으로, 조묘에 천조전을 진설하기 전에 진설해둔다.

을 보내지 않으니 또한 진설하는 법이 없는 것인가?

〔10〕 윤7월 24일 : 〈기석례(旣夕禮)〉 친빈봉전부증장(親賓賵奠賻贈章)의 '빈봉자(賓賵者)'~진견전명기장(陳遣奠明器章)의 '범구불전(凡糗不煎)'[75] 7판

〔10.1〕 "소공 이하의 형제는 봉물과 전물을 보낼 수 있다.〔兄弟, 賵、奠可也.〕"[76]라는 구절에 대해, 가공언 소의 "앞의 경문에서도 또한 빈이지만〔上經亦賓〕" 이하의 내용[77]은 그 뜻이 너무 협소할 뿐 아니라 또 경문의 뜻이 본래 이와 같지 않다.

〔11〕 윤7월 25일 : 〈기석례(旣夕禮)〉 견전장(遣奠章)의 '철자입(徹者入)'~독봉장(讀賵章)[78] 5판

75 기석례(旣夕禮)……범구불전(凡糗不煎) : '친빈봉전부증장(親賓賵奠賻贈章)'은 《의례경전통해속》 〈사상례 하〉의 12번째 장이며, '진견전명기장(陳遣奠明器章)'은 13번째 장이다.

76 소공……있다 : 《의례경전통해속》 〈사상례 하〉의 12번째 장인 친빈봉전부증장에 보인다.

77 가공언……내용 : 가공언의 소는 다음과 같다. "앞의 경문에서도 또한 빈이지만 봉물과 전물과 부물 세 가지를 둘 수 있었다. 그러나 그것은 또한 병행하도록 한 것은 아니며 이 세 가지 예 중에 임의로 하나를 할 수 있다는 것이다.〔上經亦賓而有賵、有奠、有賻三者, 彼亦不使竝行, 三禮之中有任行其一.〕" 봉물(賵物)은 송장(送葬)을 돕는 거마(車馬)이고, 전물(奠物)은 사자(死者)에게 올리는 음식이며, 부물(賻物)은 주인에게 주는 재화이다.

78 기석례(旣夕禮)……독봉장(讀賵章) : '견전장(遣奠章)'은 《의례경전통해속》 〈사

〔12〕 윤7월 26일 : 〈기석례(旣夕禮)〉 구행장(柩行章)의 '상축집공포(商祝執功布)'~폄장(窆章)의 '내폄(乃窆)'[79] 7판

〔12.1〕 "널을 구거에서 내려 광중 앞에 놓는다.〔柩至于壙.〕"[80]라는 구절에 대한 가공언의 소 중 '기폄(旣窆)'은 '기공(旣空)'이 되어야 한다.[81] 정현의 주에 《예기》 〈문상(問喪)〉의 "혼령을 맞이하여 집으로 돌아온다.〔迎精而反.〕"라는 것을 인용하여 여기 경문의 "3대의 수레에 실었던 의복을 거두어 구거에 옮겨 싣는다.〔斂服載之.〕"라는 것을 증명하였으니, 혼령으로 하여금 이에 의지하여 돌아오게 하고자 한 것이다. 가공언의 소의 해석[82]은 분명하지 않다.

상례 하〉의 14번째 장이며, '독봉장'은 16번째 장이다.

79 기석례(旣夕禮)……내폄(乃窆) : '구행장(柩行章)'은 《의례경전통해속》 〈사상례 하〉의 17번째 장이며, '폄장(窆章)'은 20번째 장이다.

80 널을……놓는다 : 《의례경전통해속》 〈사상례 하〉의 19번째 장인 지광장(至壙章) 기(記)에 "널을 구거에서 내려 광중 앞에 놓고 3대의 수레에 실었던 의복을 거두어 구거에 옮겨 싣는다.〔柩至于壙, 斂服載之.〕"라는 내용이 보인다. 원출처는 《의례》 〈기석례(旣夕禮) 기(記)〉이다.

81 가공언의……한다 : 가공언의 소는 다음과 같다. "구거가 이미 빈 뒤에 승거의 피변복·도거의 조복·고거의 도롱이와 삿갓 등 세 종류의 의복을 거두어 구거에 싣는 것은 수레를 비워서 돌아가지 않음을 보인 것이다.〔柩車旣空, 乃斂乘車皮弁服、道車朝服、槀車蓑·笠三者之服, 載之於柩車, 示不空之以歸者也.〕" 저자가 본 판본에는 '공(空)'이 '폄(窆)'으로 되어 있었던 듯하다. 통행본 《의례경전통해속》에는 '공(空)'으로 되어 있다. 이에 대해 정현 주의 '불공지이귀(不空之以歸)'의 '공지(空之)'가 잘못 합쳐져 '폄(窆)'이 되었고 이것이 가공언의 소에도 영향을 준 것이라고 주장하는 설이 있으며, 오히려 '폄'이 옳다고 보는 설도 있다.

82 가공언의 소의 해석 : 가공언의 소는 다음과 같다. "정현의 주에서 《예기》 〈문상

〔13〕 윤7월 27일 : 〈기석례(旣夕禮)〉 폄장(窆章)의 기(記) 중 '부위대부(父爲大夫)'~반곡장(反哭章)[83] 11판

〔14〕 윤7월 28일 : 〈사우례(士虞禮)〉 처음~진찬구장(陳饌具章)의 '저촌모(苴刌茅)'[84] 5판

〔15〕 윤7월 29일 : 〈사우례〉 진찬구장(陳饌具章)의 '찬량두(饌兩豆)'~진찬구장의 기(記) 중 '축조비(祝俎髀)' 4판

〔16〕 윤7월 30일 : 〈사우례〉 문외위장(門外位章)의 '주인급형제(主人及兄弟)'~향신장(饗神章)의 '축축졸(祝祝卒)'[85] 4판

(問喪)〉의 글을 인용한 것은 수례를 비우고 돌아가지 않는 뜻을 증명한 것이다.〔引之, 證此不空歸之義.〕"

83 기석례(旣夕禮)……반곡장(反哭章) : '반곡장'은 《의례경전통해속》 〈사상례 하〉의 21번째 장이다.

84 사우례(士虞禮)……저촌모(苴刌茅) : 〈사우례〉는 《의례경전통해속》의 4번째 편명이자 《의례》의 14번째 편명이다. '진찬구장(陳饌具章)'은 《의례경전통해속》 〈사우례〉의 2번째 장으로, 《의례경전통해속》 〈사우례〉는 다음과 같이 모두 19장으로 이루어져 있다. (1)편목(篇目), (2)진찬구(陳饌具), (3)문외위(門外位), (4)문내위(門內位), (5)설찬(設饌), (6)향신(饗神), (7)영시(迎尸), (8)헌시(獻尸), (9)주인인시(主人酳尸), (10)시작주인(尸醋主人), (11)주인헌축(主人獻祝), (12)주인헌좌식(主人獻佐食), (13)주부아헌시(主婦亞獻尸), (14)주부헌축급좌식(主婦獻祝及佐食), (15)빈장삼헌(賓長三獻), (16)축고리성(祝告利成), (17)시속강(尸謖降), (18)양염(陽厭), (19)사필(事畢)

85 사우례(士虞禮)……축축졸(祝祝卒) : '문외위장(門外位章)'은 《의례경전통해속》 〈사우례〉의 3번째 장이며, '향신장(饗神章)'은 6번째 장이다.

〔16.1〕 "주인이 신위를 향하여 재배계수한다. 축이 신에게 흠향하시기를 고한다.〔主人再拜稽首. 祝饗.〕"[86]라는 구절에 대해, 정현의 주에 "'향'은 신에게 흠향하시기를 고하는 것이다.〔饗, 告神饗也.〕"라고 하고, 이 아래 경문의 "축이 축원을 마치면〔祝祝卒〕"이라는 구절에 대해, 정현의 주에 "'축축'은 효자의 제사 지내는 말을 진술하는 것이다.〔祝祝者, 釋孝子祭辭.〕"라고 하였다.

살펴보면 여기에서 "축이 신에게 흠향하시기를 고한다."라고 한 것은 아래 경문과 함께 강(綱)이 된다. 이 때문에 이 경문 다음에 "좌식이 소매를 걷어 올려 팔을 드러내고〔佐食鉤袒〕" 이하의 여러 의절을 둔 뒤에 "축이 축원한다.〔祝祝〕"라는 구절로 끝마친 것이다. 그렇다면 여기에서 이른바 '효자의 제사 지내는 말'이란 바로 신에게 흠향하기를 고하는 말이며 다른 말이 있는 것이 아니다.

가공언의 소의 설에서는 아래 〈사우례 기(記)〉의 "애자 아무개가……〔哀子某云云〕"라는 것으로 신에게 흠향하기를 고하는 말에 해당시키고, 또 〈소뢰궤식례(少牢饋食禮)〉의 "효손 아무개가……〔孝孫某云云〕"라는 것으로 효자의 제사 지내는 말에 해당시켰는데,[87]

86 주인이……고한다 : 《의례경전통해속》 〈사우례〉의 6번째 장인 향신장(饗神章)에 보인다. '향신'은 음염(陰厭)으로, 시동이 실(室)에 들어오기 전에 성년이 못 되어 죽은 적장자를 위해 실의 서남쪽 모퉁이에 음식을 진설하여 흠향시키는 예를 이른다.

87 가공언의……해당시켰는데 : 가공언의 소는 다음과 같다. "살펴보면 〈소뢰궤식례〉에서 시동을 맞이한 뒤 축(祝)이 효자의 말을 대신하여 축원하기를 '효손 아무개가 삼가 유모(柔毛 양), 강렵(剛鬣 돼지), 가천(嘉薦 채소 절임과 젓갈), 보뇨(普淖 찰기장밥과 메기장밥)로 세시의 제사를 황조 백모께 올리고, 아울러 모비를 황조 모씨께 배향하오니 부디 흠향하소서.'라고 하였다. 이것은 효자의 말을 진술한 것이다.……그 시동을 맞이한 뒤에 축원하는 말은, 즉 아래 〈사우례 기〉의 시동에게 흠향하기를 권하

두 축원하는 말의 뜻이 대체로 같으니 중복해서 사용해서는 안 될 뿐만 아니라, 한 번의 제사에 두 차례의 축원하는 말을 두는 것은 또한 의미가 없다. 정현의 주의 뜻을 잘못 보아 그런 듯하다.

〔17〕 8월 1일 : 〈사우례(士虞禮)〉 향신장(饗神章)의 기(記) 중 '주례상축(周禮喪祝)'~〈사우례〉 끝 18판

〔17.1〕 "삼우제, 졸곡제, 삼우제와 졸곡제 사이에 있는 이름 없는 제사에 강일을 쓴다.〔三虞、卒哭、他, 用剛日.〕"라는 구절에서, '애천성사(哀薦成事)'가 '삼우졸곡(三虞卒哭)'의 다음에 있다.[88] 그렇다면 삼우제의 축원하는 말 역시 '성사(成事)'라고 칭할 수 있는데, 《예기》〈단궁(檀弓)〉에서 유독 "졸곡제의 축원하는 말에는 '성사'라고 한다.〔卒哭曰成事.〕"라고 한 것은 무엇 때문인가? 가공언의 소 중

는 말에 '애자 아무개가 이 제물을 정갈하게 마련하여 슬피 올리오니 흠향하소서.'라고 한 것이 이것이다.〔案少牢迎尸祝孝子辭云: 孝孫某, 敢用柔毛、剛鬣、嘉薦、普淖, 用薦歲事于皇祖伯某, 以某妃配某氏, 尙饗. 此是釋孝子辭.……其迎尸後祝辭者, 卽下記饗辭云: 哀子某, 圭爲而哀薦之, 饗.〕"

88 삼우제(三虞祭)……있다 : 《의례경전통해속》〈사우례〉의 해당 경문은 다음과 같다. "삼우제, 졸곡제, 삼우제와 졸곡제 사이에 있는 이름 없는 제사에 강일을 쓴다. 축사는 재우제(再虞祭) 때와 같으나 다만 '애천우사(哀薦虞事)'를 '애천성사'로 바꾼다.〔三虞、卒哭、他, 用剛日, 亦如初, 曰: 哀薦成事.〕" '삼우제'는 세 번째 지내는 우제(虞祭)이며, '졸곡제(卒哭祭)'는 마지막 우제를 지낸 뒤 다음 강일(剛日)에 지내는 제사로, 사(士)의 경우 삼우제를 지낸 뒤에 지낸다. '강일(剛日)'은 홀수날, 즉 갑(甲)・병(丙)・무(戊)・경(庚)・임(壬)일을 이른다. '애천우사'는 '슬피 신을 안정시키는 제사를 올린다.'라는 뜻이며, '애천성사'는 '슬피 예가 이루어졌음을 고하는 제사를 올린다.'라는 뜻이다.

'강신일(降辛日)'은 '격신일(隔辛日)'이 되어야 한다.[89]

〔18〕 8월 2일 : 〈상대기(喪大記)〉 처음~복장(復章)의 '제후복(諸侯復)'[90] 14판

89 가공언의……한다 : 해당 경문에 대한 정현의 주에 "사의 경우에는 경일에 삼우제를 지냈으면 임일에 졸곡제를 지낸다.〔士則庚日三虞, 壬日卒哭.〕"라고 하였는데, 가공언의 소에 "졸곡제에도 강일을 쓰기 때문에 경일 뒤의 신일을 버리고 임일을 취하여 졸곡제의 날로 삼는 것이다.〔卒哭亦用剛日, 故庚日後降辛日, 取壬日爲卒哭.〕"라고 하였다. '강신일(降辛日)'은 통행본 《의례경전통해속》에는 '강신일'로 되어 있다. '강(降)'이 '격(隔)'으로 된 판본도 있으나 완원(阮元)의 교감기에서는 '강'을 옳다고 보았다.

90 상대기(喪大記)……제후복(諸侯復) : 〈상대기〉는 《의례경전통해속》의 편명으로, 5번째 편명인 〈상대기 상(喪大記上)〉과 6번째 편명인 〈상대기 하(喪大記下)〉로 이루어져 있으며, 군주 이하 사람들의 시사(始死)부터 빈장(殯葬)까지의 일을 기록하였다. 〈상대기〉는 《예기》의 편명이기도 한데, 《의례경전통해속》 〈상대기〉 원주에 따르면 《의례》의 〈사상례(士喪禮)〉·〈기석례(旣夕禮)〉·〈사우례(士虞禮)〉는 모두 사(士)의 상례(喪禮)이기 때문에 《예기》 〈상대기〉와 《주례》와 《예기》 중 천자·제후·대부의 예를 뽑아 사례(士禮) 뒤에 보충하되 〈사상례〉의 체례에 따라 차례를 정한 것이다. 이하 《의례경전통해속》 〈상대기〉의 구절로, 각주에서 출처를 밝히지 않은 경문은 모두 《예기》 〈상대기〉의 글이다. '복장(復章)'은 《의례경전통해속》 〈상대기 상〉의 3번째 장으로, 《의례경전통해속》 〈상대기 상〉은 다음과 같이 모두 37장으로 이루어져 있다. (1)총목(總目), (2)시사(始死), (3)복(復), (4)시사전(始死奠), (4)계신민(戒臣民), (5)천시설치철족유당(遷尸楔齒綴足帷堂), (6)명부(命赴), (7)곡위(哭位), (8)수함수폐옥(受含襚幣玉), (9)위명(爲銘), (10)진목욕습반함지구(陳沐浴襲飯含之具), (11)목욕(沐浴), (12)반함습(飯含襲), (13)수조(受弔), (14)진소렴의전(陳小斂衣奠), (15)소렴(小斂), (16)봉시이우당배빈(奉尸夷于堂拜賓), (17)철시사전(徹始死奠), (18)습대질소렴전(襲帶絰小斂奠), (19)대곡(代哭), (20)설료(設燎), (21)진대렴의급빈전지구(陳大斂衣及殯奠之具), (22)철소렴전(徹小斂奠), (23)대렴(大斂), (24)빈(殯), (25)대렴전(大斂奠), (26)성복(成服), (27)빈후수조(殯後受弔), (28)진보기(陳寶器), (29)거려(居廬), (30)조석곡(朝夕哭), (31)철대렴전(徹大斂奠), (32)

〔18.1〕 "《주례》 〈천관 하채〉의 '왕의 상례를 관장하여'〔夏采: 掌大喪〕"[91]라는 구절에 대해, 정현의 주에 "그곳의 주에 이르기를……〔彼註云云〕"이라고 한 것은 《예기》 〈명당위(明堂位)〉에 또한 정현의 주로 되어 있으니[92] 스스로 자신의 주를 인용하여 증거로 삼지는 않았을 것이다. 대체로 이 단락의 절취해온 부분은 본래의 뜻을 매우 잃은 듯하고, 그 소의 설을 고친 것[93] 역시 그러하다. 가공언의 소

조석전(朝夕奠), (33)삭월월반은전(朔月月半殷奠), (34)복택(卜宅), (35)정곽(井槨), (36)헌명기(獻明器), (37)복장일(卜葬日)

91 주례……관장하여 : 《의례경전통해속》 〈상대기 상〉 복장(復章)에 "《주례》 〈천관(天官) 하채(夏采)〉에 '왕의 상례를 관장하여 면복으로 태조묘에서 왕의 혼을 부르고, 유(緌)를 꽂은 승거로 사방의 교외에 가서 왕의 혼을 부른다.'라고 하였다.〔夏采: 掌大喪, 以冕服復于大祖, 以乘車建緌復于四郊.〕"라는 내용이 보인다.

92 정현의 주에……있으니 : 《의례경전통해속》 〈상대기 상〉 복장(復章)의 정현의 주에 "《예기》 〈명당위〉에 이르기를 '무릇 사대의 복식과 기물을 노나라에서는 모두 사용하였다.' '유우씨의 깃발은 기(旂)이고, 하후씨의 깃발은 유(緌)이다.'라고 하였는데, 그곳의 주에 이르기를 '수(綏)는 유(緌)가 되어야 한다.'라고 하였으니, 정과 기에 이 유(緌)가 있는 것이다.〔明堂位曰: 凡四代之服器, 魯兼用之. 有虞氏之旂, 夏后氏之緌. 彼注云 : 綏當爲緌. 則旌旂有是緌也.〕"라는 내용이 보인다. 그러나 통행본 《주례주소》에는 '피주운 수당위유(彼注云綏當爲緌)'라는 구절이 들어 있지 않다. 《예기》 〈명당위〉의 "유우씨의 깃발은 기이그, 하후씨의 깃발은 수이고, 은나라의 깃발은 대백이고, 주나라의 깃발은 대적이다.〔有虞氏之旂, 夏后氏之綏, 殷之大白, 周之大赤.〕"라는 구절에 대한 정현의 주에 "네 가지는 깃발의 등속이다. 수(綏)는 유(緌)가 되어야 하니, '관유(冠蕤)'의 '유'와 같이 읽는다. 유우씨는 유(緌)라고 해야 하고 하후씨는 기(旂)라고 해야 하니, 이것은 오류인 듯하다.〔四者, 旌旗之屬也. 綏當爲緌, 讀如冠蕤之蕤. 有虞氏當言緌, 夏后氏當言旂, 此蓋錯誤也.〕"라고 하여 '수당위유(綏當爲緌)'라는 주가 들어 있다. 《의례경전통해속》에 들어간 '그곳의 주에 이르기를〔彼註云〕'이라는 구절은 연문인 듯하다.

93 그……것 : 《의례경전통해속》 〈상대기 상〉에서 가공언의 소로 인용하여 실은 글

중 '용제(用祭)'는 '월제(月祭)'가 되어야 한다.[94]

〔19〕 8월 3일 : 〈상대기(喪大記)〉 시사전장(始死奠章)의 '사사작사(司士作士)'~곡위장(哭位章)의 '사사범사지유수자(司士凡士之有守者)'[95] 6판

〔20〕 8월 4일 : 〈상대기〉 곡위장(哭位章)의 '기정시(旣正尸)'~진목욕습반함지구장(陳沐浴襲飯含之具章)의 '공습곤의(公襲卷衣)'[96] 4판

〔21〕 8월 5일 : 〈상대기〉 진목욕습반함지구장(陳沐浴襲飯含之具章)의 '군금모(君錦冒)'~목욕장(沐浴章)의 '관인급수어자(管人汲授御者)'[97] 6판

이, 《주례》 가공언의 소에 수록된 수(綏)·유(緌) 등의 글자와 문장을 바꾸어 수록한 것을 이른다.

94 가공언의……한다 : 가공언의 소는 다음과 같다. "살펴보면 《예기》 〈제법〉에 '친묘는 넷이니, 태조묘와 함께 모두 매달 제사를 지낸다.'라고 하였다.〔案祭法: 親廟四, 與大祖皆月祭.〕" 통행본 《의례경전통해속》에는 교감기와 함께 '월제(月祭)'로 교감되어 있다.

95 상대기(喪大記)……사사범사지유수자(司士凡士之有守者) : '시사전장(始死奠章)'은 《의례경전통해속》 〈상대기 상〉의 4번째 장이며, '곡위장(哭位章)'은 7번째 장이다.

96 상대기……공습곤의(公襲卷衣) : '진목욕습반함지구장(陳沐浴襲飯含之具章)'은 《의례경전통해속》 〈상대기 상〉의 10번째 장이다.

97 상대기……관인급수어자(管人汲授御者) : '목욕장(沐浴章)'은 《의례경전통해속》 〈상대기 상〉의 11번째 장이다.

〔21.1〕 “군주는 비단으로 만든 모에〔君錦冒〕”[98]라는 구절에 대해, 공영달의 소에 “매 접는 곳마다 가로로 꿰맨다.〔每輒橫縫〕”라고 하였는데, 모(冒)의 제도는 접는 곳〔輒〕을 만들 필요가 없을 듯하니 무슨 말인지 알지 못하겠다.[99] 공영달의 소에 또 이르기를 “꿰매지 않은 쪽 위 자루와 아러 자루에 7개의 띠를 매단다.〔不縫之邊, 上下安七帶.〕”라고 하였는데, 〈사상례〉 가공언의 소에 이른바 “‘옆에 매다는 끈’은 질과 쇄가 만나는 곳이 서로 연결되도록 하는 것이다.〔綴旁,

98 군주는……모(冒)에 : 《의례경전통해속》 〈상대기 상〉의 10번째 장인 진목욕습반함지구장(陳沐浴襲飯含之具章)에 “군주는 비단으로 만든 모(冒)에 흑백의 도끼 무늬를 넣은 쇄(殺)를 사용하며 곁에 매단 띠가 일곱이다.〔君錦冒黼殺, 綴旁七.〕”라는 내용이 보인다. 원출처는 《예기》 〈상대기(喪大記)〉이다. 모(冒)는 시신을 싸는 자루이다. 정현의 주에 따르면 윗부분은 질(質), 아랫부분은 쇄(殺)라고 하며, 시신을 쌀 때 쇄를 먼저 발에서부터 위쪽으로 싼 뒤에 질을 머리에서부터 아래쪽으로 싸서 손과 나란히 되도록 한다. ‘옆에 매단 띠’는 꿰매지 않은 부분에 매단 띠로, 제후는 7개, 대부는 5개, 사(士)는 3개를 매단다. 아래 그림은 사계(沙溪) 김장생(金長生)의 《가례집람도설(家禮輯覽圖說)》에 수록된 제후의 모(冒) 그림이다.

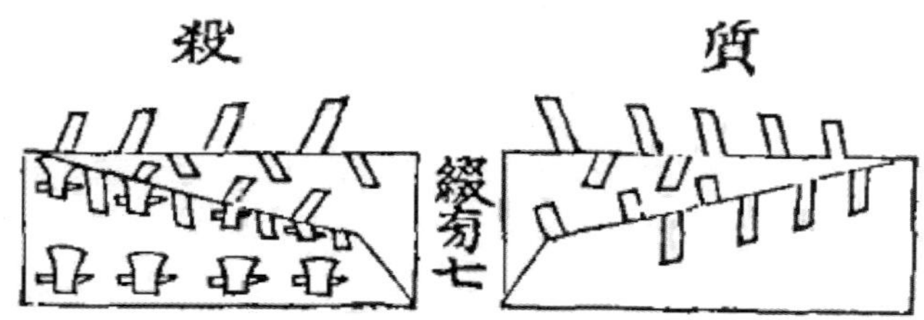

금모보쇄(錦冒黼殺)

99 공영달의……못하겠다 : 공영달의 소는 다음과 같다. “모에는 질과 쇄가 있다. 2개의 자루를 만들어 각 자루마다 가로로 꿰매어 한쪽 끝을 합치고, 또 한쪽 옆을 연이어 꿰매며, 나머지 한쪽 옆은 꿰매지 않는데, 2개의 자루 모두 이렇게 한다.〔冒有質殺者, 作兩囊, 每輒橫縫合一頭, 又縫連一邊, 餘一邊不縫, 兩囊皆然也.〕” 저본의 ‘매첩(每輒)’이 통행본 《의례경전통해속》과 《의례주소》에는 모두 ‘매첩(每輒)’으로 되어 있다.

質與殺相接之處使相連.〕"라는 것과 그 제도가 같지 않으니, 가공언의 설이 옳은 듯하다.

〔22〕 8월 6일 : 〈상대기(喪大記)〉 반함습장(飯含襲章)의 '태축대상상반(大祝大喪相飯)'~철시사전장(徹始死奠章)의 '태축대상철전(大祝大喪徹奠)'[100] 15판

〔22.1〕 "부인은 기공의 부인을 위하여 방에서 당으로 나와 맞이한다.〔夫人爲寄公夫人出.〕"[101]라는 구절에 대해, 정현의 주에 "이때 기공의 부인과 명부의 자리는 당 위 북향하는 곳에 있다.〔此時寄公夫人、命婦位在堂上北面.〕"라고 하였다. 살펴보면 여기의 '명부(命婦)'는 바로 조문하러 온 사(士)의 처이기 때문에 "명부를 위하여 나와 맞이한다.〔爲命婦出.〕"라고 한 것이니, 군주의 초상 외에는 명부가 당 위에서 곡한다고 말한 것이 아니다. 공영달의 소[102]는 억지로 합치

100 상대기(喪大記)……태축대상철전(大祝大喪徹奠) : '반함습장(飯含襲章)'은 《의례경전통해속》 〈상대기 상〉의 12번째 장이며, 철시사전장(徹始死奠章)은 17번째 장이다.

101 부인(夫人)은……맞이한다 : 《의례경전통해속》 〈상대기 상〉의 13번째 장인 수조장(受弔章)에 "부인은 기공의 부인을 위하여 방에서 당으로 나와 맞이하고, 명부는 부인의 명을 위하여 나와 맞이하고, 사의 처는 염을 할 때가 아니면 명부를 위하여 나와 맞이한다.〔夫人爲寄公夫人出, 命婦爲夫人之命出, 士妻不當斂, 則爲命婦出.〕"라는 내용이 보인다. '부인(夫人)'은 제후의 아내이다. '기공(寄公)'은 나라나 지위를 잃고 다른 나라로 망명한 제후이다. '명부(命婦)'는 봉호를 받은 부인으로, 궁중 안의 비빈을 내명부, 봉작을 받은 신하의 어머니나 처를 외명부라고 한다.

102 공영달의 소 : 다음과 같다. "정현의 주에 '이때 기공의 부인과 명부의 자리는 당 위 북향하는 곳에 있다.'라고 한 것은, 앞 경문에서 '군주의 상에 외명부가 외종을

시킨 것이니 잘못인 듯하다.

〔22.2〕“소렴할 때의 옷 중 제복은 거꾸로 놓지 않는다.〔小斂之衣, 祭服不倒.〕”[103]라는 구절에 대해, 공영달의 소에 “소렴 19벌을 시신에게 모두 입히지는 않는다.〔十九稱, 不悉著之.〕”라고 하였다. ‘모두 입히지는 않는다’라고 하였으니, 약간이나마 몸에 입히는 것이 있다는 것이다. 습(襲)을 하고 이미 모(冒)[104]를 씌웠는데 또 그 위에 옷을 입힐 수 있단 말인가?

〔22.3〕“소렴 때 군주·대부·사는 모두 솜옷과 솜이불을 사용한다.〔小斂, 君、大夫、士皆用複衣、複衾.〕”라는 구절과 “대렴 때 군주는 겹옷과 겹이불을 사용한다.〔大斂, 君褶衣、褶衾.〕”라는 구절[105]에 대해, 정현의 주에 “군주의 옷은 아직 많기 때문에 대렴할 때에 그 솜이 든 것을 제거한 것이다.〔君衣尙多, 去其著也.〕”라고 하였다. 그렇다면 비록 군주의 상례(喪禮)라 할지라도 소렴에는 참으로 솜이

거느리고 당 위에서 북향하여 곡한다.’라고 하였기 때문에 여기의 명부가 당 위에서 북향하는 것을 안 것이다.〔注云此時寄公夫人、命婦位在堂上北面者, 以前文云君之喪外命婦率外宗哭于堂上北面, 故知此命婦在堂上北面.〕”

103 소렴할……않는다 : 《의례경전통해속》 〈상대기 상〉의 15번째 장인 소렴장(小斂章)에 보인다.

104 모(冒) : 192쪽 주98 참조.

105 소렴……구절 : 《의례경전통해속》 〈상대기 상〉의 14번째 장인 진소렴의전장(陳小斂衣奠章)과 21번째 장인 진대렴의급빈전지구장(陳大斂衣及殯奠之具章)에 보인다. 《예기》 〈상대기〉에는 이 두 구절이 이어져 있다.

든 옷을 사용한 것이다. 그런데 앞의 경문 "포는 반드시 겉옷이 있다.〔袍必有表.〕"[106]라는 구절에 대한 공영달의 소에서 '공은 습(襲)과 염(斂)에 포견(袍繭)이 없다'고 한 것[107]은 무엇 때문인가?

〔22.4〕 "소렴 이후로는〔自小斂以往〕"의 구절[108]에 대해, 공영달의 소에 "소렴 전에는 모(冒)가 있기 때문에 이금을 사용하지 않은 것이다.〔小斂前有冒, 故不用夷衾.〕"라고 하였다. 살펴보면 〈사상례(士喪禮)〉에 "모를 씌워 시신을 싸고 염금(斂衾)으로 그 위를 덮는다.〔設冒櫜之, 幠用衾.〕"라고 하였으니,[109] 여기의 설은 오류인 듯하다.

〔23〕 8월 7일 : 〈상대기(喪大記)〉 습대질소렴전장(襲帶絰小斂奠章)의 '주인즉위습대질(主人卽位襲帶絰)'~대렴전장(大斂奠章)의 '천자

106 포(袍)는……있다 : 《의례경전통해속》 〈상대기 상〉의 10번째 장인 진목욕습반함지구장(陳沐浴襲飯含之具章)에 보인다. 해당 경문은 165쪽 주11 참조.

107 공영달의……것 : 공영달의 소는 다음과 같다. "포는 설의이다.……공의 경우에는 습과 대렴·소렴 때 모두 설의를 사용하지 않는다.〔袍是褻衣.……若公, 則襲及大、小斂, 皆不用褻衣.〕" '포(袍)'는 옷에 솜이 든 것이다. 165쪽 주13 참조. '포견(袍繭)'은 솜옷이란 뜻으로, 《예기》 〈옥조(玉藻)〉에 "새 솜으로 견을 만들고 묵은 솜으로 포를 만든다.〔纊爲繭, 縕爲袍.〕"라는 구절이 보인다.

108 소렴……구절 : 《의례경전통해속》 〈상대기 상〉의 15번째 장인 소렴장(小斂章)에 "소렴 이후로는 이금을 사용하는데, 이금의 질과 쇄의 제도는 모(冒)와 같이 한다.〔自小斂以往用夷衾, 夷衾質殺之裁猶冒也.〕"라는 내용이 보인다. '이금(夷衾)'은 시신을 덮는 홑이불이다. '모'는 192쪽 주98 참조.

109 사상례(士喪禮)에……하였으니 : 《의례경전통해속》 〈사상례 상〉의 14번째 장인 습반함장(襲飯含章)에 보인다. '염금(斂衾)'은 시신을 덮는 이불로, 뒤에 대렴 때에도 이 이불을 사용한다.

제후지상(天子諸侯之喪)'[110] 19판

〔23.1〕 "《주례》 〈하관 설호씨〉에〔挈壺氏〕"라는 구절[111]에 대해, 가공언의 소에 "대렴 뒤에 비로소 교대로 곡하는 것이다.〔大斂之後, 乃更代而哭.〕"라고 하였다. 살펴보면 《의례》 〈사상례(士喪禮)〉와 《예기》 〈상대기(喪大記)〉에는 대곡(代哭)이 모두 소렴 뒤에 있으니, 여기에서 '대렴 후'라고 한 것은 오류인 듯하다.

〔23.2〕 "군주의 초상에 우인은 땔나무와 각을 내놓는다.〔虞人出木、角.〕"[112]라는 구절에 대해, 《예기》 〈상대기(喪大記)〉 정현의 주에 "'각'은 이것으로 물을 뜨는 구기로 삼는 것이다.〔角, 以爲蚪水斗.〕"라고 하였다. 우인(虞人)이 사냥을 관장하기 때문에 각(角)을 내놓도록 한 듯하나, 다만 '각으로 물을 뜬다'는 것은 그 법이 어떤지 듣지 못하였다.

110 상대기(喪大記)……천자제후지상(天子諸侯之喪) : '습대질소렴전장(襲帶絰小斂奠章)'은 《의례경전통해속》 〈상대기 상〉의 18번째 장이며, 대렴전장(大斂奠章)은 25번째 장이다.

111 주례……구절 : 《의례경전통해속》 〈상대기 상〉의 19번째 장인 대곡장(代哭章)에 "《주례》 〈하관 설호씨〉에 '일반적으로 초상에 누호(漏壺)를 매달아 시간을 계산하여 곡하는 사람을 차례로 바꾼다.'라고 하였다.〔挈壺氏: 凡喪, 縣壺以代哭者.〕"라는 내용이 보인다.

112 군주의……내놓는다 : 《의례경전통해속》 〈상대기 상〉의 19번째 장인 대곡장에 보인다.

〔23.3〕 "천자의 빈(殯)에는 도끼 무늬를 수놓은 막(幕)을 덧널처럼 쌓아 올린 나무 위에 덮는다.〔加斧于椁上.〕"[113]라는 구절에 대해, 정현의 주에 "비단으로 만든 막에 자수를 놓은 것을 덧널 위에 놓아서 널을 덮는 것이다.〔以刺繡於繆幕, 加椁以覆棺.〕"라고 하였는데, 공영달의 소에 "'부'는 널을 덮는 구의(柩衣)에 도끼 무늬 수를 놓은 것을 이른다. 먼저 영구를 실은 순거(輴車)의 사방에 나무를 쌓아 덧널 모양을 만들되 위쪽이 널과 평행이 되도록 하고, 구의를 덧널 위쪽에서 집어넣어 널을 덮는 것이다.〔斧, 謂繡覆棺之衣爲斧文. 先菆四面爲椁, 使上與棺齊, 以棺衣從椁上入, 覆於棺.〕"라고 하였다.

또 "빈(殯)을 할 때 널을 덮는 막을 비단으로 만드는 것은 노나라의 제도이다.〔繆幕, 魯也.〕"[114]라는 구절에 대해, 정현의 주에 "'막'은 널 위에 덮는 것이다. '초'는 '초'와 같이 읽는다.〔幕, 所以覆棺上也. 繆, 讀如綃.〕"라고 하였는데, 공영달의 소에 "이것은 단지 널의 막이 덧널 위를 진흙으로 모두 바른 것 안에 들어 있다고 말한 것뿐이다. 진흙으로 바른 것 위의 막으로 말하면[115] 대부 이상에게만 있기 때문에 《주례》 〈천관(天官) 장차(掌次)〉에 운운한 것[116]이다. 사(士)는

113 천자의……덮는다 : 《의례경전통해속》 〈상대기 상〉의 24번째 장인 빈장(殯章)에 보인다. 원출처는 《예기》 〈단궁 상(檀弓上)〉이다.

114 빈(殯)을……제도이다 : 《의례경전통해속》 〈상대기 상〉의 24번째 장인 빈장 기(記)에 보인다. 원출처는 《예기》 〈단궁 상〉이다.

115 진흙으로 바른……말하면 : 저본의 원문은 '약기도상지막(若其塗上之幕)'이다. 통행본 《예기정의》에는 '막(幕)'이 '역(帟)'으로 되어 있다. '역'은 《예기》 〈단궁 상〉의 정현의 주에 따르면 "막 중에 작은 것이다.〔幕之小者.〕"

116 주례……것 : 《주례》 〈천관(天官) 장차(掌次)〉의 "일반적으로 상사에 왕의 널에

널을 덮는 막이 없으니, 아래 경문에서 '자장의 상에 널을 덮는 막을 붉은 바탕으로 만들었다.'[117]라고 한 것은 여기에서는 장례를 앞두고 빈(殯)을 열면서 널을 덮는 것을 말한 것으로, 빈을 할 때 덮는 막과 구별된다.〔此祇謂襯棺幕在於畢塗之內者也. 若其塗上之帟, 則大夫以上有之, 故掌次云云. 士無覆棺之幕, 子張之喪, 褚幕丹質者, 彼謂將葬啓殯以覆棺, 別也.〕"라고 하였다.

"널을 덮는 막을 붉은 바탕으로 만들었다.〔褚幕丹質.〕"라는 것은 정현의 주에 "붉은 베로 만든 막을 저(褚)로 삼아 장례 때 널을 덮되, 장은 두르지 않고 삽도 세우지 않은 것이다.〔以丹布幕爲褚, 葬覆棺, 不牆不翣.〕"라고 하였는데,[118] 공영달의 소에 "'저'는 널을 덮는 물건이다. 대부 이상이 사용하는 '저'는 그 모습이 악(幄)과 같으며, 사(士)는 '저'가 없다. 지금 공명의가 그 스승(증자)을 높여 특별히 '저'를 만들었으나 악의 모양으로 만들지 못하고 다만 막(幕)과 같은

는 먼지 가리개용 비단 덮개를 3겹으로 설치하고, 제후는 2겹으로 설치하고, 고・경・대부는 겹으로 설치하지 않는다.〔凡喪, 王則張帟三重, 諸侯再重, 孤、卿、大夫不重.〕"라는 구절을 이른다.

117 자장의……만들었다 : 《예기》 〈단궁 상(檀弓上)〉에 "자장의 상에 공명의가 표지를 하되 널을 덮는 막을 붉은 바탕으로 만들고 사방 귀퉁이에 개미가 모여 있는 것처럼 그렸으니, 은나라의 사(士)가 죽었을 때 행하던 예이다.〔子張之喪, 公明儀爲志焉, 褚幕丹質, 蟻結于四隅, 殷士也.〕"라는 내용이 보인다.

118 정현의……하였는데 : "장은 두르지 않고 삽도 세우지 않은 것이다.〔不牆不翣〕"에서 '장(牆)'은 저본에는 '장(墻)'으로 되어 있으나 통행본 《예기정의》에 근거하여 바로잡아 번역하였다. '장(牆)'은 널을 구거(柩車) 위에 실은 뒤 널 주위에 설치한 천막 모양의 나무틀〔柳〕 중 담장처럼 생긴 아랫부분을 말한다. 이 나무틀은 포(布)로 에워싸는데, 윗부분은 황(荒), 아랫부분은 유(帷)라고 부른다.

모습으로 만든 것이다.〔褚, 謂覆棺之物, 若大夫以上, 其形似幄, 士則無褚. 今公明儀尊其師, 特爲褚, 不得爲幄, 但似幕形.〕"라고 하였다.[119]

《예기》〈상대기(喪大記)〉에서 널을 꾸밀 때 군주와 대부는 "흰색 비단으로 저(褚)를 만든다.〔素錦褚.〕"라고 하였다. 정현의 주에 "대부 이상은 저(褚)를 두어 널을 덮고, 이어서 그 위에 유(帷)와 황(荒)[120]을 더한다.〔大夫以上, 有褚以襯覆棺, 乃加帷、荒於其上.〕"라고 하였는데, 공영달의 소에 "'저'는 지붕이니, 흰색 비단으로 지붕을 만든다. 장례 때 길에서 궁실을 형상한 것이니, 《예기》〈잡기〉에 '흰색 비단으로 지붕을 만들어 길을 떠난다.'라고 한 것은 바로 '저'를 말한 것이다.〔褚, 屋也, 用白錦爲屋. 葬在路象宮室, 雜記云素錦以爲屋而行, 卽褚是也.〕"라고 하였다.

여기의 여러 조목을 가지고 참고해보면 이른바 '막(幕)'이나 '저(褚)'는 바로 오늘날의 이른바 '구의(柩衣)'라는 것으로, 사(士) 이하는 쓸 수 없는 것이다. 그런데 《가례》에서는 귀천을 따지지 않고 모두 구의를 사용하도록 하였으니[121] 감히 어떻게 해야 할지 알지

119 공영달의……하였다 : 《주례》〈천관(天官) 막인(幕人)〉의 정현의 주에 따르면 왕이 출궁했을 때 설치하는 천막 중 사방으로 옆을 두른 것을 '유(帷)', 위를 덮은 것을 '막(幕)'이라고 하며, 유와 막을 합친 것을 궁실과 닮았다고 하여 '악(幄)'이라고 한다.

120 유(帷)와 황(荒) : 198쪽 주118 참조.

121 가례에서는……하였으니 : 《가례》〈상례(喪禮) 급묘하관사후토제목주성분(及墓下棺祠后土題木主成墳)〉 '이어 하관한다〔乃窆〕' 조에 "주인과 형제들은 곡을 그치고 직접 그 앞에 가서 보아야 한다. 널을 다 내렸으면 널을 덮는 구의와 명정을 다시 정돈하여 평평하고 바르게 되도록 한다.〔主人、兄弟宜輟哭親臨視之. 已下再整柩衣、銘旌令平

못하겠다.

〔23.4〕 "군주는 빈을 할 때 춘거를 사용하고, 대부는 빈을 할 때 도를 사용한다.〔君殯用輴, 大夫殯以幬.〕"라는 구절은,[122] 《예기》 〈단궁(檀弓)〉에 또 이르기를 "천자는 용춘[123]을 사용하는데 용춘 위에 나무를 쌓아 올려 덧널처럼 만들고 그 위에 도를 설치하며, 제후는 춘거를 사용하는데 그 위에 도를 설치한다.〔天子龍輴而槨幬, 諸侯輴而設幬.〕"라고 하였다. 이 두 구절에 근거하면 도(幬)는 분명히 물건의 이름이니, 즉 저(褚)나 막(幕)[124]을 말하는 듯하다. 정현의 주에는 다만 "도는 덮는 것이니, 나무를 쌓아 올려 덧널처럼 만든 뒤에 이것을 널에 덮고 진흙으로 바른다.〔幬, 覆也, 以槨覆棺以塗之.〕"라고만 하였는데, 이것은 '도'를 '나무를 사용하여 덮는 것'으로 여긴 것이니[125] 옳지 않은 듯하다.

正.〕"라는 내용이 보인다.

122 군주는……구절은 : 《의례경전통해속》 〈상대기 상〉의 24번째 장인 빈장(殯章)에 보인다. '춘거(輴車)'는 널을 실은 수레이다.

123 용춘(龍輴) : 천자의 널을 실은 수레로, 수레 끌채〔輴〕에 용을 그린 것이다.

124 저(褚)나 막(幕) : 197쪽 〔23.3〕 참조.

125 이것은……것이니 : 이것은 다음과 같은 공영달의 소에 근거하여 말한 것이다. "천자의 빈에는 용춘을 사용한다는 것은 춘거의 끌채에 용을 그리는 것을 이른다. 용춘 위에 널을 실은 뒤 재목을 쌓아서 덧널처럼 만들고, 덧널 위에는 나무 끝이 안쪽을 향하도록 하여 지붕 모양이 되게 하여 널 위에 덮은 뒤에 진흙으로 바른다. 제후의 빈에는 춘거를 사용하여 널을 싣는데 끌채에 용을 그리지 않는다. 제후 역시 나무를 쌓아 올려 덧널처럼 만들고 덧널 위에 나무를 설치하여 덮지만, 나무 끝이 안쪽을 향하도록 하여 지붕 모양이 되게 하지 않고 곧바로 나무를 눕혀서 덮는다. 제후 역시 그

〔24〕 8월 8일 : 〈상대기(喪大記)〉 성복장(成服章)의 '소종백변길흉지오복(小宗伯辨吉凶之五服)'~삭월월반은전장(朔月月半殷奠章)의 '외옹범소상(外饔凡小喪)'[126] 21판

〔24.1〕 "《주례》 〈춘관 사사〉에 '외명부와 내명부의 남녀를 금하여'〔肆師 : 禁外、內命男女〕"[127]라는 구절에 대해, 정현의 주에 "왕의 상에도 제후의 예를 따른다.〔王喪依諸侯.〕"라고 한 것은 즉 앞의 경문에서 인용한 《예기》 〈상대기〉의 글에 근거한 것이니,[128] 이것은 제후

위를 진흙으로 바른다.〔天子之殯, 則以龍輴, 謂畫輴車轅爲龍, 載柩於上, 累材作椁, 而題湊其木, 幬覆棺上, 而後塗之. 其諸侯, 則以輴載柩, 不畫爲龍, 亦累木爲椁, 設木於上以幬之, 不爲題湊, 直橫木覆之, 亦泥塗其上.〕"

126 상대기(喪大記)……외옹범소상(外饔凡小喪) : '성복장(成服章)'은 《의례경전통해속》 〈상대기 상〉의 26번째 장이며, 삭월월반은전장(朔月月半殷奠章)은 33번째 장이다.

127 주례……금하여 : 《의례경전통해속》 〈상대기 상〉의 26번째 장인 성복장에 "《주례》 〈춘관(春官) 사사(肆師)〉에 '외명부와 내명부의 남녀 중에 상복이 법에 맞지 않는 것을 금하고 이들에게 상장(喪杖)을 준다.〔肆師: 禁外、內命男女之衰不中法者, 且授之杖.〕"라는 내용이 보인다. 정현의 주에 따르면 외명부 남자는 6경으로서 조정 밖에 나간 자이고, 외명부 여자는 조정의 경・대부・사(士)의 처이며, 내명부 남자는 조정의 경・대부・사이고, 내명부 여자는 왕의 3부인(夫人) 이하를 이른다.

128 정현의……것이니 : 《예기》 〈상대기〉의 "군주의 상에는 3일 만에 아들과 부인이 상장을 짚고, 5일 만에 빈을 마치고 대부와 세부에게 상장을 준다.〔君之喪三日, 子、夫人杖. 五日旣殯, 授大夫、世婦杖.〕"라는 구절에 대한 정현의 주에 "7일 만에 사(士)에게 상장을 준다는 구절이 없다. 내 생각에 상장을 주는 날은 왕의 상에도 제후의 예를 따르는 듯하다.〔無七日授士杖文. 玄謂: 授杖日數, 王喪依諸侯與!〕"라는 내용이 보인다. 이와 관련하여 《예기》 〈상복사제(喪服四制)〉에 "군주가 죽으면 3일 만에 아들에게 상장을 주고, 5일 만에 대부에게 상장을 주고, 7일 만에 사에게 상장을 준다.〔三日授子杖, 五日授大夫杖, 七日授士杖.〕"라는 내용이 보인다.

의 상(喪)에 관한 법을 논하면서 왕의 상에도 통용할 수 있다고 한 것뿐이다. 가공언의 소에서는 《예기》 〈단궁(檀弓)〉을 인용하여 해석하였으나[129] 〈단궁〉은 바로 천자의 상을 논한 것이니 정현의 주의 뜻이 아닐 듯하다. 또 여기 소에 이른바 "오직 천자의 상에만 성복할 때 상장을 주지만 조한 7일 만에 주어야 한다.〔惟天子服授杖, 亦當七日.〕"라는 단락은 분명치 않다. 제후의 상에는 5일 만에 성복(成服)하니 사(士)가 7일이 되어서야 비로소 상장(喪杖)을 짚지는 않을 것이요, 오직 천자의 상에만 7일 만에 상장을 주는 법이 있어야 한다고 말한 듯한데, 옳은지 모르겠다.

〔24.2〕 "군주의 상에는 3일 만에 아들과 부인이 상장을 짚는다.〔君之喪三日, 子、夫人杖.〕"[130]라는 구절에 대해, 공영달의 소에 "군주의 딸 및 내종·외종의 친속으로 시집가서 사(士)의 처나 군주의 첩이 된 자는 모두 7일 만에 상장을 짚는다.〔君之女及內宗、外宗之屬嫁爲士妻及君之女御, 皆七日杖.〕"라고 하였다. 성복(成服) 때 상장을 짚

129 가공언의……해석하였으나 : 가공언의 소는 다음과 같다. "왕의 상에 여러 신하 등에게 상장을 주는 날이 없는데, 제후의 신하는 왕의 신하와 똑같이 참최복을 입고 대나무 상장을 짚기 때문에 왕의 신하에게 상장을 주는 날 역시 같아야 한다. 《예기》 〈단궁〉에 이르기를 '천자가 붕어하면 3일 만에 축이 먼저 상장을 짚는다.'라고 하였는데, 이것은 아들과 부인 역시 상장을 짚는 것을 밝힌 것이니, 천자의 아들과 왕후 역시 상장을 짚는 것이다.〔王喪, 諸臣等無授杖之日數, 以諸侯之臣與王之臣同斬衰杖竹, 故授杖日數亦宜同也. 檀弓云: 天子崩三日, 祝先服. 明子與夫人亦服矣, 則天子之子及后亦服矣.〕"

130 군주의……짚는다 : 《의례경전통해속》 〈상대기 상〉의 26번째 장인 성복장(成服章)에 보인다. 201쪽 주128 참조.

지 않고 7일이 되어서야 상장을 짚는 것은 끝내 의심스럽다.

〔24.3〕 "대부의 상이면 곧바로 전을 올려도 된다.〔大夫則奠可也.〕"[131] 라는 구절에 대해, 정현의 주에 "군주를 절하여 맞이하면 군주가 자신에게 답배를 할까 걱정해서이다.〔拜迎, 則爲君之答己.〕"라고 하였다. 예(禮)에는 다른 사람의 상(喪)에 조문 갔을 때 답배하는 이치가 없으나, 문밖에서 손님을 맞이하고 전송하는 절로 말하면 바로 평소 손님을 대하는 예일 뿐 조문으로 인해 하는 절이 아니기 때문에 군주가 답배할 수 있는 이치가 있는 것이다. 공영달 소의 해석[132]은 틀린 듯하다. 그리고 이 소에서 인용한 《춘추좌씨전(春秋左氏傳)》[133] 역시 여기 경문과 관련이 있는 것인지 알지 못하겠다.

131 대부의……된다 : 《의례경전통해속》 〈상대기 상〉의 27번째 장인 빈후수조장(殯後受弔章)에 보인다.

132 공영달 소의 해석 : 공영달의 소는 다음과 같다. "보통 예가 대등할 경우에는 효자가 비록 절하더라도 손님은 답배하는 이치가 없다. 그러나 지금 군주가 신하의 상에 와서 신하가 이미 군주를 맞이하는 절을 하였다면 존비의 예가 현격하여 군주가 자신에게 답할까 두렵기 때문에 감히 군주를 맞이하여 절하지 못하는 것이다.〔以尋常禮敵, 孝子雖拜, 賓無答理. 今君來臨臣, 臣旣拜迎, 尊卑禮隔, 意恐君之答己, 故不敢拜迎.〕"

133 이……춘추좌씨전(春秋左氏傳) : 공영달의 소는 다음과 같다. "희공 24년 조 《춘추좌씨전》에 '송나라는 앞선 왕조의 후손이니 주나라에는 손님이 된다. 초상이 나면 왕이 조문 온 송나라의 사신에게는 절을 한다.'라고 한 것은, 나머지 제후들이 주(周)나라의 초상에 조문 오면 그들의 신분이 낮기 때문에 왕이 절하지 않지만, 만약 송(宋)나라가 조문 오면 왕이 대등한 예로 사례하는 절을 하는 것을 말하니, 이 또한 주인이 손님에게 절하는 뜻이다.〔僖二十四年左傳, 宋, 先代之後, 於周爲客. 有喪, 拜焉者, 謂其餘諸侯來弔國喪, 以其卑, 王不拜之; 若宋來弔, 王用敵禮拜謝之, 亦是主人拜賓之義也.〕"

〔24.4〕 "《주례》 〈천관 변인〉에 '상사가 있으면'〔籩人: 喪事〕"[134]이라는 구절에 대한 원주 중 '가삭(加朔)'은 '여삭(如朔)'이 되어야 한다.[135] 살펴보면 《주례》 정현의 주에 "아직 먹지 않고 아직 마시기 전에 올리는 것을 '천', 이미 먹고 이미 마신 뒤에 올리는 것을 '수'라고 한다.〔未食未飮曰薦, 旣食旣飮曰羞.〕"라고 하였는데, 이것은 큰 제사에서 조천(朝踐)과 궤헌(饋獻)을 올릴 때 이런 예(禮)가 있는 것에 근거한 것이다.[136] 상전(喪奠)에는 이런 예가 없는데 지금 가공언의 소에 "상사가 있으면 시동이 음식을 먹기 전에 올리는 천변과 시동이 음식을 먹고 난 뒤에 올리는 수변을 공급한다.〔喪事, 共薦籩、羞籩.〕"라고 하였으니, 의심스럽다.

134 주례……있으면 : 《의례경전통해속》 〈상대기 상〉의 33번째 장인 삭월월반은전장(朔月月半殷奠章)에 "《주례》 〈천관 변인〉에 '상사 및 빈객을 연향하는 일이 있으면 시동이 음식을 먹기 전에 올리는 천변과 시동이 음식을 먹고 난 뒤에 올리는 수변을 공급한다.' 하였다.〔籩人: 喪事共其薦籩、羞籩.〕"라는 내용이 보인다.

135 원주……한다 : 《의례경전통해속》 원주에 "살펴보면 《의례》 〈사상례〉에 '사(士)는 보름에 성대한 전을 올리지 못한다.'라고 하였다. 정현의 주에 '사는 보름에 초하루 때 올리는 것과 같은 성대한 전을 다시 올리지 못하니, 존귀한 자에게 자신을 낮춘 것이다.'라고 하였는데, 가공언의 소에 '「존귀한 자에게 자신을 낮춘 것이다.」라는 것은 하대부 이상에게는 보름에 올리는 전이 있다는 것이다.'라고 하였다.〔按士喪禮: 月半不殷奠. 注云: 士月半不復如朔月盛奠, 下尊者. 疏云 : 下尊者, 以下大夫以上有月半奠.〕"라는 내용이 보인다.

136 이것은……것이다 : 관련 내용이 《주례》 〈천관(天官) 변인(籩人)〉의 가공언의 소에 보인다. '조천(朝踐)'은 천자와 제후의 제사에서 시동을 맞이하여 정제(正祭)를 시작하기 전에 먼저 희생의 털과 피와 날고기와 예주(醴酒)를 올리는 의식이다. '궤헌(饋獻)'은 천자와 제후의 제사에서 익힌 생체(牲體)를 올리는 의식이다.

〔25〕 8월 9일 : 〈상대기(喪大記)〉 복택장(卜宅章)의 '소종백급집사(小宗伯及執事)'~식관장(飾棺章)의 '공자지상(孔子之喪)'[137] 20판

〔25.1〕 "시초점을 칠 경우에는 점을 치는 사(史)는 연관을 쓴다.〔如筮, 則史練冠.〕"[138]라는 구절에서, 공영달의 소 중 '주지(主之)'는 '사지(士之)'가 되어야 하며, '연관의야(練冠衣也)'의 '의(衣)' 앞에 '장(長)' 자가 있어야 한다.[139] 마의(麻衣)는 무명〔布〕으로 가선을 두르고 장의(長衣)는 생사로 짠 명주〔素〕로 가선을 두르니[140] 장의는 마

137 상대기(喪大記)……공자지상(孔子之喪) : '복택장(卜宅章)'은 《의례경전통해속》 〈상대기 상〉의 34번째 장이며, 식관장(飾棺章)은 〈상대기 하(喪大記下)〉의 5번째 장이다. 〈상대기 하〉는 《의례경전통해속》의 6번째 편명으로, 빈(殯)을 여는 일부터 신주를 만드는 일까지의 의식을 기록하였다. 《의례경전통해속》 〈상대기 하〉는 다음과 같이 모두 15장으로 이루어져 있다. (1)진조조전(陳朝祖奠), (2)계(啓), (3)조조전천거마(朝祖奠薦車馬), (4)재(載), (5)식관(飾棺), (6)진명기(陳明器), (7)조전(祖奠), (8)시뢰(謚誄), (9)대견전(大遣奠), (10)포전독봉(包奠讀賵), (11)구행(柩行), (12)지광(至壙), (13)폄(窆), (14)우제(虞祭), (15)작주(作主)

138 시초점을……쓴다 : 《의례경전통해속》 〈상대기 상〉의 34번째 장인 복택장에 "시초점을 칠 경우에는 점을 치는 사(史)는 연관에 장의를 입고 시초점을 치며, 길흉을 판단하는 점자는 조복을 입는다.〔如筮, 則史練冠長衣以筮, 占者朝服.〕"라는 내용이 보인다. 원출처는 《예기》 〈잡기 상(雜記上)〉이다.

139 공영달의……한다 : 공영달의 소는 다음과 같다. "만일 사(士)의 거북점을 치는 사(史)라면 마땅히 조문하는 옷을 입어야 하며 연관에 장의를 입을 수 없다.〔若士之卜史, 當從弔服, 不得練冠長衣也.〕"

140 마의(麻衣)는……두르니 : 이와 관련하여 《예기》 〈단궁 상(檀弓上)〉 공영달의 소에 "심의는 즉 《예기》 〈간전〉의 마의이다. 다만 그 제도는 심의와 같으나, 무명으로 가선을 두른 것은 '마의', 생사로 짠 명주로 가선을 두른 것은 '장의', 채색으로 가선을 두른 것은 '심의'라고 한다.〔深衣, 卽間傳麻衣也. 但制如深衣, 緣之以布曰麻衣, 緣之以

땅히 조금 길한 복〔稍吉服〕이 되어야 할 것이다. 그러나 정현의 주에 순흉복(純凶服)이라고 한 것[141]은 무엇 때문인가?

〔25.2〕 "대부의 상에 대종인이 예를 돕는다.〔大夫之喪, 大宗人相.〕"[142]라는 구절에서, 정현의 주 중 '상주인례야(相主人禮也)'의 '상(相)'은 다음에 또 '상(相)' 자가 있어야 한다.[143] 천자의 상(喪)에는 대종백(大宗伯)이 상상(上相)이 되지만[144] 지금 여기 대부의 상에는 종백(宗伯)이 상(相)이 되어서는 안 되니, 공영달의 소의 설[145]이 의심스럽다.

〔25.3〕 "측백나무로 천자의 덧널을 만드는데 나무 끝이 안쪽을 향하

素曰長衣, 緣之以采曰深衣.〕"라는 내용이 보인다.

141 정현의……것 : 정현의 주는 다음과 같다. "장의는 가선을 생사로 짠 명주로 두른 심의이다. 장의에 연관을 쓰는 것은 순흉복이다. 조복은 순길복이다.〔長衣, 深衣之純以素也. 長衣練冠, 純凶服也. 朝服, 純吉服也.〕"

142 대부의……돕는다 : 《의례경전통해속》 〈상대기 상〉의 34번째 장인 복택장(卜宅章)에 보인다. 원출처는 《예기》 〈잡기 상(雜記上)〉이다.

143 정현의……한다 : 정현의 주는 다음과 같다. "'상'은 주인의 예를 돕는 것이다.〔相, 相主人禮也.〕"

144 천자의……되지만 : 《주례》 〈춘관 대종백(大宗伯)〉에 "조·근·회·동을 하게 되면 대종백은 상상이 된다.〔朝、覲、會、同, 則爲上相.〕"라는 내용이 보인다. 조(朝)는 제후들이 천자를 봄에 알현하는 것이고, 근(覲)은 제후들이 천자를 가을에 알현하는 것이고, 회(會)는 제후들이 정해진 시기가 아닌 때에 천자를 알현하는 것이고, 동(同)은 제후들이 한꺼번에 모두 천자를 알현하는 의식이다.

145 공영달의 소의 설 : "경문의 '대종'은 대종백을 말한다.〔大宗, 謂大宗伯也.〕"라는 공영달의 소를 가리킨다.

도록 한다.〔柏槨以端.〕"[146]라는 구절에 대해, 공영달의 소에 "덧널과 전혀 상응하지 않는다.〔與槨全不相應.〕"라고 하였다.[147] 소 중 '곽(槨 덧널)'은 '관(棺 널)'이 되어야 할 듯하다.

〔25.4〕 "군주는 소나무 덧널을 쓴다.〔君松槨.〕"[148]라는 구절에 대해, 정현의 주에 "신분이 높은 자에게는 큰 재목을 쓰고, 신분이 낮은 자에게는 작은 재목을 쓴 것이다.〔尊者用大材, 卑者用小材.〕"라고 하였는데, 이것은 6척(尺)과 5촌(寸)을 가지고 상대적으로 말한 것이 아니다. 6척은 길이이고 5촌은 두께이니, 길이와 두께에 모두 존비의 차이가 있어야 한다고 말한 것이다. 공영달의 소의 해석[149]은 옳지 않은 듯하다.

146 측백나무로……한다 : 《의례경전통해속》 〈상대기 상〉의 35번째 장인 정곽장(井槨章)에 보인다. 원출처는 《예기》 〈단궁 상(檀弓上)〉이다.

147 공영달의……하였다 : 공영달의 소는 다음과 같다. "덧널의 재목은 모두 아래에서부터 쌓아 위에 이르러서야 비로소 제주를 한다.……황간(皇侃)은 덧널의 재목을 쌓을 때 아래에서부터 바로 제주한다고 하였는데, 덧널은 길이가 6척이니 덧널과 전혀 상응하지 않는다.〔槨材竝皆從下壘至上, 始爲題湊.……皇氏以爲壘槨材從下卽題湊, 郭六尺, 與槨全不相應.〕" '제주(題湊)'는 천자의 덧널 뚜껑 제도로, 재목을 쌓아서 덧널처럼 만든 뒤 덧널 위에 뚜껑을 만드는데 나무 끝이 안쪽을 향하도록 하여 지붕처럼 위는 뾰족하고 아래는 사각 모양이 되도록 하는 것을 말한다.

148 군주는……쓴다 : 《의례경전통해속》 〈상대기 상〉의 35번째 장인 정곽장(井槨章)에 보인다.

149 공영달의 소의 해석 : 공영달의 소는 다음과 같다. "천자의 덧널 길이가 6척이라는 것은 신분이 높은 자에게는 큰 재목을 쓴다는 말이다. 서인의 덧널은 사방 두께가 5촌이라는 것은 신분이 낮은 자에게는 작은 재목을 쓴다는 것이다.〔天子長六尺, 謂尊者用大材. 庶人方五寸, 是卑者用小材.〕"

〔25.5〕 식관장(飾棺章)[150]의 정현의 주 중 '철구(綴具)'는 '철패(綴貝)'가 되어야 하며,[151] '채명(采明)'은 '채우(采羽)'가 되어야 한다.[152] 공영달의 소 중 '지상삽(池上翣)'은 착오가 있는 듯하다.[153] '사이(士異)'는 '사이(事異)'가 되어야 하며,[154] '음질(音質)'은 '청질(靑質)'이 되어야 하며,[155] '방중(旁衆)'은 '방상(旁象)'이 되어야 한다.[156]

공영달의 소 중 대부가 지(池) 위에 꿩을 그려 장식한 비단이 있다

150 식관장(飾棺章) : 《의례경전통해속》 〈상대기 하(喪大記下)〉의 5번째 장이다.

151 철구(綴具)는……하며 : 정현의 주는 다음과 같다. "조개를 꿰어 그 위와 옆에 매단다.〔綴貝絡其上及旁.〕"

152 채명(采明)은……한다 : 정현의 주는 다음과 같다. "유는……다섯 가지 빛깔의 깃털을 삽의 머리에 매다는 것인 듯하다.〔緌……蓋五采羽注於翣首也.〕"

153 공영달의……듯하다 : 공영달의 소는 다음과 같다. "지 위에 삽을 모두 매달기 때문에 경문에서 '모두'라고 한 것이다.〔池上翣悉緌, 故云皆也.〕" '지(池)'는 구거(柩車)의 장식 중 하나로, 천막 모양의 나무틀인 류(柳) 앞에 낙숫물받이를 형상하여 매단 대나무 장식을 가리킨다.

154 사이(士異)는……하며 : 공영달의 소는 다음과 같다. "사는 다르기 때문에 사를 거듭 말한 것이다.〔士異, 故重言士也.〕" 첫 번째 나오는 '사(士)'는 통행본 《의례주소》에는 '사(事)'로 되어 있으며 '중(重)'은 '직(直)'으로 되어 있다. 교감기에 따르면 송판(宋板)에 사(士)로 되어 있다고 한다.

155 음질(音質)은……하며 : 공영달의 소는 다음과 같다. "정현의 주에 '요는 요적이니 푸른색 바탕에 오색이다.'라고 한 것은 《이아》 〈석조〉의 글이다.〔云揄揄翟也青質五色者, 爾雅釋鳥文.〕" '요적(揄翟)'은 꿩 그림이 그려진 왕후의 제복(祭服)이다.

156 방중(旁衆)은……한다 : 공영달의 소는 다음과 같다. "정현의 주에 '제는 수레의 덮개와 장식 끈을 형상한 것이다.'라고 한 것은……위는 수레의 덮개를 형상하고 옆은 수레의 장식 끈을 형상했다는 말이다.〔云齊象車蓋蕤者……謂上象車蓋, 旁象蓋蕤.〕" '제(齊)'는 구거(柩車)에 장식한 천막 모양의 나무틀인 류(柳)의 꼭대기 장식으로, 구형(球形)이며 여러 가지 색의 비단을 꿰매어 합쳐서 완성한다.

는 설[157]은 결국 멋대로 지어낸 것이다. 무릇 예(禮) 중에 대부는 쓸 수 없지만 사(士)는 쓰는 것이 또한 많으니, 예를 들면 시신의 머리를 감길 때 군주는 차조 뜨물을 사용하고 대부는 메기장 뜨물을 사용하며 사(士)는 또 차조 뜨물을 사용하는 것이 바로 이런 경우이다.[158] 이것 또한 본래 그 의미가 있는 것이니, 어찌 반드시 사(士)에게 꿩을 그려 장식한 비단이 있다고 하여 대부에게만 없어서는 안 된다고 하겠는가.

공영달의 소 중 '접유한수(襵有限竪)'는 중국 판본에 '수유접한(竪有襵限)'으로 되어 있는데[159] 어느 것이 옳은지 자세하지 않다. 다시 고찰해야 할 것이다.

157 대부가……설 : 《의례경전통해속》 〈상대기 하(喪大記下)〉의 5번째 장인 식관장(飾棺章)에 "대부는 꿩을 그려 장식한 청황색 비단을 지(池) 아래에 붙이지 않는다.〔大夫不揄絞, 屬於池下.〕"라는 구절이 보이는데, 공영달의 소에 "제후 이상은 꿩을 그려 장식한 비단을 지(池) 아래에 붙인다. 대부의 경우에는 인군보다 예를 낮추어 꿩을 그려 장식한 비단을 지 아래에 붙일 수 없지만 그 지의 위에는 꿩을 그려 장식한 비단이 있다. 이 때문에 《예기》 〈상대기〉의 사(士) 역시 꿩을 그려 장식한 비단이 있어서 대부와 똑같은 것이니, 다만 지 아래에 붙일 수 없을 뿐이다.〔諸侯以上, 則畫揄翟於絞, 屬於池下. 若大夫, 降下人君, 不得畫以揄絞屬於池下, 其池上則畫揄絞也. 故喪大記士亦有揄絞, 與大夫同, 但不得屬於池下.〕"라고 한 것을 말한다. 경문의 원출처는 《예기》 〈잡기 상(雜記上)〉이다.

158 예를……경우이다 : 《예기》 〈상대기〉에 "군주는 차조 뜨물로 머리를 감기고, 대부는 메기장 뜨물로 머리를 감기고, 사는 차조 뜨물로 머리를 감긴다.〔君沐粱, 大夫沐稷, 士沐粱.〕"라는 내용이 보인다.

159 접유한수(襵有限竪)는……있는데 : '접유한수'는 '주름에는 한계를 짓는 세로줄이 있다'라는 뜻이고, '수유접한(竪有襵限)'은 '세로로 한계를 짓는 주름이 있다'는 뜻이다.

〔25.6〕 "천자는 7개월 만에 장례를 지낸다.〔天子, 七月而葬.〕"[160]라는 구절에서, 공영달의 소 중 '극(屐)'은 '기(庪)'가 되어야 한다.[161] 황씨(皇氏 황간(皇侃))의 설 중 "절 위에 항목을 더하고, 항목 위에 항석을 더한다.〔折上加抗木, 抗木上加抗席.〕"[162]라는 구절은, 《의례》 〈사상례(士喪禮)〉를 살펴보면 절(折) 위에 항석(抗席)을 더하고 항석 위에 항목(抗木)을 더하니,[163] 황씨의 설이 틀린 듯하다.

〔25.7〕 "피를 설치한 것은 주나라의 예이다.〔設披, 周也.〕"[164]라는 구

160 천자는……지낸다 : 《의례경전통해속》 〈상대기 하(喪大記下)〉의 5번째 장인 식관장(飾棺章)에 보인다. 원출처는 《예기》 〈예기(禮器)〉이다.

161 극(屐)은……한다 : 공영달의 소는 다음과 같다. "절은 기와 같다.〔折猶庪也.〕" '절(折)'은 아래 주162 참조.

162 절(折)……더한다 : '절'은 정현의 주에 따르면 상(牀)과 같은 크기의 커다란 장방형 나무판자로, 하관(下棺)한 뒤에 광중 입구를 봉할 때 쓰는 것이다. 나무판자에 격자 모양의 구멍을 뚫어서 완성하는데, 세로로 3줄 가로로 5줄이 되도록 하여 모두 8개의 격자무늬가 나오도록 만든다. '항목(抗木)' 역시 광중을 봉할 때 쓰는 것으로, 정현의 주에 따르면 흙을 막기 위한 것이다. 항석(抗席)'은 먼지를 막기 위한 것이다.

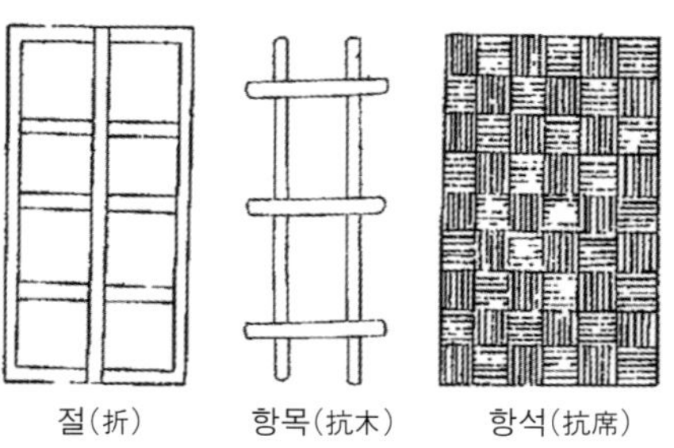
절(折) 항목(抗木) 항석(抗席)

《삼례도집주(三禮圖集注)》

163 의례……더하니 : 《의례》 〈기석례(旣夕禮)〉에 "묘혈 위에 절(折)을 거친 면이 위로 가도록 뒤집어 놓고, 절 위에 항석을 거친 면이 아래로 가도록 덮고, 항석 위에 항목을 놓는다.〔加折卻之, 加抗席覆之, 加抗木.〕"라는 내용이 보인다. 〈기석례〉는 실제로는 〈사상례〉와 같은 편이다. 옛사람들이 간책(簡冊)이 많고 무겁다는 이유로 상·하 두 편으로 나누어 하편을 〈기석례〉라고 한 것이다.

절에서, 정현의 주 중 '기정(旗旌)'은 '정기(旌旗)'가 되어야 하고,[165] '지조(之旐)'는 '지류(之旒)'가 되어야 하고, '치식(緇飾)'은 '치포(緇布)'가 되어야 한다.[166] 공영달의 소 중 '지조(之旐)'는 '지류(之旒)'가 되어야 한다.[167] 경문에는 저(褚)[168]를 설치한다는 글이 없는데, 공영달의 소에 "백색 생견으로 저를 만든다.〔以素爲褚.〕"라고 한 것은 어디에 근거를 둔 것인지 모르겠다.

〔26〕 8월 10일 : 〈상대기(喪大記)〉 진명기장(陳明器章)의 '사복대상공기흠의복(司服大喪共其廞衣服)'~구행장(柩行章)의 '향사급장(鄕師及葬)'[169] 22판

164 피(披)를……예이다 : 《의례경전통해속》 〈상대기 하(喪大記下)〉의 5번째 장인 식관장(飾棺章) 기(記)에 보인다. 원출처는 《예기》 〈단궁 상(檀弓上)〉이다. '피'는 널 위에 매어두는 비단 끈으로, 구거(柩車)가 길을 갈 때 사람들이 양쪽에서 이 피를 끌어당김으로써 울퉁불퉁한 길로 인해 널이 기울어지는 것을 방지한다.

165 기정(旗旌)은……하고 : 정현의 주는 다음과 같다. "숭아는 정기의 장식이다.〔崇牙, 旌旗飾也.〕"

166 지조(之旐)는……한다 : 정현의 주는 다음과 같다. "깃발의 술은 폭이 2척(尺)인 검은색 포를 사용하며, 길이가 8척이니, '조'라고 한다.〔旌之旒, 緇布廣充幅, 長尋, 曰旐.〕"

167 공영달의……한다 : 공영달의 소는 다음과 같다. "하나라는 비록 8척의 조를 사용했으나 더 이상 다른 장식이 없었다.〔夏雖八尺之旐, 更無餘飾.〕" '조(旐)'는 통행본 《의례경전통해속》과 《예기정의》에 모두 '조'로 되어 있으며 별도의 교감기가 없다.

168 저(褚) : 궁실 모양으로 만들어 널에 덮는 덮개로, 대부 이상이 사용하는 장식이다.

169 상대기(喪大記)……향사급장(鄕師及葬) : '진명기장(陳明器章)'은 《의례경전통해속》 〈상대기 하〉의 6번째 장이며, '구행장(柩行章)'은 11번째 장이다.

〔26.1〕 "견거의 수는 희생의 갖춤에 맞춘다.〔遣車視牢具.〕"[170]라는 구절에서, 공영달의 소 중 '종장(從葬)'은 '송장(送葬)'이 되어야 하며,[171] "국군은 7개이다.〔國君七箇.〕"라는 구절은 그다음에 본문의 "천자는 9개이다.〔天子九箇.〕"라는 설을 첨입해야만 그 뜻이 분명해진다.[172]

〔26.2〕 "《주례》 〈춘관 사준이〉에 '왕·왕후·태자의 상에 대견전(大遣奠) 때 올릴 술 단지를 살핀다.'라고 하였다.〔司尊彝: 大喪, 存奠彝.〕"[173]라는 구절에서, 가공언의 소 중 '시전(時奠)'은 '전시(奠時)'

170 견거(遣車)의……맞춘다 : 《의례경전통해속》 〈상대기 하〉의 6번째 장인 진명기장(陳明器章)에 보인다. 원출처는 《예기》 〈잡기 상(雜記上)〉이다. 구거(柩車)가 출행할 때 전물(奠物) 중 희생의 뒷다리를 취해 갈대로 짠 광주리에 담아 가는데, 천자는 태뢰(太牢)를 싸서 담은 광주리 9개에 견거 9대를 쓰며, 제후는 태뢰 7개에 견거 7대, 대부는 태뢰 5개에 견거 5대, 천자의 상사(上士)는 소뢰(小牢) 3개에 견거 3대를 쓴다.

171 종장(從葬)은……하며 : 공영달의 소는 다음과 같다. "견거는 생체(牲體)를 싣고 장례를 따라가는 수레이다.〔遣車, 從葬載牲體之車也.〕" '종(從)'이 통행본 《의례경전통해속》에는 '종'으로, 통행본 《예기정의》에는 '송(送)'으로 되어 있고 별도의 교감기는 없다.

172 국군(國君)은……분명해진다 : 《의례경전통해속》에 실린 공영달의 소는 다음과 같다. "'9개를 싼다.'는 것은 《예기》 〈단궁〉에 '국군은 7개이다.'라고 한 것에 의거한 것이다.〔包九箇者, 以檀弓云國君七箇.〕" '본문'은 《예기정의》 〈단궁 하(檀弓下)〉에 실린 공영달의 소를 말하는 것으로, 다음과 같다. "'9개를 싼다.'는 것은 〈단궁〉에 '국군은 희생의 다리를 싼 광주리 7개에 견거가 7대이다.'라고 한 것에 근거한 것이니, 그렇다면 천자는 9개에 견거는 9대이다.〔包九个者, 以檀弓云國君七个遣車七乘, 則天子九个, 遣車九乘.〕"

173 주례……하였다 : 《의례경전통해속》 〈상대기 하〉의 9번째 장인 대견전장(大遣奠章)에 보인다.

가 되어야 한다.[174] 가공언의 소에 "대견 때에도 조전을 진설하였다가 저녁이 되어서야 거둔다.〔大遣亦朝設, 至夕乃徹.〕"라고 한 것은 의미가 없을 듯하니 의심스럽다.

〔26.3〕 "《주례》 〈지관 수사〉에 '왕・왕후・태자의 상에 그 하속을 거느리고'〔遂師 : 大喪, 使帥其屬〕"[175]라는 구절에 대해, 정현의 주에 "장막과 작은 막을 가지고 먼저 가도록 한 사람은 태재이다. 나머지 일을 하도록 한 사람은 사도이다.〔使以幄帟先者, 大宰也. 其餘司徒也.〕"라고 하였다. 이것은 이 일을 하도록 시킨 사람은 태재(太宰)와 사도(司徒)이고, 그들의 하속을 거느리고 가서 일을 한 사람은 수사(遂師)라는 것이다. 그런데 가공언의 소에 이르기를 "태재로 하여금 그 하속을 거느리고 장막과 작은 막을 가지고 먼저 가도록 하고, 사도로 하여금 교외의 역부를 인도하도록 한다.〔使大宰官率其屬以幄帟先, 司徒導引野中之役.〕"라고 하였으니, 그렇다면 수사가 도리

174 시전(時奠)은……한다 : 가공언의 소는 다음과 같다. "왕・왕후・태자의 상에 올리는 전에 울창주를 담은 술 단지를 두는 것은, 오직 조묘를 알현한 다음 날 광중으로 향하려 하면서 대견을 위해 전을 올릴 때 두는 것을 이른다.〔大喪之奠有彝尊盛鬱鬯, 唯謂祖廟厥明將向壙, 爲大遣奠時有之.〕" '전시(奠時)'는 통행본 《의례경전통해속》에 '시전(時奠)'을 수정하였다는 교감기가 있으며, 통행본 《주례주소》에는 교감기 없이 '전시(奠時)'로 되어 있다.

175 주례……거느리고 : 《의례경전통해속》 〈상대기 하〉의 11번째 장인 구행장(柩行章)에 "《주례》 〈지관 수사〉에 '왕・왕후・태자의 상에 그 하속을 거느리고 장막과 작은 막을 가지고서 먼저 묘역에 가도록 하고, 교외의 역부를 인도하도록 한다.'라고 하였다.〔遂師: 大喪, 使帥其屬以幄帟先, 道野役.〕"라는 내용이 보인다. '악(幄)'은 199쪽 주119, '역(帟)'은 197쪽 주115 참조.

어 태재와 사도에게 명하고 자신은 아무 일이 없는 것이다. 옳지 않을 듯하다.

〔26.4〕 "《주례》 〈추관 향사〉에 '왕 · 왕후 · 태자의 상사(喪事)에'〔鄕士: 大喪紀〕"[176]라는 구절에 대해, 가공언의 소에 "장례 때 지나갈 향의 도로로, 모두 6향의 도로를 지나간다.〔當葬所經鄕道, 竝過六鄕路.〕"라고 하였다. 《주례》 본문에는 상사(喪事) 외에 제사와 빈객의 일을 아울러 언급하였기 때문에 이렇게 말한 것이다.[177] 지금 여기에서는 상사만 말하였으니 "모두 6향의 도로를 지나간다."라고 말해서

176 주례……상사(喪事)에 : 《의례경전통해속》 〈상대기 하〉의 11번째 장인 구행장(柩行章)에 "《주례》 〈추관 향사〉에 '왕 · 왕후 · 태자의 상사(喪事)에 각각 자신이 맡은 향의 금령을 관장하여 하속을 거느리고 도로 양쪽에 서서 행인의 출입을 통제한다.'라고 하였다.〔鄕士: 大喪紀, 各掌其鄕之禁令, 帥其屬夾道而蹕.〕"라는 내용이 보인다. '기(紀)'는 저본에는 '기(記)'로 되어 있으나, 통행본 《의례경전통해속》 및 《주례주소》에 근거하여 바로잡아 번역하였다.

177 주례 본문에는……것이다 : 《주례》 〈추관 향사(鄕士)〉의 "큰 제사 · 큰 상사 · 큰 군사 행동 · 큰 빈객을 맞이하는 일이 있을 때에는 각각 자신이 맡은 향의 금령을 관장하여 하속을 거느리고 도로 양쪽에 서서 행인의 출입을 통제한다.〔大祭祀、大喪紀、大軍旅、大賓客, 則各掌其鄕之禁令, 帥其屬夾道而蹕.〕"라는 구절에 대해, 가공언의 소에 "'큰 제사'는 하늘에 제사하거나 사시에 그 기(氣)를 맞이하기 위해 사방의 교외에 나아가기 때문이다. '큰 상사'는 장례 때 지나가야 할 도로이기 때문이다. '큰 군사 행동'은 왕이 출행할 때 지나가기 때문이다. '큰 빈객'은 사방의 제후들이 조회하러 올 때 각각 그 방향의 향(鄕)을 통해 들어오기 때문이다. 모두 6향의 도로를 지나게 되니, 이 때문에 각각 자신이 맡은 향의 금령을 관장하여 하속을 거느리고 도로 양쪽에 서서 행인의 출입을 통제하는 것이다.〔大祭祀, 若祭天、四時迎氣, 卽於四郊. 大喪紀, 當葬所經道. 大軍旅, 王出行所經過. 大賓客, 四方諸侯來朝, 各由方而入. 竝過六鄕路, 以是故各掌其鄕之禁令, 當各帥其屬, 夾道而蹕.〕"라고 한 내용이 보인다.

는 안 된다.

〔27〕 8월 11일 : 〈상대기(喪大記)〉 구행장(柩行章)의 '사사작육군지사(司士作六軍之士)'~〈상대기〉 끝 24판

〔27.1〕 "군주의 상에는 장례 때 춘거를 사용한다.〔君葬用輴.〕"[178]라는 단락에서, "널을 인도할 때 띠풀을 사용한다.〔御棺用茅.〕"라는 구절의 '띠풀〔茅〕'의 제도는 자세하지 않다. 정현의 주에 "존비의 차이를 둔 것이다.〔尊卑之差也.〕"라고 하였는데, 주의 뜻에 따르면 군주와 대부와 사(士)가 모두 전거(輇車)를 사용하여 존비의 차이가 없다. 혹시 비록 똑같이 전거를 사용하기는 하나, 군주와 대부는 '전(輇)'이라 하고 사는 '단거(團車)'라고 하기 때문에 이것으로 존비의 차이가 있다고 말한 것인가?[179] 공영달의 소 중 '병목(柄木)'은 '병말(柄

178 군주의……사용한다 : 《의례경전통해속》 〈상대기 하〉의 11번째 장인 구행장(柩行章)에 "군주는 장례할 때 춘거를 사용하고, 네 개의 상여 줄에 비(碑)가 둘이며, 널을 인도할 때에 우보를 사용한다. 대부는 장례할 때 춘거를 사용하고, 두 개의 상여 줄에 비가 둘이며, 널을 인도할 때에 띠풀을 사용한다. 사(士)는 장례할 때 국거를 사용하고, 상여 줄 두 개에 비가 없으며, 사당을 나올 때까지 널을 인도할 때 대공포를 사용한다.〔君葬用輴, 四綍二碑, 御棺用羽葆. 大夫葬用輴, 二綍二碑, 御棺用茅. 士葬用國車, 二綍無碑, 比出宮, 御棺用功布.〕"라는 내용이 보인다.

179 주의……것인가 : 정현의 주에 "대부는 춘거를 사용하지 않으니 여기에서 '춘(輴)'이라고 한 것은 틀린 것이다. '춘'은 모두 《예기》 〈잡기 상(雜記上)〉의 '전거에 싣는다.'라고 할 때의 '전(輇)'이 되어야 하니, 성음의 오류이다. '전'은 글자를 혹 '단(團)'으로도 쓰니, 이 때문에 글자를 잘못 '국(國)' 자로 쓴 것이다. 전거는 구거이니 존비의 차이를 둔 것이다.〔大夫廢輴, 此言輴, 非也. 輴皆當爲載以輇車之輇, 聲之誤也. 輇, 字或作團, 是以文誤爲國. 輇車, 柩車也, 尊卑之差也.〕"라고 하였는데, 이에 따르면 군주와 대부의

末)'이 되어야 한다.[180]

〔27.2〕 "《주례》 〈춘관 건거〉에 '왕 · 왕후 · 태자의 상에, 묘지에 이르러'〔巾車: 大喪, 及墓〕"[181]라는 단락에 대해, 가공언의 소에 "명기는 묘도의 동쪽에 서북쪽을 상위로 하여 진열한다.〔明器在道東, 西北上.〕"라고 하였다. 중국 판본에는 "명기를 묘도의 동쪽에 서향으로 진열한다.〔明器在道東, 西面.〕"로 되어 있는데, 《의례》 〈기석례(旣夕禮)〉 경문에는 바로 "묘도의 동쪽에 서북쪽을 상위로 하여 진열한다.〔道東, 西北上.〕"로 되어 있으니 원래부터 이 구절이 의심스럽다. 혹시 중국 판본이 옳은 것인가? 가공언의 소 중 '공(工)'은 '왕(王)'이 되어야 하며, '이거(二車)'는 '이거(貳車)'가 되어야 한다.[182]

〔27.3〕 "《주례》 〈천관 전사〉에 '제사 때 쑥과 띠풀을 공급한다.'라고

구거는 모두 '전거'라 하고 사(士)의 구거는 '단거'라고 해야 한다.

180 공영달의……한다 : 공영달의 소는 다음과 같다. "우보(羽葆)는 일산과 같이 손잡이 끝에 새의 깃털을 매달아 널을 인도하는 자가 수레 앞에서 이를 잡고 지휘하여 절도로 삼는 것이다.〔以鳥羽注於柄末如蓋, 而御者執之車前, 以指麾爲節度也.〕"

181 주례……이르러 : 《의례경전통해속》 〈상대기 하〉의 12번째 장인 지광장(至壙章)에 "《주례》 〈춘관 건거〉에 '왕 · 왕후 · 태자의 상에, 묘지에 이르러 호령하여 묘도의 문을 열게 하고 생전에 타던 상거(祥車)를 진열한다.'라고 하였다.〔巾車: 大喪, 及墓, 嘑啓關, 陳車.〕"라는 내용이 보인다.

182 공(工)은……한다 : 가공언의 소는 다음과 같다. "사(士)는 이거가 없으니 오직 승거 · 도거 · 고거 등 3대의 수레에 근거하여 말한 것이다. 여기 왕의 예에는 사의 예와 같이 또한 3대의 수레가 있으며, 뒤에 별도로 이거 12대가 있다.〔士無貳車, 惟據乘車、道車、槀車三乘, 此王禮亦有此三乘車, 於後別有貳車十二乘.〕"

하였다.〔甸師: 祭祀, 共蕭、茅.〕"[183]라는 구절에 대해, 정현의 주에 "정대부(鄭大夫 정흥(鄭興))는 '제사 전에 띠풀을 묶어 세우고 술을 그 위에 부어서 술이 아래로 스며들게 하여 마치 신이 마시는 것처럼 한다.' 하였다.〔鄭大夫云: 束茅立之祭前, 沃酒其上, 酒滲下去, 若神飮之.〕"라고 하였다. 이 설은 어디에 근거를 두었는지 알지 못하겠다. 정강성(鄭康成 정현(鄭玄))이 이른바 '축주(縮酒)'라는 것은 바로 예제(醴齊)의 찌꺼기를 거르는 것을 가리키니[184] 앞의 설과 같지 않다. 가공언의 소 중 '지지(之之)'는 '지(之)' 한 글자가 연문(衍文)이다.

〔28〕 8월 12일 : 〈졸곡부련상담기(卒哭祔練祥禫記)〉 처음~부장(祔章)의 '부부어기부(婦祔於其夫)'[185] 15판

〔28.1〕 "장부가 삼을 꼬아 만든 수질과 요질을 벗는다.〔丈夫說絰帶.〕"[186]라는 구절에 대해, 정현의 주에 "졸곡제를 지낸 저녁에는 칡

183 주례……하였다 : 《의례경전통해속》 〈상대기 하〉의 14번째 장인 우제장(虞祭章)에 보인다.

184 정강성(鄭康成)이……가리키니 : 정현의 주는 다음과 같다. "띠풀은 고수레할 때 사용하는 저(苴)로 공급하며 또한 이것으로 술을 거르기도 한다. 저로 사용하여 고수레할 때 받친다.〔茅以供祭之苴, 亦以縮酒. 苴以藉祭.〕"

185 졸곡부련상담기(卒哭祔練祥禫記)……부부어기부(婦祔於其夫) : 〈졸곡부련상담기〉는 《의례경전통해속》의 7번째 편명으로, 우제(虞祭) 이후의 졸곡(卒哭)·부제(祔祭)·연제(練祭)·상제(祥祭)·담제(禫祭) 의식을 전(傳)과 기(記)에서 뽑아 수록하였으며, 다음과 같이 모두 7장으로 이루어져 있다. (1)졸곡(卒哭), (2)부(祔), (3)연(練), (4)대상(大祥), (5)담(禫), (6)길제(吉祭), (7)기일(忌日)

186 장부가……벗는다 : 《의례경전통해속》 〈졸곡부련상담기〉의 1번째 장인 졸곡장

껍질을 꼬아 만든 수질과 요질을 착용한다.〔夕日, 則服葛.〕"라고 하였다. 살펴보면 여기 경문에서 '수질과 요질을 벗는〔說經帶〕' 것이 '빈에게 절하여 전송하는〔拜賓〕' 것과 '묘문(廟門) 안으로 들어가 졸곡제의 제물을 거두는〔入徹〕' 사이에 있으니,[187] 졸곡제가 끝나면 곧바로 벗는다는 것을 알 수 있다. 그런데 정현의 주에 "졸곡제를 지낸 저녁에는 칡 껍질을 꼬아 만든 수질과 요질을 착용한다."라고 하였으니, 저녁이 되기 전에는 마침내 수질과 요질을 착용하지 않는다는 것이다. 말이 되는가.

〔28.2〕 "상주는 남에게 선물을 보내지 않으나 남이 보내면 비록 술과 고기라도 받는다.〔喪者不遺人, 人遺之, 雖酒肉受也.〕"[188]라는 구절에서 "남에게 선물을 보내지 않는다."라는 구절에 대한 정현의 주의 설[189]은 옳다. 그러나 "남이 보내면 비록 술과 고기라도 받는다."라는

(卒哭章)에 보인다. 원출처는 《의례》〈사우례(士虞禮) 기(記)〉이다. '탈(說)'은 저본에는 '탈(脫)'로 되어 있으나, 통행본 《의례경전통해속》 및 《의례》에 근거하여 바로잡았다.

187 살펴보면……있으니 : 《의례경전통해속》〈졸곡부련상담기〉의 1번째 장인 졸곡장에 "주부도 위문(闈門) 안에서 여빈(女賓)에게 절하여 전송한다. 장부가 묘문 밖에서 삼을 꼬아 만든 수질과 요질을 벗는다. 대공친 이하의 형제들이 묘문 안으로 들어가 졸곡제의 제물을 거두는데, 주인은 참여하지 않는다.〔主婦亦拜賓. 丈夫說經帶于廟門外. 入徹, 主人不與.〕"라는 내용이 보인다. 원출처는 《의례》〈사우례 기〉이다.

188 상주는……받는다 : 《의례경전통해속》〈졸곡부련상담기〉의 1번째 장인 졸곡장에 보인다. 원출처는 《예기》〈잡기 하(雜記下)〉이다.

189 정현의 주의 설 : 정현의 주는 다음과 같다. "자최와 참최의 상이 중하여 뜻이 남에게 은혜를 베푸는 데에 있지 않다는 말이다.〔言齊、斬之喪重, 志不在施惠於人.〕"

구절은 무슨 뜻인가?

〔28.3〕 "졸곡제를 지낸 다음 날 소목(昭穆)의 항렬에 따라 부제(祔祭)를 지낸다.〔明日, 以其班祔.〕"[190]라는 구절에 대해, 정현의 주에 "부제가 끝나면 신주를 정침으로 되돌리고, 연제를 지낸 뒤에 사당으로 옮긴다.〔祔已, 復于寢. 練而後遷廟.〕"라고 분명히 말하였다. 그런데 가공언의 소에 "부제와 연제가 끝나면 모두 신주를 정침으로 되돌린다.〔祔與練祭訖, 皆主反於寢.〕"라고 하였으니, 정현의 뜻이 본래 이와 같지 않을 듯하다. 가공언의 소 중 '유문(猶聞)'은 '유간(猶間)'이 되어야 한다.[191]

〔28.4〕 "대부는 사에게 합부할 수 있다.〔大夫附於士.〕"[192]라는 구절에 대해, 정현의 주에 "한 대를 건너뛰어 위로 올라가서 할아버지나

190 졸곡제를……지낸다 : 《의례경전통해속》 〈졸곡부련상담기(卒哭祔練祥禫記)〉의 2번째 장인 부장(祔章)에 보인다. 원출처는 《의례》 〈사우례(士虞禮) 기(記)〉이다.

191 유문(猶聞)은……한다 : 가공언의 소는 다음과 같다. "정현의 주에서 《예기》 〈상복소기(喪服小記)〉의 구절을 인용한 것은 〈상복소기〉의 주에 '경문의 중(中)은 간(間)과 같다.'라고 해석했기 때문이다.〔引喪服小記者, 彼解中猶間也.〕"

192 대부는……있다 : 《의례경전통해속》 〈졸곡부련상담기(卒哭祔練祥禫記)〉의 2번째 장인 부장(祔章)에 "대부는 사(士)에게 합부할 수 있지만 사는 대부에게 합부할 수 없으니 대부의 형제들에게 합부하며, 형제가 없으면 그 소목을 따른다. 비록 조부모가 살아 계시더라도 또한 이와 같이 하여 고조에게 합부한다.〔大夫附於士, 士不附於大夫, 附於大夫之昆弟, 無昆弟, 則從其昭穆. 雖王父母在亦然.〕"라는 내용이 보인다. 원출처는 《예기》 〈잡기 상(雜記上)〉이다. '부(附)'는 저본에는 '부(祔)'로 되어 있으나, 통행본 《의례경전통해속》 및 《예기》에 근거하여 바로잡았다.

할아버지의 할아버지에게만 합부한다는 것이다.〔中一以上, 祖又祖而已.〕"라고 하였다. 할아버지의 할아버지는 고조이니, '이이(而已)'라고 한 것은 고조에 그침을 밝힌 것이다. 그런데 공영달의 소에 "만약 고조에게 합부할 수 없으면 고조의 할아버지에게 합부한다.〔若高祖無可祔, 則祔高祖之祖.〕"라고 하였으니 정현의 주의 뜻을 잃은 듯하다.

공영달의 소에 또 이르기를 "만약 대부의 형제 중에 신분이 사(士)인 자가 전혀 없다면 그 손자가 비록 사라 할지라도 또한 합부할 수 있기 때문에 앞의 경문에서 '대부는 사에게 합부할 수 있다.'라고 한 것이니, 이것은 존귀한 신분의 손자를 신분이 낮은 할아버지에게 합부할 수 있다는 것이다.〔若大夫昆弟全無士者, 其孫雖士, 亦得祔之, 故前文云大夫祔於士, 是孫之尊可以祔祖之卑也.〕"라고 하였다.

경문에서는 참으로 "대부는 사에게 합부할 수 있다."라고 하고, 또 "사는 대부에게 합부할 수 없다.〔士不附於大夫.〕"[193]라고 하였는데, 지금 '사는 대부에게 합부할 수 있다'고 말하면서 도리어 '대부는 사에게 합부할 수 있다'는 의리를 인용하여 증명하였으니, 또한 어긋나지 않겠는가. '대부의 형제에게 합부한다'는 것은 지금의 예로 논하면 이미 절로 행하기 어려운 것이다. 그런데 소의 설은 또 이를 확대하여 고조의 형제에게까지 미치고, 또 이것이 안 되면 마침내

193 사(士)는……없다 : 경문의 출처는 219쪽 주192 참조. 다만 '부(附)'는 저본에는 '부(祔)'로 되어 있으나, 통행본 《의례경전통해속》 및 《예기》에 근거하여 바로잡았다. 《예기》 〈상복소기(喪服小記)〉에 "사인 손자를 대부인 할아버지에게 합부하게 되면 제사에 희생을 바꾸어 대부의 희생을 쓴다.〔士祔於大夫, 則易牲.〕"라는 구절에 보이는데, 이에 근거하면 사(士)를 대부에게 합부할 수도 있다.

고조의 할아버지에게까지 이르고 있으니, 이것이 인정에 부합할 수 있겠는가. 내 생각에 고조에게 합부할 수 없는 경우에는 이에 희생을 바꾸어서 할아버지에게 합부하는 것이 옳다. 공영달의 소 중 '전무사(全無士)'는 중국 판본에는 '사(士)' 자가 없으니 다시 살펴보아야 할 것이다.

〔29〕 8월 13일 : 〈졸곡부련상담기(卒哭祔練祥禫記)〉 부장(祔章)의 '남자부어왕부(男子祔於王父)'~〈졸곡부련상담기〉 끝 21판

〔29.1〕 "신주를 만들고 사당을 허문다.〔作主壞廟.〕"[194]라는 구절에 대해, 면재(勉齋 황간(黃榦))의 주에 "소상제 때 비록 신주를 사당으로 옮겼더라도 소상제가 끝나면 다시 신주를 정침으로 되돌린다.〔練雖遷主于廟, 祭訖, 復反主於寢.〕"라고 하였으니, 이것은 바로 가공언의 소의 설[195]이다. 그러나 정현의 주에서는 이런 뜻이 보이지 않고 다른 곳에도 또 근거할 만한 것이 없으니, 고례(古禮)가 참으로 이와 같은 것인지 알지 못하겠다.

194 신주를……허문다 : 《의례경전통해속》 〈졸곡부련상담기(卒哭祔練祥禫記)〉의 3번째 장인 연장(練章)에 보인다. 원출처는 《춘추곡량전(春秋穀梁傳)》 문공(文公) 2년 조이다. 이와 관련하여 《춘추곡량전》에 "신주를 만들고 사당을 허무는 것은 정해진 시일이 있으니, 소상제를 지낼 때 사당을 허문다. 사당을 허무는 방법은 처마를 바꾸어도 되고 새로 흙칠을 해도 된다.〔作主壞廟有時日, 於練焉壞廟. 壞廟之道, 易檐可也, 改塗可也.〕"라는 내용이 보인다. 양사훈(楊士勛)의 소에 따르면 13개월이 되어 소상제를 지낼 때 신주를 만들고 삼년상을 마칠 때 사당을 허문다.

195 가공언의 소의 설 : 저본에는 '공소지설(孔疏之說)'로 되어 있으나, 내용에 근거하여 '공(孔)'을 '가(賈)'로 바로잡아 번역하였다. 219쪽 〔28.3〕 본문 참조.

〔29.2〕 "제후로부터 여러 사(士)에 이르기까지〔自諸侯達諸士〕"[196]라는 단락에서, 일반적으로 경문 중 술을 말할 때에는 쵀(啐 조금 맛보다)라 하고 조(俎)에 담긴 음식을 말할 때에는 제(嚌 조금 맛보다)라 하는데, 오직 여기 경문에서만은 쵀와 제가 모두 술을 가리켜서 말하고 있으니 의심스럽다. 공영달의 소에 "지금 대상제 때 어떻게 입에 대기만 할 수 있겠는가.〔今大祥祭, 何得惟嚌之?〕"라고 하였는데, 경문에 근거하면 여기의 '제'는 '쵀'가 되어야 한다. 그렇지 않으면 '대상(大祥)'은 '소상(小祥)'의 오류이다. 공영달의 소 중 '여추(旅醜)'는 '여수(旅酬)'가 되어야 하며, '대상무산작(大祥無算爵)'은 '무' 앞에 또 '무' 자가 더 있어야 한다. 또 '대상지제 여수지전(大祥之祭旅酬之前)'은 여기의 '대상' 역시 '소상'이 되어야 할 듯하다.[197]

〔29.3〕 "증자가 물었다. '제사는 어떻게 하면 여수례를 행하지 않습

196 제후로부터……이르기까지 : 《의례경전통해속》 〈졸곡부련상담기(卒哭祔練祥禫記)〉의 3번째 장인 연장(練章)에 "제후로부터 여러 사(士)에 이르기까지 소상제에 주인이 빈장(賓長)의 답잔을 입에 대기만 하거든 중빈과 형제는 모두 조금 마시며, 대상제에 주인이 조금 마시거든 중빈과 형제는 모두 술을 마시는 것이 가하다.〔自諸侯達諸士, 小祥之祭, 主人之酢也嚌之, 衆賓兄弟則皆啐之; 大祥, 主人啐之, 衆賓兄弟皆飮之可也.〕"라는 내용이 보인다. 원출처는 《예기》 〈잡기 하(雜記下)〉이다.

197 여추(旅醜)는……듯하다 : 공영달의 소는 다음과 같다. "상중 제사에 빈에게서 답잔을 받음이 있는 것은 정현의 《예기》 〈증자문〉의 주에 이르기를 '우제에는 주인과 주부가 서로 잔을 보내지 않고, 소상제에는 여수례를 행하지 않고, 대상제에는 무산작례가 없다.'라고 하였기 때문에 소상제에는 여수례 이전의 의식을 모두 행한다는 것을 알 수 있다.〔知喪祭有受賓酢者, 鄭注曾子問云: 虞不致爵, 小祥不旅酬, 大祥無無筭爵, 故知小祥之祭, 旅酬之前皆爲之也.〕"

니까?'〔曾子問 : 祭如之何則不行旅酬?〕"[198]라는 구절에 대한 공영달의 소의 설은 《의례》〈특생궤식례(特牲饋食禮)〉와 대조하여 검토해야 한다.

〔30〕 8월 14일 : 〈보복(補服)〉 처음~보오세단문장(補五世袒免章)의 '오세단문(五世袒免)'[199] 8판

〔30.1〕 보자최삼년장(補齊衰三年章)의 소에 "아버지가 사(士)라면 아버지가 비록 살아 있더라도 서자는 자신의 생모를 위하여 모두 일반 사람들처럼 입는다.〔士雖在, 庶子爲母皆如衆人.〕"라고 하였다.[200] 사(士)인 아버지가 살아 있다면 이것은 아버지가 살아 있을 때 어머니의 상에 입는 옷이니 삼년장에 넣어서는 안 된다.

198 증자(曾子)가……않습니까 : 《의례경전통해속》〈졸곡부련상담기(卒哭祔練祥禫記)〉의 4번째 장인 대상장(大祥章)에 보인다. 원출처는 《예기》〈증자문(曾子問)〉이다.

199 보복(補服)……오세단문(五世袒免) : 〈보복〉은 《의례경전통해속》의 8번째 편명이다. 상복(喪服)에 관해 경문에 없는 내용을 보충한 것으로, 경(經)·전(傳)·기(記)에 보이는 것, 다른 기록에 보이는 것, 주소(注疏)에 보이는 것, 심상(心喪), 조복(弔服) 등 모두 다섯 가지로 분류하여 보충하였다. 〈보복〉은 다음과 같이 모두 12장으로 이루어져 있다. (1)보참최(補斬衰), (2)보자최삼년(補齊衰三年), (3)보자최장기(補齊衰杖期), (4)보자최부장기(補齊衰不杖期), (5)보자최삼월(補齊衰三月), (6)보대공(補大功), (7)보소공(補小功), (8)보시(補緦), (9)보오세단문(補五世袒免), (10)보심상삼년(補心喪三年), (11)보조복가마(補弔服加麻), (12)보조복(補弔服)

200 보자최삼년장(補齊衰三年章)의……하였다 : 원출처는 《의례》〈상복〉 자최삼월장(齊衰三月章)의 "아버지의 후사로 들어간 서자가 자신의 생모를 위하여 입는다.〔庶子爲父後者爲其母.〕"라는 구절에 대한 정현의 주이다.

〔30.2〕 "개장할 때 시마복을 입는다.〔改葬, 緦.〕"[201]라는 구절에 대해, 정현의 주에 "개장할 때 올리는 전물은 대렴 때와 같다. 사당에서 사당으로 이동하고, 묘소에서 묘소로 이동할 때 행하는 예는 같아야 한다.〔其奠如大斂, 從廟之廟, 從墓之墓, 禮宜同也.〕"라고 하였다. '사당에서 사당으로 이동한다'는 것은, 빈궁(殯宮)에서 조묘(祖廟)로 가는 것을 이르는 듯하다. '개장할 때 올리는 전물은 대렴 때와 같다'는 것은 가공언의 소에서 천조전(遷祖奠)을 인용하여 증명하였으나,[202] 개장(改葬) 때에는 조묘(祖廟)로 옮겨가는 일이 없으니 이 전(奠)을 무엇이라 이름 지어야 할 것인가? 이 전을 진설할 때 옛 묘소에 진설할 것인가? 새 묘소에 진설할 것인가? 만약 옛 묘소에 진설한다고 하면 조묘로 옮겨갈 때 빈궁(殯宮)에 전을 올리지 않았으니 사당에서 사당으로 이동하는 사례가 아니며, 새 묘소에 진설한다고 하면 장례 때에 올리는 전이 없으니 개장 때 어떻게 전을 올릴 수 있겠는가. 의심스럽다.

201 개장(改葬)할……입는다 : 《의례경전통해속》 〈보복(補服)〉의 8번째 장인 보시장(補緦章)에 보인다. 원출처는 《의례》 〈상복 기(記)〉이다.

202 가공언의……증명하였으나 : 가공언의 소는 다음과 같다. "'개장할 때 올리는 전물은 대렴 때와 같다'는 것은, 살펴보면 《의례》 〈기석례 기〉에서 사당에 알현할 때 사당 안에 이르면 다시 천조전을 진설하는데 정현의 주에 '대렴전 때와 같이 한다'라고 하였으니, 즉 이 영구를 옮겨 새 장지(葬地)로 향할 때 진설하는 전물을 또한 대렴전 때와 같이 하여 사(士)는 특돈삼정을 쓰는 것이다. 그렇다면 대부 이상은 희생을 더 써서 대부는 특생을 쓰고, 제후는 소뢰를 쓰고, 천자는 태뢰를 쓴다는 것을 알 수 있다. 〔云其奠如大斂者, 按旣夕記朝廟至廟中更設遷祖奠云如大斂奠, 卽此移柩向新葬之處所設之奠, 亦如大斂之奠, 士用豚三鼎, 則大夫已上更加牲牢, 大夫用特牲, 諸候用少牢, 天子用大牢可知.〕"

〔31〕 8월 15일 : 〈보복(補服)〉 보심상삼년장(補心喪三年章)의 '사사무범무은(事師無犯無隱)'~보조복가마장(補弔服加麻章)의 '붕우개재타방(朋友皆在他邦)'[203] 4판

〔31.1〕 "공자의 상에 문인들이 입을 복에 대해 갈피를 잡지 못하였다.〔孔子之喪, 門人疑所服.〕"[204]라는 구절에 대한 공영달의 소 중 '상복기(喪服記)'는 중국 판본에는 '상복(喪服)'으로 되어 있다.[205] 소 중 시마장(緦麻章)의 "정현의 주에 '붕우 간에 서로를 위하여 입는 복은 조복이다.'라고 하였다. 이미 '조복'이라고만 말했다면〔朋友之相爲服, 則弔服也. 旣特云弔服〕"이라는 구절 중 두 '조(弔)' 자 앞에는 모두 사(士) 자가 있어야 한다.[206] 소 중 "논에 이르기를 '스승과 붕우

203 보복(補服)……붕우개재타방(朋友皆在他邦) : '보심상삼년장(補心喪三年章)'은 《의례경전통해속》 〈보복〉의 10번째 장이며, '보조복가마장(補弔服加麻章)'은 11번째 장이다.

204 공자의……못하였다 : 《의례경전통해속》 〈보복〉의 10번째 장인 보심상삼년장에 보인다. 원출처는 《예기》 〈단궁 상(檀弓上)〉이다.

205 공영달의……있다 : 공영달의 소는 다음과 같다. "《의례》 〈상복 기〉 시마장에 이르기를 '붕우를 위하여 시마복에 사용하는 수질과 요질을 착용한다.'라고 하였으니, 정현의 주에 '붕우 간에는 비록 친속의 관계가 없으나 도를 같이하는 은혜가 있기 때문에 서로를 위하여 시마복의 수질과 요질을 착용해주는 것이다.'라고 한 것이 이것이다.〔喪服記緦章云: 朋友, 麻. 鄭云 : 朋友雖無親, 而有同道之恩, 相爲服緦之経帶是也.〕" 통행본 《예기정의》에는 '기(記)'가 없다.

206 시마장(緦麻章)의……한다 : 《의례》 〈상복 기〉의 "붕우를 위하여 시마복에 사용하는 수질과 요질을 착용한다.〔朋友, 麻.〕"라는 구절에 대한 정현의 주로, 통행본 《의례주소》 정현의 주에는 "붕우 간에 서로를 위하여 입는 상복은 즉 사의 조복인 의최와 소상이다.〔朋友之相爲服, 卽士弔服疑衰素裳.〕"라고 하여 '조복(弔服)' 앞에 '사(士)'가

를 위하여 입은 복은 모두 장례를 마친 뒤에는 벗는다.'라고 하였다.〔論云: 爲師及朋友, 皆旣葬除之.〕"라는 구절에서 이른바 '논(論)'이라는 것은 어떤 사람이 지은 것인지 알지 못하겠다.

공영달의 소에서 《의례》 〈상복(喪服)〉의 정현의 주 중 "붕우 간에 서로를 위하여 입는 복은 사의 조복이다.〔朋友之相爲服, 則士弔服也.〕"라는 구절을 인용하고, "이것은 제후나 대부 등이 모두 사의 조복을 착용한다는 것을 밝힌 것이다.〔明諸侯、大夫等皆用士之弔服.〕"라고 하였다. 살펴보면 '사(士)의 조복(弔服)'은 의최(疑衰)이다. 공영달의 소의 뜻에 근거하면, 일반적으로 조복은 수질(首絰)만 있고 요질(腰絰)은 없는데 오직 붕우를 위한 복에만은 수질과 요질이 모두 있으니, 이것은 붕우를 위한 복이 조복보다 중한 것이다. 그러나 제후나 대부가 입는 조복으로는 석최(錫衰)[207]를 사용하는데 붕우를 위한 복으로 도리어 가장 가벼운 의최를 사용하는 것이 어찌 이치에 맞겠는가.

《의례》 〈상복〉의 가공언의 소에서는 정현의 이 주[208]를 해석하여 "바로 사의 조복을 해석한 것이다.〔正解士之弔服.〕"라고 하였다. 가공언의 뜻은, 제후 이하가 각각 자신의 조복을 가지고 그대로 붕우를

들어가 있다. '의최(疑衰)'는 14승(升) 포(布)로 만들어서 15승 포로 만든 길복(吉服)에 비견되는 상복이라는 뜻이다. '소상(素裳)'은 흰 치마이다.

207 석최(錫衰) : 《의례》 〈상복 기〉에 따르면 마(麻)로 만든 상복으로, 길복의 포(布)인 15승(升)에서 반을 제거한 7승 반, 즉 600올의 포로 만든 성근 상복이다. 올은 생사(生絲)처럼 가늘게 가공하지 않지만 포는 잿물에 넣어 빨아서 희고 매끄럽게 가공한다.

208 정현의 이 주 : 225쪽 주206 참조.

위한 복으로 삼으니, 사(士)의 조복은 단지 사의 붕우를 위한 복에만 해당하며 제후나 대부에게는 통용되지 않는다는 것이다. 이 뜻이 옳을 듯하다.

《예기》〈단궁 상(檀弓上)〉의 "스승의 상에 심상 3년을 한다.〔心喪三年.〕"라는 구절에 대한 정현의 주에 "슬퍼하는 모습을 아버지의 상과 같이 하지만 상복을 입지 않는 것이다.〔戚容如父而無服也.〕"라고 하였고, 여기 경문[209]에 대한 정현의 주에 "조복 차림에 삼으로 된 수질과 요질을 두르고 심상 3년을 한다.〔弔服而加麻, 心喪三年.〕"라고 하였다. 심상(心喪)은 비록 상복은 입지 않지만 그 의복과 음식과 거처와 동작의 의절이 반드시 평일과는 다름이 있기 때문에 '심상 3년'이라고 한 것이다. 단지 슬픈 모습을 짓는 것뿐이라면 이것은 그 사람의 어짊과 불초함, 인정과 의리의 깊고 얕음에 매이게 되어 확정할 수 있는 것이 아니게 된다.

그러나 예경(禮經)에는 이에 대해 분명하게 말하지 않았다. 예컨대 아버지가 살아 계실 때 어머니의 상을 당한 경우 가공언의 설에 심상 3년을 한다고 하였는데,[210] 《예기》〈상대기(喪大記)〉에 이르기

209 여기 경문 : 225쪽 주204 참조.

210 아버지가……하였는데 : 《의례》〈상복〉 자최장기(齊衰杖期) 조에 "아버지가 살아 계신 경우 어머니를 위하여 입는다.〔父在爲母.〕"라는 구절에 대해, 가공언의 소에 "아들은 어머니의 상에 아버지의 존귀함에 눌려 기년복을 입지만 심상을 오히려 3년 동안 한다. 그러므로 아버지가 비록 처를 위하여 기년복을 입지만 아들의 3년 심상 뒤에 후처를 들이는 것은 아들의 심상 하는 뜻을 헤아리기 때문이다.〔子於母屈而期, 心喪猶三年, 故父雖爲妻期, 而除三年乃娶者, 通達子之心喪之志故也.〕"라고 한 내용이 보인다.

를 "기년의 상을 당하여 상을 마칠 때까지 고기를 먹지 않고 술을 마시지 않는 것은 아버지가 살아 계실 때 어머니의 상을 당한 경우이다.〔期, 終喪, 不食肉, 不飮酒, 父在爲母.〕"라고 하였고, 또 이르기를 "기년의 상을 당하여 상을 마칠 때까지 안에서 부인의 시중을 받지 않는 것은 아버지가 살아 계실 때 어머니의 상을 당한 경우이다.〔期, 終喪, 不御於內者, 父在爲母.〕"라고 하였다. 이것이 기년의 상기를 다 마쳤을 때 곧바로 술을 마시고 고기를 먹으며 안에서 부인의 시중을 받을 수 있도록 한 것이라면 어디에 그 심상 한다는 것이 있겠는가.

내 생각에, 어머니를 위하여 심상을 하는 것은 고례(古禮)에는 이렇게 한 것이 아니었던 듯하다. 이것은 후대에 왕도정치를 행한 자가 예(禮)의 내용과 형식을 참작하여 다시 이 제도를 만들어서, 마치 남의 후사가 된 자가 자신을 낳아준 아버지와 어머니를 위하여 입는 복[211]과 같이 한 것이다. 〈상대기〉는 본래 고례를 말하였기 때문에 그 말이 이와 같은 것뿐이다. 가공언은 이런 이치를 분명하게 변석하지 않고 범범히 '심상 3년'이라고 하였으니, 그 폐해는 장차 심상을 하는 자로 하여금 이 설을 끌어다가 말을 만들어서 아무런 제약도 없게 할 것이다. 어찌 위태롭지 않겠는가. 아니면 정현이 이른바 "조복 차림에 삼으로 된 수질과 요질을 두르고 심상 3년을 한다."라는 것은 이 복을 입고 3년을 마친다는 것인가? 공영달의 소에 "장례를 마친 뒤에는 벗는다."라고 한 것은 또한 근거한 곳이 있는 것인가?

211 남의……복 : 《의례》 〈상복〉 자최부장기(齊衰不杖期) 조에 "남의 후사가 된 자가 자신의 부모를 위하여 입는다.〔爲人後者爲其父母.〕"라는 내용이 보인다.

〔31.2〕 "복이 없는데 곡하는 자리를 만든다.〔無服而爲位.〕"[212]라는 구절에 대한 정현의 주 중 '형지(兄之)'는 '형공(兄公)'이 되어야 한다.[213] 정현의 주에 "비록 복은 없으나 오히려 조복에 시마복의 환질을 두르며 왼쪽 겉옷 소매를 벗고 문을 하며 자리를 만들어 곡을 한다.〔雖無服, 猶弔服加麻袒免, 爲位哭也.〕"라고 한 것은 형수와 시숙 및 부인으로서 강복하여 복이 없는 자를 가리킨 듯하다. 그런데 공영달의 소에서 '시마복의 환질을 두르는 것'을 오직 '부인으로서 강복하여 복이 없는 자'에게만 소속시키고, 또 "그들을 위해 왼쪽 겉옷 소매를 벗는 것과 문을 하지 않는다.〔不爲之袒免.〕"라고 하였으니, 의심스럽다.

〔32〕 8월 16일 : 〈보복(補服)〉 보조복장(補弔服章)의 '사복범조사(司服凡弔事)'～〈상복변제(喪服變除)〉 질병개복장(疾病改服章)[214] 7판

212 복(服)이……만든다 : 《의례경전통해속》 〈보복(補服)〉의 11번째 장인 보조복가마장(補弔服加麻章)에 보인다. 원출처는 《예기》 〈분상(奔喪)〉이다.

213 형지(兄之)는……한다 : 정현의 주는 다음과 같다. "남편의 형은 아우의 처에 대해서는 자리를 만들어 곡하지 못한다.〔兄公, 於弟之妻則不能也.〕" '형공(兄公)'은 통행본 《의례경전통해속》 교감기에 따르면 '형지(兄之)'를 사고본(四庫本) 등에 근거하여 바로잡은 것이다.

214 보복(補服)……질병개복장(疾病改服章) : '보조복장(補弔服章)'은 《의례경전통해속》 〈보복〉의 12번째 장이다. 〈상복변제(喪服變除)〉는 《의례경전통해속》의 9번째 편명으로, 다음과 같이 모두 27장으로 이루어져 있다. (1)질병개복(疾病改服), (2)시사변복(始死變服), (3)반함변복(飯含變服), (4)소렴변복(小斂變服), (5)봉시이우당변복(奉尸侇于堂變服), (6)대렴변복(大斂變服), (7)성복(成服), (8)서택복일변복(筮宅卜日變服), (9)계빈조조구행변복(啓殯朝祖柩行變服), (10)장급반곡변복(葬及反哭

〔32.1〕 "제후는 신하에게 조문할 때에 반드시 피변을 쓰고 석최를 입는다.〔諸侯弔, 必皮弁錫衰.〕"[215]라는 구절에 대한 공영달의 소 중 '일종(一種)'은 '이종(二種)'이 되어야 한다.[216] 공영달의 소 중 '운미성복(云未成服)' 이하는,[217] 정현의 주 본문에 "경문의 '아직 상복을 입지 않았다'는 것은 아직 성복하지 않았다는 뜻이다.〔未喪服, 未成服也.〕"라고 한 것은, 경문에서 단순히 '아직 상복을 입지 않았다'라고만 하여 공영달의 소에서 말한 것처럼 "괄발을 아직 하지 않고

變服), (11)우변복(虞變服), (12)기우졸곡수복(既虞卒哭受服), (13)졸곡변복(卒哭變服), (14)기장제복(既葬除服), (15)부장이하각이월수제복(不杖以下各以月數除服), (16)부변복(祔變服), (17)연서일서시변복(練筮日筮尸變服), (18)연수복제복(練受服除服), (19)대상서시변복(大祥筮尸變服), (20)대상제복(大祥除服), (21)담역복(禫易服), (22)기고역복(既孤易服), (23)병유상복(竝有喪服), (24)구불장복(久不葬服), (25)수조변복(受弔變服), (26)태복(稅服), (27)잡기상복지변(雜記喪服之變)

215 제후는……입는다 : 《의례경전통해속》 〈보복〉의 12번째 장인 보조복장(補弔服章)에 "제후는 신하에게 조문할 때에 반드시 피변을 쓰고 석최를 입으니, 조문하는 대상이 비록 이미 장례를 했더라도 주인은 반드시 문을 한다. 주인이 아직 상복을 입지 않았으면 군주도 석최를 입지 않는다.〔諸侯弔, 必皮弁錫衰, 所弔雖已葬, 主人必免. 主人未喪服, 則亦不錫衰.〕"라는 내용이 보인다. 원출처는 《예기》 〈상복소기(喪服小記)〉이다. '피변(皮弁)'은 천자의 조복(朝服)에 착용하는 관으로, 흰 사슴 가죽으로 만든다. '석최(錫衰)'는 226쪽 주207 참조.

216 일종(一種)은……한다 : 공영달의 소는 다음과 같다. "경문에서 말하는 '피변석최'는, 여기에는 두 종류가 있다.〔皮弁錫衰者, 此有二種.〕" 이 내용 다음에 타국의 신하를 조문할 때와 자국의 신하를 조문할 때, 두 경우로 구분하여 군주의 복장을 언급하고 있다.

217 운미성복(云未成服) 이하는 : 공영달의 소는 다음과 같다. "정현의 주에서 '아직 성복하지 않았다는 뜻이다.'라고 한 것은, 괄발을 아직 하지 않고 삼으로 된 요질과 수질을 아직 흩어서 늘어뜨리지 않은 등속을 말한다.〔云未成服, 謂未括髮、未散麻帶絰之屬.〕"

삼으로 된 요질과 수질을 아직 흩어서 늘어뜨리지 않은 등속을 말하는 것〔謂未括髮、未散麻帶絰之屬〕"으로 오인할까 우려하였기 때문에 '아직 성복하지 않았다는 뜻이다'라고 한 것이다. 지금 공영달의 소는 산절하고 생략한 것이 너무 지나쳐 정현 주의 본래 뜻을 잃었다.

〔33〕 8월 17일 : 〈상복변제(喪服變除)〉 시사변복장(始死變服章)의 '친시사계사(親始死鷄斯)'～성복장(成服章)[218] 10판

〔33.1〕 시사변복장 아래 면재(勉齋 황간(黃榦))의 주에 "최씨(崔氏 최영은(崔靈恩))가 얻은 《의례주》 판본에는 '계이사'부터 '골계이'까지 10자가 빠져 있다.〔崔氏所得儀禮註本漏却笄而纚至骨笄而十字.〕"라고 하였다.[219] 지금 살펴보면 《예기》 〈상복소기(喪服小記)〉의 공영달의 소에서, 최씨는 또 정현의 주를 인용하여 "자최 이하의 경우, 부인

218 상복변제(喪服變除)……성복장(成服章) : '시사변복장(始死變服章)'은 《의례경전통해속》 〈상복변제〉의 2번째 장이며, '성복장'은 7번째 장이다.

219 면재(勉齋)의……하였다 : 면재 황간(黃榦)의 주는 다음과 같다. "최씨는 사람이 처음 죽었을 때 부인은 머리싸개를 벗는다고 하면서 《의례》 〈사상례〉의 정현의 주를 끌어와서 증거로 삼았다. 지금 정현의 주를 살펴보니 '처음 죽었을 때 부인 중 장차 참최복을 입을 자는 비녀를 빼고 머리싸개를 남겨두며, 장차 자최복을 입을 자는 동물의 뼈로 만든 비녀를 꽂고 머리싸개를 한다.'라고 하였다. 즉 머리싸개를 제거한다는 말이 없으니, 최씨가 얻은 《의례주》 판본에는 '계이사'부터 '골계이'까지 10자가 빠져 있어 마침내 이런 설이 잘못 있게 된 것임을 알 수 있다. 마땅히 고쳐 바로잡아야 한다.〔崔氏云始死婦人去纚, 援鄭注士喪禮爲證. 今考鄭注云: 始死, 婦人將斬衰者去笄而纚, 將齊衰者骨笄而纚. 卽無去纚之說, 乃知崔氏所得儀禮注本漏却笄而纚至骨笄而十字, 遂誤有是說, 當改正.〕"

은 동물의 뼈로 만든 비녀를 꽂고 머리싸개를 한다.〔齊衰以下, 婦人骨笄而纚.〕"라고 하였다. 그렇다면 빠진 글자는 단지 '계이(笄而)' 2자이며 나머지 8자는 빠지지 않은 것이다.

공영달의 소에서 인용한 《통전(通典)》의 글 중 "남의 후사가 된 자가 후사로 삼아준 사람의 할머니 · 어머니 · 처를 위하여〔爲人後者爲所後之祖母、母、妻〕"라는 구절의 '모처(母妻)' 2자는 오류인 듯하다.[220] '백포구(白布屨)'는 '길구(吉屨)'가 되어야 할 듯하며,[221] '언구(言屨)'의 '언'은 또한 '길(吉)'의 오류인 듯하다.[222] '가급재부실(嫁及

220 공영달의 소에서 인용한……듯하다 : 통행본 《의례경전통해속》에 보이는 《통전》의 인용 글은 다음과 같다. "남의 후사가 된 자가 후사로 삼아준 사람의 할머니 이하, 처 이상을 위하여 입는 상복은 아버지가 돌아가셨을 때 어머니를 위하여 입는 상복과 같다.〔爲人後者爲所後之祖母以下, 妻以上, 與父卒爲母同.〕" '위소후지조모이하(爲所後之祖母以下)'의 '위(爲)'가 저본에는 없으나, 통행본 《의례경전통해속》 및 《통전》에 근거하여 보충하였다. 《통전》에는 '이하처(以下妻)'가 '모처(母妻)'로 되어 있으며, '이상여부졸위모등(以上與父卒爲母同)'이 소주(小注)로 되어 있다. 《通典 卷84 禮44 凶6 喪制2 始死服變》

221 백포구(白布屨)는……듯하며 : 통행본 《의례경전통해속》에 보이는 《통전》의 인용 글은 다음과 같다. "소공오월복 중 3개월의 장례 뒤에 가벼운 복으로 바꾸어 입지 않는 경우, 처음에 하상한 숙부의 상이 있을 때 흰색 포로 만든 심의를 입고, 15승 포로 만든 흰색 관을 쓰며, 흰색 포로 만들고 신코 장식 끈이 없는 신발을 신는다.〔小功五月無受服者, 始有叔父下殤之喪, 白布深衣, 十五升素冠, 白布屨無絇.〕" 《통전》에는 '백포구(白布屨)'가 '길구(吉屨)'로 되어 있다. '하상(下殤)'은 11세 이하 8세 이상의 나이에 죽은 것을 이른다. 하상한 숙부의 상에는 소공오월의 상복을 입는다. 《通典 卷84 禮44 凶6 喪制2 始死服變》

222 언구(言屨)의……듯하다 : 통행본 《의례경전통해속》에 보이는 《통전》의 인용 글은 다음과 같다. "시마삼월의 복을 입는 경우, 족조부(할아버지의 사촌형제)와 족조모가 처음 죽었을 때 조복에 흰색 관을 쓰고, 신코 장식 끈이 없는 길구를 신는다.〔緦麻

在父室)'의 '급'은 '반(反)'이 되어야 할 듯하다.[223]

《통전(通典)》에서 논한 것[224]은 의심스러운 것이 많다. 예를 들면 "아버지가 장자를 위하여 거상할 때 죽을 먹지 않는다.〔父爲長子, 不食饗.〕"라고 하였는데, 예(禮)에 따르면 기년복 이하의 상(喪)에 "이틀 동안 먹지 않는다.〔二日不食〕", "세 차례 먹지 않는다.〔三不食〕", "두 차례 먹지 않는다.〔二不食〕" 등의 글이 있으니,[225] 더구나 장자의 상에는 말해 무엇 하겠는가. 또 이르기를 "시마복을 입어줄 친척이 처음 죽었을 때 조복에 흰색 관을 쓴다.〔緦麻始死, 朝服素冠.〕"라고 하였는데, 조복(朝服)은 예(禮)에 근거가 없으며, 이미 몸에 조복을 입었다면 또 머리에 쓰는 흰색 관(冠)과 맞지 않는다.

〔33.2〕 반함변복장(飯含變服章) 아래 대씨(戴氏 대덕(戴德))의 설에

三月之服者, 族祖父母始死, 朝服素冠, 吉屨無約.〕" 《통전》에도 '길구(吉屨)'로 되어 있다. 《通典 卷84 禮44 凶6 喪制2 始死服變》

223 가급재부실(嫁及在父室)의……듯하다 : 통행본 《의례경전통해속》에 보이는 《통전》의 인용 글은 다음과 같다. "시집간 딸과 아버지의 집에 있는 딸이 아버지를 위하여, 처가 남편을 위하여, 첩이 남편을 위하여……나머지는 남자와 같다.〔女子子嫁及在父室者, 及妻爲夫, 妾爲君……餘與男子同.〕" 《통전》에도 '급(及)'으로 되어 있다. 《通典 卷84 禮44 凶6 喪制2 始死服變》

224 통전(通典)에서 논한 것 : 이하 《통전》의 글 역시 모두 시사변복장(始死變服章)에 보인다.

225 기년복……있으니 : 《예기》 〈간전(間傳)〉에 "참최에는 사흘 동안 먹지 않고, 자최에는 이틀 동안 먹지 않고, 대공에는 세 차례 먹지 않고, 소공과 시마에는 두 차례 먹지 않고, 사(士)로서 염하는 데 참여했으면 한 차례 먹지 않는다.〔斬衰三日不食, 齊衰二日不食, 大功三不食, 小功、緦麻再不食, 士與斂焉則壹不食.〕"라는 내용이 보인다.

"시신에 습을 한 뒤에는 흰색 포로 만든 심의를 입는다.〔尸旣襲, 服白布深衣.〕"라고 하였다. 그렇다면 습(襲) 이전에는 무슨 옷을 입는가?

〔33.3〕 "일반적으로 염을 하는 자는 왼쪽 겉옷 소매를 벗으며, 시신을 옮기는 자는 왼쪽 겉옷 소매를 벗지 않는다.〔凡斂者袒, 遷尸者襲.〕"[226]라는 구절은, 일반적으로 염하는 일을 하는 자들을 위하여 말한 것인가? 만약 주인이라면 소렴이 끝난 뒤에 왼쪽 겉옷 소매를 벗으며, 대렴에 시신을 옮길 때에는 왼쪽 겉옷 소매를 다시 입지 않고 있다가 빈(殯)을 할 때에 이르러 왼쪽 겉옷 소매를 다시 입는다.

소렴변복장(小斂變服章) 아래 최씨(崔氏 최영은(崔靈恩))의 설에 "참최상의 괄발(括髮 삼으로 머리를 묶음)과 자최상의 문(免)은 모두 상사의 큰일인 빈(殯)을 할 때와 염을 할 때를 말한 것이다. 염을 하거나 빈을 할 때가 아닐 경우에는 대부 이상은 소변을 쓰고 사(士)는 소관을 쓰는데 모두 괄발한 위에 쓴다.〔括髮、免, 皆謂喪之大事殯斂之時. 若其不當斂殯, 則大夫以上加素弁, 士加素冠, 皆於括髮之上.〕"라고 하였다. 살펴보면 《예기》 〈상대기(喪大記)〉에 "군주의 상에 장차 대렴을 하게 되면 아들은 소변 위에 환질을 두르고 당 위 동서(東序)의 남쪽 끝에 나아간다.〔君將大斂, 子弁絰, 卽位于序端.〕"라고 하였다.[227] 이것은 바로 염을 할 때 소변(素弁)을 쓴 것이니,

226 일반적으로……않는다 : 《의례경전통해속》 〈상복변제〉의 6번째 장인 대렴변복장(大斂變服章)에 보인다. 원출처는 《예기》 〈상대기(喪大記)〉이다.

227 예기……하였다 : '군장대렴(君將大斂)'의 '장(將)'은 저본에는 없으나, 통행본 《의례경전통해속》 및 《예기》에 근거하여 보충하였다. 235쪽 〔33.4〕 참조.

최씨의 설은 틀린 것이다.

또 최씨의 설에 자유(子游)의 설을 인용하여 "소렴할 때에 이르러 관을 벗고 괄발한 뒤에 대부는 소변을 쓰고 사는 소위모를 쓴다.〔至小斂投冠括髮之後, 大夫加素弁, 士加素委貌.〕"라고 하더니,[228] 다음 글에서는 도리어 "소렴을 앞두고 이미 괄발을 하였으니, 괄발을 한 뒤에 대부는 소변을 쓰고 사는 소위모를 썼다가 소렴을 한 뒤에는 그 관을 벗어서 괄발이 드러나도록 한다.〔將小斂已括髮, 括髮後, 大夫加素弁, 士加素委貌, 至小斂後, 乃投去其冠而見括髮.〕"라고 하였다. 그 스스로 서로 어긋남이 이와 같으니 괴이하다.

〔33.4〕 "군주의 상에 장차 대렴을 하게 되면 아들은 소변 위에 환질을 두르고 당 위 동서(東序)의 남쪽 끝에 나아간다.〔君將大斂, 子弁絰, 卽位于序端.〕"[229]라고 하였다. 염할 때의 관(冠)과 변(弁)은 경전에 글이 없는데도 말하는 자들은 《예기》 〈잡기(雜記)〉의 '환질(環絰)'[230]과 〈단궁(檀弓)〉의 '투관(投冠)'[231]과 〈상대기(喪大記)〉의 이 글을

228 자유(子游)의……하더니 : 이와 관련하여 《예기》 〈단궁 상(檀弓上)〉에 "숙손무숙의 어머니가 죽었는데, 이미 소렴을 마치고 시신을 드는 자들이 시신을 들고 실호(室戶)를 나왔다. 시신을 든 자들이 실호를 나오자 주인이 왼쪽 겉옷 소매를 벗고, 또 그 관을 벗고 괄발을 하였다. 자유가 비웃기를 '예를 안다.'라고 하였다.〔叔孫武叔之母死, 旣小斂, 擧者出戶, 出戶袒, 且投其冠, 括髮. 子游曰: 知禮.〕"라는 내용이 보인다.

229 군주의……나아간다 : 《의례경전통해속》 〈상복변제〉의 6번째 장인 대렴변복장(大斂變服章)에 보인다. 원출처는 《예기》 〈상대기(喪大記)〉이다.

230 예기 잡기(雜記)의 환질(環絰) : 《예기》 〈잡기 상(雜記上)〉에 "소렴 때 환질을 두르는 것은 공과 대부와 사(士)가 동일하다.〔小斂環絰, 公、大夫、士一也.〕"라는 내용이 보인다.

인용하고 이를 일러 관과 변이 있다고 한다. 면재(勉齋 황간(黃榦)) 또한 《예기》 〈상복소기(喪服小記)〉의 공영달의 소 중 "소관을 쓰고 염하는 것을 본다.〔著素冠, 視斂.〕"라는 설을 인용하고 마땅히 이것을 올바른 법으로 삼아야 한다고 하였다.[232]

그러나 유독 대렴에 관과 변을 쓸 때에만 문(免)과 괄발(括髮)을 또한 함께 시행할 수 있는 것인지, 아니면 잠시 문과 괄발을 제거하고 단지 관과 변만 착용하는 것인지에 대해서는 알지 못하겠다. 함께 시행하는 것이라면, 《예기》 〈문상(問喪)〉에 "관은 지극히 높아서 육단한 몸에 있을 수 없다. 그러므로 이를 위해 문을 하여 관을 대신하는 것이다.〔冠至尊, 不居肉袒之體, 故爲之免以代之也.〕"라고 하였다. 문이 이미 이러하다면 괄발 역시 이러할 것이니 함께 시행할 수 있는 것이 아니다. 제거하는 것이라면, 문과 괄발은 예(禮)의 큰 의절인데 그 벗고 착용할 때 경전에 어찌하여 언급하는 바가 없는가? 정현 역시 "문과 괄발은 소렴 이후로는 앞과 같이 유지한다.〔免、括髮, 小斂以來自若.〕"라고 하였으니,[233] 곧장 제거할 수 없는 것이 또 분명하다.

후대에 나온 효건(孝巾)의 제도는 관과 변에 뿌리를 둔 듯하나 효건에 문과 괄발을 더하니 이것은 함께 시행하는 설을 쓴 것인데,

231 단궁(檀弓)의 투관(投冠) : 235쪽 주228 참조.

232 면재(勉齋)……하였다 : 《의례경전통해속》 〈상복변제〉의 2번째 장인 시사변복장(始死變服章)에 "마땅히 《예기》 〈상복소기〉의 공영달 소 중 '비녀와 머리싸개를 제거하고 소관을 쓰고 염하는 것을 본다.'라는 말을 올바른 법으로 삼아야 할 듯하다.〔恐當以小記去笄纚著素冠視斂之言爲正.〕"라는 황간(黃榦)의 말이 보인다.

233 정현……하였으니 : 《의례》 〈사상례(士喪禮)〉 정현의 주에 보인다.

또 그대로 상관(喪冠) 아래에 착용하니 더욱 의미가 없다. 선배들이 이에 대해 바로잡은 것이 없으니, 혹시 이 역시 예를 행할 때 풍속을 변개시킴을 구하지 않는 뜻인가?

〔33.5〕 "주인 및 대공친 이상의 남자가 왼쪽 겉옷 소매를 벗는다.〔主人及親者袒.〕"[234]라는 구절에 대해, 가공언의 소에 "앞에서는 소렴을 앞두고 왼쪽 겉옷 소매를 벗었다.〔前將小斂, 袒.〕"라고 하였다. 살펴보면 경전에는 소렴이 끝난 뒤에 왼쪽 겉옷 소매를 벗으니,[235] '소렴을 앞두고 왼쪽 겉옷 소매를 벗는다'고 말할 수 없다.

〔34〕 8월 18일 : 〈상복변제(喪服變除)〉 서택복일변복장(筮宅卜日變服章)의 '대부복택(大夫卜宅)'~부변복장(祔變服章)[236] 13판

〔34.1〕 "참최삼년상에는 자른 뒤에 가장자리를 다듬지 않은 베로 만든 상복을 입고 암삼을 꼬아 만든 교대를 착용한다.〔斬衰, 絞帶.〕"[237]

234 주인……벗는다 : 《의례경전통해속》 〈상복변제〉의 6번째 장인 대렴변복장(大斂變服章)에 보인다. 원출처는 《의례》 〈사상례(士喪禮)〉이다.

235 살펴보면……벗으니 : 《의례》 〈사상례〉 소렴(小斂) 조에 "염을 마치고 나면…… 주인은 삼으로 괄발을 하고 왼쪽 겉옷 소매를 벗으며, 중주인은 방에서 문을 한다.〔卒斂……主人髻髮、袒, 衆主人免于房.〕"라는 내용이 보인다. '중주인(衆主人)'은 주인의 형제들, 즉 죽은 자의 아들들을 이른다.

236 상복변제(喪服變除)……부변복장(祔變服章) : '서택복일변복장(筮宅卜日變服章)'은 《의례경전통해속》 〈상복변제〉의 8번째 장이며, '부변복장'은 16번째 장이다.

237 참최삼년상에는……착용한다 : 《의례경전통해속》 〈상복변제〉의 12번째 장인 기우졸곡수복장(旣虞卒哭受服章)에 보인다. 원출처는 《의례》 〈상복(喪服)〉 참최삼년

라는 구절에 대해, 가공언의 소에 "암삼을 꼬아 만든 교대는 우제(虞祭)를 지낸 뒤에는 삼을 바꾸어 베로 만든 띠를 착용하는 것이 의리에 맞다.〔絞帶, 虞後變麻服布, 於義可也.〕"라고 하였다. 이 설이 어떤지는 알지 못하겠지만, 다만 가공언이 이미 교대(絞帶)의 굵기는 요질(腰絰)과 같다고 말하였고 보면,[238] 삼을 꼬아 만든 요질을 이미 갈질(葛絰)로 바꾼 뒤에는 교대가 도리어 굵은 것이 되어 바꾸지 않으면 안 되기 때문인가?

"자최기년상에는 오동나무 상장(喪杖)을 짚으며 상기는 1년이다. 〈전〉에 이르기를 '요대에 가선을 두르는 베의 올 수는 각각 그 관을 만드는 베의 올 수와 같다.'라고 하였다.〔杖, 期. 傳曰 : 帶緣各視其冠.〕"[239]라는 구절은, 이것 또한 베로 만든 포대(布帶)를 바꾸어 착용하는 의절을 말한 듯하니 다시 자세히 살펴야 할 것이다.

"시집간 딸은 친정 부모를 위하여 상복을 입을 때 졸곡한 뒤에는 비녀 머리의 장식을 잘라낸 길계(吉笄)로 바꾸어 꽂는다.〔女子子適人者爲其父母, 卒哭, 子折笄首.〕"[240]라는 구절에 대해, 가공언의 소에

(斬衰三年) 조이다.

238 가공언이……보면 : 가공언의 소는 다음과 같다. "왕숙은 교대의 굵기가 요질과 같다고 하였는데, 마융(馬融)과 정현이 이에 대해 말하지 않았으니 마땅히 왕숙의 뜻을 따라야 할 것이다.〔王肅以爲絞帶如要絰, 馬、鄭不言, 當依王義.〕"

239 자최기년상에는……하였다 : 《의례경전통해속》 〈상복변제〉의 12번째 장인 기우졸곡수복장(旣虞卒哭受服章)에 보인다. 원출처는 《의례》 〈상복(喪服)〉 자최기년(齊衰期年) 조이다.

240 시집간……꽂는다 : 《의례경전통해속》 〈상복변제〉의 12번째 장인 기우졸곡수복장에 보인다. 원출처는 《의례》 〈상복(喪服) 기(記)〉이다. '길계(吉笄)'는 코끼리 뼈로 만든 비녀이다.

"머리를 묶는 베는 8승이다.〔總亦八升.〕"라고 하였다. 그 아래 가공언의 소 본문에는 '시이총장팔촌(是以總長八寸)'의 6글자가 있는데 여기 《의례경전통해속》에는 이 구절이 산삭되었기 때문에 그다음 글에 보이는 "길이에 차이가 난다.〔長短爲差〕"라는 설을 이해할 수 없는 것이다.[241]

살펴보면 《예기》 〈상복소기(喪服小記)〉에 "자최상에는 베로 만든 허리띠를 착용하고 개암나무로 만든 악계를 꽂고서 상을 마친다.〔齊衰, 帶惡笄以終喪.〕"라고 하였다. 이에 근거하면 부인은 시부모의 상에만 이런 것이 아니고 무릇 자최상에는 모두 이렇게 하니, 유독 부모의 상에만 길계(吉笄)의 머리 부분을 잘라버리는 것은 그 경중의 차례를 잃은 것이 아니겠는가.

〔34.2〕 "제후의 서자는 생모를 위하여 숫삼으로 만든 심의(深衣)를 입고, 처를 위하여 숫삼으로 만든 심의를 입으니, 모두 3개월의 장례가 끝나면 복을 벗는다.〔公子爲其母麻衣, 爲其妻麻衣, 皆旣葬降之.〕"[242]

241 가공언의……것이다 : 《의례》에 보이는 가공언의 소는 다음과 같다. "그 머리를 묶는 베는 참최복에 이미 6승의 올에 길이 6촌인 베를 사용하였다. 정현의 주에 '머리를 묶는 베의 올 수는 6승이니 관의 올 수를 형상한 것이다.'라고 하였으니, 그렇다면 자최복에 사용하는 머리를 묶는 베 역시 관의 올 수를 형상하였을 것이다. 정복의 자최복에 사용하는 관은 8승의 베로 만드니, 그렇다면 정복의 자최복에 사용하는 머리를 묶는 베 역시 8승인 것이며, 이것으로 보면 머리를 묶는 베의 길이는 8촌이다.〔其總, 斬衰已六升, 長六. 鄭注: 總六升, 象冠數. 則齊衰總亦象冠數. 正服齊衰冠八升, 則正齊衰總亦八升, 是以總長八寸.〕" 《의례경전통해속》에 보이는 가공언의 소에는 "정복의 자최복에 사용하는 머리를 묶는 베 역시 8승인 것이며〔正齊衰總亦八升〕" 다음에 "비녀와 머리를 묶는 베의 길이에 차이가 난다.〔笄、總與斬衰長短爲差.〕"라는 구절이 바로 이어져 나온다.

라는 구절에서 '강(降)'은 '제(除)'가 되어야 한다.

〔34.3〕 "시포(緦布)로 만든 상복을 입고, 숫삼으로 만든 수질과 요질을 두르고, 3개월의 상기를 보낸다.〔緦麻, 三月.〕"[243]라는 구절에 대해, 원주에서 면재(勉齋 황간(黃榦))는 《예기》 〈상복소기(喪服小記)〉를 인용하여 '머리에 이미 문(免)을 썼다면 상복은 졸곡(卒哭)을 기다려 비로소 벗는다'는 것을 알 수 있다고 하였는데,[244] 이것은 《예기》 〈단궁(檀弓)〉의 "장례를 한 뒤 각각 자기 복에 따라 벗는다.〔旣葬, 各以其服除之.〕"라는 구절과 합치하지 않는다. 그러나 '장례를 한 뒤'를 또한 '졸곡'과 통하여 말할 수 있는 것인가?

242 제후의……벗는다 : 《의례경전통해속》 〈상복변제〉의 14번째 장인 기장제복장(旣葬除服章)에 보인다. 이와 관련하여 《의례》 〈상복(喪服) 기(記)〉에 "제후의 서자는 생모를 위하여 누인 베로 만든 관을 쓰고, 숫삼으로 만든 수질과 요질을 하고, 숫삼으로 만든 심의(深衣)에 분홍색 가선을 두른 상복을 입는다. 그 처를 위해서는 분홍색 관을 쓰고, 칡으로 만든 수질과 요질을 하고, 숫삼으로 만든 심의에 분홍색 가선을 두른 상복을 입는다. 모두 3개월이 되어 장례를 치른 뒤에는 상복을 벗는다.〔公子爲其母, 練冠, 麻, 麻衣縓緣. 爲其妻, 縓冠, 葛絰帶, 麻衣縓緣. 皆旣葬除之.〕"라는 내용이 보인다.

243 시포(緦布)로……보낸다 : 《의례경전통해속》 〈상복변제〉의 15번째 장인 부장이하각이월수제복장(不杖以下各以月數除服章)에 보인다. 원출처는 《의례》 〈상복〉 시마삼월(緦麻三月) 조이다. '시포'는, 올의 굵기는 조복(朝服)의 올과 같이 가늘며 올의 수는 조복의 반인 600올로 짜서 성근 베로, 물에 빨기만 할 뿐 잿물을 넣어 희고 매끄럽게 만들지 않는다.

244 면재(勉齋)는……하였는데 : 황간(黃榦)의 주는 다음과 같다. "살펴보면 《예기》 〈상복소기〉에 '시마와 소공의 상복은 우제와 졸곡이 되면 문을 한다.'라고 하였다. 상복을 이미 머리에 쓴 문에 맞춘다면 상복은 졸곡을 기다려 비로소 벗는다는 것을 알 수 있다.〔案喪服小記云: 緦、小功, 虞、卒哭則免. 衰旣稱免, 則衰服俟卒哭始除可知.〕"

〔34.4〕 "성년이 되기 전의 상에 복을 벗는 경우에는 그 제사에 반드시 현관(玄冠)을 쓰고 현단복(玄端服)을 입는다.〔除殤之喪者, 其祭也必玄.〕"[245]라고 하였다. 이에 근거하면 비록 대공(大功) 이하의 상이라 할지라도 모두 제사를 지내고 복을 벗는 것인가?

〔35〕 8월 19일 : 〈상복변제(喪服變除)〉 연서일서시변복장(練筮日筮尸變服章)의 '연서일(練筮日)'~병유상복장(竝有喪服章)의 '유삼년지연관(有三年之練冠)'[246] 17판

〔35.1〕 연수복제복장(練受服除服章) 아래 면재(勉齋 황간(黃榦))의 설에 "소상 후에 또 복을 새로 받아 바꾸어 입는데 경과 전에는 본래 이에 대한 글이 없고 오직 가공언의 소에……〔小祥後又有受服, 經傳本無文, 惟賈氏疏云云.〕"라고 하였다.[247] 살펴보면 《예기》 〈잡기(雜

245 성년이……입는다 : 《의례경전통해속》 〈상복변제〉의 15번째 장인 부장이하각이월수제복장(不杖以下各以月數除服章)에 보인다. 원출처는 《예기》 〈상복소기(喪服小記)〉이다. '성년이 되기 전의 상(喪)'은 19세 이하의 상을 이른다.

246 상복변제(喪服變除)……유삼년지연관(有三年之練冠) : '연서일서시변복장(練筮日筮尸變服章)'은 《의례경전통해속》 〈상복변제〉의 17번째 장이며, '병유상복장(竝有喪服章)'은 23번째 장이다.

247 연수복제복장(練受服除服章)……하였다 : '연수복제복장'은 《의례경전통해속》 〈상복변제〉의 18번째 장이다. 면재 황간(黃榦)의 소는 다음과 같다. "소상 후에 또 복을 새로 받아 바꾸어 입는데 경과 전에는 본래 이에 대한 글이 없고, 오직 《의례》 〈상복〉 참최장의 가공언의 소에서 정현의 '참최에 복을 바꾸어 입는 달을 기록하지 않은 것에 대한 설'을 논하여 말하기를, ' 참최상에 처음에는 거친 옷을 입었다가 장례 후 · 소상제 후 · 대상제 후에 점점 고와지고 꾸밈을 더하게 된다. 그리하여 참최상에

記)〉에 "부모의 소상제를 지낸 뒤 아직 대공의 승수와 같은 상복을 입고 있는데 성년이 되기 전에 죽은 소공 형제의 부제를 지낼 경우〔有父母之喪, 尙功衰, 而祔兄弟之殤〕"라는 구절에 대해, 정현의 주에 "참최와 자최의 상에 소상제를 지낼 때 모두 대공의 승수와 같은 상복을 새로 받아 바꾸어 입는다.〔斬衰、齊衰之喪練, 皆受以大功之衰.〕"라고 하였으니, 가공언의 설은 근거가 없는 것이 되지 않겠는가.[248]

〔35.2〕 "대상제(大祥除)를 지내고 호관을 쓴다.〔祥而縞.〕"[249]라는 구절에 대해, 정현의 주에 "호관은 가장자리를 백색 천으로 장식한다.

상복은 3승, 관은 6승의 베로 만들었다가, 장례 후에는 이전에 썼던 관의 승수를 새로 받아 바꾸어 입을 상복의 승수로 삼아 상복은 6승, 관은 7승의 베로 만든다. 소상제를 지낸 뒤에는 또 이전에 썼던 관의 승수를 새로 바꾸어 입을 상복의 승수로 삼아 상복은 7승, 관은 8승의 베로 만든다. 나머지 자최상 이하에서 상복을 바꾸어 입을 때 차등하여 낮추어 입는 것을 알 수 있다.'라고 하였다.〔小祥後又有受服, 經傳本無文, 惟喪服斬衰章賈氏疏論斬衰不書受月之說云: 斬衰初服粗, 至葬後、練後、大祥後漸細加飾. 斬衰裳三升, 冠六升, 旣葬後, 以其冠爲受, 衰裳六升, 冠七升. 小祥又以其冠爲受, 衰裳七升, 冠八升. 自餘齊衰以下受服之時, 差降可知.〕" 1승은 80올이며, 길복(吉服)인 조복(朝服)은 15승의 베로 만든다.

248 가공언의……않겠는가 : 위 주247의 가공언의 설을 따른다면 참최상의 소상제 뒤에 바꾸어 입을 상복의 승수는 상복은 7승, 관은 8승의 베로 만들어야 한다. 그러나 《예기》〈잡기(雜記)〉의 정현의 주에 따른다면 소상제 뒤에는 대공의 승수와 같은 베로 만들어 바꾸어 입어야 하는데, 대공의 승수는 정복(正服)의 경우 상복은 8승, 관은 10승의 베로 만들기 때문에 가공언의 소가 맞지 않다는 것이다.

249 대상제(大祥除)를……쓴다 : 《의례경전통해속》〈상복변제〉의 20번째 장인 대상제복장(大祥除服章)에 보인다. 원출처는 《예기》〈단궁 상(檀弓上)〉이다.

〔縞冠, 素紕.〕"라고 하였으니, 대상제를 지낸 뒤의 상복이다. 공영달의 소에서는 "대상제를 지내는 날에 호관을 쓴다.〔大祥著縞冠.〕"라는 것으로 해석하였으니 두 설이 서로 맞지 않는다.

〔35.3〕 "《시경》 〈회풍(檜風) 소관(素冠)〉은 삼년상을 행하지 않은 것을 풍자한 것이다.〔素冠, 刺不能三年.〕"[250]라는 구절에 대해, 주자(朱子 주희(朱熹))의 주에 "검은색 날줄에 흰색 씨줄이 있는 것을 '호'라고 한다.〔黑經白緯曰縞.〕"라고 하였다. '검은색 날줄에 흰색 씨줄이 있는 것'은 바로 정현이 이른바 '섬(纖)'이며,[251] '호(縞)'는 공영달의 소에서는 '생견(生絹)'이라 하고[252] 《서경》 〈우공(禹貢)〉의 공안국(孔安國)의 전(傳)에서는 이를 일러 '비단〔繒〕'이라고 하였으니,[253] 어느 것이 옳은지 자세하지 않다.

〔35.4〕 "담제를 지내고 섬관을 쓴다.〔禫而纖.〕"[254]라는 구절에 대해,

250 시경……것이다 : 《의례경전통해속》 〈상복변제〉의 20번째 장인 대상제복장에 보인다. 원출처는 《시경》 〈회풍(檜風) 소관(素冠)〉의 모시서(毛詩序)이다.

251 정현이 이른바 섬(纖)이며 : 《예기》 〈간전(間傳)〉 정현의 주에 "검은색 날줄에 흰색 씨줄이 있는 것을 '섬'이라고 한다.〔黑經白緯曰纖.〕"라는 내용이 보인다.

252 호(縞)는……하고 : 《예기》 〈왕제(王制)〉 공영달의 소에 "'호'는 백색 생견이니 또한 이름을 붙일 때에는 '소'라고 한다.〔縞, 白色生絹, 亦名爲素.〕"라는 내용이 보인다.

253 서경……하였으니 : 《서경》 〈하서(夏書) 우공(禹貢)〉의 "광주리에 담아서 바치는 폐백은 검은색 비단과 고운 비단과 흰색 비단이다.〔厥篚玄纖縞.〕"라는 구절에 대한 공안국(孔安國)의 전(傳)에 "호는 흰색 비단이다.〔縞, 白繒.〕"라는 내용이 보인다.

254 담제(禫祭)를……쓴다 : 《의례경전통해속》 〈상복변제〉의 21번째 장인 담역복장(禫易服章)에 보인다. 원출처는 《예기》 〈간전(間傳)〉이다.

공영달의 소에 "담제를 지낼 때에는 현관을 쓰고 조복을 입는다. 담제를 마친 뒤에는 머리에는 섬관을 쓰고 몸에는 소단에 황상을 입는다.〔禫祭之時, 玄冠朝服. 禫祭既訖, 而首着纖冠, 身着素端黃裳.〕"라고 하고, 그 아래에 또 이르기를 "담제를 지낸 뒤에 현단에 황상을 입는다.〔禫後玄端黃裳.〕"라고 하였다.

살펴보면 《예기》 〈잡기〉 정현의 주에 "담제를 지낼 때에는 현의에 황상을 입고 현관을 쓰며, 담제를 마친 뒤에는 조복에 침관을 쓴다.〔禫, 玄衣黃裳玄冠. 既祭, 朝服祲冠.〕"라고 하였다.[255] 공영달의 소에도 "담제를 지낼 때에는 현관을 쓰고 황상을 입으며, 담제가 끝난 뒤에는 조복을 입고 침관을 쓴다.〔禫祭, 玄冠黃裳, 禫訖, 朝服祲冠.〕"라고 하였으니, 앞의 소와 어긋난다. 오류가 있는 듯하다. 아니면 정현은 담제 때 입는 황상(黃裳)을 아직 크게 길한 복이 아니라고 보았으니, 담제가 끝난 뒤에 도리어 현의소상(玄衣素裳)의 완전히 길한 조복(朝服)을 입어서는 안 될 것이다. 그렇다면 정현이 담제가 끝난 뒤에 조복을 입는다고 한 것은 또한 절로 황상의 제도를 쓰는 것인가?

〔35.5〕 "겸하여 복을 입되 복이 중한 것을 입는 경우에는〔兼服之, 服重者〕"[256]이라는 구절에 대한 원주의 횡거(橫渠 장재(張載)) 설은 다

255 정현의……하였다 : 정현의 주는 다음과 같다. "《석담지례》에 이르기를 '현의에 황상을 입는다.'라고 하였으니, 이것은 담제를 지낼 때 현관을 쓰는 것이다. 황상은 아직 크게 길한 복이 아니다. 담제 뒤에는 곧 담복을 입으니 조복을 입고 침관을 쓴다. 〔釋禫之禮云玄衣黃裳, 則是禫祭玄冠矣. 黃裳者, 未大吉也. 既祭, 乃服禫服, 朝服綅冠.〕"

시 자세히 살펴야 할 것이다.

〔35.6〕 "대공친의 장상과 중상을 만났을 경우 전상(前喪)인 삼년상의 갈질(葛絰)을 후상(後喪)의 마질(麻絰)로 바꾼다.〔殤長、中, 變三年之葛.〕"[257]라는 것은, 이것이 이미 대공의 친속이 성년이 되기 전에 죽었을 때 그를 위해 강복하여 소공복이나 시마복을 입어주는 것을 말하는 것이라면,[258] 또한 단지 성인이 되어 죽었을 때 입어주는 대공복 사례와 똑같이 하여 삼년상의 소상제를 지낸 뒤에 바꾸어

256 겸하여……경우에는 : 《의례경전통해속》 〈상복변제〉의 23번째 장인 병유상복장(竝有喪服章)에 보인다. 원출처는 《예기》 〈간전(間傳)〉이다.

257 대공친의……바꾼다 : 《의례경전통해속》 〈상복변제〉의 23번째 장인 병유상복장에 보인다. 원출처는 《예기》 〈복문(服問)〉이다. 장상(長殤)과 중상(中殤)은 모두 성년이 되기 전에 죽은 19세 이하의 상(喪)을 이른다. 19세부터 16세까지는 장상, 15세부터 12세까지는 중상, 11세부터 8세까지는 하상(下殤), 8세 이하는 무복지상(無服之殤)이라고 한다.

258 이것이……것이라면 : 정현의 주에 "대공의 친속이 성년이 되기 전에 죽은 자를 위하여 시마복이나 소공복을 입어주게 된 경우를 말한 것이다.〔謂大功之親, 爲殤在緦、小功者也.〕"라고 하였는데, 공영달의 소에 "이것은 성인이 된 뒤 죽은 자가 소공친이나 시마친이라면 전상인 삼년상의 갈질을 바꿀 수 없다는 것을 논한 것이며, 또 성인이 되기 전에 죽은 자가 강복하여 소공복이나 시마복을 입어주어야 할 경우에 해당된다면 전상인 삼년상의 갈질을 바꿀 수 있다는 것을 논한 것이다. '대공친의 장상과 중상을 만났을 경우'라는 것은, 본복이 대공인 상이 지금 강등하여 장상이나 중상을 위해 입어주어야 할 경우에 해당된다면, 남자는 그를 위해 소공복을 입어주고, 부인은 장상을 위해서는 소공, 중상을 위해서는 시마복을 입어준다는 것이다. 이와 같을 경우 삼년상의 갈질을 바꾸어 착용할 수 있다.〔此論成人小功、緦麻, 不得易前喪之葛, 又論殤在小功、緦麻, 得易三年葛也. 殤長、中者, 謂本服大功之喪, 今乃降在長、中殤, 男子則爲之小功, 婦人爲長殤小功, 中殤則緦麻. 如此者, 得變三年之葛也.〕"라고 하였다.

착용하고 있던 갈질을 바꿀 수밖에 없는 것이다. 만약 그 소상제 이전의 갈질까지 모두 바꾸어버린다면 너무 지나치지 않겠는가. 정현의 주와 공영달의 소[259]에는 이에 대해 구별한 것이 없으니 의심스럽다. 공영달의 소 중 '대공이하상(大功以下殤)'의 '이(以)' 자는 연문(衍文)인 듯하다.[260] 그렇지 않으면 이것은 '지(之)' 자의 오자이다.

〔35.7〕 "삼년상의 소상제를 지낸 뒤의 관을 쓰고 있을 경우에는〔有三年之練冠〕"[261]이라는 구절에 대해, 공영달의 소 중 유씨(庾氏 유울지(庾蔚之))가 이른바 '강복하여 대공일 경우〔降服大功〕'라는 것은 즉 성년이 되기 전에 죽은 대공친의 상(喪)을 가리킬 뿐이다. 이 때문에 "그 나머지 7승・8승・9승의 대공복을 입을 경우에는 삼년상의 소상제 뒤의 관을 바꿀 수 없다.〔其餘七升、八升、九升之大功, 則不得易三年之練也.〕"라고 한 것이다.[262]

259 정현의……소 : 245쪽 주258 참조.

260 대공이하상(大功以下殤)의……듯하다 : 공영달의 소는 다음과 같다. "경문 중 '하상의 경우에는 그렇지 않다.'라는 것은, 대공친의 하상일 경우에는 남자와 부인이 모두 그를 위해 시마복을 입어주는데, 그 정이 이미 가벼워 전상인 삼년상의 갈질을 바꾸어 착용할 수 없다는 것을 말한다.〔下殤則否者, 以大功以下殤, 謂男子、婦人俱爲之緦麻, 其情旣輕, 則不得變三年之葛也.〕" 통행본 《의례경전통해속》과 《의례주소》 모두 '이(以)'가 들어 있다.

261 삼년상의……경우에는 : 《의례경전통해속》 〈상복변제〉의 23번째 장인 병유상복장에 보인다. 원출처는 《예기》 〈잡기 상(雜記上)〉이다.

262 공영달의……것이다 : 공영달의 소는 다음과 같다. "유씨의 설은, 오직 강복하여 대공의 상복을 입을 경우에만 삼년상의 소상제 뒤의 관을 바꿀 수 있으며, 그 나머지 7승・8승・9승의 대공복을 입을 경우에는 삼년상의 소상제 뒤의 관을 바꿀 수 없다는

살펴보면 《예기》 〈간전(間傳)〉에 "참최의 상중에 우제와 졸곡을 지낸 뒤 자최의 상을 만났으면 가벼운 것은 자최의 복을 겸하고 중한 것은 참최의 복을 단독으로 착용한다.〔斬衰之喪, 旣虞、卒哭, 遭齊衰之喪, 輕者包, 重者特.〕"라고 하였다.[263] 자최의 상은 성년이 되기 전에 죽은 대공친의 상에 비하면 또한 중한데도 바꾸는 것이 갈대(葛帶)뿐이고 그 관(冠)과 상복에는 미치지 않는다. 그런데 유독 여기에서 이렇게 말한 것은 혹시 이 성년이 되기 전에 죽은 상을 슬퍼하여 특별히 다른 제도를 만든 것인가? 아니면 이를 원용하여 자최상에도 통용할 수 있는데 단지 〈간전〉의 글에 생략하고 말하지 않았을 뿐인가?

또 살펴보면 그 아래 경문에 "부모의 상이 있어 아직 대공복의 승수(升數)로 만든 복을 입고 있는데 성년이 되기 전에 죽은 소공친 형제의 부제(祔祭)를 만나게 되면 부모의 소상제 뒤의 관을 그대로 쓰고 소공친 형제의 부제를 지낸다.〔有父母之喪尙功衰, 而祔兄弟之殤, 則練冠.〕"[264]라고 하였다. 공영달의 소에 "만약 정복으로 대공복

말이다.〔庾氏之說, 唯謂降服大功衰得易三年之練, 其餘七升、八升、九升之大功, 則不得易三年之練.〕"

263 예기……하였다 : 참최의 복을 바꾸어 입은 뒤 자최의 상을 만났을 경우, 남자는 가볍게 여기는 것이 요질이므로 자최의 요질로 바꾸는데 여기에는 참최의 요질이 포함되어 있으며, 부인은 가볍게 여기는 것이 수질이므로 자최의 수질로 바꾸는데 여기에는 참최의 수질이 포함되어 있다는 말이다. 이때 남자가 자최상의 마질(麻絰)과 참최상의 갈질(葛絰)을 허리에 겸하여 착용하는 것인지, 아니면 참최상의 갈질을 자최상의 마질로 바꾸고 여기에 참최상의 갈질의 의미가 겸하여 들어 있다고 보는 것인지에 대해서는 이설이 존재한다. 부인의 수질과 요질 역시 동일한 논란이 존재한다.

264 부모의……지낸다 : 원출처는 《예기》 〈잡기 상(雜記上)〉이다.

을 입고 있는 것이라면 삼년상의 소상제 뒤의 관을 바꾸어야 한다. 여기에서는 소상제 뒤의 관을 쓰고 있기 때문에 성년이 되기 전에 죽은 대공친 이하의 상임을 알 수 있는 것이다.〔若大功正服, 則變三年之練. 此著練冠, 故知大功親以下之殤.〕"라고 하고, 또 이르기를 "《예기》〈복문〉에 '대공친의 장상과 중상을 만났을 경우, 전상(前喪)인 삼년상의 갈질(葛絰)을 후상(後喪)의 마질(麻絰)로 바꾼다.'라고 하였으니,[265] 수질과 요질은 바꿀 수 있지만 상복은 바꿀 수 없기 때문에 이 부제 때 삼년상의 소상제 뒤의 관을 쓰는 것이다.〔服問 : 大功殤長、中, 變三年之葛. 得易首絰、要絰, 不得易服, 故此祔祭著練冠也.〕"라고 하였다. 이에 근거하면 단지 자최의 상에만 통용할 수 있을 뿐 아니라 대공의 상이라 할지라도 모두 이렇게 할 수 있게 된다. 이 논의는 과연 따를 수 있는 것인가?

〔36〕 8월 20일 : 〈상복변제(喪服變除)〉 병유상복장(竝有喪服章)의 '기련우마단본자(旣練遇麻斷本者)' ~ 구불장복장(久不葬服章)[266] 6판

〔36.1〕 "삼년상의 소상제를 이미 지냈는데 삼의 뿌리를 잘라내고 만든 수질과 요질을 두르는 소공상을 만났을 경우에는〔旣練, 遇麻斷本者〕"의 구절에 대해, 공영달의 소에 "소공상의 우제와 졸곡제 때에 다만 수질과 요질을 두를 뿐 문(免)을 하지 않는 것은 복(服)이 이루

265 예기……하였으니 : 245쪽 〔35.6〕 참조.

266 상복변제(喪服變除)……구불장복장(久不葬服章) : '구불장복장'은 《의례경전통해속》〈상복변제〉의 24번째 장이다.

어졌기 때문이다.〔虞及卒哭之節, 但著絰不有免, 以服成故也.〕"라고 하였다. 살펴보면 《예기》 〈상복소기(喪服小記)〉에서 시마상과 소공상의 우제와 졸곡 때에는 바로 문(免)을 하니[267] 공영달의 소의 설은 잘못이다. 다만 조문을 받거나 전(奠)을 올릴 때와 같은 경우에는 수질과 요질을 두르고 문을 하지 않는 경우가 많다.

"소공의 상에는 삼년상의 관을 바꾸지 않는다.〔小功不易喪冠.〕"[268]라는 구절에 대한 공영달의 소 중 '잉칙(仍則)'은 '잉인(仍因)'이 되어야 한다.[269]

〔36.2〕 "삼년의 상에 이미 소상제를 지내고〔三年之喪既練矣〕"[270]라는 구절에 대해, 정현의 주에 "경문 중 '허리에는 전상(前喪)인 삼년상의 갈대를 그대로 두른다'는 것은, 삼년의 상에 이미 소상제를 지내

267 예기……하니 : 《예기》 〈상복소기(喪服小記)〉에 "시마와 소공의 상에 우제와 졸곡 때에는 문을 한다.〔緦、小功, 虞、卒哭則免.〕"라는 내용이 보인다.

268 소공의……않는다 : 《의례경전통해속》 〈상복변제〉의 23번째 장인 병유상복장(竝有喪服章)에 보인다. 원출처는 《예기》 〈복문(服問)〉이다.

269 공영달의……한다 : 공영달의 소는 다음과 같다. "경문의 '그 전상(前喪)의 갈대를 그대로 착용한다.'라는 것은, 후상(後喪)으로 소공 이하의 상을 만났을 경우 허리에 두르는 것은 여전히 그 전상의 소상제 뒤에 처음으로 바꾸어 착용했던 갈대를 그대로 두른다는 것이다.〔因其初葛帶者, 言小功以下之喪, 要中所著, 仍因其初喪練葛帶.〕"

270 삼년의…… 지내고 : 《의례경전통해속》 〈상복변제〉의 23번째 장인 병유상복장에 보인다. 《예기》 〈복문(服問)〉에 "전상(前喪)인 삼년의 상에 이미 소상제를 지내고 후상(後喪)인 기년의 상에 이미 장례를 마쳤으면, 허리에는 전상인 삼년상의 갈대를 그대로 두르고, 머리에는 후상인 기년의 수질을 두르고, 몸에는 대공의 승수로 만든 상복을 입는다.〔三年之喪既練矣, 有期之喪既葬矣, 則帶其故葛帶, 絰期之絰, 服其功衰.〕"라는 내용이 보인다.

고 기년의 상에 이미 장례를 마쳤으면 차이가 비슷하다는 것이다.〔帶其故葛帶者, 三年旣練, 期旣葬, 差相似也.〕"라고 하였고, 공영달의 소에 "삼년의 상에 소상제를 지낸 뒤 허리에 두르는 요질의 굵기는 $4\frac{76}{125}$촌(寸)이다. 기년의 상에 장례를 마친 뒤 허리에 두르는 요질의 굵기 역시 이와 같기 때문에 정현의 주에 '차이가 비슷하다'라고 한 것이다.〔三年旣練, 要帶四寸百二十五分寸之七十六, 期之旣葬, 其帶亦然, 故云差相似.〕"라고 하였다.

살펴보면 소상제를 지낸 뒤 수질과 요질의 굵기를 가는 것으로 바꾸는 것에 대해서는 경(經)과 전(傳)에 모두 언급한 바가 없다. 이것은 큰 의절인데 공영달의 소에서 무슨 근거로 이와 같이 단정적으로 말했는지 모르겠다. 횡거(橫渠 장재(張載))는 "참최상의 갈질은 대공상의 마질보다 굵다.〔斬葛大於大功之麻.〕"라고 하였으니,[271] 공영달의 이 논을 취하지 않은 듯하다.

정현의 주에 "어머니의 상에 장례를 지낸 뒤에는 8승의 상복으로 바꾸어 입는다.〔母旣葬, 衰八升.〕"라고 하였는데, 가공언은 이것을 '아버지의 장례 뒤 어머니의 상을 만났을 경우'로 보고 이로 인해 '아버지가 살아 계신 경우 어머니의 상을 당한 경우'의 증거로 삼았는데,[272] 공영달의 소에서는 "여기에서 '8승'이라고 한 것은 잘못이니,

271 횡거(橫渠)는……하였으니 : 253쪽 주277 참조.

272 가공언은……삼았는데 : 《의례》 〈상복(喪服)〉 자최삼년(齊衰三年) 조에 "아버지가 돌아가신 경우 어머니를 위하여 입는다.〔父卒則爲母.〕"라는 구절에 대한 가공언의 소에, "《예기》 〈복문〉 정현의 주에 '어머니의 상에 장례를 지낸 뒤에는 8승의 상복으로 바꾸어 입는다.'라고 하였는데, 이것은 또한 아버지가 돌아가신 경우 어머니를 위하여 입는 자최삼년복과 아버지가 살아 계신 경우 어머니를 위하여 입는 자최장기복을 상복

'7승'이라고 해야 한다.〔此言八升者誤, 當云七升.〕"라고 하였다.

단지 정현의 주에만 근거한다면 가공언의 해석 역시 순하다. 그러나 경문에는 도리어 이런 뜻이 없고 인정(人情)을 참작하여도 또한 매우 이치에 가깝지 않으니 공영달이 이를 따르지 않은 것이 옳다. 다만 그 말에 뜻을 발명하여 밝힌 것이 좀 부족할 뿐이다. 경문에는 비록 '삼년(三年)'이라 하고 '기(期)'라고 하였지만, 이른바 '삼년'이라는 것은 바로 참최상만을 가리키는 것이며, 이른바 '기'라는 것은 자최삼년을 아울러 포함한 것이다. 경전 중에 이런 사례가 매우 많은데, 이것은 '기'라고 하면 모두 자최상이기 때문이니, 그렇다면 자최기년상과 자최삼년상의 요질·수질의 굵기는 같은 것이다. 요질·수질의 굵기는 비록 같지만 상복의 승수(升數)는 다르기 때문에 정현이 "일반적으로 자최의 상에〔凡齊衰〕"라는 구절 앞에 단지 "어머니의 장례를 지낸 뒤의〔母旣葬〕" 상복이라고만 한 것은,[273] 일반적으로

은 5승, 관은 8승의 베로 만든 것에 근거한 것이다. 어머니의 장례를 지낸 뒤 초상 때의 관의 승수를 따라 바꾸어 입는 상복을 8승으로 만드는 것은, 아버지가 돌아가신 경우 어머니를 위하여 입을 때에도 똑같이 삼년상의 복을 다 펴서 입지 못하는 두 번째 증거이다.〔服問注云: 爲母旣葬, 衰八升. 亦據父卒爲母與父在爲母, 五升衰裳、八升冠. 旣葬, 以其冠爲之受衰八升, 同是父卒爲母, 未得伸三年之驗, 二也.〕"라는 내용이 보인다.

273 정현이……것은 : 《예기》〈복문(服問)〉 정현의 주에 "아버지를 위하여 소상제를 지낸 뒤에는 7승의 베로 만든 상복을 입고, 어머니의 상에 장례를 지낸 뒤에는 8승의 베로 만든 상복을 입는다. 일반적으로 자최의 상에 장례를 지낸 뒤에는 자최의 상복이 혹 정복인 8승이나 의복(義服)인 9승의 베로 만들었을지라도 아버지를 위해 대공의 승수로 만든 상복을 입으니 거친 상복을 입는 것이다.〔爲父, 旣練, 衰七升; 母旣葬, 衰八升. 凡齊衰, 旣葬, 衰或八升, 或九升, 服其功衰, 服麤衰.〕"라는 내용이 보인다. 공영달은 '모기장최팔승(母旣葬衰八升)'의 '팔(八)'을 '칠(七)'의 오자로 보았다.

자최기년의 상에만 장례를 지낸 뒤에 아버지를 위해 대공의 승수로 만든 상복을 입을 수 있을 뿐 아니라, 비록 어머니의 삼년상이라 할지라도 어머니의 장례를 지낸 뒤에는 여전히 감히 아버지의 소상제를 지낸 뒤의 상복을 바꾸어 입지 못한다는 것을 밝힌 것이다. 만약 가공언의 설대로라면 이때 어머니를 위해서는 기년복을 입으니, 그렇다면 정현의 주 중에 통틀어서 단지 '자최'라고만 하여도 충분했을 것이다. 어찌 '어머니〔母〕'의 복(服)을 먼저 말한 뒤에 다시 '일반적으로 자최〔凡齊衰〕'의 복을 말할 필요가 있었겠는가.

위 공영달의 소 중 '가이십오분(可二十五分)'의 '가'는 '백(百)'이 되어야 한다.

〔36.3〕 "대공의 상이 있으면 또한 이와 같이 한다.〔有大功之喪亦如之.〕"[274]라는 구절에 대한 정현의 주 중 '기기장지갈대(期旣葬之葛帶)'의 '기(期)'는 '기(其)'의 오류인 듯하니,[275] 마땅히 선본(善本)을 살펴야 할 것이다.-공영달의 소 중 '칠승팔승구승(七升八升九升)' 다음에 중국 판본에는 '기장지후즉유십승(旣葬之後則有十升)' 모두 8자가 있는데 산삭해서는 안 될 듯하다.-[276]

274 대공의……한다 : 《의례경전통해속》 〈상복변제〉의 23번째 장인 병유상복장(竝有喪服章)에 보인다. 원출처는 《예기》 〈복문〉이다. '또한 이와 같이 한다'는 것은, 공영달의 소에 따르면 삼년상의 소상제를 지낸 뒤에 대공의 상이 있어서 장례를 마친 경우 삼년상의 소상제 뒤의 복인 갈질(葛絰)을 다시 두르는 것을 말한다.

275 정현의……듯하니 : '기(期)'는 통행본 《의례경전통해속》과 《의례주소》에 모두 '기(期)'로 되어 있다. 다만 이를 연문으로 보고 산삭해야 한다는 설도 있다.

276 공영달의……듯하다 : 공영달의 소는 다음과 같다. "참최상의 소상제를 지낸 뒤

횡거(橫渠 장재(張載))는 정현의 주와 공영달의 소에서 주장한 '소상제를 지낸 뒤에 질대(絰帶)를 바꾸어 착용하는 설'을 취하지 않아[277] 참으로 간단하고 명쾌하다. 그러나 횡거의 설 중 마질(麻絰)과 갈질(葛絰)을 둘 다 머리에 두른다고 한 것은, 하나의 머리에 두 개의 수질을 두르는 것이 예(禮)에 증거가 없다. 그리고 지금 자최상의 갈질을 머리에 두르고 있는데 또 대공상의 마질을 더한다면 그 '중한 것은 단독으로 착용한다〔重者特〕'[278]는 의리에 어떠하겠는가? 횡거는 또 말하기를 "참최상의 가벼운 요질을 감히 바꾸지 못하는 것은 참최상의 갈질이 대공상의 마질보다 굵기 때문이다.〔不敢易斬帶之輕, 以斬葛大於大功之麻也.〕"라고 하였다. 만약 그렇다면 《예기》〈잡기(雜記)〉에서 이른바 "삼년상의 소상제를 지낸 뒤의 관을

에 대공친의 초상이 있을 경우 7승·8승·9승의 상복을 입는다. 장례를 한 뒤에는 10승의 상복으로 바꾸어 입어야 할 것이나 아버지를 위한 복을 입어 7승의 상복을 입는 것이다.〔以大功初喪者, 衰七升、八升、九升, 旣葬之後, 則有十升, 然服父七升也.〕"

277 횡거(橫渠)는……않아 : 장재(張載)의 설은 다음과 같다. "만약 참최상의 소상제를 이미 지냈거나 자최상의 졸곡을 이미 지냈다면 머리와 허리에 착용하는 질대는 모두 갈질이다. 이때 또 대공의 새 상을 만나 마질을 두르게 되면 자최상의 수질과 함께 둘러서 마질과 갈질을 둘 다 두른다. 이미 참최상의 가벼운 요질을 감히 바꾸지 못하니 참최상의 갈질이 대공상의 마질보다 굵기 때문이요, 또 자최상의 중한 수질을 감히 바꾸지 못하니, 가벼운 것을 감히 바꾸어 제거한다면 중한 것은 참으로 남겨두어야 한다. 이 때문에 마질과 갈질을 모두 머리에 두르는 것이다. 만약 대공상의 장례를 이미 지낸 뒤라면 자최상의 갈질을 착용하고 대공상의 갈질을 착용하지 않는다.〔若斬衰旣練, 齊衰旣卒哭, 則首帶皆葛, 又有大功新喪之麻, 則與齊之首絰, 麻、葛兩施之. 旣不敢易斬帶之輕, 以斬葛大於大功之麻, 又不敢易齊首之重, 輕者方敢易去, 則重者固當存, 故麻、葛之絰, 兩施于首. 若大功旣葬, 則當服齊衰之葛, 不服大功之葛.〕"

278 중한……착용한다 : 246쪽 〔35.7〕 참조.

쓰고 있을 경우에는 대공의 마질로 마꾼다.〔有三年之練冠, 則以大功之麻易之.〕"라는 것과, 《예기》〈복문(服問)〉에서 이른바 "대공친의 장상과 중상을 만났을 경우 전상(前喪)인 삼년상의 갈질을 후상(後喪)의 마질로 바꾼다.〔殤長、中, 變三年之葛.〕"[279]라는 것은 또 어떻게 해석해야 하는가? 이에 대해 모두 설명이 있은 뒤에 비로소 정론으로 삼을 수 있을 것이다.

만약 정현의 설을 따른다면 또한 막히는 곳이 많다. 그 설에 "참최상에 이미 소상제를 지냈는데 대공의 상을 만나 이미 우제와 졸곡제를 지냈다면, 허리에는 이전에 두르고 있던 참최상의 갈대를 두르고 머리에는 기년상의 갈질을 두른다.〔斬衰已練, 遭大功之喪, 旣虞、卒哭, 帶其故葛帶, 絰期之葛絰.〕"라고 하여 머리에 반드시 기년상의 갈질을 두르도록 한 것은, 이와 같이 한 뒤에 대와 질의 굵기 차이에 부합하기 때문이다.

이 사례를 미루어 적용하면 "대공친의 장상과 중상을 만났을 경우 전상(前喪)인 삼년상의 갈질을 후상(後喪)의 마질로 바꾼다."라는 것은 마찬가지로 시마상과 소공상의 마질을 가지고 대공상의 마질에 나아가 쓸 수 있을 것이다. 그리고 만약 자최삼년상에 이미 소상제를 지냈는데 대공의 상을 만났다면 마찬가지로 머리에는 대공상의 마질을 두르고 허리에는 삼년상의 갈질을 둘러야 할 것이니, 그 대와 질의 굵기가 5분의 1씩 차이 나는 법[280]에 부합하지 않는 것은

279 대공친의……바꾼다 : 245쪽 〔35.6〕 참조.

280 그 대와……법 : 《의례》〈상복(喪服)〉 참최삼년(斬衰三年) 조의 전(傳)에 따르면, 요질의 굵기는 같은 등급의 수질에서 5분의 1을 줄여 만든다. 참최복의 수질의

또한 장차 그 삼년상의 갈질을 올려서 굵게 할 것인가? 그 대공상의 마질을 줄여서 가늘게 할 것인가? 그 이름과 실제가 어긋나게 되니 따를 수 없는 것이 분명하다.

〔37〕 8월 21일 : 〈상복변제(喪服變除)〉 수조변복장(受弔變服章)의 '군조즉복빈복(君弔則復殯服)'~태복장(稅服章)[281] 4판

〔37.1〕 "살아서 미처 조부모를 보지 못했으면〔生不及祖父母〕"[282]이라는 구절에 대한 정현의 주 중 '비상(非常)'은 '비시(非時)'가 되어야 한다.[283] 공영달의 소 중 '차생(此生)'은 중국 판본에는 '차자생(此子生)'으로 되어 있다.[284]

굵기는 한 움큼 정도이며, 자최복의 수질은 참최복의 요질과, 대공복의 수질은 자최복의 요질과, 소공복의 수질은 대공복의 요질과, 시마복의 수질은 소공복의 요질과 굵기가 같다.

281 상복변제(喪服變除)……태복장(稅服章) : '수조변복장(受弔變服章)'은 《의례경전통해속》 〈상복변제〉의 25번째 장이며, '태복장'은 26번째 장이다.

282 살아서……못했으면 : 《의례경전통해속》 〈상복변제〉의 26번째 장인 태복장에 보인다. 원출처는 《예기》 〈상복소기(喪服小記)〉이다.

283 정현의……한다 : 정현의 주는 다음과 같다. "지금 본국에 있는 친척의 죽음을 상복의 기한이 이미 지난 뒤에 비로소 듣게 되었다면 아버지는 상복을 입어주지만 자신은 입지 않는 것은, 사람이 행할 수 없는 것에 대해 때에 맞지 않은 은혜를 요구하지 않는 것이니, 제때에 부음을 들었다면 복을 입어준다.〔今其死, 於喪服年月已過乃聞之, 父爲之服, 己則否者, 不責非時之恩於人所不能也, 當其時則服.〕"

284 공영달의……있다 : 공영달의 소는 다음과 같다. "이 아들이 태어났는데 미처 귀국하여 본국의 조부 이하 여러 친척들과 알고 지내지 못하였기 때문에 '불급'이라고 한 것이니, 미처 돌아가 만나지 못했다는 말이다.〔此子生則不及歸與本國祖父以下諸親

"군주가 비록 본국에 상이 있는 것을 알지 못했다 하더라도〔君雖未知喪〕"[285]라는 구절에 대한 공영달의 소 중 '위군(爲君)'부터 '은경고야(恩輕故也)'까지는 "군주의 부모를 위하여〔爲君之父母〕"의 조목 아래로 옮겨 써야 하고, '강이(降而)'부터 '정중고야(情重故也)'까지는 "강복하여 시마복에 해당되는 경우에는〔降而在緦〕"의 조목 아래로 옮겨 써야 한다.[286] 이 조목들은 별도로 공영달의 소의 해석이 있는데 《의례경전통해속》에 싣지 않았으니 대조하여 살피는 것에

相識, 故云不及, 謂不及歸見也.〕"

285 군주가……하더라도 : 《의례경전통해속》 〈상복변제〉의 26번째 장인 태복장(稅服章)에 보인다. 원출처는 《예기》 〈상복소기(喪服小記)〉이다.

286 공영달의……한다 : '군주의 부모를 위하여' 구절 및 '강복하여 시마복에 해당되는 경우에는' 구절의 원출처는 모두 《예기》 〈상복소기〉이다. 《의례경전통해속》에 인용된 공영달의 소는 다음과 같다. "'군주의 부모를 위하여'라는 것은, 신하가 출국하여 빙문을 가서 본국에 없는데 군주의 여러 친척의 상이 났지만 신하는 나중에 그 상을 들었을 때, 만약 군주가 아직 복을 벗지 않았으면 군주를 따라서 복을 입어주고, 만약 군주가 이미 복을 벗었으면 신하는 뒤늦은 상복을 입지 않는 것이다. 이렇게 하는 이유는 은혜가 가볍기 때문이다.……'강복하여 시마복이나 소공복에 해당되는 경우에는 뒤늦은 상복을 입는다'는 것은, 이 구절은 《예기》 〈단궁〉의 증자가 말한 것을 넓게 해석한 것이다. 증자가 이른바 '소공복은 뒤늦은 상복을 입지 않는다'라는 것은 정복으로 입는 소공복만 말한 것이니, 만약 본복은 대공 이상인데 강복하여 시마복이나 소공복을 입게 된 경우라면 뒤늦은 상복을 입으니, 본복의 정이 중하기 때문이다.〔爲君之父母者, 此謂臣出聘不在而君諸親喪, 而臣後方聞其喪時, 若君未除, 則從爲服之, 若君已除, 則臣不稅之. 所以然者, 恩輕故也.……降而在緦、小功者則稅之, 此句廣釋檀弓中曾子所說也. 曾子所云小功不稅, 是正小功耳, 若本大功以上降而若緦、小功者, 則爲稅之, 本情重故也.〕" 《예기》 〈상복소기〉 공영달의 소에는 앞뒤의 구절이 뒤바뀌어 '강이(降而)'부터 '정중고야(情重故也)'까지의 구절이 '위군(爲君)'부터 '은경고야(恩輕故也)'까지의 구절 앞에 들어 있고, 중간에 또 다른 내용들이 들어가 있다.

잘못한 듯하다.

〔38〕 8월 22일 : 〈상복변제(喪服變除)〉 잡기상복지변장(雜記喪服之變章)의 '석개소중(席蓋素重)'~〈상복제도(喪服制度)〉 계사괄발문모지제장(笄纚髻髮免髦之制章)[287] 18판

〔38.1〕 '석개소중(席蓋素重)'의 '소중'은 '중소(重素)'가 되어야 한다.[288] 정현의 주 중 '위석이위상유(葦席以爲裳帷)'는 본문에는 '위석이위옥 포석이위상유(葦席以爲屋蒲席以爲裳帷)'로 되어 있다.[289] 이미 '중소'를 상복으로 삼았는데 그 아래에 또 '포구삽임엽관(苞屨扱衽

287 상복변제(喪服變除)……계사괄발문모지제장(笄纚髻髮免髦之制章) : '잡기상복지변장(雜記喪服之變章)'은 《의례경전통해속》 〈상복변제〉의 27번째 장이다. 〈상복제도(喪服制度)〉는 《의례경전통해속》의 10번째 편명으로, 다음과 같이 모두 14장으로 이루어져 있다. (1)관제(冠制), (2)수질제(首絰制), (3)변질지제(弁絰之制), (4)계사괄발문모지제(笄纚髻髮免髦之制), (5)부인계총좌제(婦人笄總髽制), (6)최상제(衰裳制), (7)부인최제(婦人衰制), (8)요질대제(要絰帶制), (9)부인요질대제(婦人要絰帶制), (10)석최시최의최지제(錫衰緦衰疑衰之制), (11)심의마의장의중의지제(深衣麻衣長衣中衣之制), (12)장제(杖制), (13)구제(屨制), (14)상거지제(喪車之制). '괄발문모(髻髮免髦)'는 저본에는 '계발(髻髮)'로 되어 있으나, 통행본 《의례경전통해속》에 근거하여 '계(髻)'를 '괄(髺)'로 수정하고, '문모(免髦)'를 보충하였다.

288 석개소중(席蓋素重)의……한다 : 위 주287 참조. 통행본 《의례경전통해속》과 《예기》에는 '소중(素重)'이 '중소(重素)'로 되어 있다.

289 정현의……있다 : 《예기》 〈곡례 하(曲禮下)〉 정현의 주는 다음과 같다. "'돗자리 덮개'는 구거에 싣는 것이다. 《예기》 〈잡기〉에 이르기를 '사(士)의 구거 덮개는, 갈대자리로 구거의 지붕을 만들고 부들자리로 구거의 휘장을 만든다.'라고 하였다.〔席蓋, 載喪車也. 雜記曰: 士輤, 葦席以爲屋, 蒲席以爲裳帷.〕"

厭冠)'을 말하여[290] 중첩한 것은 의심스럽다.

〔38.2〕 "남자는 관을 쓰고 부인은 비녀를 꽂는다.〔男子冠而婦人笄.〕"[291]라는 구절에 대해, 공영달의 소에 "습이나 염하는 의절을 행할 때에 남자는 문을 하고 부인은 북상투를 한다.〔當襲斂之節, 男子著免, 婦人著髽.〕"라고 하였다. 예(禮)에 근거하면 문(免)과 북상투는 소렴 뒤에 있으니,[292] 여기에서 '습이나 염하는 의절을 행할 때'라고 한 것은 의심스럽다.

〔39〕 8월 23일 : 〈상복제도(喪服制度)〉 부인계총좌제장(婦人笄總髽制章)의 '여개복포심의(女改服布深衣)'~요질대제장(要絰帶制章)[293] 17판

290 이미……말하여 : 《예기》 〈곡례 하〉에 "점을 치는 거북 껍질과 시초, 안석과 지팡이, 구거(柩車)에 싣는 돗자리 덮개, 상의와 하의 모두 소복 차림, 고운 갈포와 굵은 갈포의 홑옷 차림은 군주의 문에 들어가지 못한다. 자최상에 신는 짚신, 상의 앞자락을 허리띠에 꽂은 초상의 차림, 상관(喪冠) 차림은 군주의 문에 들어가지 못한다.〔龜筴、几杖、席蓋、重素、袗絺綌, 不入公門. 苞屨、扱衽、厭冠, 不入公門.〕"라는 내용이 보인다.

291 남자는……꽂는다 : 《의례경전통해속》 〈상복제도(喪服制度)〉의 4번째 장인 계사괄발문모지제장(笄纚髻髮免髦之制章)에 보인다. 원출처는 《예기》 〈상복소기(喪服小記)〉이다.

292 예(禮)에……있으니 : 《의례》 〈사상례(士喪禮)〉에 따르면, 소렴을 한 뒤 주인은 동방(東房)에서 비녀와 머리싸개 비단을 제거하고 삼으로 머리를 묶으며, 부인은 실(室)에서 머리싸개 없이 삼이나 베로 묶기만 하는 북상투를 한다.

293 상복제도(喪服制度)……요질대제장(要絰帶制章) : '부인계총좌제장(婦人笄總髽制章)'은 《의례경전통해속》 〈상복제도〉의 5번째 장이며, '요질대제장'은 8번째 장이다.

〔39.1〕 "시집가지 않은 딸은 아버지의 상에 베로 머리를 묶고 조릿대 비녀를 꽂고 북상투를 한다.〔布總, 箭笄, 髽.〕"[294]라는 구절에 대해, 가공언의 소에서 북상투〔髽〕에 성복(成服) 이전과 이후의 두 종류가 있다고 한 것은 이치상 그럴듯하다. 다만 그 제도의 다름에 대해 명확하게 말하지 않았다. 대체로 북상투의 법은 비록 자세하게 알 수 없지만, 정현의 말에 근거하면 단지 그 머리를 감싸는 머리싸개 비단〔纚〕만 제거하기 때문에 노계(露紒)라고 부른다. 이 노계 위에 삼이나 베를 더하여 남자의 문(免)과 괄발(括髮)의 제도처럼 하면 곧 성복 이전의 북상투가 되고, 이 삼이나 베를 제거한 뒤 그대로 머리싸개 비단을 착용하지 않은 채 비녀를 꽂고 머리를 묶으면 곧 성복 이후의 북상투가 되니, 단지 이와 같을 뿐인 듯하다.

또《의례》〈사상례(士喪禮)〉 정현의 주에 "자최 이상은 성복을 위해 비녀를 꽂을 때에 이르러서도 소렴 때부터 했던 북상투를 그대로 유지한다.〔齊衰以上, 至笄猶髽.〕"라고 하였으니, 그렇다면 대공 이하는 단지 성복 이전의 북상투만 있으며 성복 이후에는 도로 머리싸개 비단을 착용하여 북상투의 이름을 얻지 못하는 것이다. 다만 조릿대 비녀를 꽂고 삼베로 머리를 묶는 것이 길할 때와 다를 뿐이다.

〔39.2〕 "조릿대 비녀를 꽂고 삼년상을 마친다.〔箭笄終喪三年.〕"[295]라

294 시집가지……한다 :《의례경전통해속》〈상복제도〉의 5번째 장인 부인계총좌제장에 보인다. 원출처는《의례》〈상복〉 참최삼년(斬衰三年) 조이다.

295 조릿대……마친다 :《의례경전통해속》〈상복제도〉의 5번째 장인 부인계총좌제

는 구절에 대해, 공영달의 소에 "앞의 경문에서 '개암나무로 만든 비녀를 꽂고 상기를 마친다.'라고 한 것은 딸이 어머니를 위하여 입는 복이고, 여기 경문에서 '조릿대로 만든 비녀를 꽂고 삼년의 상기를 마친다.'라고 한 것은 시집가지 않고 집에 있는 딸이 아버지를 위하여 입는 복을 말한다.〔前云惡笄以終喪, 是女子爲母也; 此云箭笄終喪三年, 謂女子在室爲父也.〕"라고 하였다.

살펴보면 앞의 경문은 베로 만든 요대(腰帶)와 개암나무로 만든 비녀를 병용하면서 상기를 마치는 것이니 바로 자최기년복을 가리키는 것이다.[296] 그러나 시집가지 않은 딸이 어머니를 위하여 입는 복이라면 베로 만든 요대를 두르고 상기를 마친다고 말할 수 없다. 어머니를 위한 상복에는 시집간 딸의 상복을 말하고, 아버지를 위한 상복에는 시집가지 않은 딸의 상복을 말한 것은 정밀함이 부족하다. 그리고 조릿대 비녀나 개암나무 비녀를 꽂는 것이 반드시 아버지나 어머니를 위한 상복만을 가리키는 것은 아니다.

〔39.3〕"자최복은 4승의 베로 만든다.〔齊衰四升.〕"[297]라는 구절에 대

장에 보인다. 원출처는 《예기》〈상복소기(喪服小記)〉이다.

296 살펴보면……것이다 : 《예기》〈상복소기〉의 "자최상에는 개암나무로 만든 비녀를 꽂고 상기를 마친다.〔齊衰, 惡笄, 以終喪.〕"라는 구절에 대한 공영달의 소에 "이것은 자최상에 부인이 개암나무로 만든 비녀를 꽂고 베로 만든 요대를 두른 채 상기를 마쳐서 바꾸어 입지 않는 제도를 밝힌 것이다.〔此明齊衰, 婦人笄帶終喪無變之制.〕"라는 내용이 보인다.

297 자최복은……만든다 : 《의례경전통해속》〈상복제도〉의 6번째 장인 최상제장(衰裳制章)에 보인다. 원출처는 《의례》〈상복(喪服) 기(記)〉이다.

해, 가공언의 소에서는 아버지가 살아 계실 때 어머니의 상에 자최정복(齊衰正服)이 된다고 하였다.[298] 여기에서 왜 강복(降服)이라 하지 않고 이를 일러 정복이라고 하였는가? 끝내 의심스럽다.

〔39.4〕 "소매는 상의(上衣) 몸판과 통폭으로 연결되어 있다.〔袂, 屬幅.〕"[299]라는 구절에 대해, 정현의 주에 "'촉폭'은 시접을 넣어 줄이지 않는다는 말이다.〔屬幅, 謂不削.〕"라고 하였다.[300] 살펴보면 바로 앞 경문에서 "일반적으로 상복의 상의는 시접이 밖으로 나오도록 폭을 줄여 꿰맨다.〔凡衰, 外削幅.〕"라고 하였는데, 여기에서 '줄이지 않는다'고 한 것은 무엇 때문인가? 비록 시접을 넣어 줄이더라도 다른 의물(衣物)처럼 1촌(寸)을 접어 줄이지 않고 다만 이어 붙인다는 뜻만 취했다는 것을 말한 것인가?

〔39.5〕 지금의 상복(喪服)은 옷깃〔領〕을 모두 삼중(三重)으로 하는데, 여기 경문에 근거하면 옷깃을 더하는 법이 언급되어 있지 않으니

298 가공언의……하였다 : 가공언의 소는 다음과 같다. "이것은 아버지가 돌아가시고 어머니를 위하여 자최삼년복을 입는 것에 근거하여 말한 것이다.……만약 아버지가 살아 계시면 어머니를 위하여 자최정복을 입는다.〔此據父卒爲母齊衰三年而言也.……若父在, 爲母在正服齊衰.〕" 정현의 주에 따르면 4승(升)의 베로 만드는 것은 자최강복(齊衰降服)이며, 자최정복은 삼년상과 기년상 모두 상복은 5승, 관(冠)은 8승의 베로 만든다.

299 소매는……있다 : 《의례경전통해속》 〈상복제도〉의 6번째 장인 최상제장(衰裳制章)에 보인다. 원출처는 《의례》 〈상복(喪服) 기(記)〉이다.

300 정현의……하였다 : 정현의 주는 다음과 같다. "'촉'은 '이어져 있다'는 뜻의 '연'과 같다. '연폭'은 시접을 넣어 줄이지 않는다는 말이다.〔屬, 猶連也. 連幅, 謂不削.〕"

삼중은 무엇을 근거로 만든 것인지 알지 못하겠다. 가공언의 소에서 소맷부리에 가선을 둔다고 말한 것[301]은 또한 지금의 제도와 다르다.

〔39.6〕 "소상제 때 마전한 베로 만든 연의는 안감을 황색으로 한다. 〔練, 練衣黃裏.〕"[302]라는 구절에 대한 공영달의 소 중 '상연(裳緣)'은 '부연(袞緣)'이 되어야 한다.[303]

'연(練)' 자는 명쾌한 해석이 없다. 살펴보면 《의례》 〈상복〉 참최장(斬衰章)의 전(傳)에 "상관(喪冠)의 관량(冠梁)은 6승의 베로 만드니, 두드려 빨기만 할 뿐 잿물에 넣어 표백하지는 않는다.〔冠六升, 鍛而勿灰.〕"라고 하였는데, 가공언의 소에 "관량을 6승의 베로 만드는데 잿물을 넣어 표백하지 않는다면 7승 이상의 베는 본래 잿물을 넣는 것이다.〔冠六升勿灰, 則七升已上故灰矣.〕"라고 하였다. 〈상복〉 대공장(大功章)의 정현의 주에 "'대공포'라는 것은 그 두드려 빠는 공력이 거칠다는 것이다.〔大功布者, 其鍛治之功麤沽之.〕"라고 하였는데, 가공언의 소에 "여기 7승 대공포에서는 '두드려 빤다'고 말하였

301 가공언의……것 : 《의례》 〈상복 기〉의 "소맷부리의 너비는 1척 2촌이다.〔袪尺二寸.〕"라는 구절에 대한 가공언의 소에 "가선의 깊이와 치수를 말하지 않은 것은……소맷부리의 깊이 역시 심의와 똑같이 1촌 반임을 알 수 있기 때문에 기록하는 사람이 생략하고 말하지 않은 것이다.〔不言緣之深淺尺寸者……緣口深淺亦與深衣同寸半可知, 故記人略不言也.〕"라고 한 내용이 보인다.

302 소상제……한다 : 《의례경전통해속》 〈상복제도〉의 6번째 장인 최상제장(衰裳制章)에 보인다. 원출처는 《예기》 〈단궁 상(檀弓上)〉이다.

303 공영달의……한다 : 공영달의 소는 다음과 같다. "경문의 '전연'이라는 것은, '전'은 옅은 붉은색이고, '연'은 중의의 옷깃과 소맷부리를 말한다.〔縓緣者, 縓爲淺絳色, 緣謂中衣領及褎緣也.〕"

으니 잿물을 넣을 수 있다는 것이다. 다만 들이는 공력이 거칠 뿐이다.〔此七升言鍛治, 可以加灰矣, 但麤沽而已.〕"라고 하였다. 〈상복〉 시마장(緦麻章)의 전(傳)에 이르기를 "그 올은 생사처럼 가늘게 가공하고 그 베는 잿물에 넣지 않고 빨기만 하는 것을 '시'라고 한다.〔有事其縷, 無事其布曰緦.〕"라고 하였다. 《예기》〈잡기(雜記)〉에 "조복은 15승의 베로 만드니, 그 올의 수를 반으로 줄이면 시마복이 되고 잿물을 더하여 빤 것은 석최(錫衰)[304]이다.〔朝服十五升, 去其半而緦, 加灰, 錫也.〕"라고 하였는데, 정현의 주에 "시마복은 그 베를 가공하지 않아 잿물에 넣지 않는다.〔緦, 無事其布, 不灰焉.〕"라고 하였다.

이 여러 설에 근거하면 7승 이상의 베는 모두 잿물에 넣어 가공을 하니, 그 '대공(大功)'이니 '소공(小功)'이니 하는 것은 잿물에 넣어 가공하는 것을 정하게 하느냐 거칠게 하느냐로 말한 것이다. 그러나 '시(緦)'는 도리어 잿물을 넣지 않은 것을 가지고 이름을 붙였는데, 이것은 먼저 이미 그 올을 가공하였기 때문에 다시 그 베를 가공하지 않은 것이다. 참최복은 장례한 뒤에는 관(冠)을 7승 베로 만드니 바로 이미 두드려 빠는 가공을 한 것이다. 그런데도 소상제 때에 이르러 8승의 베로 만든 뒤에 '연(練)'이라는 이름을 얻을 수 있으니, 그렇다면 '연'은 두드려 빠는 공력을 조금 더 들인 것이다.

중의(中衣)는 사용하는 베를 관(冠)에 맞추니, 소상제 때에는 똑같이 8승 베로 만들기 때문에 또한 마전하는〔練〕 것이고, 소상제 때의 정복인 상의(上衣)와 하상(下裳)은 7승 베로 만들기 때문에 마전하지 않을 뿐이다. 그렇다면 자최상에는 장례 뒤에 이미 마전한

304 석최(錫衰) : 226쪽 주207 참조.

베로 만든 연관(練冠)을 쓴 것이다. 그러나 대체로 예경에서 '삼년'이라고 칭하는 것이 참최복을 가리키는 경우가 많기 때문에 여기에서도 또한 중한 복을 따라 말한 것뿐이다.

〔40〕 8월 24일 : 〈상복제도(喪服制度)〉 부인요질대제장(婦人要絰帶制章)의 '부인지대모마결본(婦人之帶牡麻結本)'~〈상복의(喪服義)〉의 '제선왕욕단상(齊宣王欲短喪)'[305] 22판

〔40.1〕 "관례(冠禮)에는 세구를 신지 않는다.〔不屨繐屨.〕"[306]라는 구절에 대한 정현의 주 중 '구불회치(屨不灰治)'의 '구'는 '루(縷)'가 되어야 하니,[307] 신발〔屨〕에 올〔縷〕이 있는 것이다. 그런데 가공언의 소에 '대공복의 신〔大功之屨〕'으로 말하였으니,[308] 그렇다면 '삼을 꼬아 만든 끈〔繩〕' 역시 '올'이라고 말할 수 있는 것이다. 여기에서 '잿물

305 상복제도(喪服制度)……제선왕욕단상(齊宣王欲短喪) : '부인요질대제장(婦人要絰帶制章)'은 《의례경전통해속》 〈상복제도〉의 9번째 장이다. 〈상복의(喪服義)〉는 《의례경전통해속》의 11번째 편명이다.

306 관례(冠禮)에는……않는다 : 《의례경전통해속》 〈상복제도〉의 13번째 장인 구제장(屨制章)에 보인다. 원출처는 《의례》 〈사관례(士冠禮)〉이다.

307 정현의……하니 : 정현의 주는 다음과 같다. "올을 잿물에 넣어 가공하지 않는 것을 '세'라고 한다.〔縷不灰治曰繐.〕" 통행본 《의례경전통해속》에는 교감기와 함께 '구(屨)'가 '루(縷)'로 바로잡혀 있다.

308 가공언의……말하였으니 : 가공언의 소는 다음과 같다. "이를 말한 것은 대공상의 끝 무렵에는 아들의 관례를 행할 수 있음을 보이고자 한 것이니, 이때 사람들이 대공복의 신발을 신고 아들의 관례를 행할까 두려웠기 때문이다.〔言此者, 欲見大功末可以冠子, 恐人以冠子.〕"

을 넣어 가공한다〔灰治〕'는 것은 지금의 숙마(熟麻 잿물에 넣어 삶은 삼 껍질)와 같은 것인가? 가공언의 소에서 대공상에는 아들의 관례를 행할 수 없다고 말한 것은 《예기》 〈잡기(雜記)〉에서 논한 것과 같지 않으니 의심스럽다.[309]

〔40.2〕 "상장(喪杖)의 제도는 무엇 때문에 있는가?〔杖者何也?〕"[310] 라는 구절에 대해, 공영달의 소에서는 '권도로 만든 여덟 가지〔權制者八〕'를 해석하면서 '상장을 짚어야 하는데 짚지 않는 경우〔應杖不杖〕'와 '상장을 짚지 않아야 하는데 짚는 경우〔不應杖而杖〕'를 한 가지로 보았는데,[311] 끝내 억지로 끌어다 맞춘 듯하다. 내 생각에는,

309 가공언의……의심스럽다 : 《예기》 〈잡기 하(雜記下)〉에 "대공상의 끝 무렵에는 아들의 관례를 행할 수 있고 딸을 시집보낼 수 있다.〔大功之末, 可以冠子, 可以嫁子.〕"라는 내용이 보인다. 저자는 위 주308 중 '말(末)'이 '미(未)'로 되어 있는 판본을 본 듯하다. 사고본 《의례경전통해속》에도 '미(未)'로 되어 있다.

310 상장(喪杖)의……있는가 : 《의례경전통해속》 〈상복의(喪服義)〉에 "상장(喪杖)의 제도는 무엇 때문에 있는가? 관작이 있는 사람을 위해서 있는 것이다.……혹은 '임시 상주〔擔主〕'라 하고, 혹은 '병을 부축한다〔輔病〕'고 한다.……백관이 구비되고 온갖 물건이 갖추어져서 말하지 않아도 일이 행해지는 왕은 부축을 받아 일어난다. 말한 뒤에 일이 행해지는 사대부는 상장을 짚고 일어난다. 몸소 직접 일을 집행한 뒤에 행할 수 있는 서인들은 얼굴에 때가 낀 것처럼 검어질 뿐이다. 머리가 벗겨진 자는 북상투를 틀지 않으며, 허리가 굽은 자는 왼쪽 겉옷 소매를 벗지 않으며, 절름발이는 용(踊)을 하지 않으며, 늙은 자와 병든 자는 술과 고기를 끊지 않는다. 무릇 이 여덟 가지는 권도로써 만든 것이다.〔杖者何也? 爵也.……或曰擔主, 或曰輔病.……百官備, 百物具, 不言而事行者, 扶而起. 言而后事行者, 杖而起. 身自執事而后行者, 面垢而已. 禿者不髽, 傴者不袒, 跛者不踊, 老病不止酒肉. 凡此八者, 以權制者也.〕"라는 내용이 보인다. 원출처는 《예기》 〈상복사제(喪服四制)〉이다.

부축을 받아 일어나는 경우〔扶而起〕가 첫 번째, 상장을 짚고 일어나는 경우〔杖而起〕가 두 번째, 얼굴에 때가 낀 것처럼 검어질 경우〔面垢〕가 세 번째, 머리가 벗겨진 경우〔禿者〕가 네 번째, 허리가 굽은 경우〔傴者〕가 다섯 번째, 절름발이인 경우〔跛者〕가 여섯 번째, 늙은 경우〔老者〕가 일곱 번째, 병이 든 경우〔病者〕가 여덟 번째이다.

〔40.3〕'양암(諒闇)'[312]에 대한 정현의 주에 "서까래를 받치는 도리를 '량'이라고 한다.〔楣謂之梁.〕"라고 하였는데, 공영달의 소에서는 "량을 설치하여 도리를 떠받친다.〔施梁而柱楣〕"라고 하여 마치 도리 외에 또 량(梁)이 있는 것처럼 말하였으니 오류인 듯하다.

〔41〕 8월 25일 : 〈상복의(喪服義)〉의 '상부삼년상군삼년(喪父三年喪君三年)'~〈상복의〉 끝 13판

〔41.1〕"종복(從服)에는 공연히 따라 입는 경우가 있다.〔有徒從.〕"[313]

311 공영달의……보았는데 : 공영달은 경문에서 말하는 권도로 만든 여덟 가지를 다음과 같이 해석하였다. (1)'상장을 짚어야 하는데 짚지 않는 경우〔應杖不杖〕'와 '상장을 짚지 않아야 하는데 짚는 경우〔不應杖而杖〕, (2)부축을 받아 일어나는 경우〔扶而起〕, (3)상장을 짚고 일어나는 경우〔杖而起〕, (4)얼굴에 때가 낀 것처럼 검어질 경우〔面垢〕, (5)머리가 벗겨진 경우〔禿者〕, (6)허리가 굽은 경우〔傴者〕, (7)절름발이인 경우〔跛者〕, (8)늙고 병든 경우〔老病者〕

312 양암(諒闇) : 《의례경전통해속》〈상복의(喪服義)〉에 "《서경》에 이르기를 '고종이 여막에 거처하며 3년 동안 말하지 않았다.'라고 하였으니, 이를 훌륭하게 여긴 것이다.〔書曰高宗諒闇三年不言, 善之也.〕"라는 내용이 보인다. 원출처는 《예기》〈상복사제(喪服四制)〉이다.

라는 구절에 대해, 공영달의 소에 "아들이 어머니의 군모를 위하여 입는다.〔子爲母之君母.〕"라고 하였다. 다른 사람을 따라서 복을 입어주는 대상이 자신과는 친속의 관계가 없는 것이 바로 '도종(徒從)'이니, 지금 아들이 어머니를 따라 입어서 어머니의 군모(君母 적처)를 위하여 상복을 입는 것은 '도종'이라고 말할 수 없을 듯하다.

〔41.2〕 "함께 시집온 잉첩(媵妾 조카와 여동생)이 여군(女君 군주의 적처)을 따라서 쫓겨났으면 여군의 자식을 위하여 복을 입지 않는다.〔妾從女君而出, 則不爲女君之子服.〕"[314]라는 구절에 대해, 정현의 주에 "잉첩이 여군의 친속을 위하여 입는 복은 여군과 똑같이 입을 수 있다. 그러나 지금 함께 쫓겨났으니, 여군은 여전히 자식을 위하여 기년복을 입지만 잉첩은 의리가 끊어진 곳에 복을 입지 않는다.〔妾爲女君之黨服, 得與女君同, 而今俱出, 女君猶爲子期, 妾於義絶無施服.〕"라고 하였다.

살펴보면 여군(女君)의 친속은 여군의 사친(私親)이라고 말할 수 있지만, 여군의 아들로 말하면 바로 군주의 친속이니 '여군의 친속'이라고 이름 부를 수 없다. 만약 여군은 쫓겨났는데 자신이 쫓겨나지 않았다면 여전히 이 아들을 위하여 복을 입어주어야 한다. 무엇 때문인가? 아들은 군주의 아들이니 여군이 쫓겨났느냐 쫓겨나지 않았느냐에 관계가 없다. 오직 자신이 쫓겨났다면 남편과 의리가 끊어지게 되니 이에 그 여군의 아들을 위하여 복을 입지 않을 수 있을 뿐이다.

313 종복(從服)에는……있다 : 원출처는 《예기》 〈대전(大傳)〉이다.

314 함께……않는다 : 원출처는 《예기》 〈상복소기(喪服小記)〉이다.

경문에서 반드시 '여군을 따라서 쫓겨난 것'으로 말을 하고, 정현의 주에서 또 이 아들을 여군의 친속으로 본 것은, 모두 의심스럽다. 다시 살펴보아야 할 것이다.

《의례》〈상복(喪服)〉에 "대부의 첩이 남편의 서자를 위하여 복을 입는다.〔大夫之妾爲君之庶子.〕"라는 구절에 대한 전(傳)에 이르기를 "첩이 남편의 친속을 위하여 입는 복은 여군과 똑같이 입을 수 있기 때문이다.〔妾爲君之黨服, 得與女君同.〕"라고 하였는데, 정현의 주의 설에 바로 이 전(傳)의 글을 인용하였다. 그렇다면 정현의 주 중 '첩위여군(妾爲女君)'의 '여(女)'는 바로 연문(衍文)이다.

〔41.3〕 "서자는 자신의 장자를 위하여 참최복을 입지 않는다.〔庶子不爲長子斬.〕"[315]라는 구절에 대한 공영달의 소 중 '의수계조(義須繼祖)'의 '조(祖)'는 '녜(禰)'가 되어야 한다.[316]

315 서자는……않는다 : 원출처는 《예기》〈상복소기〉이다.

316 공영달의……한다 : 《예기》〈상복소기〉의 "서자가 자신의 장자를 위하여 참최복을 입지 않는 것은 할아버지와 아버지를 계승하지 않았기 때문이다.〔庶子不爲長子斬, 不繼祖與禰故也.〕"라는 경문에 대해, 공영달의 소에 "죽은 자는 이미 의리상 아버지를 계승했어야 하니 '할아버지를 계승하지 않았다.'라고 말해도 충분할 터인데 또 '아버지도 계승하지 않았다.'라고 한 것은, 유씨의 설에 다음과 같이 말하였기 때문이다. '만약 단지 「할아버지를 계승하지 않았다.」라고만 말하면 서자의 장자, 즉 죽은 자 자신이 할아버지를 계승하지 않았다고 생각할까 두려웠기 때문에 경문에서 다시 「할아버지와 아버지를 계승하지 않았다.」라고 말한 것이다. 이것은 죽은 자의 아버지가 할아버지와 아버지를 계승하지 않은 것이지 죽은 자 자신에 근거하여 말한 것이 아님을 밝히고자 한 것이다.'〔旣義須繼禰, 言不繼祖自足, 又曰與禰者, 庾氏云: 若直云不繼祖, 恐人謂據庶子長子死者之身不繼祖, 故更言不繼祖與禰, 欲明死者之父不繼祖與禰, 非據死者之身.〕"라고 하였다. '유씨(庾氏)'는 남조 송(宋)나라의 경학가 유울지(庾蔚之)이다. 통

공영달의 소의 설에 "비록 할아버지의 서손이기는 하나 아버지의 적장자라면 응당 아버지의 사당을 세워야 하니 자신의 장자가 그 종묘 주인의 지위를 전해 받게 된다. 그렇다면 자신의 장자를 위하여 제사를 지내주어야 하는데 참최복을 입어주지 못하는 것은 할아버지의 서손으로서 압존(壓尊)되어 강복하기 때문이다.〔雖是祖庶, 而是父適, 則應立廟, 己長子傳重. 當祭而不爲斬者, 以是祖庶壓降.〕"라고 하였는데, 예(禮)에 따르면 할아버지는 손자를 누르지 않으니,[317] 할아버지의 서손으로서 압존되어 강복한다는 공영달의 설은 오류인 듯하다.

공영달의 소에 또 이르기를 "죽은 아들의 아버지가 현재 살아 있으면 아버지 자신이 아들의 제사를 지낸다.〔死者其父見在, 父自供祭.〕"라고 하였는데, 이미 아버지가 아들을 위하여 상복을 입는다면 그 아버지가 현재 살아 있어서 제사를 지내는 것이 어찌 할아버지의 서손에게만 이렇게 하겠는가. 거의 말이 되지 않으니, 공영달의 소에서 무슨 이유로 이와 같이 말을 한 것인지 알지 못하겠다. 의심스럽다.

〔41.4〕 "대답하기를 '관은 지극히 높기 때문이다.'라고 하였다.〔曰:

행본 《의례경전통해속》에는 '녜(禰)'가 '조(祖)'로 되어 있고, 통행본 《예기정의》에는 '녜(禰)'로 되어 있다. 다만 어느 곳에도 교감기는 없다.

317 예(禮)에……않으니 : 《예기》 〈상복소기〉에 "대부는 서자의 상에 강복하여 대공복을 입고, 그 대부의 손자는 아버지의 상에 강복하지 않고 삼년복을 입는다.〔大夫降其庶子, 其孫不降其父.〕"라는 내용이 보이는데, 정현의 주에 "할아버지는 손자를 누르지 않는다.〔祖不厭孫也.〕"라고 하였다.

冠至尊也.]"[318]라는 구절에 대해, 공영달의 소에 "관을 쓸 때 반드시 육단(肉袒)을 하는 것은 아니며, 육단을 할 때 반드시 관을 쓰는 것은 아니다.〔冠不必袒, 袒不必冠.〕"라고 하였다. 두 개의 '불필(不必)'을 모두 '필불(必不)'로 쓰면 "아버지가 살아 계시면 감히 상장(喪杖)을 짚지 않는다.〔父在, 不敢杖.〕"[319]라는 뜻이 된다.

일반적으로 상장을 짚지 않는 것에는 두 가지 뜻이 있다. 하나는 주인을 피하는 경우로, 예컨대 "서자는 상장을 짚고 곡하는 자리에 나아가지 않는다.〔庶子不以杖卽位.〕",[320] "할아버지가 장자를 위하여 상장을 짚으면 그 장자의 아들은 상장을 짚고 곡하는 자리에 나아가지 않는다.〔爲長子杖則其子不以杖卽位.〕"[321]라는 것이 이 경우이다. 다른 하나는 공경하는 대상이 있는 경우로, 예컨대 "대부의 상에 군주의 명이 있으면 상주인 아들은 상장을 제거한다.〔有君命則去杖.〕",[322] "시동에게 제사를 지낼 경우에는 상장을 제거한다.〔有事於尸則去杖.〕",[323] "영구에 곡할 때에는 상장을 거둔다.〔哭柩則輯杖〕"[324]라는 것이 이 경우이다.

318 대답하기를……하였다 : 원출처는 《예기》〈문상(問喪)〉이다.

319 아버지가……않는다 : 《예기》〈문상〉에 "아버지가 살아 계시면 감히 상장을 짚지 못하니, 높은 분이 계시기 때문이다.〔父在, 不敢杖矣, 尊者在故也.〕"라는 내용이 보인다.

320 서자는……않는다 : 원출처는 《예기》〈상복소기(喪服小記)〉이다.

321 할아버지가……않는다 : 원출처는 《예기》〈잡기 상(雜記上)〉이다.

322 대부의……제거한다 : 원출처는 《예기》〈상대기(喪大記)〉이다.

323 시동에게……제거한다 : 원출처는 《예기》〈상대기〉이다. '시동에게 제사를 지낸다'는 것은, 정현의 주에 따르면 우제(虞祭), 졸곡제(卒哭祭), 부제(祔祭)를 말한다.

324 영구에……거둔다 : 원출처는 《예기》〈상대기〉이다.

'아버지가 살아 계시면 상장을 짚지 않는 것'은 바로 공경하는 뜻이 있기 때문에 경문에서 "높은 분이 계시기 때문이다.〔尊者在故也.〕"라고 한 것이다. 이른바 '높은 분〔尊者〕'이라는 것은 위하여 상장을 짚어주는 대상, 즉 죽은 자보다 높다는 것이 아니다. 자기보다 높은 분이면 이에 상장을 짚지 않는다는 것이다. 무엇을 가지고 이렇다는 것을 알겠는가? "시동에게 제사를 지낼 경우에는 상장을 제거한다."라고 하였으니, 시동이 어찌 죽은 자보다 높겠는가. 지금 정현의 주에서는 이것을 어머니를 위하여 짚는 상장으로 보았는데,[325] 이 뜻을 미루어 넓힌다면 아들이 만약 군주를 위하여 상장을 짚는데 아버지가 살아 계시면 상장을 제거하지 않을 수 있겠는가.

"당 위에서는 종종걸음으로 달려가지 않는다.〔堂上不趨.〕"[326]라는 것은 상사(喪事)에는 해당되는 바가 없을 듯하니 또한 의심스럽다. 공영달의 소 중 '불위추(不爲趨)'는 본문에는 '추(趨)' 앞에 '상(喪)' 자가 있다.[327]

325 정현의……보았는데 : 정현의 주는 다음과 같다. "아버지가 살아 계시면 상장을 짚지 않는다는 것은 어머니의 상을 위하여 짚지 않는 것을 말한다.〔父在不杖, 謂爲母喪也.〕"

326 당……않는다 : 원출처는 《예기》 〈문상(問喪)〉으로, "아버지가 살아 계시면 감히 상장(喪杖)을 짚지 못하니, 높은 분이 계시기 때문이다.〔父在, 不敢杖, 尊者在故也.〕"라는 구절 바로 다음에 보인다.

327 공영달의……있다 : 공영달의 소는 다음과 같다. "어머니를 위한 상에 당 위에서 상 때문에 종종걸음으로 달려가지 않는 것은 아버지에게 한가하여 촉박하지 않음을 보이기 위한 것이다.〔爲母所以堂上不爲喪趨者, 示父以閑暇不促遽也.〕" 통행본 《의례경전통해속》에는 '상(喪)'이 없으며, 《예기정의》에는 '상'이 있다.

〔42〕 8월 26일 : 〈상통례(喪通禮)〉 처음~명위장(名位章)의 '증자왈소공불위위(曾子曰小功不爲位)'[328] 15판

〔42.1〕 "대공친이 남의 상을 주관하는데 죽은 자를 위하여 삼년복을 입을 자가 있으면 반드시 이들을 위하여 소상제와 대상제의 두 제사를 지내준다.〔大功者主人之喪, 有三年者, 則必爲之再祭.〕"[329]라고 하였는데, 두 제사를 지낸 뒤에 그치면 담제(禫祭)는 누가 주관하는가? "붕우 간에는 우제와 부제를 지내줄 뿐이다.〔朋友, 虞、祔而已.〕"[330]라고 하였는데, 그 소상제 이후의 제사는 또 누가 주관하는가?

〔42.2〕 "자유가 붕우의 상에 빈이 되어, 조문 온 군주를 왼쪽에서 맞이하였다.〔子游擯, 由左.〕"[331]라는 구절에서, 공영달의 소의 해석

328 상통례(喪通禮)……증자왈소공불위위(曾子曰小功不爲位) : 〈상통례〉는 《의례경전통해속》의 12번째 편명으로, 상례(喪禮) 전반에 통용되는 예여서 상례의 차례에 따라 기술할 수 없는 것을 주제별로 모아놓은 것이다. 다음과 같이 모두 12장으로 이루어져 있다. (1)주후(主後), (2)축상(祝相), (3)명위(名位), (4)재용(財用), (5)애척(哀戚), (6)곡용(哭踊), (7)용모(容貌), (8)배공(拜拱), (9)언어(言語), (10)음식(飮食), (11)거처(居處), (12)동작(動作)

329 대공친이……지내준다 : 《의례경전통해속》 〈상통례〉의 1번째 장인 주후장(主後章)에 보인다. 원출처는 《예기》 〈상복소기(喪服小記)〉이다. '대공친'은 사촌 형제를 이르며, '삼년복을 입을 자'는 죽은 자의 처와 어린 아들을 이른다.

330 붕우……뿐이다 : 《의례경전통해속》 〈상통례〉의 1번째 장인 주후장(主後章)에 보인다. 원출처는 《예기》 〈상복소기〉이다.

331 자유(子游)가……맞이하였다 : 《의례경전통해속》 〈상통례〉의 2번째 장인 축상장(祝相章)에 보인다. 원출처는 《예기》 〈단궁 하(檀弓下)〉이다. '빈(擯)'은 공영달의 소에 따르면 주인을 도와 나가서 손님을 맞이하는 사람이다.

에 근거하면 '왼쪽'은 손님의 왼쪽인 듯하다.[332] 다만 상례(喪禮)에서는 반드시 다 손님을 맞이해야 하는 것은 아니지만 주인이 홀로 행해야 하는 예(禮)가 있으니, 이때 주인을 도우면서 또한 주인의 왼쪽에 있는 것인가? 다시 살펴보아야 할 것이다. 《예기》 〈소의(少儀)〉[333]의 "군주의 명을 전할 때에 군주의 오른쪽에서 한다.〔詔辭自右.〕"라는 구절에 대해, 공영달의 소에 "군주의 오른쪽에서 한다.〔由君之右.〕"라고 하였는데, 위 경문에 대한 공영달의 소에 "손님을 오른쪽에 처하게 한다.〔推賓居右.〕"라는 설과 서로 어긋난다. 다시 자세히 살펴야 할 것이다.

〔43〕 8월 27일 : 〈상통례(喪通禮)〉 재용장(財用章)의 '상용삼년지륵(喪用三年之仂)'～용모장(容貌章)의 '처시숙부모(妻視叔父母)'[334] 16판

〔43.1〕 "공자가 말하였다. '소련과 대련은'〔孔子曰: 少連、大連〕"[335]이

332 공영달의……듯하다 : 공영달의 소는 다음과 같다. "자유는 예를 알았기 때문에 손님을 오른쪽에 처하게 하고 자신이 왼쪽에 처한 것이다.〔子游知禮, 故推賓居右, 己居左也.〕"

333 소의(少儀) : 저본에는 '소(少)'가 '소(小)'로 되어 있으나 편명의 오류이므로 바로잡아 번역하였다.

334 상통례(喪通禮)……처시숙부모(妻視叔父母) : '재용장(財用章)'은 《의례경전통해속》 〈상통례〉의 4번째 장이며, '용모장(容貌章)'은 7번째 장이다.

335 공자가……대련(大連)은 : 《의례경전통해속》 〈상통례(喪通禮)〉의 5번째 장인 애척장(哀戚章)에 보인다. 원출처는 《예기》 〈잡기 하(雜記下)〉로, "공자가 말하였다. '소련과 대련은 거상을 잘하여 3일 동안 태만하지 않았으며 3개월 동안 게으르지 않았으며 1년 동안 슬퍼하였으며 3년을 근심하였으니, 동이의 아들이다.'〔孔子曰: 少連、大連

라는 구절에 대해, 공영달의 소에 "소상제 이후에도 늘 슬퍼하여 조곡과 석곡 같은 것을 한 것을 이른다.〔謂練以來常悲哀朝哭、夕哭之類.〕"라고 하였다. 소상제 이후에는 조석곡(朝夕哭)을 그치니 공영달의 소의 해석은 의심스럽다.

〔44〕 8월 28일 : 〈상통례(喪通禮)〉 배공장(拜拱章)의 '주례태축변구배(周禮大祝辨九𢷎)'~음식장(飮食章)의 '식죽어성(食粥於盛)'[336] 7판

〔44.1〕 "참최상에는 3일 동안 먹지 않는다.〔斬衰三日不食.〕"[337]라는 구절에 대해, 공영달의 소에 "소상제를 지내고 채소와 과일을 먹을 때에는 단지 소금과 락(酪)을 쓸 뿐이다. 만약 건강이 악화되어 밥을 먹지 못할 경우에는 대상제를 지낸 뒤에 쓰는 초장을 쓸 수 있다.〔小祥食菜果之時, 但用鹽、酪. 若不能食者, 得用醯醬也.〕"라고 하였다.

살펴보면 《예기》 〈잡기(雜記)〉에 "소상제를 지내고 대공복의 승수(升數)로 만든 상복을 입었을 때에는 소금과 락이 없는데, 건강이 악화되어 밥을 먹지 못할 경우에는 소금과 락을 먹는 것도 괜찮다.〔功衰無鹽、酪, 不能食, 食鹽、酪可也.〕"라는 구절이 있는데, 정현의

善居喪, 三日不怠, 三月不解, 期悲哀, 三年憂, 東夷之子也.〕"라는 내용이 보인다. 저본에는 '소련(少連)'의 '소(少)'가 '소(小)'로 되어 있으나 인명의 오류이므로 바로잡아 번역하였다.

336 상통례(喪通禮)……식죽어성(食粥於盛) : '배공장(拜拱章)'은 《의례경전통해속》 〈상통례(喪通禮)〉의 8번째 장이며, '음식장(飮食章)'은 10번째 장이다.

337 참최상에는……않는다 : 《의례경전통해속》 〈상통례〉의 10번째 장인 음식장에 보인다. 원출처는 《예기》 〈간전(間傳)〉이다.

주에 “‘락’은 초와 재이다.〔酪, 酢截.〕”라고 하였다. 이른바 ‘재(截)’라는 것이 어떤 것인지는 알지 못하겠지만, 초(酢)는 젓갈〔醢〕이니 초장〔醯醬〕과 비교하면 육류에 더욱 가깝다. 공영달의 소의 설은 의심스럽다.

〔45〕 8월 29일 : 〈상통례(喪通禮)〉 음식장(飮食章)의 ‘기지상삼불식(期之喪三不食)’~〈상통례〉 끝 12판

〔45.1〕 “담제를 지낸 뒤에 부인을 어거하고, 길제를 지낸 뒤에 침에서 거처하는 것을 회복한다.〔禫而從御, 吉祭而復寢.〕”[338]라는 구절은, 침에서 거처하는 것을 회복한 뒤에 부인을 어거하는 것을 말할 수 있다. “맹헌자가 담제를 지내고 여자를 어거할 수 있게 되었는데도 침에 들어가지 않았다.〔孟獻子比御而不入.〕”[339]라는 구절에 대해, 정현의 주에 “부인을 어거할 수 있었지만 오히려 침에서 거처하는 것을 회복하지 않은 것이다.〔可以御婦人矣, 尙不復寢.〕”라고 하였으니, 또한 한때의 일로 본 것이다.

지금은 먼저 부인을 어거하고 뒤에 침에서 거처하는 것을 회복하였으니 순서에 있어 도치된 것이다. 혹시 여기에서는 ‘부인을 어거한다’는 것이 또한 ‘모실 여자들이 줄지어 있다’는 것과 같은 뜻이어서 다만 그 모실 순번에 해당되는 자를 차례로 늘어놓고 길제에 이른

338 담제(禫祭)를……회복한다 : 《의례경전통해속》 〈상통례〉의 11번째 장인 거처장(居處章)에 보인다. 원출처는 《예기》 〈상대기(喪大記)〉이다.

339 맹헌자(孟獻子)가……않았다 : 원출처는 《예기》 〈단궁 상(檀弓上)〉이다.

뒤에야 비로소 들이는 것을 말한 것인가?

공영달의 소에 "《예기》〈간전〉의 '대상제를 지낸 뒤에 침을 회복한다'는 것은 빈궁의 침으로 돌아간다는 것이고, 여기에서는 길제 후에 평상의 침을 회복한다는 것이다.〔間傳既祥復寢, 復於殯宮之寢, 此吉祭後復於平常之寢.〕"라고 하였는데,[340] 이에 근거하면 '빈궁(殯宮)의 침(寢)'은 바로 정침(正寢)이고 '평상의 침'은 연침(燕寢)이니, 경문의 뜻이 참으로 이와 같은가?

〔45.2〕"군주의 상에 대부는 공관에 머무른다.〔大夫次於公館.〕"[341]라는 구절에 대해, 정현의 주에서는 경문의 세 '사(士)'를 구분하여 둘은 읍재(邑宰)로 보고 하나는 조정의 사(士)로 보았으니[342] 말이

340 공영달의……하였는데 : 공영달의 소는 다음과 같다. "《예기》〈간전〉의 '대상제를 지낸 뒤에 침을 회복하는 것'이 여기의 '길제를 지낸 뒤에 침을 회복하는 것'과 다른 것은, 〈간전〉에서는 더 이상 중문 밖에서 자지 않고 빈궁의 침으로 돌아오는 것이며, 여기에서는 길제 뒤에 더 이상 빈궁에서 자지 않고 평상의 침으로 돌아가는 것이다. 문장은 비록 같지만 뜻은 다르다.〔間傳既祥復寢與此吉祭復寢不同者, 彼謂不復宿中門外, 復於殯宮之寢; 此吉祭後不復宿殯宮, 復於平常之寢. 文雖同, 義別.〕"

341 군주의……머무른다 : 《의례경전통해속》〈상통례〉의 11번째 장인 거처장(居處章)에 보인다. 《예기》〈잡기 상(雜記上)〉에 "군주의 상에 대부는 공관에 머물면서 상을 마치고, 읍재의 사(士)는 소상제를 지낸 뒤에 자기 고을로 돌아가고, 조정의 사(士)는 공관에 머무른다. 소상제를 지내기 전에는 대부는 여막에 거처하고, 읍재의 사는 악실에 거처한다.〔大夫次於公館以終喪, 士練而歸, 士次於公館. 大夫居廬, 士居堊室.〕"라는 내용이 보인다.

342 정현의……보았으니 : 정현의 주는 다음과 같다. "소상제를 지낸 뒤에 돌아가는 사(士)는 읍재를 이른다. 소상제를 지낸 뒤에 여전히 공관에 거처하는 자는 조정의 사이다. 오직 대부만이 3년 동안 돌아가지 않는다.……'사가 악실에 거처한다'는 것은

정확하지 않은 듯하다.

이 단락의 문세(文勢)는 비록 서로 뒤섞여서 보기 어려운 듯하나 본래 조리가 있다. "대부는 공관에 머무른다.〔大夫次於公館.〕"라고 하였으니 사(士) 역시 공관에 머무른다는 것을 알 수 있으며, "사는 공관에 머무른다.〔士次於公館.〕"라고 하였으니 대부 역시 머무른다는 것을 알 수 있다. 반드시 재차 언급한 것은, 앞 경문에서 "상을 마친다.〔終喪.〕"라고만 하여 "소상제를 지낸 뒤에 돌아간다.〔練而歸.〕"라는 것과 다른데도 그 거처하는 곳을 언급하지 않았기 때문에 공관에 머무를 때에 '대부는 여막에 거처하고 사는 악실(堊室)에 거처한다'[343]고 다시 말한 것뿐이다.

대부와 사(士)는 귀천이 이미 다르기 때문에 비록 똑같이 참최복을 입는다 하더라도 상장(喪杖)을 건네줄 때부터 이미 선후의 차이가 있으며, 그 거처하는 곳도 한쪽은 여막에 거처하고 다른 한쪽은 악실에 거처하며, 돌아갈 때에도 한쪽은 일찍 돌아가고 다른 한쪽은 늦게 돌아가는 것이다. 다르게 할 것이 없는 자는 읍재와 조정의 사(士)와 같은 자이다. 이미 귀천의 구별이 없으니 그 예(禮)도 차이를 두어서는 안 된다.

공영달의 소 중 "사 이하는 악실에 거처한다.〔士以下居堊室.〕"라

또한 읍재를 이르니, 조정의 사 역시 여막에 거처한다.〔練而歸之士, 謂邑宰也. 練而猶處公館, 朝廷之士也. 唯大夫三年無歸也.……士居堊室, 亦謂邑宰也, 朝廷之士亦居廬.〕" 저본에서 말하는 '세 종류의 사(士)'는, 소상제를 지낸 뒤에 돌아가는 사 즉 읍재, 소상제를 지낸 뒤에 여전히 공관에 거처하는 사 즉 조정의 사, 소상제를 지내기 전에 악실에 거처하는 사 즉 읍재를 말한다.

343 대부는……거처한다 : 해당 경문은 276쪽 주341 참조.

는 구절 다음에 본문에는 "여기에서 '조정의 사 역시 여막에 거처한다.'라고 하여 저 《주례》의 정현의 주[344]와 같지 않은 것은, 정현의 주의 뜻을 궁구해보면 만약 왕과 가까운 친척인 경우에는 비록 사가 천하다고 하지만 또한 여막에 거처한다는 것이다.〔此云朝廷之士亦居廬, 與彼不同者, 尋鄭之文意, 若與王親者, 雖云士賤, 亦居廬.〕"라는 구절이 있다. 지금 《의례경전통해속》에서는 이 구절이 산삭되었기 때문에 위아래의 문세가 통하지 않는다.

〔45.3〕 "거상할 때 장례하기 전에는〔居喪未葬〕"[345]이라는 구절에 대해, 공영달의 소에 "조석전을 하실에서 올리고 삭망전을 빈궁에서 올리는 것이다.〔朝夕奠下室, 朔望奠殯宮.〕"라고 하였다.[346] 예(禮)에 근거하면 조석전 또한 바로 빈궁(殯宮)에서 올린다.

〔45.4〕 "자최의 상에는 장례를 마친 뒤에는 남이 만나보기를 청하면 만나본다. 오직 부모의 상에는 눈물을 흘리는 것을 피하지 않고 사람

344 주례의 정현의 주 : 《주례》 〈천관(天官) 궁정(宮正)〉 정현의 주 중 "가까운 친척과 신분이 귀한 자는 여막에 거처하고, 먼 친척과 신분이 낮은 자는 악실에 거처한다.〔親者、貴者居倚廬, 疏者、賤者居堊室.〕"라는 구절을 이른다.

345 거상할……전에는 : 《의례경전통해속》 〈상통례〉의 12번째 장인 동작장(動作章)에 보인다. 《예기》 〈곡례 하(曲禮下)〉에 "거상할 때 장례하기 전에는 상례를 읽는다.〔居喪未葬, 讀喪禮.〕"라는 내용이 보인다.

346 공영달의……하였다 : 공영달의 소는 다음과 같다. "경문에서 말한 '상례'는 조석전을 하실에서 올리는 예와 삭망전을 빈궁에서 올리는 예 및 장례 등의 예를 이른다.〔喪禮, 謂朝夕奠下室、朔望奠殯宮及葬等禮也.〕" '하실(下室)'은 연침(燕寢)을 이른다.

을 만나본다.〔疏衰之喪既葬, 人請見之則見. 惟父母之喪, 不辟涕泣而見人.〕"[347]라고 하였는데, 여기에서 그 만나본다는 것은 어느 때에 만나본다는 것인가?

〔45.5〕 "부모의 삼년상에 서인은 대상제를 지낸 뒤에 요역에 종사한다.〔三年之喪, 祥而從政.〕"[348]라는 구절은, 이 단락은 필시 서인(庶人)의 일을 쓴 것이다. 정현의 주[349]의 뜻은 알기가 어렵다.

〔46〕 8월 30일 : 〈상변례(喪變禮)〉 처음～분상장(奔喪章)의 '자최망향이곡(齊衰望鄕而哭)'[350] 10판

〔46.1〕 "당 아래 서장(序牆)의 동쪽에서 왼쪽 겉옷 소매를 다시 입고 수질을 두른다.〔襲、絰于序東.〕"[351]라는 단락에서, 분상(奔喪)의 예

347 자최의……만나본다 : 《의례경전통해속》 〈상통례〉의 12번째 장인 동작장(動作章)에 보인다. 원출처는 《예기》 〈잡기 하(雜記下)〉이다.

348 부모의……종사한다 : 《의례경전통해속》 〈상통례〉의 12번째 장인 동작장에 보인다. 원출처는 《예기》 〈잡기 하〉이다.

349 정현의 주 : 정현의 주는 다음과 같다. "《예기》 〈왕제〉의 글에 비추어 말하면 이것은 서인을 말한 것이다. '종정'은 위정자의 명을 따르는 것이니, 요역을 제공하는 것을 이른다.〔以王制言之, 此謂庶人也. 從政, 從爲政者教令, 謂給繇役.〕"

350 상변례(喪變禮)……자최망향이곡(齊衰望鄕而哭) : 〈상변례〉는 《의례경전통해속》의 13번째 편명으로 다음과 같이 모두 6장으로 이루어져 있다. (1)분상(奔喪), (2)문상(聞喪), (3)병유상(竝有喪), (4)도유상(道有喪), (5)인길이흉(因吉而凶), (6)인흉이길(因凶而吉)

351 당……두른다 : 《예기》 〈분상〉에 "당 아래 서장(序牆)의 동쪽에서 왼쪽 겉옷 소

는 처음 집에 이른 뒤의 여러 의절이 《의례》 〈사상례(士喪禮)〉의 소렴 뒤와 대략 같다. 다만 손님에게 절하는 것이 왼쪽 겉옷 소매를 다시 입고 수질을 두르는 의절 뒤에 있는 것이 다를 뿐이다. 혹시 〈사상례〉에서 조문하는 손님은 대부와 사(士)를 겸한 것이고, 여기에서는 오로지 사(士)인 손님을 위해서만 말한 것이어서 그런 것인가?

〔46.2〕 "다음 날 아침 또 곡할 때에, 당에 올라가 괄발하고 왼쪽 겉옷 소매를 벗고, 당을 내려와 용을 이룬다.〔於又哭, 括髮、袒, 成踊.〕"[352] 라는 구절에 대한 공영달의 소 중 '분부지상(奔父之喪)' 다음에 '약모지상(若母之喪)' 4자가 있어야 한다.[353] 이 공영달의 소는 마땅히 이 앞의 경문 "집에 이르러 문의 왼쪽으로 들어간다.〔至於家, 入門左.〕" 라는 구절 다음에 있어야 하니, 이 때문에 "아래 경문에 '다음 날 아침 또 곡할 때에……'〔下文又哭云云〕"라는 말이 있는 것이다. 지

매를 다시 입고 수질을 두르고 교대를 띤다. 자기 자리로 돌아와서 손님에게 절하여 용(踊)을 이룬다.〔襲、絰于序東, 絞帶, 反位, 拜賓, 成踊.〕"라는 내용이 보인다. '용(踊)을 이룬다'는 것은, 한 번 뛸 때마다 세 번씩 뛰는 것을 1절(節)로 삼아 이와 같이 하기를 3절을 하는 것이다. 즉 아홉 번 뛰는 것을 말한다.

352 다음……이룬다 : 원출처는 《예기》 〈분상(奔喪)〉이다.

353 공영달의……한다 : 공영달의 소는 다음과 같다. "이것은 아버지의 상에 달려가는 것을 이른다. 만약 어머니의 상이라면 다음 날 아침 또 곡할 때에 문(免)을 한다. 여기에서는 아래 경문에 '다음 날 아침 또 곡할 때에 괄발하고 왼쪽 겉옷 소매를 벗는다.' 라고 하였기 때문에 아버지를 위한 것임을 안 것이다.〔此謂奔父之喪. 若母之喪, 又哭則免. 此下文又哭括髮袒, 故知爲父也.〕" '약모지상(若母之喪)'은 통행본 《의례경전통해속》과 《예기정의》에 모두 들어가 있으며 교감기가 붙어 있다.

금은 "다음 날 아침 또 곡할 때에〔又哭〕"의 조목 다음에 붙였으니 잘못이다.

〔46.3〕 "어머니의 상에 달려가, 당에 올라가 괄발하고 왼쪽 겉옷 소매를 벗고, 당을 내려가 당의 동쪽으로 가서 자리에 나아가 곡하고 용(踊)을 이룬다. 서장(序牆)의 동쪽에서 왼쪽 겉옷 소매를 다시 입고 문(免)을 하고 요질을 두른다.〔奔母之喪, 括髮、袒, 降, 堂東卽位, 哭, 成踊, 襲、免、絰于序東.〕"[354]라는 구절은, 《예기》〈상복소기(喪服小記)〉에서도 "어머니 상에 달려가, 괄발하지 않고 당 위에서 왼쪽 겉옷 소매를 벗고 동쪽 계단으로 당을 내려가 용(踊)을 한다. 동서(東序)의 동쪽에서 왼쪽 겉옷 소매를 다시 입고 문(免)을 한 뒤에 요질을 두른다.〔奔母之喪, 不括髮, 袒於堂上, 降, 踊, 襲、免于東方, 絰.〕"라고 하였다. 이 조목에 근거하면 문(免)을 하는 것은 용(踊)을 이룬 뒤에 있어서, 왼쪽 겉옷 소매를 다시 입고 요질을 두르는 것과 같은 때의 일임을 알 수 있다.

다만 〈상복소기〉에 "어머니의 상에 소렴한 뒤 문을 할 때가 되어서는 베를 사용한다.〔免而以布.〕"라고 하였는데, 공영달의 소에 "손님에게 절을 마친 뒤에는 마침내 베로 된 문을 하고 용을 한 뒤에 왼쪽 겉옷 소매를 다시 입고 요질을 두른다.〔拜賓竟, 乃著布免、踊而襲、絰帶.〕"라고 하였다. 그렇다면 문은 바로 용을 하기 전에 있게 되니,[355] 무엇에 근거한 것인지 알지 못하겠다.

354 어머니의……두른다 : 원출처는 《예기》〈분상(奔喪)〉이다.

355 문은……되니 : 저본에는 '문내재용후(免乃在踊後)'로 되어 있으나, 문맥에 근거

〔46.4〕 "다른 곳에 살 때에 형제의 부음을 듣고 처음 삼을 두를 때 허리에 착용하는 대와 질의 삼을 흩어서 아래로 늘어뜨린다.〔其始麻, 散帶、絰.〕"[356]라는 구절은, 이것은 성복(成服)한 이후에 상에 달려가는 자를 가리킨 것인가?

〔46.5〕 "삼으로 만든 복을 입지 않고 즉시 상에 달려가 주인이 아직 질을 이루지 않은 소렴 전에 이르렀을 경우〔未服麻而奔喪, 及主人之未成絰〕"[357]라는 구절에서, '아직 성복하지 않았다〔未成服〕'라고 하지 않고 '아직 질을 이루지 않았다〔未成絰〕'라고 하였으니, 그 "주인과 함께 이룬다.〔與主人成之.〕"라고 말한 것은 단지 성복만 가리키는 것이 아니라 그 질(絰)을 이루는 관점에서 말한 것이 분명하다. 그렇다면 대공 이상은 본래 그 허리에 두르는 대와 질의 삼을 흩어 늘어뜨리는 날수를 끝마쳐야 하는 자이니, 소렴할 때가 되어서도 집에 있는 사람들과 똑같이 문(免)과 괄발(括髮)과 질을 두르지 못하고[358]

하여 '후(後)'를 '전(前)'으로 바로잡아 번역하였다.

356 다른……늘어뜨린다 : 원출처는 《예기》 〈잡기 상(雜記上)〉이다.

357 삼으로…… 경우 : 《예기》 〈잡기 상〉에 "삼으로 만든 복을 입지 않고 즉시 상에 달려가 주인이 아직 질을 이루지 않은 소렴 전에 이르렀을 경우, 소공 이하의 먼 친척은 주인과 함께 모두 성복을 하고, 대공 이상의 가까운 친척은 그 허리에 두르는 대와 질의 삼을 흩어 늘어뜨리는 날수를 끝마친 뒤에 성복한다.〔未服麻而奔喪, 及主人之未成絰也, 疏者與主人皆成之, 親者終其麻帶絰之日數.〕"라는 내용이 보인다. '여주인개성지(與主人皆成之)'는 공영달의 소에 근거하면 주인이 성복할 때 함께 성복하는 것을 말한다.

358 소렴할……못하고 : 《의례》 〈사상례(士喪禮)〉에 따르면, 실(室) 안에서 소렴을 끝마치면 주인은 동방(東房)으로 가서 비녀와 머리싸개 비단〔纚〕을 제거하고 삼으로

반드시 만 이틀을 기다린 이후에야 비로소 질을 두르는 것인가?

〔46.6〕 자최상 이하의 분상(奔喪)하는 예(禮)에서는 문(免)과 마(麻)를 모두 연이어 말하고 있으니, 아마도 동시에 해서 그런 듯하다. 《의례》 〈사상례(士喪禮)〉에서는 단지 주인의 괄발(括髮)·습(襲)·질(絰)의 의절만을 말하였고 자최 이하의 의절은 보이는 바가 없으니, 여기 분상장(奔喪章)에서 논한 것과 어떻게 차이 나는지 알지 못하겠다.

〔47〕 9월 1일 : 〈상변례(喪變禮)〉 문상장(聞喪章)의 '문상불득분상(聞喪不得奔喪)'~'오자수몽졸(吳子壽夢卒)'[359] 5판

〔47.1〕 "부음을 듣고 상에 달려갈 수 없을 경우, 왼쪽 겉옷 소매를 다시 입고 머리에는 수질을 두르고 허리에는 교대를 두른다.〔聞喪不得奔喪, 襲、絰、絞帶.〕"[360]라는 구절에서, 여기의 '교대(絞帶)'는 정

괄발(括髮)하며, 중주인(衆主人)은 관(冠)을 벗고 문(免)을 한다. 시신을 실(室) 안에서 당으로 옮겨 내오면 주인은 용(踊)을 한 뒤 당 아래로 내려가 다시 용을 한 뒤 수질과 요질을 착용한다. '중주인'은 주인의 형제들, 즉 죽은 자의 아들들을 이른다.

359 상변례(喪變禮)……오자수몽졸(吳子壽夢卒) : '문상장(聞喪章)'은 《의례경전통해속》 〈상변례〉의 2번째 장이다.

360 부음을……두른다 : 《예기》 〈분상〉에는 '부음을 듣고 상에 달려갈 수 없을 경우' 다음에 "곡하여 슬픔을 다한다. 연고를 묻고 또 곡하여 슬픔을 다한다. 이에 자리를 만들어 괄발하고 왼쪽 겉옷 소매를 벗고 용(踊)을 이룬다.〔哭盡哀. 問故, 又哭盡哀. 乃爲位, 括髮、袒, 成踊.〕"라는 구절이 더 있다.

현의 주에 다시 해석하지 않았으니 또한 앞의 경문[361]에 대한 "대를 흩어 늘어뜨리지 않는 것이다.〔不散帶.〕"라는 주의 글을 그대로 이어받은 것이고 혁대(革帶)를 형상한 교대는 아닌 것인가? 《예기》〈잡기(雜記)〉에 "다른 곳에 살 때에 형제의 부음을 듣고 처음 삼을 두를 때 허리에 착용하는 대와 질의 삼을 흩어서 아래로 늘어뜨린다.〔異居, 聞兄弟之喪, 其始麻, 散帶、絰.〕"라고 하였으니,[362] 이것은 비록 형제의 상이라 할지라도 오히려 허리에 두르는 대의 삼을 흩어서 늘어뜨릴 수 있는 것이다. 더구나 부모의 상에 처음 부음을 듣고 삼을 꼬는 것이 가하겠는가.

〔48〕 9월 2일 : 〈상변례(喪變禮)〉 문상장(聞喪章)의 '증자여객립어문측(曾子與客立於門側)'～병유상장(竝有喪章)의 '주인유상(周人有喪)'[363] 6판

〔48.1〕 "만일 전상(前喪)과 후상(後喪)이 모두 삼년의 상이면 후상의 우제(虞祭)를 지나 삼으로 꼬아 만든 수질과 요질을 경질로 바꾼 뒤에〔如三年之喪, 則既潁〕"[364]라는 구절은, 앞 경문에서 이미 어머니

361 앞의 경문 : 279쪽 주351 참조.

362 예기……하였으니 : 282쪽 주356 참조.

363 상변례(喪變禮)……주인유상(周人有喪) : '문상장(聞喪章)'은 《의례경전통해속》〈상변례〉의 2번째 장이며, '병유상장(竝有喪章)'은 3번째 장이다.

364 만일……뒤에 : 《의례경전통해속》〈상변례〉의 3번째 장인 병유상장에 보인다. 《예기》〈잡기 하(雜記下)〉에 "만일 전상(前喪)과 후상(後喪)이 모두 삼년의 상이면 후상의 우제(虞祭)를 지나 삼으로 꼬아 만든 수질과 요질을 경질로 바꾼 뒤에는 전상의

의 상중에 아버지의 상을 벗는 예를 말하였는데,[365] 여기에서 또 "경질로 바꾼 뒤에 소상제와 대상제를 모두 행한다.〔既潁, 練、祥皆行.〕"라고 하였으니 뜻이 중첩되어 의심스럽다. 혹시 앞 경문에서 어머니의 상중에 아버지의 복을 벗는 것을 말한 것은, 아버지의 복을 벗는 것이 어머니의 장례 전에 있는데도 아버지의 복이 중함으로 인해 어머니를 위하여 그 예를 다 펼 수 없어서 그런 것인가? 다시 자세히 살펴야 할 것이다.

〔48.2〕 "증자가 물었다. '대부와 사에게 사사로운 상이 있어서'〔曾子問曰: 大夫、士有私喪〕"[366]라는 구절은, 이 장에 대한 공영달의 소의

소상제와 대상제를 모두 행한다.〔如三年之喪, 則既潁, 其練、祥皆行.〕"라는 내용이 보인다. '경질(潁絰)'은 우제를 지낸 뒤 갈질(葛絰)로 바꾸어 입어야 할 때 칡이 나지 않는 곳에서 대용으로 사용하는 것으로, '경'은 모시나 삼과 같은 종류의 풀 이름이다.

365 앞……말하였는데 : 《예기》 〈잡기 하(雜記下)〉에 "아버지의 상중에 있는데 만일 아버지의 상이 소상 뒤 대상 전에 있어 모두 끝마치기 전에 어머니가 돌아가셨으면 아버지의 상복을 벗을 때에 그 벗는 복인 대상제의 복을 입으며 대상제가 끝나면 어머니를 위한 상복을 다시 입는다.〔有父之喪, 如未沒喪而母死, 其除父之喪也, 服其除服, 卒事, 反喪服.〕"라는 내용이 보이는데, 《의례경전통해속》에는 이 구절 다음에 바로 이어서 '여삼년지상(如三年之喪)' 구절이 수록되어 있다.

366 증자(曾子)가……있어서 : 《의례경전통해속》 〈상변례〉의 3번째 장인 병유상장(竝有喪章)에 보인다. 《예기》 〈증자문(曾子問)〉에 "증자가 물었다. '대부와 사(士)에게 사사로운 상이 있어서 복을 벗을 때가 되었는데 군주의 상복이 있으면 그 사사로운 상의 복을 벗는 것은 어떻게 해야 합니까?' 공자가 대답하였다. '군주의 상복이 몸에 있으면 감히 사사로운 상의 복을 입지 못하니, 또 어떻게 사사로운 상의 복을 벗을 수가 있겠는가. 이에 때가 지나고도 복을 벗지 않는 경우가 있는 것이니, 군주의 상복을 벗은 뒤에야 부모의 상에 성대한 제사, 즉 소상제와 대상제를 지내는 것이 예(禮)이다.'

해석이 매우 의심스럽다. 증자(曾子)는 단지 "부모의 상에 복을 벗지 않는 것이 가합니까?〔父母之喪, 勿除可乎?〕"라고 물은 것인데, 공영달의 소에서는 두엇을 가지고 이것이 주로 지자(支子)를 위하여 질문한 것이라고 보았는가?[367] 증자가 만약 지자를 물은 것이라면 공자는 또 어찌 지자가 복을 벗지 않는 이유를 말하지 않고, 단지 "때가 지나면 제사 지내지 않는다.〔過時不祭.〕"라는 것으로 답하였는가? '때가 지나면 제사 지내지 않는 것'이 어찌 지자를 말한 것이겠는가. 만약 때가 지나면 지내지 않는 제사를 가지고 때가 지나도 복(服)을 벗지 않는 상(喪)을 비유하는 것이라고 한다면, 제사는 때가 지나면 지내지 않는데 상은 어찌 종신토록 복을 벗지 못한단 말인가?

증자가 물었다. '부모의 상에 복을 벗지 않는 것이 가합니까?' 공자가 대답하였다. '선왕이 예를 제정할 때에 때가 지나면 거행하지 않는 것이 예이다. 이는 능하지 못하여 복을 벗지 않는 것이 아니라 그 예제(禮制)를 넘을까 근심해서이다. 그러므로 군자가 때가 지나면 제사 지내지 않는 것이 예이다.'〔曾子問曰: 大夫、士有私喪, 可以除之矣, 而有君服焉, 其除之也如之何? 孔子曰: 有君喪服於身, 不敢私服, 又何除焉? 於是乎有過時而弗除也. 君之喪服除而后殷祭, 禮也. 曾子問曰: 父母之喪, 弗除可乎? 孔子曰: 先王制禮, 過時弗擧, 禮也. 非弗能勿除也, 患其過於制也, 故君子過時不祭, 禮也.〕"라는 내용이 보인다.

367 공영달의 소에서는……보았는가 : 공영달의 소는 다음과 같다. "정현의 주에 '주인을 말한 것이다. 만약 지자라면 군주의 복을 벗은 뒤에 뒤늦은 소상제와 대상제를 지내지 않는다.'라고 한 것은, 주인은 적자로 벼슬을 하는 자를 이른다. 적자는 제사를 주관하기 때문에 소상제와 대상제를 군주의 복을 벗기를 기다린 이후에 지내는 것이다. 만약 지자가 벼슬하는 것이라면, 비록 사사로운 복을 벗지 못한다 하더라도 그 집안의 적자가 이미 소상제와 대상제를 지냈으니 서자는 나중에도 다시 뒤늦게 지내는 제사가 없는 것이다.〔注云謂主人也支子則否者, 主人謂適子仕宦者, 適子主祭祀, 故二祥待除君服而後行也. 若支子仕宦, 雖不得除私服, 而其家適子已行祥祭, 庶子於後無所復追祭.〕"

내 생각에 증자의 이 질문은 앞의 경문의 공자의 말로 인해 '때가 지나도 복을 벗지 않는 것이 예에 맞느냐'고 해석한 것이다. 그러므로 공자가 또 '선왕이 예를 제정할 때에 감히 예제를 넘기지 못한다'는 뜻으로 대답한 것이다. 공자가 이른바 '제사'라는 것은 즉 상복을 벗는 제사이니, '때가 지나면 제사하지 않는다'는 것은 끝까지 제사 지내지 않는 것이 아니라 마땅히 제사 지내야 할 때에 제사 지낼 수 없는 것을 말한 것이다. 즉 군주의 상에 복을 벗으면 참으로 제사 지낼 수 있는 것이다. 이렇게 보는 것이 어떨지 모르겠다.

〔49〕 9월 3일 : 〈상변례(喪變禮)〉 도유상장(道有喪章)의 '제후행이사어관(諸侯行而死於館)'~'허목공졸(許穆公卒)'[368] 4판

〔49.1〕 "군주의 아들은 길복의 베로 만든 변(弁)에 삼으로 만든 환질을 두르고, 소최복을 입고, 짚신을 신고 상장을 짚는다.〔則子麻弁絰, 疏衰, 菲杖.〕"[369]라는 구절에 대해, 정현의 주에 "널이 아직 안정되지 않았기 때문에 차마 밖에서 성복하지 못하는 것이다.〔棺柩未安, 不忍成服於外.〕"라고 하였다. 공영달의 소에 "'소최'는 자최이다.〔疏衰, 齊衰也.〕"라고 하였는데, 성복(成服)을 했다면 참최복을 입어야 할 것이고 아직 성복을 하지 않았다면 심의(深衣)를 입어야 할 것이니, 자최복을 입는다는 것은 무슨 뜻인가? 어머니의 상이라면 이때

368 상변례(喪變禮)……허목공졸(許穆公卒) : '도유상장(道有喪章)'은 《의례경전통해속》 〈상변례〉의 4번째 장이다.

369 군주의……짚는다 : 원출처는 《예기》 〈증자문(曾子問)〉이다.

에도 마찬가지로 자최복을 입을 것인가?

〔50〕 9월 4일 : 〈상변례(喪變禮)〉 인길이흉장(因吉而凶章)의 '증자문왈장관자(曾子問曰將冠子)'~'증자문왈경대부장위시(曾子問曰卿大夫將爲尸)'[370] 9판

〔50.1〕 "제사 지내는 대상이 새로 죽은 자에게 복을 입어줄 친척 관계가 없으면〔所祭於死者無服〕"[371]이라는 구절에 대해, 정현의 주에 "예컨대 시마복을 입어주는 외삼촌, 외삼촌의 아들, 이종사촌 형제를 이른다.〔謂若舅、舅之子、從母昆弟.〕"라고 하였다. 동족의 시마친(緦麻親) 중에도 새로 죽은 자에게 상복을 입어줄 친속 관계가 없는 자가 있는데 반드시 외가의 친속으로 말을 한 것은, 비록 돌아가신 어머니의 위치에서는 상복을 입어줄 친척의 상이 났다 하더라도 지금 거행 중인 제사를 폐할 수 없음을 밝힌 것인가?

〔51〕 9월 5일 : 〈상변례(喪變禮)〉 인길이흉장(因吉而凶章)의 '빙군약홍(聘君若薨)'~인흉이길장(因凶而吉章)의 '대공지말가이관자(大功之末可以冠子)'[372] 9판

370 상변례(喪變禮)……증자문왈경대부장위시(曾子問曰卿大夫將爲尸) : '인길이흉장(因吉而凶章)'은 《의례경전통해속》 〈상변례〉의 5번째 장이다.

371 제사……없으면 : 원출처는 《예기》 〈증자문(曾子問)〉이다.

372 상변례(喪變禮)……대공지말가이관자(大功之末可以冠子) : '인흉이길장(因凶而吉章)'은 《의례경전통해속》 〈상변례〉의 6번째 장이다.

〔51.1〕 "대공상의 말에는 아들에게 관례를 행할 수 있다.〔大功之末, 可以冠子.〕"라는 단락에서, 아버지의 소공상에는 "부인을 맞이할 수 있다.〔可以取婦.〕"라고 하고, 자신의 소공상에는 "처를 맞이한다.〔娶妻.〕"라고 하였는데,[373] 모두 자신이 맞이하는 것을 말한다. 혹자는 '부인을 맞이한다〔取婦〕'는 것은 아들의 부인을 맞이하는 것이라고 하는데, 참으로 이 설대로라면 대공상의 끝에는 단지 '아들에게 관례를 행한다〔冠子〕'라고 하거나 '딸을 시집보낸다〔嫁子〕'라고만 하고 '부인을 맞이한다〔取婦〕'라고는 하지 않았는데, 이것은 여자가 시집가는 것과 남자가 아내를 맞이하는 것이 경중이 있어서 이렇게 말한 것인가? 그러므로 '부인을 맞이한다'는 것이 또한 자기가 맞이하는 것임을 아는 것이다.

〔52〕 9월 6일 : 〈상변례(喪變禮)〉 인흉이길장(因凶而吉章)의 '상삼년불제(喪三年不祭)'~〈조례(弔禮)〉 조장(弔章)의 '빈입경이사(賓入竟而死)'[374] 10판

373 대공상의……하였는데 : 《예기》 〈잡기 하〉에 "대공상의 말에는 아들에게 관례를 행할 수 있고 딸을 시집보낼 수 있다. 아버지의 소공상 말에는 아들에게 관례를 행할 수 있고 딸을 시집보낼 수 있으며 부인을 맞이할 수 있다. 자신이 비록 소공상 중에 있다 하더라도 이미 졸곡을 지냈으면 관례를 행하고 처를 맞이할 수 있다.〔大功之末, 可以冠子, 可以嫁子. 父小功之末, 可以冠子, 可以嫁子, 可以取婦. 己雖小功, 既卒哭, 可以冠、取妻.〕"라는 내용이 보인다.

374 상변례(喪變禮)……빈입경이사(賓入竟而死) : 〈조례(弔禮)〉는 《의례경전통해속》의 14번째 편명으로, 다음과 같이 모두 5장으로 이루어져 있다. (1)조(弔), (2)증상(贈喪), (3)집사(執事), (4)회장(會葬), (5)애유상(哀有喪)

〔52.1〕 "《주례》〈춘관 내종〉에 '일반적으로 경대부의 상에'〔內宗: 凡卿大夫之喪〕"[375]라는 구절에 대해, 《주례》 가공언의 소에 "조회 왔다가 왕의 도성에서 죽은 제후는 손님이니 왕후가 직접 가서 조문하는 것이다. 경대부는 자신의 신하이니 가볍기 때문에 왕후가 직접 가서 조문하지 않는다. 그러므로 내종을 보내어 가서 조문하는 일을 관장하게 하는 것이니, 정현의 주는 이것이 왕후를 위하여 관장하는 것임을 밝힌 것이다.〔諸侯爲賓, 王后弔臨之. 卿大夫己臣, 輕故王后不弔, 故遣內宗掌弔臨之事, 明爲后掌之.〕"라고 하였다. 여기 《의례경전통해속》에서 인용한 가공언의 소에는 이를 산삭하였으니[376] 오류가 있는 듯하다.

〔53〕 9월 7일 : 〈조례(弔禮)〉 조장(弔章)의 '군우구어로(君遇柩於路)'~'양문지개부사(陽門之介夫死)'[377] 10판

〔53.1〕 "알고 지내던 사람이 죽으면 그 죽은 자의 형제가 비록 죽은 자와 동거하지 않았던 자라 하더라도 모두 조문한다.〔所識, 其兄弟

375 주례……상에 : 《의례경전통해속》 〈조례〉의 1번째 장인 조장(弔章)에 보인다. 《주례》 〈춘관(春官) 내종(內宗)〉에 "'일반적으로 경대부의 상에, 가서 조문하는 일을 관장한다.'라고 하였다.〔內宗: 凡卿大夫之喪, 掌其弔臨.〕"라는 내용이 보인다.

376 여기……산삭하였으니 : 통행본 《의례경전통해속》에 '빈왕후(賓王后)'부터 '견내종(遣內宗)'까지 21자가 탈문되어 있는 것을 보충하였다는 교감기가 붙어 있다. 저자가 본 《의례경전통해속》에도 이 구절이 탈문되어 있었던 듯하다.

377 조례(弔禮)……양문지개부사(陽門之介夫死) : '조장(弔章)'은 《의례경전통해속》 〈조례〉의 1번째 장이다.

不同居者, 皆弔.〕”[378]라는 구절은, “비록 이웃에 살더라도 가서 조문하지 않는다.〔雖隣不往.〕”라는 의리로 재단한다면 ‘삼년상이 빈에 있을〔有殯〕’ 때 행할 것이 아니니, 황씨(皇氏 황간(皇侃))가 이른바 “별도로 한 장이 되어야 한다.〔別作一章.〕”[379]라는 것이 옳을 듯하다.

〔54〕 9월 8일 : 〈조례(弔禮)〉 증상장(贈喪章)의 ‘소재수기함수(小宰受其含襚)’~‘송경조졸(宋景曹卒)’[380] 12판

〔54.1〕 “군주는 다른 사람이 보내주는 수의를 사용하지 않는다. 친척이 보내온 수의는 받기는 하나 이것을 들고 방에 나아가 진열하지는

378 알고……조문한다 : 《예기》 〈단궁 상(檀弓上)〉에 “삼년상이 빈에 있어 아직 장례하기 전인데 멀리 사는 형제의 상을 들으면 비록 시마복을 입는 친척이라도 반드시 가서 조문해야 하고, 형제가 아니라면 비록 이웃에 살더라도 가서 조문하지 않는다. 죽은 사람의 형제와 알고 지낼 경우 그 형제가 비록 죽은 사람과 함께 살지 않은 자라 하더라도 모두 조문한다.〔有殯, 聞遠兄弟之喪, 雖緦必往; 非兄弟, 雖隣不往. 所識, 其兄弟不同居者, 皆弔.〕”라는 내용이 보인다.

379 황씨(皇氏)가……한다 : 가공언의 소에 다음과 같은 내용이 보인다. “황씨는 말하기를 ‘별도로 구분하여 문장을 다시 시작해야 하니, 「삼년상이 빈에 있을 때」의 일과 이어지지 않기 때문이다. 「알고 지내던 사람」이란 그 죽은 사람의 형제를 안다는 말이니, 이는 죽은 사람의 소공 이하의 친척이다. 이미 죽은 사람의 형제를 알고 있다면 비록 그 알고 지내는 사람이 죽은 사람과 함께 살지 않았다 하더라도 모두 일일이 가서 조문해야 한다.’라고 하였다. 옳은지 알 수 없으므로 두 설을 모두 남겨둔다.〔皇氏以爲別更起文, 不連有殯之事, 所識者謂識其死者之兄弟, 是小功以下之親, 旣識兄弟, 雖不同居, 皆一一就弔之. 未知然否, 故兩存焉.〕”

380 조례(弔禮)……송경조졸(宋景曹卒) : ‘증상장(贈喪章)’은 《의례경전통해속》 〈조례〉의 2번째 장이다.

않는다.〔君無襚. 親戚之衣, 受之, 不以卽陳.〕"[381]라는 구절은, 《의례》〈사상례(士喪禮)〉에서는 습(襲)과 소렴에 모두 서수(庶襚)를 진열하였는데[382] 여기에서 '이것을 들고 방에 나아가 진열하지는 않는다.'라고 한 것은, 또한 〈사상례〉에서 이른바 "대공친 이상의 친척이 수의를 올릴 경우에는 주인에게 명을 전하게 할 필요 없이 곧바로 방에 나아가 진열한다.〔親者襚, 不將命以卽陳.〕"라는 것과 같이, 진열하지 않는 것이 아니라 다만 다른 사람을 시키지 않고 자신이 직접 진열하는 것인 듯하다.

〔54.2〕"부의로 재화를 전하는 자가 이미 자기 주인의 명을 전하였으면 주인은 직접 받지 않는다.〔賻者旣致命, 主人無親受.〕"[383]라는 구절에 대해, 공영달의 소에 "절하고 받지 못하는 것이다.〔不得拜受.〕"라고 하였다. 《의례》〈사상례〉에 근거하면 주인은 바로 절을 하며 단지 직접 받지 않을 뿐이다.[384]

381 군주는……않는다 : 원출처는 《예기》〈상대기(喪大記)〉이다. '수(襚)'는 초상에 조문을 온 자가 죽은 자에게 보내는 옷이나 이불이다.

382 의례……진열하였는데 : 《의례》〈사상례(士喪禮)〉에 "방에 습(襲)에 필요한 의물을 진열한다.……사람들이 보내온 서수는 이어서 진열하는데 사용하지는 않는다.……그다음 날 소렴에 필요한 의물을 방에 진열한다.……사람들이 보내온 서수를 이어서 진열하는데 반드시 다 사용하는 것은 아니다.〔陳襲事于房中.……庶襚繼陳, 不用.……厥明, 陳衣于房.……陳衣繼之, 不必盡用.〕"라는 내용이 보인다.

383 부의로……않는다 : 원출처는 《예기》〈소의(少儀)〉이다.

384 의례……뿐이다 : 《의례》〈사상례(士喪禮)〉에 "서형제가 수의를 올릴 경우에는 먼저 사람을 시켜 실(室)에 들어가 주인에게 명을 전하게 한다. 주인이 시상(尸床)의 동쪽 자리에서 명을 전하는 사람에게 절한다. 명을 전하는 자가 수의를 시상 위, 시신의

〔55〕 9월 9일 : 〈조례(弔禮)〉 집사장(執事章)의 '천자제후지상(天子諸侯之喪)'~〈조례〉 끝[385] 6판

〔55.1〕 "조문 간 자가 상주와 서로 공경하여 종종걸음을 하는 사이라면 영구가 빈궁(殯宮)을 나가면 물러 나온다.〔相趨也, 出宮而退.〕"[386] 라는 구절에 대해, 공영달의 소에 "살아 있는 사람에게 조문한 것이다.〔弔生人.〕"라고 하였다. 이것은 '조문 간 자가 상주와 서로 공경하여 종종걸음을 하는 사이라면〔相趨〕' 이하의 구절이 모두 상주와 이러한 교분이 있다고 말한 것이니, 믿을 수 있는지 알지 못하겠다. 경문에 "붕우 간에는 우제와 부제를 지낸 뒤에 물러 나온다.〔朋友, 虞、祔而退.〕"[387]라고 한 것은, 앞의 "대공친이 남의 상을 주관하는데〔大功者主

동쪽에 둔다. 붕우가 수의를 올릴 경우에는 직접 옷을 들고 실로 들어간다. 주인이 붕우에게 절한다. 붕우가 서형제의 명을 전하는 자가 했던 것과 같이 수의를 올리고 물러 나온다.〔庶兄弟襚, 使人以將命于室. 主人拜于位, 委衣于尸東牀上. 朋友襚, 親以進. 主人拜. 委衣如初, 退.〕"라는 내용이 보인다.

385 조례(弔禮)……끝 : '집사장(執事章)'은 《의례경전통해속》 〈조례〉의 3번째 장이다.

386 조문……나온다 : 《의례경전통해속》 〈조례〉의 4번째 장인 회장장(會葬章)에 보인다. 《예기》 〈잡기 하(雜記下)〉에 "조문 간 자가 상주와 서로 공경하여 종종걸음을 하는 사이라면 영구가 빈궁(殯宮)을 나가면 물러 나오고, 서로 알고 지내어 읍하는 사이라면 영구가 대문 밖 애차에 이르면 물러 나오고, 서로 왕래하며 문안을 주고받는 사이라면 봉분을 조성한 뒤에 물러 나오고, 폐백을 잡고 서로 만나는 예를 행한 경우에는 반곡을 한 뒤에 물러 나오고, 붕우 간에는 우제와 부제를 지낸 뒤에 물러 나온다.〔相趨也, 出宮而退; 相揖也, 哀次而退; 相問也, 旣封而退; 相見也, 反哭而退; 朋友, 虞、附而退.〕"라는 내용이 보인다. 저본에서 '부(附)'를 '부(祔)'로 쓴 것은 통용하는 글자이기 때문에 무방한 것이다.

387 붕우……나온다 : 위 주386 참조.

人之喪]"라는 단락에서 "붕우 간에는 우제와 부제를 지내줄 뿐이다.〔朋友虞、祔.〕"라는 설[388]과 비슷하니, 죽은 자의 붕우인 듯하다.

〔56〕 9월 10일 : 〈상례의(喪禮義)〉 처음~'단괄발변야(袒括髮變也)'[389] 9판

〔57〕 9월 11일 : 〈상례의〉 중 '변질갈이장(弁絰葛而葬)'~'상례지범(喪禮之凡)' 10판

〔58〕 9월 12일 : 〈상례의〉 중 '목공지모졸(穆公之母卒)'~'공자왈지사이치사지(孔子曰之死而致死之)' 18판

〔59〕 9월 13일 : 〈상례의〉 중 '중헌언어증자(仲憲言於曾子)'~〈상례의〉 끝 22판

〔59.1〕 "자유가 장례의 의물(儀物)에 대해 묻자, 공자가 대답하였다. '재산이 없으면 머리와 발의 형체를 염할 뿐이다.'〔子游問喪具, 斂首足形.〕"[390]라는 구절에 대해, 공영달의 소에 "그 머리와 발을 염하여

388 앞의……설 : 272쪽 〔42.1〕 참조. 저본에는 '앞의'에 해당하는 원문이 '하(下)'로 되어 있으나, 문맥에 근거하여 '상(上)'으로 바로잡아 번역하였다.

389 상례의(喪禮義)……단괄발변야(袒括髮變也) : 〈상례의〉는 《의례경전통해속》의 15번째 편명이다.

390 자유(子游)가……뿐이다 : 《예기》 〈단궁 상(檀弓上)〉에 "자유가 장례의 의물에 대해 물었다. 공자가 대답하였다.……'재산이 없으면 머리와 발의 형체를 염할 뿐이

형체가 드러나지 않도록 하는 것이다.〔斂其首足, 不令形體露見.〕"라고 하였는데, 문세(文勢)가 온당치 못하다. '족형(足形)'은 '그 형체를 다한다〔足其形體〕'는 뜻인 듯하니, 형체를 가리기를 다하지 않음이 없다는 말이다.

〔59.2〕 "위나라에 개가한 자사의 어머니가 위나라에서 죽었다.〔子思之母死於衛.〕"[391]라는 구절에 대해, 공영달의 소에 초주(譙周)와 원준(袁準)의 설을 인용하여 "아버지가 돌아가시고 어머니가 개가했다면 아버지가 단절한 것이 아니니, 적자가 비록 제사를 주관하고 있다 하더라도 여전히 어머니를 위해 기년복을 입어야 한다.〔父卒母嫁, 非父所絶, 嫡子雖主祭, 猶宜服期.〕"라고 하였다. 그러나 그 아래 정현이 장일(張逸)에게 대답한 글에 이르러서는, 정현의 뜻이 '자사는 적자가 아니기 때문에 개가한 어머니를 위하여 상복을 입을 수 있다'는 것이라고 하였다. 두 뜻이 같지 않은데도 가부를 판단하지 않은 것은 무엇 때문인가? 내 생각에 쫓겨난 어머니든 개가한 어머니든 본족과 친족 관계가 끊어졌다는 점에서는 같다. 아버지의 후사가 된 자는 쫓겨난 어머니를 위하여 복을 입지 않으니, 어찌 유독 개가한 어머니에 대해서만 예를 달리하겠는가. 정현의 설이 옳을 듯하다.

〔60〕 9월 14일 : 〈오복도(五服圖)〉 처음~천자제후정통방기복도(天

다.'〔子游問喪具. 夫子曰……斂首足形.〕"라는 내용이 보인다.

391 위(衛)나라에……죽었다 : 원출처는 《예기》 〈단궁 상〉이다.

子諸侯正統旁期服圖)[392] 15판

〔61〕 9월 15일 : 〈오복도(五服圖)〉 대부강복혹불강도(大夫降服或不降圖)~처위부당복도(妻爲夫黨服圖)[393] 7판

〔61.1〕 기위모당복도(己爲母黨服圖)의 주자(朱子 주희(朱熹))의 주에 "자매는 형제에 대해 시집가기 전에는 기년복을 입어주고, 시집간 뒤에는 강복하여 대공복을 입어준다. 자매 자신들끼리는 도리어 강복하지 않기 때문에 이모를 위한 상복이 외삼촌을 위한 상복보다 중한 것이다.〔姊妹於兄弟, 未嫁期, 旣嫁則降爲大功. 姊妹之身却不降也, 故姨母重於舅也.〕"라고 하였다.[394] 자매 두 사람이 모두 출가하였

392 오복도(五服圖)……천자제후정통방기복도(天子諸侯正統旁期服圖) : 〈오복도〉는 《의례경전통해속》의 16번째 편명인 〈의례상복도(儀禮喪服圖)〉에서 분류한 주제 중 하나이며, '천자제후정통방기복도'는 〈오복도〉에 속한 하위 그림이다. 〈의례상복도〉는 크게 〈오복도〉, 〈오복의례(五服義例)〉, 〈오복식(五服式)〉, 〈오복고금연혁(五服古今沿革)〉 등 4개의 주제로 분류되어 있으며, 각각의 주제마다 다시 하위의 소주제들로 분류되어 있다. 〈오복도〉에는 본종복도(本宗服圖) 등 19개의 그림이 실려 있으며, '천자제후정통방기복도'는 이 가운데 5번째 그림이다. 《의례경전통해속》의 편명인 〈의례상복도〉는 판본에 따라 〈상복도식목록(喪服圖式目錄)〉으로 되어 있기도 하다. '천자제후정통방기복도'의 '복(服)'은 저본에는 없으나, 통행본 《의례경전통해속》에 근거하여 보충하였다.

393 오복도(五服圖)……처위부당복도(妻爲夫黨服圖) : '대부강복혹불강도(大夫降服或不降圖)'는 《의례경전통해속》 〈의례상복도〉 중 〈오복도〉의 6번째 그림이며, '처위부당복도'는 11번째 그림이다.

394 기위모당복도(己爲母黨服圖)의……하였다 : '기위모당복도'는 〈오복도〉의 8번째 그림이다. 기위모당복도에 근거하면 이모를 위해서는 소공복을 입어주며 외삼촌을 위

다면 다만 재차 강복하지 않을 뿐 서로를 위해 그 강복하여 대공복을 입는 점은 형제에 대해서와 똑같다. 그런데 주자는 이것으로 이모를 위한 상복이 외삼촌보다 중하다는 것을 증명하였으니, 감히 어떠한지 알지 못하겠다.

〔61.2〕 모당위기복도(母黨爲己服圖)의 이천(伊川 정이(程頤))의 주에 "다른 성을 위한 복은 단지 한 번만 미루어 입어줄 수 있다.……〔異姓之服, 只是推得一重云云.〕"라고 하였다.[395] 고모를 위한 복도 결국에는 또한 어머니를 위하여 미루어 입는 것인데, 지금 유독 "어머니를 위하여 미루어 복을 입었다면 외삼촌에 이르러서는 그친다.〔爲母而推, 則及舅而止.〕"라고 하였으니, 의심스럽다.

〔62〕 9월 16일 : 〈오복도(五服圖)〉 중 '무복이위위자(無服而爲位者)'~공경대부사위첩복도(公卿大夫士爲妾服圖)[396] 7판

해서는 시마복을 입어준다.

395 모당위기복도(母黨爲己服圖)의……하였다 : '모당위기복도'는 〈오복도〉의 9번째 그림이다. 정이(程頤)의 설에 "보답으로 입어주는 보복은 고모의 아들이 외삼촌의 아들을 위하여 복을 입어주는 것과 같은 것이다. 다른 성을 위한 복은 단지 한 번만 미루어 입어줄 수 있으니, 만약 어머니를 위하여 미루어 복을 입는다면 외삼촌에 이르러서는 그치며, 만약 고모를 위하여 미루어 복을 입는다면 고모의 아들에게까지 미칠 수 있다. 이 때문에 외삼촌의 아들에 대해서는 복이 없는 것이다.〔報服, 若姑之子爲舅之子服是也. 異姓之服, 只是推得一重. 若爲母而推, 則及舅而止. 若爲姑而推, 可以及其子, 故舅之子無服.〕"라는 내용이 보인다.

396 오복도(五服圖)……공경대부사위첩복도(公卿大夫士爲妾服圖) : '공경대부사위첩복도'는 《의례경전통해속》 〈의례상복도(儀禮喪服圖)〉 중 〈오복도〉의 19번째 그림이

〔62.1〕 신종군복도(臣從君服圖)에서 소군(小君 제후의 처)을 위하여 복을 입는 것[397]은 종복(從服)으로 논하여서는 안 될 듯하다.

〔63〕 9월 17일 : 〈오복의례(五服義例)〉 처음~〈오복식(五服式)〉 상거제도(喪車制圖)[398] 29판

〔64〕 9월 18일 : 〈오복식(五服式)〉 분상변복도(奔喪變服圖)~담복도(禫服圖)[399] 27판

〔64.1〕 남자연제복수복도(男子練除服受服圖)는 《예기》 〈복문(服問)〉의 "삼년의 상에 이미 소상제를 지냈는데〔三年之喪旣練矣〕"[400]라

다. '무복이위위자(無服而爲位者)'는 통행본 《의례경전통해속》에는 '부무복위위곡(附無服爲位哭)'이라는 소제목으로 별도로 구분되어 12번째 기위처당복도(己爲妻黨服圖)와 13번째 처당위기복도(妻黨爲己服圖) 다음에 14번째로 수록되어 있다.

397 신종군복도(臣從君服圖)에서……것 : 신종군복도는 《의례경전통해속》 〈의례상복도〉 중 〈오복도〉의 16번째 그림이다. 신종군복도에 근거하면 신하는 소군(小君)을 위하여 자최부장기복(齊衰不杖期服)을 입는다.

398 오복의례(五服義例)……상거제도(喪車制圖) : 〈오복의례〉는 《의례경전통해속》 〈의례상복도〉의 4개의 큰 분류 중 두 번째 분류에 해당하며, 이 아래에 다시 오복승수(五服升數), 강정의복례(降正義服例), 종보명가생복례(從報名加生服例) 등 3개의 소주제가 있다. 〈오복식(五服式)〉은 《의례경전통해속》 〈의례상복도〉의 4개의 큰 분류 중 세 번째 분류에 해당하며, 이 아래에 시사변복도(始死變服圖) 등 모두 17개의 그림이 수록되어 있다. '상거제도'는 이 가운데 8번째 그림이다.

399 오복식(五服式)……담복도(禫服圖) : '분상변복도(奔喪變服圖)'는 《의례경전통해속》 〈의례상복도〉 중 〈오복식〉의 9번째 그림이며, '담복도'는 17번째 그림이다.

400 삼년의……지냈는데 : 《예기》 〈복문(服問)〉에 "삼년의 상에 이미 소상제를 지내

는 구절에 대한 정현의 주와 공영달의 소에 근거하면 소상제를 지낼 때 요질(腰絰) 역시 바꾸어 착용하는데,[401] 여기 그림에는 수록되어 있지 않으니 무엇 때문인가?

〔65〕 9월 19일 : 〈본종복오복연혁(本宗服五服沿革)〉~〈본종복오복연혁〉 끝[402] 19판

〔65.1〕 "처가 쫓겨났는데 그 아들이 자기 어머니를 위하여 장기복을 입는다.〔出妻之子爲母杖期〕"[403]라는 조목의 원주에, 위현성(韋玄成)

고 기년의 상이 있어서 이미 장례를 마쳤으면, 예전에 띠던 삼년상의 갈대를 두르고 기년상의 수질을 머리에 두르며 대공복의 승수로 만든 상복을 입는다.〔三年之喪旣練矣, 有期之喪旣葬矣, 則帶其故葛帶, 絰期之絰, 服其功衰.〕"라는 내용이 보인다.

401 정현의……착용하는데 : 정현의 주에 "일반적으로 삼년의 상에 소상제를 지낸 뒤에 처음 자최상이나 대공상을 만나게 되면 수질과 요질에 모두 삼을 두른다.〔凡三年之喪旣練, 始遭齊衰、大功之喪, 絰帶皆麻.〕"라고 하였고, 공영달의 소는 다음과 같다. "'예전에 띠던 삼년상의 갈대를 두른다'는 것은 삼년상의 소상제 뒤에 착용했던 갈대를 이른다.〔則帶其故葛帶, 謂三年練之故葛帶也.〕" 이에 따르면 삼년상의 소상제 뒤에 마질(麻絰)을 갈질(葛絰)로 바꾸어 착용했다가 자최상을 만나면 다시 마질로 바꾸어 두르고, 자최상의 장례가 끝나면 다시 소상제 뒤에 착용했던 갈질로 바꾸어 착용하는 것이다.

402 본종복오복연혁(本宗服五服沿革)……끝 : 〈본종복오복연혁〉은 《의례경전통해속》〈의례상복도(儀禮喪服圖)〉의 4개의 큰 분류 중 네 번째 분류에 해당하며, 이 아래에 다시 삼년지상(三年之喪), 본종복(本宗服), 부당복(夫黨服), 모당복(母黨服), 여자자적인위본종복(女子子適人爲本宗服), 위고자매여자자적인자복(爲姑姊妹女子子適人者服), 강복(降服) 등 7개의 소주제가 있다. 〈본종복오복연혁〉은 판본에 따라 〈오복고금연혁(五服古今沿革)〉 또는 〈오복연혁(五服沿革)〉으로 되어 있기도 하다.

403 처가……입는다 : 〈본종복오복연혁〉 중 2번째 소주제인 본종복(本宗服)에 실린

은 아버지가 돌아가시고 개가한 어머니를 위하여 입는 상복을 논하면서, 한편으로는 "만약 기년복을 입는다면 이것은 아들이 어머니를 폄하하는 것이다.〔若服周, 則是子貶母也.〕"라고 하고, 다른 한편으로는 "쫓겨난 처의 아들과 똑같이 기년복을 입는다.〔與出妻子同服周.〕"라고 하여 스스로 어긋나니 의심스럽다.

〔66〕 9월 20일 : 〈특생궤식례(特牲饋食禮)〉 처음~진정배빈시생고기장(陳鼎拜賓視牲告期章)[404] 10판

조목이다.

404 특생궤식례(特牲饋食禮)……진정배빈시생고기장(陳鼎拜賓視牲告期章) : 〈특생궤식례〉는 《의례경전통해속》의 17번째 편명이자 《의례》의 15번째 편명으로, 제후의 사(士)가 희생으로 돼지를 써서 제사 지내는 의식을 기록한 것이다. 《의례경전통해속》 〈특생궤식례〉는 다음과 같이 모두 31장으로 이루어져 있다. (1)서일(筮日), (2)서시(筮尸), (3)숙시(宿尸), (4)숙빈(宿賓), (5)진정배빈시생고기(陳鼎拜賓視牲告期), (6)제일숙흥주인주부진설배빈즉위(祭日夙興主人主婦陳設拜賓卽位), (7)주인주부급축좌식진설음염(主人主婦及祝佐食陳設陰厭), (8)영시정제(迎尸正祭), (9)시작주인(尸醋主人), (10)주인헌축좌식(主人獻祝佐食), (11)주부아헌시(主婦亞獻尸), (12)시작주부(尸酢主婦), (13)주부헌축급좌식(主婦獻祝及佐食), (14)빈장헌시작지(賓長獻尸爵止), (15)주부치작우주인수작작작(主婦致爵于主人受爵酌醋), (16)주인치작우주부경작작작(主人致爵于主婦更爵酌醋), (17)빈작시지작급헌축좌식주인주부등(賓作尸止爵及獻祝佐食主人主婦等), (18)헌빈급중빈(獻賓及衆賓), (19)당하설준수빈빈전치(堂下設尊酬賓賓奠觶), (20)당하헌장형제중형제(堂下獻長兄弟衆兄弟), (21)헌내빈종부우방중(獻內賓宗婦于房中), (22)장형제위가작(長兄弟爲加爵), (23)중빈장위가작작지(衆賓長爲加爵爵止), (24)사거전(嗣擧奠), (25)제자거치우장형제(弟子擧觶于長兄弟), (26)여수급무산작(旅酬及無算爵), (27)시졸식(尸卒食), (28)사시례필(事尸禮畢), (29)준(餕), (30)철조장용지위연(徹俎將用之爲燕), (31)개찬서북우양염(改饌西北隅陽厭). '진정배빈시생고기장(陳鼎拜賓視牲告期章)'의 '시(視)'는 저본에는 '축

〔66.1〕 "어는 정(鼎)의 남쪽에 놓는다.〔棜在其南.〕"[405]라는 구절에 대해, 가공언의 소에 "길례와 다르게 한 것이다.……〔變吉云云〕"라고 하였다.[406] 이것은 〈특생궤식례〉를 길하지 않다고 본 것이 아니라, 바로 우제(虞祭) 때 살아 있는 희생을 진열해놓는 것이 이와 다른 것을 가리켜서 말한 것뿐이다. 다시 자세히 살펴야 할 것이다.

〔67〕 9월 21일 : 〈특생궤식례〉 제일숙흥주인주부진설배빈즉위장(祭日夙興主人主婦陳設拜賓卽位章)의 '숙흥주인복여초(夙興主人服如初)'~주인주부급축좌식진설음염장(主人主婦及祝佐食陳設陰厭章)의 '기조심

(祝)'으로 되어 있으나, 통행본 《의례경전통해속》에 근거하여 바로잡아 번역하였다.

405 어(棜)는……놓는다 : 《의례경전통해속》 〈특생궤식례〉의 5번째 장인 진정배빈시생고기장에 "어(棜)는 정(鼎)의 남쪽에 정과 남쪽으로 일직선이 되도록 놓으며, 그 위에 통째로 말린 토끼 고기를 머리가 동쪽으로 가도록 담는다. 살아 있는 큰 돼지를 어의 서쪽에 놓는데, 머리가 북쪽, 발이 동쪽으로 가도록 놓는다.〔棜在其南, 南順, 實獸于其上, 東首. 牲在其西, 北首東足.〕"라는 내용이 보인다. '어'는 음식을 나르는 갸자이다.

406 가공언의……하였다 : 가공언의 소는 다음과 같다. "《의례》 〈사우례 기〉에 '살아 있는 희생을 침문 밖에 진열하는데 머리를 북쪽으로 가게 하고 서쪽을 상위로 하여 눕혀놓는다.'라고 하였는데, 정현의 주에 '「희생」이라고 말한 것은 통째로 말린 토끼 고기도 그 안에 들어 있는 것이다. 「서쪽을 상위로 한다」는 것은 길례와 다르게 한 것이다.'라고 하였다.……〈사우례〉 정현의 주에 '길례와 다르게 한 것이다'라고 한 것은, 〈사우례〉의 희생은 '머리를 북쪽으로 가게 하고 서쪽을 상위로 하여 눕혀놓는다'고 하였으니 명백히 말린 토끼 고기 역시 머리를 북쪽으로 가게 한 것을 알 수 있다. 그런데 여기 〈특생궤식례〉에서는 말린 토끼 고기를 어(棜)의 위에 머리가 동쪽으로 가도록 담아서 살아있는 희생과 통일되게 하지 않았기 때문에 '길례와 다르게 한 것이다'고 말한 것이다.〔士虞記 : 陳牲于廟門外, 北首西上. 鄭注云 : 言牲, 腊在其中, 西上, 變吉.……彼云變吉者, 彼牲云北首西上, 明腊亦北首可知. 此實獸棜上東首, 不與牲相統, 故云變吉.〕"

설(肵俎心舌)'[407] 7판

〔68〕 9월 22일 : 〈특생궤식례〉 영시정제장(迎尸正祭章)의 '축영시우문외(祝迎尸于門外)'~'시좌집각(尸左執角)'[408] 4판

〔68.1〕 "좌식이 시동이 남긴 음식을 기조에 담는다.〔佐食盛肵俎.〕"라는 구절에 대해, 가공언의 소에 "비를 담고, 순을 담고, 횡척도 함께 담아서 시동의 집에 보낸다.〔盛臂, 盛肫, 及橫脊以歸.〕"라고 하여 단협(短脅)만 유독 누락되었으니 의심스럽다.[409]

407 특생궤식례……기조심설(肵俎心舌) : '제일숙흥주인주부진설배빈즉위장(祭日夙興主人主婦陳設拜賓卽位章)'은 《의례경전통해속》 〈특생궤식례〉의 6번째 장이며, '주인주부급축좌식진설음염장(主人主婦及祝佐食陳設陰厭章)'은 7번째 장이다.

408 특생궤식례……시좌집각(尸左執角) : '영시정제장(迎尸正祭章)'은 《의례경전통해속》 〈특생궤식례〉의 8번째 장이다.

409 가공언의……의심스럽다 : 본문에서 제시한 경문 바로 뒤에 "조(俎)마다 3개씩 남겨놓는다.〔俎釋三个.〕"라는 말이 보이는데, 본문에서는 단협(短脅)의 누락만을 언급하였으나 정현의 주에 따르면 이때 남겨놓는 음식은 시생(豕牲)과 토석(兎腊)은 각각 정척(正脊) 1골(骨), 장협(長脅) 1골, 노(臑) 1골이며, 물고기는 3마리이니, 그렇다면 기조(肵俎) 위에는 다음의 음식이 담겨 있어야 한다. 애초에 정(鼎)에서 꺼내 담았던 시생(豕牲)의 염통과 혀, 9반(飯) 때 진제(振祭)하고 맛보았던 시생과 토석의 이폐(離肺) 1조각, 정척(正脊) 1골, 장협(長脅) 1골, 우격(右骼) 1골, 우견(右肩) 1골, 물고기 3마리, 9반 이후 진제 없이 시조(尸俎)에서 바로 옮겨 담은 시생과 토석의 우비(右臂) 1골, 우순(右肫) 1골, 정척(正脊) 1골, 횡척(橫脊) 1골, 장협(長脅) 1골, 단협(短脅) 1골, 물고기 9마리가 담기게 된다. 일반적으로 생체(牲體)는 21절(節)로 나눈다. 앞다리는 위쪽부터 견(肩)·비(臂)·노(臑) 3절로 이루어져 오른쪽과 왼쪽 다리 합쳐서 모두 6절이다. 뒷다리는 위쪽부터 비(髀)·순(肫) 또는 순(膞)·격(胳) 또는 격(骼) 3절로 이루어져 오른쪽과 왼쪽 다리 합쳐서 모두 6절이다. 중앙에는 정척(正脊)·정척

〔69〕 9월 23일 : 〈특생궤식례〉 영시정제장(迎尸正祭章)의 '기옥시관자일인(記沃尸盥者一人)'~시작주인장(尸醋主人章)의 '주인출사색(主人出寫嗇)'[410] 3판

〔69.1〕 "주인이 왼손으로 술잔을 잡는다. 재배계수한다.〔主人左執角. 再拜稽首.〕"[411]라는 구절에서, 절할 때에는 술잔을 잡는 것이 어려울 뿐 아니라 《의례》 〈소뢰궤식례(少牢饋食禮)〉에 근거하면 축(祝)이 주인에게 축원하는 말을 마치면 "주인이 앉아서 술잔을 내려놓고 일어나 재배계수하니〔主人坐奠爵, 興再拜稽首〕", 그렇다면 여기 〈특생궤식례〉에서도 술잔을 내려놓은 뒤에 절을 하는 듯하다. 오류가 있는 듯하니 다시 자세히 살펴보아야 할 것이다.

〔70〕 9월 24일 : 〈특생궤식례〉 주인헌축좌식장(主人獻祝佐食章)의 '연축남면(筵祝南面)'~주부헌축급좌식장(主婦獻祝及佐食章)의 '헌축변번종(獻祝籩燔從)'[412] 3판

(脡脊)·횡척(橫脊)이 각 1절로 이루어져 모두 3절이다. 척(脊)의 양쪽으로 단협(短脅)·장협(長脅) 또는 정협(正脅)·대협(代脅)이 각 2절로 이루어져 모두 6절이다. 가공언의 소에 따르면 뒷다리에는 또 곡(觳)이 있는데, 일반적으로 앞쪽이 뒤쪽보다 귀하기 때문에 곡은 21체에 넣지 않으며 정(鼎)에도 담지 않는다. 또한 비(髀)는 항문과 가깝기 때문에 정조(正俎)에는 담지 않는다.

410 특생궤식례……주인출사색(主人出寫嗇) : '영시정제장(迎尸正祭章)'은 《의례경전통해속》 〈특생궤식례〉의 8번째 장이며, '시작주인장(尸醋主人章)'은 9번째 장이다.

411 주인이……재배계수한다 : 《의례경전통해속》 〈특생궤식례〉의 9번째 장인 시작주인장에 보인다.

412 특생궤식례……헌축변번종(獻祝籩燔從) : '주인헌축좌식장(主人獻祝佐食章)'

〔71〕 9월 25일 : 〈특생궤식례〉 빈장헌시작지장(賓長獻尸爵止章)의 '빈삼헌(賓三獻)'~헌빈급중빈장(獻賓及衆賓章)의 '중빈승배수작(衆賓升拜受爵)'[413] 5판

〔71.1〕 "중빈이 당에 올라가 절하고 주인에게서 잔을 받는다.〔衆賓升, 拜受爵.〕"라는 구절은, 반드시 중빈(衆賓)이 당에서 내려온 뒤에 포와 젓갈, 절조(折俎)를 그들의 자리에 진설해야 한다. 포와 젓갈, 절조를 진설하면 주인이 나아가 답배하고, 답배한 뒤에는 이어서 당을 내려가 대상자〔篚〕 안에 빈 술잔을 담는다.[414] 그렇다면 중빈이 이미 당 아래에 있는데 주인은 당 위에서 절을 하는 것인가? 그 절하는 위치와 방향은 또 어떠해야 하는가?

〔72〕 9월 26일 : 〈특생궤식례〉 헌빈급중빈장(獻賓及衆賓章)의 '기빈

은 《의례경전통해속》 〈특생궤식례〉의 10번째 장이며, '주부헌축급좌식장(主婦獻祝及佐食章)'은 13번째 장이다. '번(燔)'은 저본에는 '번(膰)'으로 되어 있으나, 통행본 《의례경전통해속》 및 《의례》에 근거하여 바로잡아 번역하였다.

413 특생궤식례……중빈승배수작(衆賓升拜受爵) : '빈장헌시작지장(賓長獻尸爵止章)'은 《의례경전통해속》 〈특생궤식례〉의 14번째 장이며, '헌빈급중빈장(獻賓及衆賓章)'은 18번째 장이다.

414 반드시……담는다 : 《의례》 〈특생궤식례〉에 "중빈이 당에 올라가 절하고 주인에게서 잔을 받는다. 앉아서 고수레하고 일어나 마신다. 포와 젓갈, 절조(折俎)를 당 아래 중빈 각각의 자리 앞에 두루 진설한다. 주인이 그들 모두에게 일일이 답배하고 마지막 중빈이 마신 빈 잔을 받아 들고 당을 내려가 당 아래의 대상자 안에 넣는다.〔衆賓升, 拜受爵, 坐祭, 立飮. 薦、俎設于其位, 辯. 主人備答拜焉, 降, 實爵于篚.〕"라는 내용이 보인다.

여장형제지천(記賓與長兄弟之薦)'~'사신문동북면(私臣門東北面)'[415] 4판

〔73〕 9월 27일 : 〈특생궤식례〉 헌내빈종부우방중장(獻內賓宗婦于房中章)의 '세헌내형제(洗獻內兄弟)'~제자거치우장형제장(弟子擧觶于長兄弟章)의 '형제제자세작(兄弟弟子洗酌)'[416] 4판

〔74〕 9월 28일 : 〈특생궤식례〉 여수급무산작장(旅酬及無算爵章)의 '종인고제증(宗人告祭脀)'~〈특생궤식례〉 끝[417] 11판

〔74.1〕 "장형제가 장빈에게 수주를 올리는데 장빈이 장형제에게 수주를 올릴 때의 의절과 같이 한다.〔長兄弟酬賓, 如賓酬兄弟之儀.〕"[418] 라는 구절은, 살펴보면 이 앞의 경문에서 장빈이 앉아서 술잔을 취하여 장형제에게 올린 뒤에 읍을 하고 자기 자리로 돌아갔으니, 이것이

415 특생궤식례……사신문동북면(私臣門東北面) : '헌빈급중빈장(獻賓及衆賓章)'은 《의례경전통해속》 〈특생궤식례〉의 18번째 장이다.

416 특생궤식례……형제제자세작(兄弟弟子洗酌) : '헌내빈종부우방중장(獻內賓宗婦于房中章)'은 《의례경전통해속》 〈특생궤식례〉의 21번째 장이며, '제자거치우장형제장(弟子擧觶于長兄弟章)'은 25번째 장이다. 중간에 19번째 장인 당하설준수빈빈전치장(堂下設尊酬賓賓奠觶章)과 20번째 장인 당하헌장형제중형제장(堂下獻長兄弟衆兄弟章)이 빠져 있다.

417 특생궤식례……끝 : '여수급무산작장(旅酬及無算爵章)'은 《의례경전통해속》 〈특생궤식례〉의 26번째 장이다.

418 장형제(長兄弟)가……한다 : 《의례경전통해속》 〈특생궤식례〉의 26번째 장인 여수급무산작장에 보인다.

바로 이른바 '장빈이 장형제에게 수주를 올리는 의절'이다. 그리고 "장형제가 앉아서 장빈이 수주했던 잔을 들고 일어나 서쪽 계단 앞으로 가서 북향하고 서면, 중빈장이 장형제의 왼쪽(서쪽)에서 여수주(旅酬酒)를 받기를 장빈이 장형제에게서 수주를 올릴 때와 같이 한다.〔長兄弟西階前北面, 衆賓長左受旅如初.〕"라고 한 것은, 형제가 도로 빈에게 수주를 올리는 것인 듯하다. 그런데 지금 또 "장형제가 장빈에게 수주를 올리는데 장빈이 장형제에게 수주를 올릴 때의 의절과 같이 한다."라고 한 것은 무엇 때문인가? 혹시 앞에서 칭한 '중빈장'은 정빈(正賓)이 아니어서 그런 것인가? 앞뒤의 경문을 살펴보면 다만 빈과 중빈의 등급만이 있으니, 이 밖에 또 중빈장 한 사람이 있어서는 안 된다. 의심스럽다.

〔75〕 9월 29일 : 〈소뢰궤식례(少牢饋食禮)〉 처음~시살시탁장(視殺視濯章)의 '사궁개두변(司宮摡豆籩)'[419] 8판

419 소뢰궤식례(少牢饋食禮)……사궁개두변(司宮摡豆籩) : 〈소뢰궤식례〉는 《의례경전통해속》의 18번째 편명이자 《의례》의 16번째 편명으로, 제후의 경대부가 희생으로 양과 돼지를 써서 제사 지내는 의식을 기록한 것이다. 《의례경전통해속》〈소뢰궤식례〉는 다음과 같이 모두 14장으로 이루어져 있다. (1)경대부제전십일선서일(卿大夫祭前十日先筮日), (2)서시숙시급숙제관(筮尸宿尸及宿諸官), (3)종인청제기(宗人請祭期), (4)시살시탁(視殺視濯), (5)실정급두변반이등(實鼎及豆籩槃匜等), (6)거정비재(擧鼎匕載), (7)영시지전선위음염(迎尸之前先爲陰厭), (8)시입정제(尸入正祭), (9)주인인시시작주인명축하(主人酳尸尸酢主人命祝嘏), (10)주인헌축여좌식(主人獻祝與佐食), (11)주부아헌시급헌축여좌식(主婦亞獻尸及獻祝與佐食), (12)빈장헌시급축(賓長獻尸及祝), (13)제사필시출묘(祭祀畢尸出廟), (14)철기조행준(徹肵俎行餕)

〔75.1〕 "주인이 점칠 말을 다음과 같이 명한다. '효손 모가'〔主人曰 : 孝孫某〕"[420]라는 구절에 대해, 정현의 주에 " '모비'는 '모처'이다. '모씨'는 강씨나 자씨라고 말하는 것과 같다.〔某妃, 某妻也. 某氏, 若言姜氏、子氏也.〕"라고 하였다. 그렇다면 이른바 '모비(某妃)'라는 것은 즉 원비(元妃)나 차비(次妃)를 가리켜 말한 것인가?

〔76〕 10월 1일 : 〈소뢰궤식례〉 실정급두변반이등장(實鼎及豆籩槃匜等章)의 '갱정(羹定)'~'소축설반이(小祝設槃匜)'[421] 3판

〔77〕 10월 2일 : 〈소뢰궤식례〉 거정비재장(擧鼎匕載章)의 '주인조복(主人朝服)'~'부구이조(膚九而俎)'[422] 5판

〔78〕 10월 3일 : 〈소뢰궤식례〉 영시지전선위음염장(迎尸之前先爲陰厭章)의 '졸증축관(卒脀祝盥)'~시입정제장(尸入正祭章)의 '상좌식거시뢰(上佐食擧尸牢)'[423] 5판

420 주인이……모가 : 《의례경전통해속》 〈소뢰궤식례〉의 1번째 장인 경대부제전십일선서일장에 "주인이 점칠 말을 다음과 같이 명한다. '효손 모(주인의 이름)가 오는 정해일에 세시의 제사를 황조 백모(황조의 자)께 올리고, 아울러 모비를 황조 모씨께 배향하고자 합니다. 부디 흠향하소서.'〔主人曰: 孝孫某, 來日丁亥, 用薦歲事于皇祖伯某, 以某妃配某氏. 尙饗.〕"라는 내용이 보인다.

421 소뢰궤식례……소축설반이(小祝設槃匜) : '실정급두변반이등장(實鼎及豆籩槃匜等章)'은 《의례경전통해속》 〈소뢰궤식례〉의 5번째 장이다.

422 소뢰궤식례……부구이조(膚九而俎) : '거정비재장(擧鼎匕載章)'은 《의례경전통해속》 〈소뢰궤식례〉의 6번째 장이다.

423 소뢰궤식례……상좌식거시뢰(上佐食擧尸牢) : '영시지전선위음염장(迎尸之前

〔79〕 10월 4일 : 〈소뢰궤식례〉 주인인시시작주인명축하장(主人酳尸尸酢主人命祝嘏章)의 '주인강세작(主人降洗爵)'~주인헌축여좌식장(主人獻祝與佐食章)의 '주인우헌(主人又獻)'[424] 4판

〔80〕 10월 6일 : 〈소뢰궤식례〉 주부아헌시급헌축여좌식장(主婦亞獻尸及獻祝與佐食章)의 '유사찬자(有司贊者)'~〈소뢰궤식례〉 끝[425] 5판

〔81〕 10월 7일 : 〈유사철(有司徹)〉 처음~선유병영시급유장(選侑幷迎尸及侑章)의 '주인선승(主人先升)'[426] 4판

先爲陰厭章)'은 《의례경전통해속》 〈소뢰궤식례〉의 7번째 장이며, '시입정제장(尸入正祭章)'은 8번째 장이다.

424 소뢰궤식례……주인우헌(主人又獻) : '주인인시시작주인명축하장(主人酳尸尸酢主人命祝嘏章)'은 《의례경전통해속》 〈소뢰궤식례〉의 9번째 장이며, '주인헌축여좌식장(主人獻祝與佐食章)'은 10번째 장이다.

425 소뢰궤식례……끝 : '주부아헌시급헌축여좌식장(主婦亞獻尸及獻祝與佐食章)'은 《의례경전통해속》 〈소뢰궤식례〉의 11번째 장이다. 저본에는 동년 10월 5일의 기록이 없는데, 《의례경전통해속》의 내용이 10월 4일의 독서 범위와 이어지는 것을 볼 때 5일에 다른 일이 있어 글을 읽지 못했던 듯하다.

426 유사철(有司徹)……주인선승(主人先升) : 〈유사철〉은 《의례경전통해속》의 19번째 편명이자 《의례》의 17번째 편명으로, 〈소뢰궤식례〉의 하편이라 할 수 있다. 〈소뢰궤식례〉가 경대부의 정제(正祭) 의식이라면, 〈유사철〉은 정제가 끝난 뒤 당 위에서 시동을 손님으로 대접하는 상대부의 예 및 손님으로 대접하지 않는 하대부의 경우 실(室) 안에서 행하는 정제 중 시동의 8반(飯) 이후의 예를 기록하였다. 《의례경전통해속》 〈유사철〉은 다음과 같이 모두 28장으로 이루어져 있다. (1)철실내지궤급섬시조(徹室內之饋及燅尸俎), (2)선유병영시급유(選侑幷迎尸及侑), (3)문외거정비조입진우묘문(門外擧鼎匕俎入陳于廟門), (4)주인헌시주부천두변(主人獻尸主婦薦豆籩), (5)사마사사재조(司馬司士載俎), (6)주인헌시(主人獻尸), (7)주인헌유(主人獻侑), (8)주

〔81.1〕 인용한 정현의 《삼례목록(三禮目錄)》 내용 중 '례(禮)'[427] 다음에 중국 판본에는 "만약 하대부라면 제사가 끝난 뒤 실 안에서 시동에게 대접하는 예를 베풀며, 별도로 당 위에서 시동에게 손님으로 대접하는 일을 행하지 않는다.〔若下大夫, 祭畢, 禮尸於室中, 無別行儐尸於堂之事.〕"라는 20자가 있다. 지금 이 판본에는 "제사가 끝난 뒤 실 안에서 시동에게 대접한다.〔祭畢, 禮尸於室中.〕"라는 7글자만 남아 있으니 문장의 뜻이 이루어지지 않는다.

인수시작(主人受尸酢), (9)주부아헌(主婦亞獻), (10)주부치작우주인(主婦致爵于主人), (11)시작주부(尸酢主婦), (12)빈장삼헌시시전작미거(賓長三獻尸尸奠爵未擧), (13)주인수시설수(主人酬尸設羞), (14)주인헌빈편작자작(主人獻賓辯酌自酢), (15)주인세치수빈빈전천좌(主人洗觶酬賓賓奠薦左), (16)주인헌형제어조계(主人獻兄弟於阼階), (17)주인헌내빈우방중(主人獻內賓于房中), (18)주인헌사인우조계상(主人獻私人于阼階上), (19)시작삼헌지작삼헌우헌유급주인(尸作三獻之爵三獻又獻侑及主人), (20)여수종시급상하무불편(旅酬從尸及上下無不徧), (21)형제거치어기장형제(兄弟擧觶於其長兄弟), (22)빈장헌시차빈거작우시갱위여수(賓長獻尸次賓擧爵于尸更爲旅酬), (23)당하행무산작예종시유출주인송우묘문외(堂下行無算爵禮終尸侑出主人送于廟門外), (24)하대부불빈시여빈시이동(下大夫不賓尸與賓尸異同), (25)주부아헌시급축주인헌이좌식(主婦亞獻尸及祝主人獻二佐食), (26)빈장헌시축좌식병치작주인주부(賓長獻尸祝佐食幷致爵主人主婦), (27)주인헌중빈형제내빈사인편(主人獻衆賓兄弟內賓私人辯), (28)예필준철양염(禮畢餕徹陽厭). 다만 마지막 제28장의 장 제목은 없는 판본도 있고 다른 이름으로 된 판본도 있다.

427 례(禮) : 저본에는 '제(祭)'로 되어 있으나, 통행본 《의례경전통해속》 및 《의례주소》의 "정현의 《삼례목록》에 이르기를 '이 편은 〈소뢰궤식례〉의 하편이니, 상대부가 제사를 마친 뒤에 당에서 시동을 손님으로 대접하는 예이다. 만약 하대부라면……〔鄭目錄云: 少牢之下篇也, 上大夫旣祭, 儐尸於堂之禮. 若下大夫……〕"이라는 구절에 근거하여 바로잡아 번역하였다.

〔82〕 10월 8일 : 〈유사철〉 문외거정비조입진우묘문장(門外擧鼎匕俎入陳于廟門章)의 '주인동영동(主人東楹東)'~주인헌시주부천두변장(主人獻尸主婦薦豆籩章)의 '주부자동방(主婦自東房)'[428] 4판

〔83〕 10월 9일 : 〈유사철〉 사마사사재조장(司馬司士載俎章)의 '내승(乃升)'~'사사비어(司士朼魚)'[429] 5판

〔84〕 10월 10일 : 〈유사철〉 주인헌시장(主人獻尸章)의 '졸승(卒升)'~주인수시작장(主人受尸酢章)의 '시유개답재배(尸侑皆答再拜)'[430] 5판

〔84.1〕 "시동이 자리의 끝에 앉아서 술을 맛본다.〔尸席末坐啐酒.〕"[431] 라는 구절에 대한 정현의 주 중 '길(吉)'은 '고(告)'가 되어야 한다.[432]

428 유사철……주부자동방(主婦自東房) : '문외거정비조입진우묘문장(門外擧鼎匕俎入陳于廟門章)'은 《의례경전통해속》 〈소뢰궤식례〉의 3번째 장이며, '주인헌시주부천두변장(主人獻尸主婦薦豆籩章)'은 4번째 장이다. '동방(東房)'은 저본에는 '동방(東方)'으로 되어 있으나, 통행본 《의례경전통해속》 및 《의례》에 근거하여 바로잡아 번역하였다.

429 유사철……사사비어(司士朼魚) : '사마사사재조장(司馬司士載俎章)'은 《의례경전통해속》 〈소뢰궤식례〉의 5번째 장이다.

430 유사철……시유개답재배(尸侑皆答再拜) : '주인헌시장(主人獻尸章)'은 《의례경전통해속》 〈소뢰궤식례〉의 6번째 장이며, '주인수시작장(主人受尸酢章)'은 8번째 장이다.

431 시동이……맛본다 : 《의례경전통해속》 〈소뢰궤식례〉의 6번째 장인 주인헌시장에 보인다.

432 정현의……한다 : 정현의 주는 다음과 같다. "절을 하여 술이 맛 좋다고 고하는 것은 주인의 뜻에 답하는 것이다.〔拜告酒美, 答主人意.〕"

가공언의 소 중 '구시례미빈(具尸禮彌儐)'은 '빈시례미구(儐尸禮彌具)'가 되어야 할 듯하니,[433] 다시 살펴보아야 할 것이다.

〔84.2〕 "사마가 양육읍조(羊肉湆俎)를 올리는데, 양육읍조를 양조의 남쪽에 세로로 놓는다.〔司馬羞羊肉湆, 縮俎于羊湆俎南.〕"[434]라는 구절은, 살펴보면 앞의 경문 중 "차빈이 양비읍조(羊匕湆俎)를 세로로 들고〔次賓縮執匕俎.〕"라는 구절에서 담는 곳을 말하지 않고 끝에 가서 "차빈이 소비(疏匕)를 양비읍조 위에 세로로 놓고 이 조를 들고 당을 내려간다.〔縮匕于俎上以降.〕"라고 하였으니,[435] 도로 조를 들고

433 가공언의……듯하니 : 가공언의 소는 다음과 같다. "앞 편 〈소뢰궤식례〉에서 시동이 술을 맛보지 않고 잔을 내려놓으며 술맛이 좋다고 주인에게 고하지 않는 것은, 대부의 예는 시동이 더욱 높기 때문이다. 그러나 시동을 손님으로 대접하는 예에 이르러서는 시동이 술을 맛보고 맛이 좋다고 고하는 것은, 신의 역할을 할 때 술잔을 내려놓았던 것과 달리 '시동을 손님으로 대접하는 예가 더욱 갖추어졌기 때문이다.'〔上篇少牢尸不啐奠, 不告旨, 大夫之禮, 尸彌尊. 至於儐尸, 啐酒告旨者, 異於神奠, 具尸禮彌儐故也.〕" '시동을 손님으로 대접하는 예가 더욱 갖추어졌기 때문이다'라는 저자의 설에 따라 원문의 '구시례미빈(具尸禮彌儐)'을 '빈시례미구(儐尸禮彌具)'로 바꾸어 번역한 것이다.

434 사마(司馬)가……놓는다 : 《의례경전통해속》 〈소뢰궤식례〉의 6번째 장인 주인헌시장(主人獻尸章)에 "사마가 양육읍조를 올리는데 조를 세로로 잡고 올린다. 시동이 앉아서 잔을 내려놓고 일어나 양육읍조의 폐를 취하여 앉아서 폐의 끝부분을 손으로 잘라 고수레한 뒤 맛보고 일어나 양육읍조에 되돌려놓는다. 사마가 양육읍조를 양조의 남쪽에 세로로 놓고, 이어 양육읍조의 음식을 정조(正俎)인 양조에 옮긴다. 양조에 다 옮겨 담은 뒤에 빈 양육읍조를 세로로 들고 당을 내려간다.〔司馬羞羊肉湆, 縮執俎. 尸坐奠爵, 興取肺, 坐絶祭, 嚌之, 興反加于俎. 司馬縮奠俎于羊湆俎南, 乃載于羊俎. 卒載, 俎縮執俎以降.〕"라는 내용이 보인다. 이 중 '양읍조(羊湆俎)'의 '읍'은 통설에 따라 연문으로 보고 번역하지 않았다.

435 앞의……하였으니 : 경문은 다음과 같다. "차빈이 양비읍조를 세로로 들고 당에

당을 내려가는 듯하다. 만약 그렇다면 여기의 '양읍(羊湆)'의 '읍'은 연문(衍文)이 되어야 하니, 다시 자세히 살펴보아야 할 것이다.

〔85〕 10월 11일 : 〈유사철〉 주부아헌장(主婦亞獻章)의 '사궁취작우비(司宮取爵于篚)'~빈장삼헌시시전작미거장(賓長三獻尸尸奠爵未擧章)의 '상빈세작(上賓洗爵)'[436] 5판

〔86〕 10월 12일 : 〈유사철〉 주인수시설수장(主人酬尸設羞章)의 '주인강세작(主人降洗爵)'~주인세치수빈빈전천좌장(主人洗觶酬賓賓奠薦左章)의 '주인세빈사(主人洗賓辭)'[437] 4판

〔87〕 10월 13일 : 〈유사철〉 주인헌형제어조계장(主人獻兄弟於阼階章)의 '주인세승작헌형제(主人洗升酌獻兄弟)'~형제거치어기장형제장(兄

올라가 세로로 시동에게 준다. 시동이 오른쪽 손바닥이 위로 향하도록 하여 소비(疏匕) 자루를 받아 앉아서 양비읍을 고수레하고 조금 맛본 뒤에 일어나 손을 뒤집어 소비 자루를 잡아서 차빈에게 준다. 차빈도 손을 뒤집어서 받아 소비를 양비읍조 위에 세로로 놓고 이 조를 들고 당을 내려간다.〔次賓縮執匕俎以升, 若是以授尸. 尸却手受匕枋, 坐祭, 嚌之, 興, 覆手以授賓. 賓亦覆手以受, 縮匕于俎上以降.〕"

436 유사철……상빈세작(上賓洗爵) : '주부아헌장(主婦亞獻章)'은 《의례경전통해속》 〈소뢰궤식례〉의 9번째 장이며, '빈장삼헌시시전작미거장(賓長三獻尸尸奠爵未擧章)'은 12번째 장이다.

437 유사철……주인세빈사(主人洗賓辭) : '주인수시설수장(主人酬尸設羞章)'은 《의례경전통해속》 〈소뢰궤식례〉의 13번째 장이며, '주인세치수빈빈전천좌장(主人洗觶酬賓賓奠薦左章)'은 15번째 장이다. '주인강세작(主人降洗爵)'의 '작(爵)'은 통행본 《의례경전통해속》과 《의례》에는 '치(觶)'로 되어 있으며, 교감기가 붙어 있다.

弟擧觶於其長兄弟章)의 '좌제수음졸작(坐祭遂飮卒爵)'[438] 6판

〔88〕 10월 14일 : 〈유사철〉 빈장헌시차빈거작우시갱위여수장(賓長獻尸次賓擧爵于尸更爲旅酬章)의 '빈장헌우시(賓長獻于尸)'~하대부불빈시여빈시이동장(下大夫不賓尸與賓尸異同章)의 '시식(尸食)'[439] 3판

〔89〕 10월 15일 : 〈유사철〉 하대부불빈시여빈시이동장(下大夫不賓尸與賓尸異同章)의 '내성조(迺盛俎)'~'기헌축(其獻祝)' 3판

〔90〕 10월 16일 : 〈유사철〉 주부아헌시급축주인헌이좌식장(主婦亞獻尸及祝主人獻二佐食章)의 '주부반(主婦反)'~빈장헌시축좌식병치작주인주부장(賓長獻尸祝佐食幷致爵主人主婦章)의 '내수재부(乃羞宰夫)'[440] 5판

〔91〕 10월 17일 : 〈유사철〉 주인헌중빈형제내빈사인편장(主人獻衆賓兄弟內賓私人辯章)의 '주인강배중빈(主人降拜衆賓)'~〈제후천묘(諸侯

438 유사철……좌제수음졸작(坐祭遂飮卒爵) : '주인헌형제어조계장(主人獻兄弟於阼階章)'은 《의례경전통해속》 〈소뢰궤식례〉의 16번째 장이며, '형제거치어기장형제장(兄弟擧觶於其長兄弟章)'은 21번째 장이다.

439 유사철……시식(尸食) : '빈장헌시차빈거작우시갱위여수장(賓長獻尸次賓擧爵于尸更爲旅酬章)'은 《의례경전통해속》 〈소뢰궤식례〉의 22번째 장이며, '하대부불빈시여빈시이동장(下大夫不賓尸與賓尸異同章)'은 24번째 장이다.

440 유사철……내수재부(乃羞宰夫) : '주부아헌시급축주인헌이좌식장(主婦亞獻尸及祝主人獻二佐食章)'은 《의례경전통해속》 〈소뢰궤식례〉의 25번째 장이며, '빈장헌시축좌식병치작주인주부장(賓長獻尸祝佐食幷致爵主人主婦章)'은 26번째 장이다.

遷廟)〉 끝[441] 7판

〔92〕 10월 18일 : 〈제법(祭法)〉 처음~'이인사(以禋祀)'[442] 6판

〔93〕 10월 19일 : 〈제법〉 중 '이혈제(以血祭)'~'이사헌관(以肆獻祼)'[443] 7판

〔94〕 10월 20일 : 〈제법〉 중 '천자제천지(天子祭天地)'~'대범생어천지지간(大凡生於天地之間)'[444] 3판

〔95〕 10월 21일 : 〈제법〉 중 '유우씨체황제(有虞氏禘黃帝)'~'왕위군성립칠사(王爲群姓立七祀)' 6판

441 유사철……끝 : '주인헌중빈형제내빈사인편장(主人獻衆賓兄弟內賓私人辯章)'은 《의례경전통해속》 〈소뢰궤식례〉의 27번째 장이다. 〈제후천묘(諸侯遷廟)〉는 《의례경전통해속》의 20번째 편경으로, 〈제후흔묘(諸侯釁廟)〉가 포함되어 있다.

442 제법(祭法)……이인사(以禋祀) : 〈제법〉은 《의례경전통해속》의 21번째 편명이자 《예기》의 편명이다. '이인사'의 '이(以)'는 《의례경전통해속》과 앞뒤 체제에 근거하여 보충하였다. '인사(禋祀)'는 제사의 한 종류로, 땔나무를 쌓은 뒤 희생이나 폐백을 올려놓고 태워서 그 연기로 하늘에 제사하는 것이다.

443 제법……이사헌관(以肆獻祼) : '관(祼)'은 저본에는 '관(灌)'으로 되어 있으나, 통행본 《의례경전통해속》과 《주례》에 근거하여 바로잡았다.

444 제법……대범생어천지지간(大凡生於天地之間) : '생어천지(生於天地)'의 '생(生)'은 저본에는 '재(在)'로 되어 있으나, 통행본 《의례경전통해속》과 《예기》에 근거하여 바로잡았다.

〔96〕 10월 22일 : 〈제법〉 중 '왕하제상오(王下祭殤五)'~〈천신(天神)〉 오제상제지사장(五帝上帝之祀章)의 '이인사호천상제(以禋祀昊天上帝)'[445] 7판

〔97〕 10월 23일 : 〈천신(天神)〉 오제상제지사장(五帝上帝之祀章)의 '태축범대인사(大祝凡大禋祀)'~'사규척유이촌(四圭尺有二寸)' 5판

〔98〕 10월 24일 : 〈천신〉 오제상제지사장의 '천자제천지(天子祭天地)'~'범악환종(凡樂圜鍾)' 7판

〔99〕 10월 25일 : 〈천신〉 오제상제지사장의 '범이신사자(凡以神仕者)'~'태재장백관지서계(太宰掌百官之誓戒)' 8판

〔100〕 11월 26일 : 〈천신〉 오제상제지사장의 '대사구약인사(大司寇若禋祀)'~'성공칠년동대우(成公七年冬大雩)'[446] 18판

〔101〕 11월 27일 : 〈천신〉 교사장(郊祀章)의 '인천사천(因天事天)'~'상서대전(尙書大傳)'[447] 23판

445 제법……이인사호천상제(以禋祀昊天上帝) : 〈천신(天神)〉은 《의례경전통해속》의 22번째 편명으로, 다음과 같이 모두 5장으로 이루어져 있다. (1)오제상제지사(五帝上帝之祀), (2)교사(郊祀), (3)배제급제신(配帝及帝臣), (4)일월성신(日月星辰), (5)사사중사명풍사우사(祀司中司命飌師雨師)

446 천신……성공칠년동대우(成公七年冬大雩) : 10월 26일부터 11월 25일까지 31일 동안의 독서 기록이 없는데, 저자의 어머니 소상제(小祥祭) 기간과 겹친다.

〔101.1〕 "교제사에 신일(辛日)을 사용한다.〔郊用辛.〕"[448]라는 구절에 대한 공영달의 소 중 '비일야(非一也)'의 '야(也)'는 '고(故)'가 되어야 하며[449] '차운(此云)' 다음에는 '일(日)' 자를 더 넣어야 한다.[450] 또 공영달의 소에 "《공자가어》에 또 이르기를 '번시제에 임하여 곤면복을 벗고 대구를 입는다.'라고 하였다.〔家語又云: 臨燔柴, 脫袞冕, 著大裘.〕"라고 하였는데, 지금 《공자가어》를 살펴보면 "이미 태단에 이르렀으면 왕은 대구를 벗고 곤면복을 입고서 번시제에 임한다.〔旣至泰壇, 王脫裘矣, 服袞以臨燔柴.〕"라고 하여 바로 여기 소에서 인용한 것과 상반되니 의심스럽다. 요컨대 이 단락에서 논한 왕씨(王氏 왕숙(王肅))의 설이 뜻이 바르고 말이 순하다는 것이다. 정현이 이른바 '주나라와 노나라의 예는 다르다.〔周、魯禮異.〕'라는 것[451]은 끝내

447 천신……상서대전(尙書大傳) : '교사장(郊祀章)'은 《의례경전통해속》 〈천신(天神)〉의 2번째 장이다. '인천사천(因天事天)'의 두 번째 '천(天)'이 저본에는 '지(地)'로 되어 있으나, 통행본 《의례경전통해속》과 《예기》에 근거하여 바로잡았다.

448 교(郊)제사에 신일(辛日)을 사용한다 : 《예기》 〈교특생(郊特牲)〉에 "교제사에 신일을 사용하는 것은 주나라가 처음 교제사를 지낼 때 그 날짜에 동지가 들었기 때문이다.〔郊之用辛也, 周之始郊, 日以至.〕"라는 내용이 보인다.

449 공영달의……하며 : 공영달의 소는 다음과 같다. "이 때문에 교제사와 원구에서 제사 지내는 대상이 같지 않다는 것을 알았기 때문에 정현의 주에서 '이 설은 틀렸다.'라고 한 것이다.〔以是知郊與圓丘所祭非一, 故云此說非也.〕"

450 차운(此云)……한다 : 공영달의 소는 다음과 같다. "혹은 황혼에 북두성의 자루가 자방(子方)을 가리키는 달에 교제사를 지내기도 하니, 여기에서 '그 날짜에 동지가 들었다.'라고 한 것과 선공 3년 정월에 '교제사 때 희생으로 쓸 소의 입에 상처가 났다.'라는 것이 바로 이런 경우이다.〔或用建子之月郊, 則此云日以至, 及宣三年正月郊牛之口傷是也.〕"

451 정현이……것 : 정현의 주는 다음과 같다. "하늘에 교제사를 지내는 달에 동지가

명확하지 않은 듯하다.

〔102〕 11월 28일 : 〈천신〉 교사장(郊祀章)의 전(傳) 중 '양공칠년(襄公七年)'~〈지기(地示)〉 지기지제장(地示之祭章)의 '사박박지토(辭薄薄之土)'[452] 44판

〔103〕 11월 29일 : 〈지기(地示)〉 사직장(社稷章)의 '소사도범건방국(小司徒凡建邦國)'~'천자제사직(天子祭社稷)'[453] 6판

〔103.1〕 "《주례》 〈지관 대사도〉에 '그 토지신과 오곡신을 위한 단과 담장을 설치하고 나무를 심어 전주로 삼는다.〔大司徒: 設其社稷之壝而樹之田主.〕"라는 구절은, 경문과 정현의 주에 근거하면 그 토지에 맞는 나무를 심어 그 나무를 전주(田主 전신(田神))로 삼고 후토(后土 토지신)와 전정(田正 오곡신)이 여기에 의지하도록 한 것을 말하는 듯하다. 가공언의 소에서는 전주를 신농(神農)으로 보았는데 옳은

든 것은 노나라의 예이다.……주나라가 쇠미해지면서 예가 폐하자 유자들이 주나라의 예가 모두 노나라에 있는 것을 보고 인하여 노나라의 예를 미루어서 주나라의 일을 말한 것이다.〔郊天之月而日至, 魯禮也.……周衰禮廢, 儒者見周禮盡在魯, 因推魯禮以言周事.〕"

452 천신……사박박지토(辭薄薄之土) : 〈지기(地示)〉는 《의례경전통해속》의 23번째 편명으로, 다음과 같이 모두 5장으로 이루어져 있다. (1)지기지제(地示之祭), (2)사직(社稷), (3)입사(立祀), (4)사망(四望), (5)산천(山川)

453 지기(地示)……천자제사직(天子祭社稷) : '사직장(社稷章)'은 《의례경전통해속》 〈지기〉의 2번째 장이다.

것인지 알지 못하겠다.

〔104〕 11월 30일 : 〈지기〉 사직장(社稷章)의 '대종백이혈제(大宗伯以血祭)'～사직장의 기(記) 중 '운한왈기년공숙(雲漢曰祈年孔夙)' 8판

〔105〕 12월 1일 : 〈지기〉 사직장의 기(記) 중 '맹자왈민위귀(孟子曰民爲貴)'～입사장(立祀章)의 '춘사호(春祀戶)'[454] 8판

〔105.1〕 "봄에는 호(戶)의 신에게 제사한다.〔春祀戶.〕"[455]라는 구절에 대한 공영달의 소 중 '사안(司案)'은 '사찰(司察)'이 되어야 하며,[456] '생립(牲立)'은 중국 판본에는 '생위(牲位)'로 되어 있다.[457] '불

454 지기……춘사호(春祀戶) : '입사장(立祀章)'은 《의례경전통해속》 〈지기〉의 3번째 장이다.

455 봄에는……제사한다 : 《예기》 〈월령(月令)〉에 "중춘의 달에는……그 제사는 호의 신에게 지내니 제사할 때 희생의 지라를 먼저 올린다.〔仲春之月……其祀戶, 祭先脾.〕"라는 내용이 보인다.

456 공영달의……하며 : 공영달의 소는 다음과 같다. "《예기》 〈제법〉 중 '칠사'에 대한 정현의 주에 '소신은 사람들 사이에 거하여 조그마한 허물을 살펴 이것으로 견책하여 경고할 뿐이다.'라고 하였다.〔祭法注七祀云: 小神居人之間, 司察小過, 作譴告者爾.〕"

457 생립(牲立)은……있다 : 공영달의 소는 다음과 같다. "봄의 자리가 희생의 지라에 해당되는 이유는, 희생이 머리를 남쪽으로 하고 서 있으니, 폐가 가장 앞에 있게 되어 여름에 해당하고 콩팥이 가장 뒤에 있게 되어 겨울에 해당한다. 겨울에서 조금 앞으로 가면 봄에 해당하니 콩팥에서 조금 앞으로 가면 지라에 해당한다. 그러므로 봄의 자리가 지라에 해당하는 것이다.〔所以春位當脾者, 牲立南首, 肺最在前而當夏也, 腎最在後而當冬也, 從冬稍前而當春, 從腎稍前而當脾, 故春位當脾.〕" 통행본 《의례경전통해속》과 《예기주소》에는 모두 '생립(牲立)'으로 되어 있다. 다만 '생위(牲位)'로

사위즉(不死爲則)'은 '불사위극(不死爲劇)'이 되어야 한다.[458]

정현의 주에 "신주를 호 안의 서쪽에 설치한다.〔設主于戶內之西.〕"라고 하였는데, 공영달의 소에 "사당의 호 서쪽 협실이다.〔廟戶西夾.〕"라고 하였다.[459] 서쪽 협실은 사당의 호(戶)와 관계없으니 그 말이 자세하지 않다. 또 소에 이르기를 "먼저 묘당의 오에 자리를 편다.〔先設席於廟堂之奧.〕"라고 하였는데,[460] 당(堂)은 오(奧)를 칭하는 법이 없으니 또한 의심스럽다. 생각건대 '당'은 혹 '실(室)'의 오자인 듯하다.

〔106〕 12월 2일 : 〈지기〉 입사장(立祀章)의 '하사조(夏祀竈)'~〈지

되어 있는 판본도 있다는 교감기가 붙어 있다.

458 불사위즉(不死爲則)은……한다 : 공영달의 소는 다음과 같다. "지금 병을 치료하는 법이, 간을 목으로 삼고, 심장을 화로 삼고, 지라를 토로 삼고, 폐를 금으로 삼고, 콩팥을 수로 삼으면 병이 낫게 된다. 만약 이 방법을 반대로 하면, 죽지 않으면 위독하게 된다.〔今醫病之法, 以肝爲木, 心爲火, 脾爲土, 肺爲金, 腎爲水, 則有瘳也. 若反其術, 不死爲劇.〕"

459 공영달의……하였다 : 공영달의 소는 다음과 같다. "정현의 주에 '호(戶)의 신에게 제사하는 예는 신주를 호 안의 서쪽에 설치한다.'라고 한 것은, 먼저 자리를 오에 펴고, 이어서 다시 자리를 사당의 호 서쪽 협실에 펴는 것이다.〔云祀之禮設主於戶內西者, 先設席于奧, 乃更設席于廟戶西夾.〕" '오(奧)'는 실(室)의 서남쪽 모퉁이다.

460 또……하였는데 : 공영달의 소는 다음과 같다. "정현의 주에 '사당에서 집안의 다섯 신에게 제사한다.'라고 한 것은, 호의 신에게 제사하고 중류의 신에게 제사할 때에는 신주를 사당의 실 안에 두는데, 먼저 묘당의 오에 자리를 편다. 부뚜막 신에게 제사하고 문의 신에게 제사하고 길의 신에게 제사할 때에는 모두 사당의 문밖에서 제사를 거행하는데, 먼저 사당의 문 오에 자리를 편다.〔云祭五祀於廟者, 設祭戶, 祭中霤, 在於廟室之中, 先設席於廟堂之奧. 若祀竈、祀門、祀行, 皆在廟門外, 先設席於廟門之奧.〕"

기〉 끝 19판

〔106.1〕 "중앙에는 중류의 신에게 제사한다.〔中央祀中霤.〕"[461]라는 구절에 대해, 정현의 주에 "중류의 신에게 제사하는 예는 신주를 실(室) 안의 창문 아래에 설치한다.〔祀中霤之禮, 設主於牖下.〕"라고 하였는데, '창문 아래'는 오(奧 실의 서남쪽 모퉁이)가 아니겠는가. 정현의 주에 "먼저 오에 자리를 편다.〔先設席於奧.〕"[462]라고 한 것은 또 어느 곳에 해당하는가?

〔106.2〕 "《주례》 〈춘관 대종백〉에 '혈제로 오악에 제사 지낸다.'라고 하였다.〔大宗伯: 以血祭祭五嶽.〕"[463]라는 구절에 대해, 가공언의 소에 《주례》 〈춘관 대사악(大司樂)〉의 정현의 주를 인용하여 운운하였다.[464] 〈대사악〉의 정현의 주는 문헌에 잘못이 있는데 이처럼 왜곡

461 중앙에는……제사한다 : 《의례경전통해속》 〈지기〉의 3번째 장인 입사장에 보인다.

462 먼저……편다 : 정현의 주는 다음과 같다. "일반적으로 사당에서 집안의 다섯 신에게 제사할 때에는 특생을 쓰며, 신주가 있고 시동이 있다. 모두 먼저 오에 자리를 편다.〔凡祭五祀於廟, 用特牲, 有主有尸, 皆先設席于奧.〕" 경문은 318쪽 주455, 공영달의 소는 319쪽 주460 참조.

463 주례……하였다 : 《의례경전통해속》 〈지기〉의 5번째 장인 산천장(山川章)에 보인다. '오악(五嶽)'은 정현의 주에 따르면 동쪽의 대종(岱宗), 남쪽의 형산(衡山), 서쪽의 화산(華山), 북쪽의 항산(恒山), 중앙의 숭고산(嵩高山)을 가리킨다.

464 가공언의……운운하였다 : 가공언의 소는 다음과 같다. "《주례》 〈춘관(春官) 대사악(大司樂)〉의 '네 진산과 다섯 명산이 무너지면'이라는 구절에 대해, 정현의 주에 '화산은 예주에 있고 악산은 옹주에 있다.'라고 하였으니, 〈대사악〉의 주는 호경을 근거로 말한 것이다. 〈대사악〉의 주에 반드시 호경에 근거하여 말한 것은 재이에 근거한

하여 해석하였으니 싫어할 만하다. 정현의 주 중 '악재옹주(嶽在雍州)'의 '악'은 중국 판본에는 '숭(崇)'으로 되어 있다.[465]

〔106.3〕 "천자는 천하의 명산에 제사한다.〔天子祭天下名山.〕"[466]라는 구절에 대해, 공영달의 소에 《하전(夏傳)》을 인용하였는데[467] 어떤 책인지 자세하지 않다. 소에 또 이르기를 "여기 〈왕제〉의 경문에 '사독은 여러 후에 비견한다.'라고 하였는데, 《하전》에 '여러 후에 비견한다.'라는 구절 뒤에 다음과 같은 내용이 보인다. '그 나머지 산천은 백에 비견하고, 작은 것은 자와 남에 비견한다.'〔此經云: 四瀆視諸侯. 夏傳視諸侯之下云: 其餘山川視伯, 小者視子男.〕"라고 하였다. 이제 이 〈왕제〉의 경문을 살펴보면 '시제후(視諸侯)' 다음에 '산천시백(山川視伯)' 이하의 9자가 바로 있는데 소에서 마침내 《하

것이다. 만약 낙읍에 근거하여 말한다면 화산과 숭고산은 모두 예주에 있으며 옹주에는 재이의 일이 보이지 않기 때문에 정현의 주에 다름이 있는 것이다.〔大司樂云: 四鎭五嶽崩. 注云 : 華在豫州, 嶽在雍州. 彼據鎬京爲說. 彼必據鎬京者, 彼據灾異. 若據洛邑, 則華與嵩高並在豫州, 其雍州不見有灾異之事, 故注有異也.〕"

465 악재옹주(嶽在雍州)의……있다 : 통행본 《주례주소》에는 '악(嶽)'이 '숭(崇)'으로 된 판본도 있다는 교감기가 붙어 있는데, 앞뒤의 문맥에 근거하면 '숭'이 되어야 할 듯하다. 가공언의 소는 위 주464 참조.

466 천자는……제사한다 : 《의례경전통해속》 〈지기〉의 5번째 장인 산천장(山川章)에 보인다. 원출처는 《예기》 〈왕제(王制)〉이다.

467 공영달의……인용하였는데 : 공영달의 소는 다음과 같다. "《하전》에 이르기를 '제사 때 올리는 예물과 예수(禮數)를 오악은 삼공에 비견하고, 사독은 여러 후에 비견하고, 그 나머지 산천은 백에 비견하고, 작은 것은 자와 남에 비견한다.'라고 하였다.〔夏傳云: 五嶽視三公, 四瀆視諸侯, 其餘山川視伯, 小者視子男.〕"

전》을 인용하여 설을 만든 것은 무엇 때문인가? 의심스럽다.[468]

〔107〕 12월 3일 : 〈백신(百神)〉 처음~선성선사장(先聖先師章)의 '미복체불시학(未卜禘不視學)'[469] 20판

〔107.1〕 "이렇게 한 뒤에 석채례를 드린다.〔然後釋菜.〕"[470]라는 구절에 대해, 공영달의 소에 "일반적으로 석전례는 여섯 가지이다. 처음

468 이제……의심스럽다 : 저자는 《의례경전통해속》에 "천자는 천하의 명산과 대천에 제사하는데, 오악은 삼공에 비견하고, 사독은 제후에 비견하고, 그 나머지 산천은 백에 비견하고, 작은 것은 자와 남에 비견한다.〔天子祭天下名山大川, 五嶽視三公, 四瀆視諸侯, 其餘山川視伯, 小者視子男.〕"라고 되어 있는 것에 근거하여 말한 것이다. 그러나 출처를 표시하는 주에 "《예기》 〈왕제〉와 《상서대전》의 글을 통합하여 정리하였다.〔王制、尙書大傳通修.〕"라는 내용이 보이는데, '천자(天子)'부터 '제후(諸侯)'까지는 〈왕제〉의 글이며, '기여(其餘)' 이하 11자는 《상서대전》에만 보이는 글이다. 저자가 출처에 대해 오해를 한 듯하다.

469 백신(百神)……미복체불시학(未卜禘不視學) : 〈백신〉은 《의례경전통해속》의 24번째 편명으로, 다음과 같이 모두 20장으로 이루어져 있다. (1)영기(迎氣), (2)사방(四方), (3)팽(祊), (4)사류(四類), (5)사민사록(司民司祿), (6)선제(先帝), (7)선성선사(先聖先師), (8)유덕유공(有德有功), (9)고매(高禖), (10)적전(藉田), (11)기맥기년(祈麥祈年), (12)사(蜡), (13)백물(百物), (14)제시제한서(祭時祭寒暑), (15)사한(司寒), (16)후(侯), (17)선화선복(先火先卜), (18)복서(卜筮), (19)생마(牲馬), (20)영포(禜酺)

470 이렇게……드린다 : 《의례경전통해속》 〈백신〉의 7번째 장인 선성선사장(先聖先師章)에 보인다. 《예기》 〈문왕세자(文王世子)〉에 "처음에 태학을 세운 자는 기물의 틈에 희생의 피를 바르고 폐백을 사용하여 기물이 완성된 것을 고유(告由)한다. 이렇게 한 뒤에 석채례를 드리는데, 춤을 추지 않으며, 춤추는 자에게 춤추는 기물을 주지 않는다.〔始立學者, 旣興(釁)器用幣, 然後釋菜, 不舞, 不授器.〕"라는 내용이 보인다.

에 태학을 세우고 석전례를 드리는 것이-선성(先聖)과 선사(先師)- 첫 번째이고,[471] 사시에 석전례를 드리는 것이-선사- 네 가지이니 앞의 경우와 통틀어서 다섯 가지이며, 《예기》 〈왕제(王制)〉의 '오(吳)나라 군대가 개선하고 돌아갈 때 학교에서 석전례를 드린 것'이-선사- 여섯 번째이다. 석채례에는 세 가지가 있다. 봄에 학교에 들어가 박자에 맞추어 춤을 추며 석채례를 드리는 것이-선사- 첫 번째이고, 여기 《예기》 〈문왕세자(文王世子)〉의 '기물의 틈에 희생의 피를 바르고 폐백을 사용하여 기물이 완성된 것을 고유(告由)한 뒤에 석채례를 드리는 것'이-선성과 선사- 두 번째이고, 《예기》 〈학기(學記)〉의 '피변복을 입고 나물로 제사하는 것'이-선성과 선사- 세 번째이다.[472] 가을에 학생의 재예(才藝)의 고하를 반포할 때 음악의 박자에 맞게 행하는데 이때 석채례를 행한다는 글이 없으니 석채례를 행하지 않은 것이다. 석폐례는 오직 한 가지이니, 즉 여기 〈문왕세자〉의 '기물의 틈에 희생의 피를 바르고 폐백을 사용하여 기물이 완성된 것을 고유한 것'이 이 경우이다. 이상은 모두 웅씨의 설이다.……〔凡釋奠有六：始立學釋奠【先聖先師】, 一也；四時釋奠【先師】有四, 通前五也；《王制》師還, 釋奠于學【先師】, 六也. 釋菜有三：春入學, 釋菜合舞【先師】, 一也；此[473]釁器釋菜【先聖先師】, 二也；學記皮弁祭菜【先聖先師】, 三也. 秋

471 처음에……첫 번째이고 : 《예기》 〈문왕세자〉에 "무릇 처음에 태학을 세운 자는 반드시 선성과 선사에게 석전례를 드리는데, 석전례를 거행할 때에 이르러 반드시 폐백을 사용한다.〔凡始立學者, 必釋奠于先聖先師, 及行事, 必以幣.〕"라는 내용이 보인다.

472 예기 학기(學記)의……세 번째이다 : 《예기》 〈학기〉에 "태학에서 처음 가르칠 때에 유사(有司)가 피변복을 입고 나물로 선사(先師)에게 제사하는 것은 도예를 존경함을 보이는 것이다.〔大學始敎, 皮弁祭菜, 示敬道也.〕"라는 내용이 보인다.

頒學合聲, 無釋菜之文, 則不釋菜也. 釋幣惟一也, 卽此[474]釁器用幣是也. 以前皆熊氏之說. 云云.〕"라고 하였다.

웅씨(熊氏 웅안생(熊安生))가 이미 《예기》〈학기〉의 '피변복(皮弁服)을 입고 나물로 제사하는 것'을 처음에 태학을 세울 때로 보았다면 이것은 《예기》〈문왕세자〉의 '처음에 태학을 세우고 석전례(釋奠禮)를 드리는 것'과 같은 것이니, 어떻게 두 가지 일로 나눌 수 있겠는가. 그런데 또 양쪽 글에 석전례와 석채례(釋菜禮)의 차이를 둔 것은 무엇 때문인가?

정현이 '학교를 시찰하는 것〔視學〕'을 논한 것은 '봄에는 박자에 맞추어 춤을 추고' '가을에는 음악의 박자에 맞게 한다'고 하여 두 철을 넘지 않았는데, 공영달의 소에서 또 《예기》〈월령(月令)〉의 '계춘(季春)의 대합악(大合樂)'으로 이를 총괄한 것은[475] 무엇 때문

473 此 : 저본에는 '차여(此與)'로 되어 있으나. 통행본 《예기》에 근거하여 '여(與)'를 삭제하였다.

474 此 : 저본에는 '차여(此與)'로 되어 있으나. 통행본 《예기》에 근거하여 '여(與)'를 삭제하였다.

475 정현이……것은 : 《예기》〈학기〉의 공영달의 소는 다음과 같다. "정현의 주에 '대합악은, 봄에 학교에 들어가 석채례를 행하는데 박자에 맞추어 춤을 추고, 가을에 학생의 재예(才藝)의 고하를 반포할 때 음악의 박자에 맞게 행하는 것을 이른다. 이때 천자는 학교를 시찰한다'라고 하였다. 《예기》〈월령〉의 '계춘에 대합악을 하고 천자가 삼공구경을 거느리고 학교를 시찰하는 것'은 여기의 '학교를 시찰하는 것'과 구별된다. 학교를 시찰하는 일이 이미 여름 제사 뒤에 있다면, 천자가 봄과 가을에 학교를 시찰하는 것 또한 봄과 가을의 시제를 지낸 뒤에 있어야 한다.〔注云: 大合樂, 謂春入學舍菜合舞, 秋頒學合聲. 於是時也, 天子則視學焉. 月令季春大合樂, 天子率三公九卿而視學焉, 與此別也. 視學旣在夏祭之後, 則天子春秋視學, 亦應在春秋時祭之後.〕"

인가? 〈학기〉의 "체(禘)제사를 점치기 전에는 학교를 시찰하여 우열을 상고하지 않는다."[476]라는 구절의 '체제사'는 여름 제사이니, 그렇다면 여름에 또 학교를 시찰하여 1년 동안 모두 네 차례 학교를 시찰하는 것인가?

저 〈학기〉의 공영달의 소에 "여기의 '학교를 시찰한다'는 것은 배우는 자들의 경술과 학업을 시험해본다는 말이니, 때로는 군주가 직접 가기도 하고[477] 때로는 유사를 시켜 시행하게도 하지만, 천자가 큰 예로 학교를 시찰하는 것은 아니다.〔此視學謂考試學者經業, 或君親往, 或使有司爲之, 非天子大禮視學也.〕"라고 하였는데, 도리어 여기 〈문왕세자〉의 소에서는 마침내 〈학기〉의 경문을 들고 또 〈문왕세자〉의 '학교를 시찰하는 예'를 인용하여 똑같은 석채례임을 증명하였다. 그렇다면 소에서 이른바 "선성과 선사에게 큰 예를 행하기 위해 학교를 시찰한 것이 아니다."라는 것은 무슨 일이란 말인가?

〔107.2〕 "체제사를 점치기 전에는 학교를 시찰하여 우열을 상고하지 않는다.〔未卜禘, 不視學.〕"[478]라는 구절에 대해, 공영달의 소에 "천자가 봄과 가을에 학교를 시찰하는 것 또한 봄과 가을의 시제를 지낸

476 체(禘)제사를……않는다 : 〔107.2〕 참조.

477 군주가……하고 : 이에 해당하는 저본의 원문은 '군시법(君視法)'이나, 통행본 《의례경전통해속》 및 《예기정의》에 근거하여 바로잡아 번역하였다.

478 체제사를……않는다 : 《의례경전통해속》 〈백신(百神)〉의 7번째 장인 선성선사장(先聖先師章)에 보인다. 《예기》 〈학기(學記)〉에 "체제사를 점치기 전에 학교를 시찰하여 우열을 상고하지 않는 것은 배우는 자의 뜻을 여유롭게 하는 것이다.〔未卜禘, 不視學, 游其志也.〕"라는 내용이 보인다.

뒤에 있어야 한다. 여기에서 '체제사를 점치기 전에는 학교를 시찰하여 우열을 상고하지 않는다.'라고 거론하였다면 나머지는 알 수 있는 것이다.〔天子春秋視學, 亦應在春秋時祭之後. 此擧未卜禘不視學, 則餘可知也.〕"라고 하였다. 만약 소의 설대로라면 그 뜻은 도리어 단지 제향을 중히 여기는 것을 위주로 한 것이며 경문의 '배우는 자의 뜻을 여유롭게 하는 것〔游其志〕'을 말한 것이 아니게 된다.

내 생각에, 1년 중 오직 여름철을 취하여 기예와 학업을 시험 보이되 또 반드시 체(禘)제사를 지낸 뒤에 행하는 것으로 의절을 삼았다면, 선비들이 학업을 오랫동안 익히고 기일 전에 미리 준비하여 창졸간에 서두르고 다급하게 여기는 근심이 없었을 듯하다. 다만 옛 법을 상고할 수 없으니 단정적으로 말할 수 없을 뿐이다.

〔108〕 12월 4일 : 〈백신(百神)〉 유덕유공장(有德有功章)의 '대사악범유도자(大司樂凡有道者)'~사한장(司寒章)의 전(傳) 중 '박지위재(雹之爲災)'[479] 24판

〔108.1〕 "《주례》 〈춘관 약장〉의 '국중에 납제사를 거행하게 되면'〔籥章: 國祭蜡.〕"[480]이라는 구절에 대한 정현의 주 중 '자식(耆息)'은 '노

479 백신(百神)……박지위재(雹之爲災) : '유덕유공장(有德有功章)'은 《의례경전통해속》 〈백신〉의 8번째 장이며, '사한장(司寒章)'은 15번째 장이다.

480 주례……되면 : 《의례경전통해속》 〈백신〉의 12번째 장인 사장(蜡章)에 보인다. 《주례》 〈춘관 약장(籥章)〉에 "국중에 납제사를 거행하게 되면 《시경》 〈빈풍(豳風) 칠월(七月)〉 장을 연주하고 북을 두드려 노물을 쉬게 한다.〔國祭蜡則吹豳頌, 擊土鼓以息老物.〕"라는 내용이 보인다.

식(老息)'이 되어야 한다.[481] 가공언의 소에서는 여기의 '노식'의 뜻을 해석하여 "정현의 주 중 '노'는 즉 노물이다. '식지'는 농부를 쉬게 한다는 뜻이다.〔老, 卽老物. 息之者, 卽息田夫.〕"라고 하였다. 만약 이 해석대로라면 경문에서 '식노물(息老物)'이라고 한 것은 또 "그 만물이 늙은 것을 쉬게 한다.〔息老其物.〕"로 보아야 하는 것인가? 문세가 이와 같지 않을 듯하다.

〔109〕 12월 5일 : 〈백신(百神)〉 후장(侯章)의 '사인제후(射人祭侯)'~영포장(禜酺章)의 '세시지제사(歲時之祭祀)'[482] 9판

〔110〕 무자년(1768, 영조44) 8월 22일 : 〈종묘(宗廟)〉 처음~묘제장(廟制章)의 '은인중옥(殷人重屋)'[483] 8판

481 정현의……한다 : 정현의 주는 다음과 같다. "만물을 구하여 제사하는 것은 만물이 하늘을 도와 한 해의 일을 이루었으니 이때에 이르러서는 그 늙음을 위로하여 이에 납제사를 지내 그 노물을 쉬게 한다.〔求萬物而祭之者, 萬物助天成歲事, 至此爲其老而勞, 乃祀而老息之.〕"

482 백신(百神)……세시지제사(歲時之祭祀) : '후장(侯章)'은 《의례경전통해속》 〈백신〉의 16번째 장이며, '영포장(禜酺章)'은 20번째 장이다.

483 무자년……은인중옥(殷人重屋) : 〈종묘(宗廟)〉는 《의례경전통해속》의 25번째 편명으로, 다음과 같이 모두 20장으로 이루어져 있다. (1)묘제(廟制), (2)수장(守藏), (3)제주(祭主), (4)시일(時日), (5)재계(齊戒), (6)구수(具修), (7)제복(祭服), (8)진설(陳設), (9)초헌(初獻), (10)여헌(餘獻), (11)악무(樂舞), (12)인제책명(因祭策命), (13)시작(尸酢), (14)치작(致爵), (15)헌수사조(獻酬賜俎), (16)준(餕), (17)철(徹), (18)팽(祊), (19)천신(薦新), (20)곡삭(告朔)

〔111〕 8월 23일 : 〈종묘〉 묘제장(廟制章)의 '주인명당(周人明堂)'～수장장(守藏章)의 기(記) 중 '기역사야(譏逆祀也)'[484] 30판

〔112〕 8월 24일 : 〈종묘〉 수장장(守藏章)의 기(記) 중 '곡량전왈대사자하(穀梁傳曰大事者何)'～시일장(時日章)의 '이사헌관(以肆獻祼)'[485] 34판

〔113〕 8월 25일 : 〈종묘〉 시일장(時日章)의 '천자제후종묘지제(天子諸侯宗廟之祭)'～제복장(祭服章)의 '추사장왕후지수복(追師掌王后之首服)'[486] 20판

〔114〕 8월 26일 : 〈종묘〉 제복장(祭服章)의 '내사복장왕후지육복(內司服掌王后之六服)'～초헌장(初獻章)의 '전서관규(典瑞祼圭)'[487] 16판

〔115〕 8월 27일 : 〈종묘〉 초헌장(初獻章)의 '사준이(司尊彝)'～초헌장의 기(記) 중 '불득사창(不得賜鬯)' 14판

484 종묘……기역사야(譏逆祀也) : '묘제장(廟制章)'은 《의례경전통해속》 〈종묘〉의 1번째 장이며, '수장장(守藏章)'은 2번째 장이다.

485 종묘……이사헌관(以肆獻祼) : '시일장(時日章)'은 《의례경전통해속》 〈종묘〉의 4번째 장이다.

486 종묘……추사장왕후지수복(追師掌王后之首服) : '제복장(祭服章)'은 《의례경전통해속》 〈종묘〉의 7번째 장이다.

487 종묘……전서관규(典瑞祼圭) : '초헌장(初獻章)'은 《의례경전통해속》 〈종묘〉의 9번째 장이다.

〔115.1〕“《주례》〈춘관 사준이(司尊彝)〉에 ‘봄에는 사제사를 지내고 여름에는 약제사를 지낸다.’라고 하였다.〔春祠夏禴.〕”라는 구절에 대한 가공언의 소 중 ‘시식후음헌(尸食後陰獻)’은 《주례》에는 ‘헌(獻)’이 ‘염(厭)’으로 되어 있다. 다만 ‘음염(陰厭)’을 정현은 ‘시동을 맞이하기 전에 축(祝)이 술을 따라 올리는 일’로 보았는데,[488] 여기 가공언의 소에서는 시동이 밥을 먹은 뒤를 음염으로 보았으니 의심스럽다.

〔115.2〕“《주례》〈춘관 창인(鬯人)〉에 ‘종묘의 제사에는 술 단지로 유(脩)를 사용한다.’라고 하였다.〔廟用脩.〕”라는 구절에 대해, 가공언의 소에 “정현의 주에서 ‘처음 체제사를 지낼 때이다.’라고 한 것은 소상제를 지낸 뒤 신주를 사당으로 옮길 때를 이른다.〔始禘時者, 謂練祭後遷廟時.〕”라고 하였다. 이 설은 다른 곳에는 보이는 곳이 없으니 의심스럽다. 가공언의 소 중 ‘자준(者尊)’은 ‘착준(著尊)’이 되어야 한다.[489]

488 음염(陰厭)을……보았는데 : 《예기》〈증자문(曾子問)〉 정현의 주에 “염에는 음염이 있고 양염이 있다. 시동을 맞이하기 전에 축이 술을 따라 올리는데, 술잔을 올리고 또 축원하는 말로 흠향하도록 하는 것은 음염이다. 시동이 일어난 뒤에 시동의 포와 젓갈과 조(俎)의 고기를 거두어 실의 서북쪽 모퉁이에 진설하는 것은 양염이다.〔厭有陰有陽, 迎尸之前, 祝酌奠, 奠之且饗, 是陰厭也. 尸謖之後, 徹薦俎敦, 設於西北隅, 是陽厭也.〕”라는 내용이 보인다. ‘음염(陰厭)’은 성년이 되기 전에 죽은 적장자를 위해 정제(正祭)를 시작하기 전에 사당의 실(室) 서남쪽 모퉁이 어두운 곳에 제물을 올려 제사하는 것을 이르며, ‘양염(陽厭)’은 성년이 되기 전에 죽은 서자나 후사가 없이 죽은 자를 위해 정제가 끝난 뒤 사당의 실(室) 서북쪽 모퉁이 밝은 곳에 제물을 올려 제사하는 것을 이른다.

〔116〕 8월 28일 : 〈종묘〉 초헌장(初獻章)의 기(記) 중 '유우씨지제(有虞氏之祭)'~여헌장(餘獻章)의 '연후퇴이합팽(然後退而合亨)'[490] 22판

〔116.1〕 "그런 뒤에 물러나 고기를 합쳐서 삶는다.〔然後退而合亨.〕"[491] 라는 구절에 대해, 공영달의 소에 "'물러나 고기를 합쳐서 삶는다'는 것은, 앞에서 올린 고기는 분명히 데친 고기를 올린 것이어서 참으로 다 익지 않은 것이니, 지금 궤식할 때에 이르러서 마침내 물러나 이전에 올렸던 데친 고기를 가져다 다시 합쳐서 삶아 다 익게 만들어서 다시 시동에게 올리려는 것이다.〔退而合亨者, 前明薦爓既未孰[492], 今至饋食, 乃退取爓肉, 更合亨之令孰[493], 擬更薦尸.〕"라고 하였다.

살펴보면 《주례》 〈춘관 사준이(司尊彝)〉의 정현의 주에 "'조천'은 희생의 피와 날고기를 올리는 때를 말하고,[494] '궤헌'은 익힌 고기를

489 가공언의……한다 : 가공언의 소는 다음과 같다. "가을 제사와 겨울 제사, 추향과 조향에 쓰는 술 단지는, 모두 '이'를 상등으로 삼고 '뢰'를 하등으로 삼으며 '착준'과 '호준' 등은 그 중간에 속한다.〔秋、冬及追享、朝享, 皆彝爲上, 罍爲下, 著尊、壺尊之等, 在其中也.〕"

490 종묘……연후퇴이합팽(然後退而合亨) : '여헌장(餘獻章)'은 《의례경전통해속》 〈종묘〉의 10번째 장이다.

491 그런……삶는다 : 《의례경전통해속》 〈종묘〉의 10번째 장인 여헌장에 보인다. 원출처는 《예기》 〈예운(禮運)〉이다.

492 孰 : 저본에는 '숙(熟)'으로 되어 있으나, 통행본 《의례경전통해속》 및 《예기정의》에 근거하여 수정하였다.

493 孰 : 저본에는 '숙(熟)'으로 되어 있으나, 통행본 《의례경전통해속》 및 《예기정의》에 근거하여 수정하였다.

494 희생의……말하고 : 이에 해당하는 저본의 원문은 '시혈성(是血腥)'이나, 통행본 《의례경전통해속》 및 《예기정의》에 근거하여 '시(是)'를 '위(謂)'로 바로잡아 번역

올리는 때를 이르니, 왕후가 이때에 궤식의 두와 변을 올린다.〔朝踐謂血腥, 饋獻謂薦熟時, 后於是薦饋食之豆籩.〕"라고 하였다. 이에 근거하면 궤헌(饋獻)과 궤식(饋食)은 애초에 다른 두 예(禮)가 아니며, 조천(朝踐)의 날고기를 올리는 것과 궤헌의 익힌 고기를 올리는 것 외에는 또 더 이상 고기를 합쳐서 삶는 의절이 없다. 지금 여기 공영달의 소의 설은 《주례》의 정현의 주와 같지 않은 듯하니 다시 자세히 살펴야 할 것이다.

〔117〕 8월 29일 : 〈종묘〉 여헌장(餘獻章)의 '납생조어정(納牲詔於庭)'~헌수사조장(獻酬賜俎章)의 전(傳) 중 '인기주육(因其酒肉)'[495] 31판

〔118〕 8월 30일 : 〈종묘〉 준장(餕章)의 '시속(尸謖)'~〈인사지제(因事之祭)〉 입군봉국장(立君封國章)의 전(傳) 중 '위후출분(衛侯出奔)'[496] 44판

〔119〕 9월 1일 : 〈인사지제〉 순수장(巡守章)의 '천자오년(天子五年)'~

하였다.

495 종묘……인기주육(因其酒肉) : '헌수사조장(獻酬賜俎章)'은 《의례경전통해속》〈종묘〉의 15번째 장이다.

496 종묘……위후출분(衛侯出奔) : '준장(餕章)'은 《의례경전통해속》〈종묘〉의 16번째 장이다. 〈인사지제(因事之祭)〉는 《의례경전통해속》의 26번째 편명으로, 다음과 같이 모두 14장으로 이루어져 있다. (1)입군봉국(立君封國), (2)순수(巡守), (3)천자출정(天子出征), (4)조회(朝會), (5)전(甸), (6)몽제(夢祭), (7)기양(祈禳), (8)천지대재(天地大災), (9)육려(六沴), (10)우(雩), (11)질병(疾病), (12)난(難), (13)맹저(盟詛), (14)흔(釁)

천자출정장(天子出征章)의 '출정집유죄(出征執有罪)'[497] 11판

〔120〕 9월 2일 : 〈인사지제〉 천자출정장의 '태축대사(大祝大師)'~천자출정장의 전(傳) 중 '사마법(司馬法)' 10판

〔121〕 9월 3일 : 〈인사지제〉 천자출정장의 전(傳) 중 '솔사자(帥師者)'~몽제장(夢祭章)의 '여희이군명(驪姬以君命)'[498] 26판

〔122〕 9월 4일 : 〈인사지제〉 기양장(祈禳章)의 '태축장육기(大祝掌六祈)'~천지대재장(天地大災章)의 '태복구일월(太僕救日月)'[499] 28판

〔123〕 9월 5일 : 〈인사지제〉 천지대재장의 '전장공이십오년(傳莊公二十五年)'~질병장(疾病章)의 전(傳) 중 '약군신즉(若君身則)'[500] 42판

497 인사지제……출정집유죄(出征執有罪) : '순수장(巡守章)'은 《의례경전통해속》〈인사지제〉의 2번째 장이며, '천자출정장(天子出征章)'은 3번째 장이다.

498 인사지제……여희이군명(驪姬以君命) : '몽제장(夢祭章)'은 《의례경전통해속》〈인사지제〉의 6번째 장이다.

499 인사지제……태복구일월(太僕救日月) : ' 기양장(祈禳章)'은《의례경전통해속》〈인사지제〉의 7번째 장이며, '천지대재장(天地大災章)'은 8번째 장이다.

500 인사지제……약군신즉(若君身則) : '질병장(疾病章)'은《의례경전통해속》〈인사지제〉의 11번째 장이다. 저본에는 '약군신즉'이 '약군신즉자산설(若君身則子産說)'로 되어 있으나, 통행본《의례경전통해속》및《춘추좌씨전》에 근거하여 '자산설'을 연문으로 보아 삭제하였다.《춘추좌씨전》소공(昭公) 원년 조에 근거하면 이 내용은 정(鄭)나라 자산(子産)의 말이다.

〔124〕 9월 6일 : 〈인사지제〉 질병장의 전(傳) 중 '양공십년송공향진후(襄公十年宋公享晉侯)'~〈제통(祭統)〉 제례총요장(祭禮總要章)의 '여축장왕후지내제(女祝掌王后之內祭)'[501] 35판

〔125〕 9월 7일 : 〈제통〉 제례총요장의 '태재이팔칙(大宰以八則)'~제례총요장의 '가종인장가제사지례(家宗人掌家祭祀之禮)' 6판

〔126〕 9월 8일 : 〈제통〉 제례총요장의 '기맹춘명악정(記孟春命樂正)'~제명장(祭名章)의 '하왈부조(夏曰復胙)'[502] 6판

〔127〕 9월 9일 : 〈제통〉 신위장(神位章)의 '소종백지직(小宗伯之職)'~시장(尸章)의 기(記) 중 '제상우태공지묘(齊嘗于太公之廟)'[503] 12판

501 인사지제……여축장왕후지내제(女祝掌王后之內祭) : 〈제통(祭統)〉은 《의례경전통해속》의 27번째 편명이자 《예기》의 편명이다. 저본에는 '제통'이라는 편명이 기록되어 있지 않은데, 앞뒤 체제에 근거하면 탈문인 듯하다. 《의례경전통해속》 〈제통〉은 다음과 같이 모두 26장으로 이루어져 있다. (1)제례총요(祭禮總要), (2)제명(祭名), (3)신위(神位), (4)시(尸), (5)무축(巫祝), (6)시일복서(時日卜筮), (7)택사(擇士), (8)계구(戒具), (9)재(齊), (10)금령(禁令), (11)호단위기(嘑旦爲期), (12)성시(省視), (13)출로(出路), (14)임제(臨祭), (15)용모(容貌), (16)시출수제(尸出受祭), (17)헌수(獻數), (18)축호(祝號), (19)수작(受爵), (20)예복(豫卜), (21)철(徹), (22)송시(送尸), (23)치복(致福), (24)수예(守瘞), (25)불여제(不與祭), (26)폐제(廢祭)

502 제통……하왈부조(夏曰復胙) : '제명장(祭名章)'은 《의례경전통해속》 〈제통〉의 2번째 장이다.

503 제통……제상우태공지묘(齊嘗于太公之廟) : '신위장(神位章)'은 《의례경전통해속》 〈제통〉의 3번째 장이며, '시장(尸章)'은 4번째 장이다.

〔128〕 9월 10일 : 〈제통〉 시장(尸章)의 기(記) 중 '구지석야(裘之裼也)'~시일복서장(時日卜筮章)의 '사사범제사지복일(肆師凡祭祀之卜日)'[504] 17판

〔128.1〕 "시동은 반드시 수레의 식(式)을 잡고 고개를 숙여 예를 표한다.〔尸必式.〕"[505]라는 구절에 대해, 공영달의 소에 "또 수레의 식 위에 가로로 댄 나무를 '각(較)'이라고 한다.〔又於式上橫一木, 謂之較.〕"라고 하였다. 이것은 《주례》 〈동관(冬官) 고공기(考工記)〉 가공언의 소의 설과 같지 않은데,[506] 〈고공기〉의 설이 옳은 듯하다.

〔129〕 9월 11일 : 〈제통〉 시일복서장의 '하후씨상흑(夏后氏尚黑)'~시일복서장의 기(記) 중 '맹헌자왈(孟獻子曰)' 4판

504 제통……사사범제사지복일(肆師凡祭祀之卜日) : '시일복서장(時日卜筮章)'은 《의례경전통해속》 〈제통〉의 6번째 장이다.

505 시동은……표한다 : 《의례경전통해속》 〈제통〉의 4번째 장인 시장(尸章)에 보인다. 원출처는 《예기》 〈곡례 상(曲禮上)〉이다.

506 주례……않은데 : 《주례》 〈동관(冬官) 고공기(考工記)〉의 정현의 주에 "'각'은 두 의(輢)의 위로 식을 벗어나 있는 것이다.〔較, 兩輢上出式者.〕"라고 하였는데, 가공언의 소에 "정현의 주에서 '두 의(輢)'라고 말한 것은 수레의 상(相) 양쪽 옆에 세로로 세웠다는 말이다. 각과 의는 이미 다른데도 정현의 주에서 '각은 두 의(輢)의 위로 식을 벗어나 있는 것이다.'라고 한 것은, 각의 두 끝을 모두 의 위에 두어서 두 나무가 서로 붙어 있기 때문에 두 의가 식을 벗어나 있는 것에 근거하여 말한 것이다.〔言兩輢, 謂車相兩旁竪之者. 二者旣別, 而云較兩輢上出式者, 以其較之兩頭皆置于輢上, 二木相附, 故據兩輢出式而言之.〕"라고 하였다.

〔130〕 9월 12일 : 〈제통〉 시일복서장의 기(記) 중 '자언지(子言之)'~계구장(戒具章)의 '조랑씨(絛狼氏)'[507] 13판

〔131〕 9월 13일 : 〈제통〉 재장(齊章)의 '왕즉재궁(王卽齊宮)'~재장의 전(傳) 중 '태고관포(太古冠布)'[508] 5판

〔132〕 9월 14일 : 〈제통〉 금령장(禁令章)의 '향사대제사(鄕士大祭祀)'~시출수제장(尸出受祭章)의 '시즉좌(尸則坐)'[509] 18판

〔133〕 9월 15일 : 〈제통〉 시출수제장의 '태축변구제(大祝辨九祭)'~헌수장(獻數章)의 '군세옥작(君洗玉爵)'[510] 7판

〔134〕 9월 16일 : 〈제통〉 축호장(祝號章)의 '태축장육축지사(大祝掌六祝之辭)'~축호장의 기(記) 중 '시왈후직(詩曰后稷)'[511] 8판

507 제통……조랑씨(絛狼氏) : '계구장(戒具章)'은 《의례경전통해속》 〈제통〉의 8번째 장이다.

508 제통……태고관포(太古冠布) : '재장(齊章)'은 《의례경전통해속》 〈제통〉의 9번째 장이다. '왕즉재궁(王卽齊宮)'의 '왕(王)'은 저본에는 없으나 앞뒤 체제에 근거하면 탈문인 듯하여 보충하였다.

509 제통……시즉좌(尸則坐) : '금령장(禁令章)'은 《의례경전통해속》 〈제통〉의 10번째 장이며, '시출수제장(尸出受祭章)'은 16번째 장이다.

510 제통……군세옥작(君洗玉爵) : '헌수장(獻數章)'은 《의례경전통해속》 〈제통〉의 17번째 장이다.

511 제통……시왈후직(詩曰后稷) : '축호장(祝號章)'은 《의례경전통해속》 〈제통〉의 18번째 장이다.

〔135〕 9월 17일 : 〈제통〉 축호장의 기(記) 중 '수계량왈(隨季梁曰)'~폐제장(廢祭章)의 '천자붕미빈(天子崩未殯)'[512] 20판

〔136〕 9월 18일 : 〈제통〉 폐제장의 '상삼년불제(喪三年不祭)'~〈제물(祭物)〉 제용총요장(祭用總要章)의 '전맹자왈(傳孟子曰)'[513] 20판

〔137〕 9월 19일 : 〈제물〉 제용총요장의 전(傳) 중 '목왕장정견융(穆王將征犬戎)'~제복장(祭服章)의 '왕지길복(王之吉服)'[514] 10판

〔138〕 9월 20일 : 〈제물〉 제복장의 '공지복(公之服)'~제기장(祭器章)의 '대부제기(大夫祭器)'[515] 21판

〔139〕 9월 21일 : 〈제물〉 제기장의 '대부사거국(大夫士去國)'~악무장(樂舞章)의 '경사교만악(磬師教縵樂)'[516] 20판

512 제통……천자붕미빈(天子崩未殯) : '폐제장(廢祭章)'은 《의례경전통해속》 〈제통〉의 26번째 장이다. '수계량왈(隨季梁曰)'의 '수(隨)'는 나라 이름으로, 저본에는 '수(隋)'로 되어 있으나 《춘추좌씨전》 환공(桓公) 6년 조에 근거하여 바로잡아 번역하였다.

513 제통……전맹자왈(傳孟子曰) : 〈제물(祭物)〉은 《의례경전통해속》의 28번째 편명으로, 다음과 같이 모두 11장으로 이루어져 있다. (1) 제용총요(祭用總要), (2)제복(祭服), (3)제기(祭器), (4)악무(樂舞), (5)주제준이(酒齊尊彝), (6)희생(犧牲), (7)서수(庶羞), (8)자성(粢盛), (9)신모(薪茅), (10)쇄례(殺禮), (11)실례(失禮)

514 제물……왕지길복(王之吉服) : '제용총요장(祭用總要章)'은 《의례경전통해속》 〈제물〉의 1번째 장이며, '제복장(祭服章)'은 2번째 장이다.

515 제물……대부제기(大夫祭器) : '제기장(祭器章)'은 《의례경전통해속》 〈제물〉의 3번째 장이다.

〔140〕 9월 22일 : 〈제물〉 악무장의 '태사대제사(大師大祭祀)'~주제준이장(酒齊尊彝章)의 '변삼주지물(辨三酒之物)'[517] 11판

〔141〕 9월 23일 : 〈제물〉 주제준이장의 '범제사이법(凡祭祀以灋)'~주제준이장의 '범육이육준(凡六彝六尊)' 5판

〔142〕 9월 24일 : 〈제물〉 주제준이장의 '멱인장공건멱(冪人掌共巾冪)'~희생장(犧牲章)의 '천자이희우(天子以犧牛)'[518] 7판

〔143〕 9월 25일 : 〈제물〉 희생장의 '천자사직개태뢰(天子社稷皆太牢)'~희생장의 '범생불계자(凡牲不繫者)' 10판

〔144〕 9월 26일 : 〈제물〉 희생장의 '양인약목인(羊人若牧人)'~희생장의 '소사마소제사(小司馬小祭祀)' 12판

〔145〕 9월 27일 : 〈제물〉 희생장의 '전성인위천지주(傳聖人爲天地主)'~서수장(庶羞章)의 '전사공야과라(甸師共野果蓏)'[519] 13판

516 제물……경사교만악(磬師教縵樂) : '악무장(樂舞章)'은 《의례경전통해속》 〈제물〉의 4번째 장이다.

517 제물……변삼주지물(辨三酒之物) : '주제준이장(酒齊尊彝章)'은 《의례경전통해속》 〈제물〉의 5번째 장이다.

518 제물……천자이희우(天子以犧牛) : '희생장(犧牲章)'은 《의례경전통해속》 〈제물〉의 6번째 장이다.

519 제물……전사공야과라(甸師共野果蓏) : '서수장(庶羞章)'은 《의례경전통해속》

〔146〕 9월 28일 : 〈제물〉 서수장의 '변인장사변지실(籩人掌四籩之實)'~자성장(粢盛章)의 전(傳) 중 '환공십사년(桓公十四年)'[520] 26판

〔147〕 9월 29일 : 〈제물〉 자성장의 전(傳) 중 '곡량자왈어름지재(穀梁子曰御廩之災)'~〈제의(祭義)〉 중 '부언기일단(夫言豈一端)'[521] 34판

〔148〕 10월 1일 : 〈제의〉 중 '효자장제(孝子將祭)'~자손찬지(子孫纂之)' 22판

〔149〕 10월 2일 : 〈제의〉 중 '재아왈오문(宰我曰吾聞)'~급량일부인(及良日夫人)' 8판

〔150〕 10월 3일 : 〈제의〉 중 '제지일군견생(祭之日君牽牲)'~'치기마사(治其麻絲)' 4판

〔151〕 10월 4일 : 〈제의〉 중 '고현주재실(故玄酒在室)'~'제서직가폐(祭黍稷加肺)' 15판

〈제물〉의 7번째 장이다.

520 제물……환공십사년(桓公十四年) : '자성장(粢盛章)'은 《의례경전통해속》 〈제물〉의 8번째 장이다.

521 제물……부언기일단(夫言豈一端) : 〈제의(祭義)〉는 《의례경전통해속》의 29번째 편명이자 《예기》의 편명이다.

〔152〕 10월 5일 : 〈제의〉 중 '취료율(取膋膟)'[522]～'고왈어피호(故曰於彼乎)' 7판

〔153〕 10월 6일 : 〈제의〉 중 '일헌질(一獻質)'～〈제의〉 끝 13판

522 취료율(取膋膟) : 저본에는 '율(膟)'이 '수(脺)'로 되어 있으나, 통행본 《의례경전통해속》과 《예기》 〈교특생(郊特牲)〉에 근거하여 바로잡아 번역하였다.

해제

《삼산재집(三山齋集)》 해제

이상아 | 성균관대학교 대동문화연구원 수석연구원

1. 저자 김이안(金履安, 1722~1791)

1.1 생애

김이안에 대한 구체적인 행적은 관련 묘도문자가 남아 있지 않아 자세히 알기 어렵다. 《삼산재집》, 족보, 김이안과 관련된 인물의 문집에 실린 단편적인 기록, 《승정원일기》·《조선왕조실록》 등의 공식적인 기록에 실린 상소문이나 임명 기록 등을 바탕으로 김이안의 생애를 간략하게 살펴보면 다음과 같다.

김이안은 자는 정례(正禮), 호는 삼산재(三山齋), 본관은 안동(安東), 시호는 문헌(文獻)이다. 김상헌(金尙憲)의 6대손이고 김창협(金昌協)의 증손이며 김원행(金元行)의 아들이다. 배(配)는 이찬화(李纘華)의 따님인 전주 이씨(全州李氏, 1724~1792)이며, 자녀는 김이계(金履銈)의 둘째 아들인 삼종조카 김봉순(金鳳淳, 1774~1816)을 양자로 들였다. 묘소는 양주 석실(石室) 선산에 김원행의 묘소 아래 있다.

1722년(경종2, 1세) 3월 27일, 김원행(1702~1772)과 홍귀조(洪龜祚)의 따님인 남양 홍씨(南陽洪氏, 1702~1767) 사이에 2남 2녀 중 장남으로 태어났다.[1] 원래는 7남매였으나 3명은 요절하였다.[2] 태어난 곳은 자세하지 않은데, 김이안이 태어난 해인 1722년에 김이안의 부모가 신축년(1721, 경종1)과 임인년(1722)에 일어난 신임사화로 인해 십수 년 동안 서울을 떠나 5, 6개 고을을 이리저리 옮겨 다니며 황폐한 강가나 궁벽한 골짜기에서 아침저녁 끼니를 자주 거를 정도로 곤궁하게 지내느라[3] 출생지에 대한 기록을 남기지 않은 것으로 추정된다.

1745년(영조21, 24세) 3월 14일, 아우 김이직(金履直, 1728~1745)이 학질을 앓다가 후사 없이 18세의 나이로 죽자, 김이안의 사촌형 김이장(金履長, 1718~1774)의 셋째 아들인 김인순(金麟淳, 1764~1811)을 양자로 들여 후사를 잇게 하였다.

1759년(영조35, 38세) 식년시 진사시에 100명 중 2등으로 합격하였다.

1760년 동몽교관에 임명된 것을 시작으로, 1761년(영조37, 40세) 왕손교부, 1762년(41세) 상의원 별제, 1763년(42세) 사헌부 감찰, 1764년(43세) 성균관 전적 및 보은 현감, 1769년 영동 현감(48세), 1774년(53세) 세자익위사 위솔 및 사복시 주부, 1775년(54세) 세자익위사 익위, 1775년(55세) 세자익위사 사어, 1776년(정조 즉위년, 55세) 강서 현령, 형조 정랑, 사옹원 첨정, 금산 군수, 1779년(58세) 밀양 부사, 1780년(59세) 서원 현감 및 황주 목사, 1781년(60세) 충주 목사, 1784년(63세) 사헌부 지평, 사헌부 장령, 세자시강원 진선, 세자시강원 찬선, 승정원 승지, 1786년(65세) 성균관 좨주, 1790년(69세) 공조 참의 겸 성균관 좨주에 임명되었다.[4] 1784년부터 사헌부 지평에 대한 사직 상소를 시작

1 《安東金氏大同譜刊行委員會》(安東金氏世譜5, 서울, 1982)

2 《三山齋集》 권9 〈先妣行狀〉. 이하 《삼산재집》은 권수와 작품명만 표기함.

3 《渼湖集》 권19 〈先妣孺人朴氏行狀〉

4 《承政院日記》

으로 임명받은 벼슬에 대해 수차례에 걸쳐 사직 상소를 올리고 나가지 않았으나 윤허를 받지 못하여 세상을 떠날 때까지 성균관 좨주의 직임을 띠었다.[5]

1767년(영조43, 46세) 1월 19일, 모친상을 당하였다.

1772년(영조48, 51세) 7월 7일, 부친상을 당하였다.

1791년(정조15, 70세) 5월 19일, 세상을 떠났다.

1854년(철종5) 8월, 문집이 간행되었다.

1857년(철종8) 5월, 석실서원에 추배(追配)되었다.[6]

1881년(고종18) 3월 7일 '문헌(文獻)'의 시호가 내렸다.[7]

김원행이 신임사화 이후 집안이 당한 참화에 자폐의 의리를 지켜 조정에서 임명하는 벼슬을 끝까지 거부하고 남은 생애를 산림에 묻혀 지낸 것과 달리 김이안은 60세가 될 때까지 낮은 벼슬과 지방관을 묵묵히 지냈는데, 김이안의 말을 들어보면 명문가의 후손으로서 가난 때문에 벼슬을 한 것은 아니었다. 김이안은 이렇게 말하고 있다. "도가 있는 세상에 살면서 가난 때문에 벼슬을 하는 것은, 이것이 이른바 '나라에 도가 있을 때에 가난하고 천한 것이 부끄러운 일이다.〔邦有道, 貧且賤焉, 恥也.〕'에 해당하는 경우이네. 그러나 사람마다 제각기 분수와 국량이 있으니, 자신의 재능을 헤아려 직임을 맡아서 처한 위치에 따라 자신의 소임을 다 하는 것 역시 어찌 의리를 해치는 데

5 권2 〈辭工曹參議兼祭酒疏〉

6 《철종실록》 8년 5월 10일.

7 《고종실록》 18년 3월 7일.

에까지 이르겠는가."[8]

김이안에 대한 후인의 평가가 문헌 곳곳에 보이는데, 《실록》에 실린 졸기에서는 이렇게 말하고 있다. "젊어서는 문장으로 과거 시험장에서 이름을 날렸으며, 음직으로 고을 수령이 되어서는 가는 곳마다 청백하고 삼가서 백성들에게 깊은 사랑을 남겼다. 기품이 청수하고 고결하여 세속의 기운이 없었으며, 일찍이 집안의 학문을 이어 유림의 촉망을 받았다. 만년에 임금의 부름을 받았으나 사양하고 응하지 않았다."[9]

우의정 이병모(李秉模)는 차대(次對)하는 자리에서 "김이안·윤상동·채득순 같은 자도 모두 스스로 일가의 문체를 이루어서 선비들을 앞장서 권면하여 그 효과가 없지 않았다."[10]라고 하였고, 영의정 이최응(李最應)은 김이안의 시호를 청하면서 "경서에 두루 통하고 실천이 또한 독실하며 유교의 연원을 발휘하고 의리를 견지하여, 천인성명의 근원과 예학절문의 논의에 대해 털끝까지 세세히 분석하여 우리 유학을 자기의 책임으로 삼아서 오늘날까지도 선비들에게 추앙받고 있다."[11]라고 하였다.

1.2 교유 인물

김이안이 평생 왕래한 사람은 친인척 외에는 주로 김원행이 출사하

8 권5〈答兪擎汝〉

9 《정조실록》 15년 5월 27일.

10 《정조실록》 21년 11월 20일.

11 《고종실록》 17년 9월 8일.

지 않고 문인을 양성한 경기도 양주의 석실서원(石室書院)에서 함께 수학한 사람들이 대부분이다. 석실은 양주의 마을 이름으로, 저자의 6대조인 청음(淸陰) 김상헌(金尙憲)이 청나라에 볼모로 잡혀갔다 돌아온 후 은거한 곳이다. 석실서원은 김상헌이 석실에서 사망한 것을 계기로 1656년(효종7)에 창건되어 1663년(현종4)에 사액 받고 선현 배향과 지방 교육의 일익을 담당했던 곳이다. 김이안의 증조 김창협 시절 활발히 이루어졌던 석실서원의 강학 활동은 신임사화 이후 한동안 사그라졌다가 1745년에 김원행이 미호로 이사 온 뒤 활기를 되찾았다. 김이안이 강습할 당시 늘 서원이 가득할 정도로 성대하였다고 하니[12] 이때 교유하게 된 사람들 역시 매우 많았을 것으로 짐작된다.

석실서원에서 함께 수학한 사람 중에는 김원행의 문인으로서 김이안이 존중하고 질정하는 사람이 있고, 김이안이 벗으로 교유하며 학문을 논하고 서로 그리워하는 사람이 있고, 다시 김이안의 문인이 되어 김이안이 이들의 질의를 받고 가르쳐주는 사람이 있다. 또 이들 중에는 누이동생의 남편이 되어 평생 교유하며 학문을 논하고 집안의 대소사를 함께한 사람도 있고, 김이안의 친인척으로서 김이안의 문인이 된 사람도 있다. 이런 이유로 《삼산재집》에 보이는 한 인물을 김원행의 문인, 김이안의 문인, 김이안의 벗 등등으로 하나로만 규정하기 어렵다. 여기에서는 김원행의 문인이자 김이안의 문인이기도 한 사람을 임시 김원행의 문인으로 분류하였다. 단순히 나이 차이만으로 김이안의 문인과 벗의 경계를 구분하기 어렵기 때문이다.

12 권9〈家弟遺事〉

김이안이 단순히 안부 편지나 질의 편지만 주고받은 사람을 제외하고 직접 왕래한 사람으로 한정하여 《삼산재집》에 보이는 인물을 살펴보면 대략 세 부류로 구분할 수 있다.

첫 번째 부류는 친인척이다.

부친 김원행, 사촌 김이헌(金履獻), 삼종질 김달순(金達淳)·김근순(金近淳), 삼종제 김이탁(金履鐸), 서재종숙 김필행(金弼行), 아우 김이직(金履直), 아우 김이직(金履直)의 장인 이경갑(李慶甲), 외숙 홍재(洪梓), 외종숙 홍억(洪檍), 외종조 홍봉조(洪鳳祚), 외종조 홍용조(洪龍祚)의 손자 홍대용(洪大容), 인척 권진응(權震應), 족숙 김천행(金天行), 족질 김노순(金魯淳), 종숙 김탄행(金坦行), 종제 김이소(金履素)·김이현(金履顯)·김이도(金履度)·김이완(金履完).

두 번째 부류는 김원행의 문인 또는 김이안의 벗으로 추정되는 인물이다.

강정환(姜鼎煥), 고사행(高士行), 고시옥(高時沃), 기학록(奇學祿), 김상숙(金相肅), 김상익(金相翊), 김수조(金壽祖), 김상정(金相丁), 김윤희(金允熙), 김일묵(金一默), 김필공(金必恭), 김훈(金勳), 나중회(羅重晦), 민백선(閔百善), 박달원(朴達源), 박윤원(朴胤源), 서형수(徐逈修), 송훤(宋烜), 심공정(沈公定), 심순희(沈淳希), 심정진(沈定鎭), 유득주(兪得柱), 유성한(柳星漢), 유언수(兪彦銖), 유지양(柳知養), 유한정(兪漢禎), 유헌주(兪憲柱), 윤시동(尹蓍東), 이규보(李奎普), 이규진(李珪鎭), 이덕재(李德哉), 이민철(李敏哲), 이석(李錫), 이수인(李壽仁), 이양천(李亮天)儺, 이윤영(李胤永), 이익천(李翼天), 이정인(李廷仁), 이제상(李濟翔), 장수교(張受教), 정동익(鄭東翼), 정지환(鄭趾煥), 조유선(趙有善), 주계장(朱季章), 한사유

(韓思愈), 한성로(韓聖路), 홍근(洪僅), 홍낙순(洪樂舜), 홍낙진(洪樂眞), 홍운(洪檼), 황윤석(黃胤錫).

세 번째 부류는 김이안의 문인으로 추정되는 인물이다.

고시옥(高時沃), 김수조(金壽祖), 김의집(金義集), 김익현(金翼顯), 김제형(金濟亨), 마유(馬游), 문약연(文躍淵), 박동형(朴東蘅), 박한흠(朴漢欽), 배경리(裵敬履), 양치악(楊峙岳), 유극주(兪極柱), 유한신(兪漢愼), 이동운(李東運), 이진호(李晉鎬), 이춘협(李春龣), 이학영(李學泳), 이현(李鉉), 장수교(張受敎), 장형(張泂), 조명빈(趙命彬), 진정걸(陳廷杰), 최광호(崔光浩), 최신지(崔愼之), 홍낙수(洪樂綏), 홍문영(洪文榮).

첫 번째 부류는 김이안이 함께 유람을 다니고 시를 주고받으며 사후에는 이들에 대한 제문을 지어주기도 한 사람들이다.

아우 김이직은 18세의 나이로 요절하였다. 김이안이 "이제 곧 당시의 명사들을 벗어나 한 세상을 뛰어넘을 것 같았고" "뭇 선(善)을 용납하고 원대한 사업을 이룰 수 있을 듯했다"며 쇠한 가문을 번성시킬 사람으로 무척 기대했던 인물이다. 김이직이 병으로 위독할 때 김이안의 다리를 베고 김이안의 손을 당기며 "세상에 참으로 형제만한 사람이 있을까요?"라고 말할 정도로 우의가 깊었던 형제다.[13]

외숙 홍재는 김이안이 아버지처럼 스승처럼 섬기고 따랐던 인물이다.

외종조 홍봉조는 김이안의 외조부가 일찍 세상을 떠난 뒤 외할아버지처럼 의지하고 가르침을 받았던 인물이다.[14]

13 권9 〈祭亡弟文〉

외종조 홍용조의 손자 홍대용은 김이안의 문인이자 벗이다. 일찌감치 문학으로 이름났는데 하루아침에 과거 응시를 접고 전원에 물러나 살면서 서양 과학과 수학에 심취하였다. 《주해수용(籌解需用)》이라는 수학서를 쓰고 통천의(統天儀)라는 천문관측기구를 만들어 농수각(籠水閣)에 보관하였는데, 김이안은 언젠가 농수각에 가서 통천의를 보고 "천체 운행의 순역(順逆)을 관찰하고 인사(人事)의 득실을 징험하였으니 그 쓰임이 중하고, 그 본떠서 형상한 오묘함은 하도낙서(河圖洛書)와 유사하니, 유자(儒者)라면 의당 마음을 다해 궁구해야 할 것이다."[15] 라고 칭찬하였다.

종숙 김탄행은 부친 김원행이 세상을 떠난 뒤 김이안을 극진히 돌보아주었으며 심지어는 복중 손자를 김이안의 아들로 삼아주려고까지 했던 인물이다.[16]

두 번째 부류는 첫 번째 부류에 속한 인물 다음으로 김이안에게 영향을 많이 준 사람들이다. 함께 유람하고 함께 학문을 토론하며 서로 경계해주는 관계였다.

고사행은 석실서원에서 배운 뒤 고향인 음성으로 돌아가 고을 선비 10여 명과 계를 만들어 초당을 세운 뒤에 석실서원의 규범을 모방하여 강학하였다.

기학록은 기대승의 후손이다. 김이안의 집을 직접 방문한 일이 있으

14 권9 〈祭外從祖盂谷洪公文〉

15 권8 〈籠水閣記〉

16 권9 〈祭從叔父府使府君文〉

며, 사당의 배향 위차에 대해 김이안에게 질의하는 편지를 보냈다.

김상숙은 두보의 시와 글씨에 조예가 깊었다. 김이안은 김상숙에 대해 "초연히 벗어난 우리 벗님은, 세상의 영화를 버리셨도다. 우연히 현감 인끈을 찼으나, 오직 산림만이 뜻이었다오."[17]라고 읊었다. 《삼산재집》에 김이안이 화답한 시가 16수 실려 있는데, 적지 않은 시의 분량에서 산림에 뜻을 둔 김이안의 지취를 짐작할 수 있다.

김수조는 김원행의 문인이다. 《삼산재집》에 예설에 대해 질의하는 편지가 3통 실려 있다.

민백선은 김이안과 먼 인척 관계로, 민백선의 부친 민진원(閔鎭遠)의 초상에 김원행 대신 조문 가서 처음 알게 된 사람이다.

박윤원은 김원행의 문인으로 성리학과 예학에 조예가 깊었다. 《삼산재집》에 예설·경설에 대해 질의하는 편지가 6통 실려 있다.

서형수는 김원행의 문인으로 첫째 누이동생의 남편이다. 김이안과 증별시를 비롯하여 주고받은 시가 여러 편 있을 정도로 우의가 깊었다.

심순희는 포천에 내려와 촌로로 살고 있을 때 김이안이 처음 알게 되었고, 이후 김이안이 벼슬에서 물러나 한가할 때 심순희가 포천에서 양주의 석실서원으로 이사 오면서 산기슭 하나를 사이에 두고 수시로 오가며 함께 술 마시고 속을 터놓고 이야기했던 인물이다.

심정진은 김원행의 문인으로 《미호언행록(渼湖言行錄)》을 편찬하였다. 김이안이 형제와 같이 여겨서 열흘이 멀다 할 정도로 서신을 주고받으며 김이안의 집에 자주 나귀 타고 찾아왔던 사람이다.[18]

17 권1 〈和陶詩三篇酬金季潤〉

18 권9 〈祭沈一之文〉

유득주는 김원행의 문인이다. 《삼산재집》에 경설에 대해 질의하는 편지가 1통 실려 있다.

유성한은 김원행의 문인이다. 《삼산재집》에 예설에 대해 질의하는 편지가 6통 실려 있다.

유지양은 김원행의 문인이다. 《삼산재집》에 예설에 대해 질의하는 편지가 2통 실려 있다.

유한정은 김원행의 문인이다. 김이안이 만년에 강을 하나 사이에 두고 살며 속마음을 터놓고 살았던 벗이다. 김이안의 문인인 유헌주의 부친이다. 김이안이 '문학과 재능이 남보다 뛰어난 지는 모르겠지만 질박한 행실은 따라가기 어렵다'고 평가한 사람이며, 김원행이 고을의 자제들을 위해 석실서원의 월강(月講)을 주관하게 하였던 사람이다.[19]

유헌주는 유한정의 아들로, 김원행의 문인이기도 하다. 유헌주의 관례 때 김이안이 정빈(正賓)의 역할을 하고 김원행이 자를 '경여(擎汝)'로 지어주었다.[20] 《삼산재집》에 경설・예설・성리설에 대해 질의하는 편지가 18통 실려 있다.

이규보는 김이안이 "반나절 사이에 뛰어난 의론을 실컷 들었다." "그대가 후히 허여해준 것에 대해 감격하였다."라고 말한 사람이다.[21]

이민철은 김원행의 문인이다. 《삼산재집》에 예설에 대해 질의하는 편지가 1통 실려 있다.

이양천은 김이안의 장인의 형인 이계화(李繼華)의 차남으로, 함께

19 권9 〈兪興之哀辭〉

20 권10 〈兪嶽柱字說〉

21 권4 〈答李奎普〉

유람하고 함께 자며 깊은 우의를 나누었던 사람이다. 《삼산재집》에 이양천에 대한 만사가 4수 실려 있다.

이윤영은 문인화가로 예서와 전서에 뛰어났으며 고기물(古器物)을 즐겼다. 평소 단양의 산수를 좋아하여 사인함에 서벽정을 짓고 단릉산인이라 자호하였다. 김이안이 "밤새도록 말 타고 온 것 후회했으니, 헛되이 좋은 만남 버리고 돌아왔다고."[22] "이상도 하지 울울한 심사 사라졌으니, 지난밤에 은자를 만나고 돌아왔다오."[23]라고 읊을 정도로 몹시 좋아했던 벗이다. 《삼산재집》에 이윤영에게 화답한 시가 21수 실려 있다.

이정인은 김원행의 문인으로 성리학에 조예가 깊었다. 《삼산재집》에 경설과 예설에 대해 질의하는 편지가 11통 실려 있다.

정동익은 김원행의 문인이다. 《삼산재집》에 학문에 대한 토론 없이 단순히 안부만 묻는 편지가 모두 5통 실려 있다.

조유선은 김원행의 문인이다. 《삼산재집》에 예설에 대해 질의하는 편지가 6통 실려 있다.

한사유는 김원행의 문인이다. 《삼산재집》에 경설에 대해 질의하는 편지가 3통 실려 있다.

홍낙순은 김원행의 문인으로 둘째 누이동생의 남편이다. 《삼산재집》에 경설·예설·성리설에 대해 질의하는 편지가 8통 실려 있다.

세 번째 부류는 대부분 김이안에게 학문에 대해 질의한 사람들이다.

22 권1 〈再疊來字〉

23 권1 〈四疊來字〉

경설에 대해 질의한 사람으로는 문약연, 배경리, 양치악, 유한신이 있다.

예설에 대해 질의한 사람으로는 고시옥, 김의집, 김익현, 김제형, 마유, 박한흠, 유극주, 이동운, 이춘협, 이학영, 이현, 장수교, 장형, 조명빈, 진정걸, 최광호, 최신지, 홍낙수, 홍문영이 있다.

성리설에 대해 질의한 사람으로는 박동형, 이진호, 이춘협이 있다.

이 가운데 홍문영은 홍낙순의 장자로, 김이안이 자를 '군행(君行)'으로 지어주었다.[24]

김이안의 문인으로 묶인 세 번째 부류에 속한 사람들의 활동에 대해서는 거의 알려진 것이 없다. 첫 번째와 두 번째 부류에 속한 사람들은 유명 인사가 많을 뿐 아니라 정계나 각 고장에 사상적으로나 학문적으로 미친 영향이 크다 해도 이는 김원행과 석실서원의 영향으로 보는 것이 더 타당하기에 여기에서는 언급하지 않는다.

24 권10〈洪甥文榮字說〉

1.3 가계도

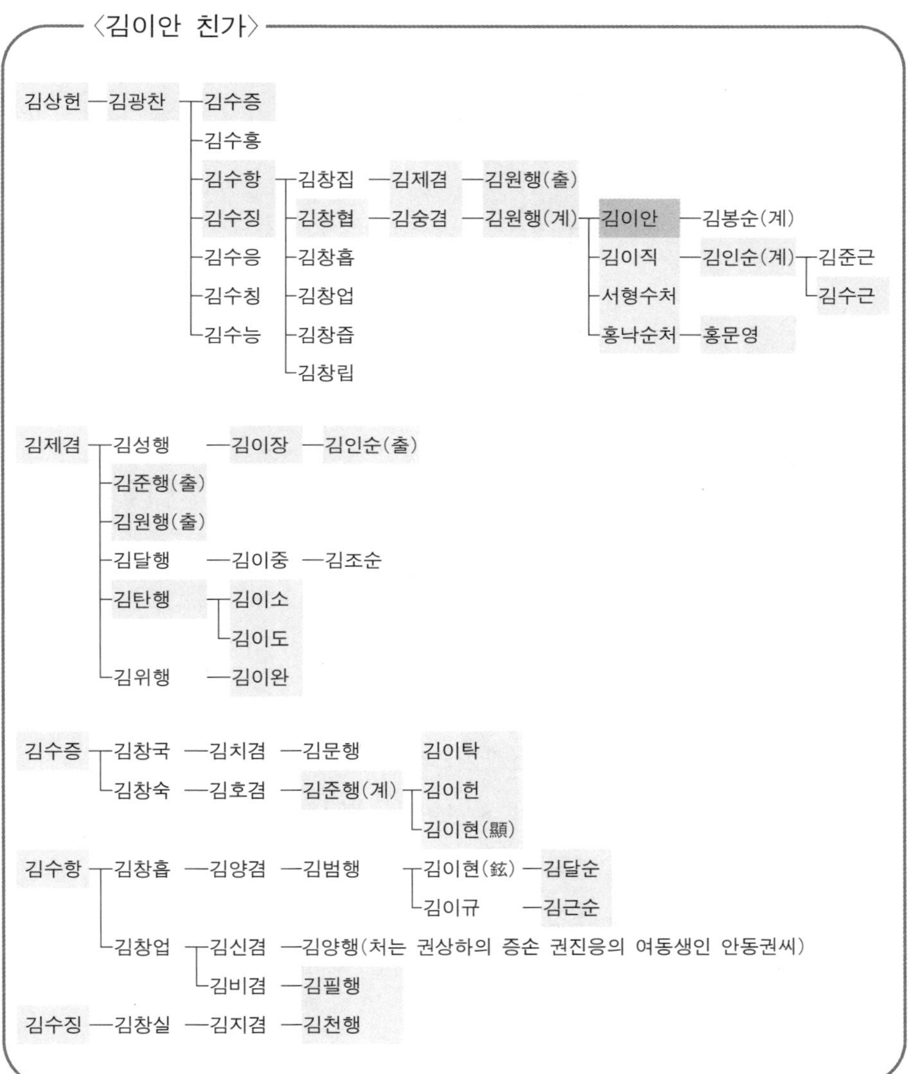

〈김이안 친가〉
김상헌 —김광찬 ┬김수증
├김수흥
├김수항 ┬김창집 —김제겸 —김원행(출)
├김수징 ├김창협 —김숭겸 —김원행(계)┬김이안 —김봉순(계)
├김수응 ├김창흡 ├김이직 —김인순(계)┬김준근
├김수칭 ├김창업 ├서형수처 └김수근
└김수능 ├김창즙 └홍낙순처—홍문영
└김창립
김제겸 ┬김성행 —김이장 —김인순(출)
├김준행(출)
├김원행(출)
├김달행 —김이중 —김조순
├김탄행 ┬김이소
│ └김이도
└김위행 —김이완
김수증 ┬김창국 —김치겸 —김문행 김이탁
└김창숙 —김호겸 —김준행(계) ┬김이헌
└김이현(顯)
김수항 ┬김창흡 —김양겸 —김범행 ┬김이현(鉉) —김달순
│ └김이규 —김근순
└김창업 ┬김신겸 —김양행(처는 권상하의 증손 권진응의 여동생인 안동권씨)
└김비겸 —김필행
김수징 —김창실 —김지겸 —김천행

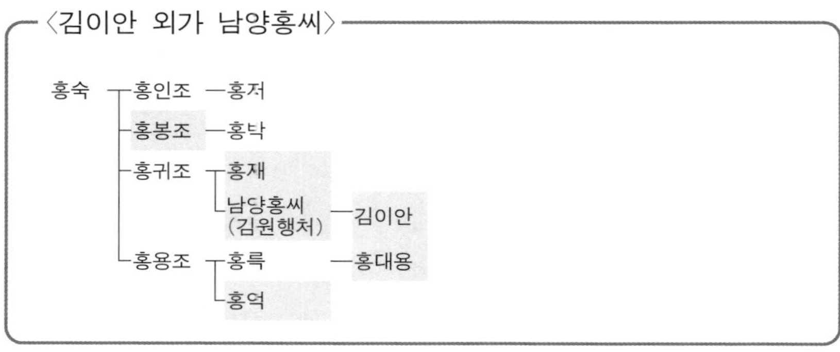

2. 《삼산재집》의 편찬 및 간행

《삼산재집》에는 서발(序跋)이나 묘도문자가 없어 편찬, 간행 과정을 알기 어렵다. 김이안의 아우 김이직의 손자 김수근(金洙根, 1789~1854)이 지은 《농암집속집(農巖集續集)》 발문과 《삼연선생연보》(奎2972, 규장각 소장) 발문 등을 통해 추정하면 김이안 사후 1854년(철종5) 8월 김수근이 《농암집속집》·《삼연선생연보》와 함께 사주자(私鑄字)인 전사자(全史字) 고활자본으로 간행한 것으로 보인다. 총 12권 6책이다. 현재 규장각(奎4228, 4362), 장서각(4-6106), 국립중앙도서관(한46-가19), 고려대학교 중앙도서관(晩松D1-A1849), 연세대학교 중앙도서관 등에 소장되어 있다. 지금까지 다른 이본은 발견되지 않았다. 번역 대본은 1854년에 간행한 규장각장본(奎4362)이다.

3. 《삼산재집》의 구성과 내용

《삼산재집》은 총 12권 6책으로 구성되어 있으며, 권두에 총 목차가 있고 권별로 각각 별도의 목차가 실려 있다. 먼저 편차 현황을 표로 살펴보면 다음과 같다.

<table>
<tr><td>권1</td><td colspan="2">시(詩) 202제 258수</td></tr>
<tr><td>권2</td><td colspan="2">소(疏) 13, 서계(書啓) 1, 의(議) 12</td></tr>
<tr><td>권3~7</td><td colspan="2">서(書) 132</td></tr>
<tr><td>권8</td><td colspan="2">서(序) 7, 기(記) 11, 제발(題跋) 21</td></tr>
<tr><td>권9</td><td colspan="2">행장(行狀) 4, 묘문(墓文) 9, 제문(祭文) 14, 고문(告文) 8, 애사(哀辭) 3</td></tr>
<tr><td rowspan="2">권10~12</td><td rowspan="2">잡저
(雜著)</td><td>권10 : 논(論) 1, 변(辨) 2, 설(說) 5, 상량문(上梁文) 1, 기의(記疑) 2, 첨론(籤論) 1</td></tr>
<tr><td>권11~12 : 기의(記疑) 1</td></tr>
</table>

권1은 시(詩) 202제(題) 258수가 실려 있다.

시기가 확인되지 않는 시가 많으나 대부분 저작 연대순으로 편차되어 있다. 이 가운데 차운시가 86제 121수로 거의 3분의 1을 차지하는데,[25] 부친 김원행을 비롯하여 동시대에 왕래가 잦았던 친인척과 사우의 시에 대한 차운시, 옛사람으로 김이안의 6대조 김상헌, 종증조 김창흡, 최립, 진나라 도연명, 당나라 두보의 시에 대한 차운시, 정조의 시에 대한 갱재시(賡載詩) 3제 4수가 실려 있다. 내용으로 보면 북한산, 수락산, 남한산성, 개성, 남산, 속리산, 금강산, 강릉, 부산, 단양 일대를 유람하며 지은 유람시가 많다. 만시(挽詩)로는 문효세자, 장헌

25 표1 〈『삼산재집』에 수록된 차운시와 원운 현황〉 참조.

세자, 인원왕후, 숙모 청주 한씨, 민백겸(閔百兼), 이양천(李亮天), 이병(李棅), 홍장한(洪章漢)에 대한 시가 있는데, 이 가운데 인원왕후에 대한 만시는 다른 사람을 대신하여 지은 것이며, 문효세자와 장헌세자에 대한 만시는 올리지 않은 것이다.

권2는 소(疏) 13편, 서계(書啓) 1편, 의(議) 12편이 실려 있다.

소(疏)는 사직소 6편, 인책소 2편, 사면을 청하는 소 5편으로, 1784년(정조8, 63세)부터 1791년(정조15, 70세) 사이에 올린 소가 저작 연대순으로 편차되어 있다. 각 편 말미에 모두 정조의 비답을 수록하고 있으며, 김이안의 소와 정조의 비답이 《승정원일기》와 《일성록》 등에도 실려 있다.[26]

서계(書啓)는 1784년(정조8, 63세) 10월에 올린 1편이 실려 있다. 김이안이 세자시강원 찬선의 직임을 띤 채 조정에 나가지 않고 경기도 양주 미호(渼湖)에 거주하고 있을 때 사관을 통해 《포충윤음(褒忠綸音)》과 사직소에 대한 정조의 비답을 받은 뒤 지은 것으로, 《승정원일기》에도 보인다. 《포충윤음》은 영조가 1724년 갑진년 8월 30일 창덕궁 인정문에서 즉위한 것을 기념하여, 정조가 1784년 갑진년 8월 29일 선원전에 전배(展拜)하고 인정문에 나아가 조참을 받을 때 백관에게 반포한 것으로, 신임사화(1721~1722) 때 희생된 건저사대신(建儲四大臣)의 충정을 기리고 치제(致祭)의 전말을 정리하면서 백관으로 하여금 그들을 본받아 더욱 근신 권면할 것을 훈유한 윤음이다. 이때 지은 갱재시가 권1에 실려 있다.[27]

26 표2 〈『삼산재집』에 수록된 상소 분석표〉 참조.

의(議)는 1785년(정조9, 64세)부터 1787년(66세) 사이에 올린 12편이 저작 연대순으로 실려 있으며, 《승정원일기》와 《내각일력》에도 보인다. 영의정을 비롯한 시원임 대신과 밖에 있는 예(禮)를 아는 신하들에게 두루 물은 수의(收議)에 응한 것으로, 제례와 상례에 관한 내용이다. 김이안은 12편 모두에서 일개 음관으로서 사사로운 의견을 낼 수 없다는 대답을 하고 있다.

권3~7은 서(書) 132편이 인물별로 편차되어 있다.[28]

권3은 친인척 및 김원행의 문인과의 문답으로 총37편, 권4는 김원행의 문인이나 김이안과 동문수학한 벗들과의 문답으로 총41편, 권5는 김원행의 문인이자 김이안의 문인인 유헌주(兪憲柱)와의 문답으로 총18편, 권6은 김이안의 문인과의 문답으로 총21편, 권7은 기타 강유(講儒)나 도유(道儒) 등 유자들과의 문답으로 총15편이 실려 있다. 성리설과 안부를 묻는 편지 몇 편을 제외하고는 모두 예설과 경설에 대한 문답으로 이루어져 있다. 다만 김원행의 문집인 《미호집》에 실린 것과 거의 비슷한 내용이 일부 수록되어 있다.

(1) 미호집 : 〔문〕凡人以聖人自期者, 以其性同之故耶? 心同之故耶?
〔답〕凡人之以聖人自期者, 固以其性之同耳. 然苟此心不同, 性雖善, 其誰能運用發揮, 以盡此性之分量耶?[29]

삼산재집 : 〔문〕凡人以聖人自期者, 性同故也. 心統性情, 則雖謂之

27 〈謹賡御製韻 題內賜褒忠綸音卷後〉

28 표3 〈『삼산재집』에 수록된 편지 현황〉 참조.

29 《渼湖集》 권7 〈答金平仲〉

心同可乎? 〔답〕凡人之以聖人自期者, 固以其性之同耳. 然苟此心不同, 性雖善, 其誰能運用發揮, 以盡此性之分量耶?

(2) 미호집 : 〔문〕性發爲情時, 氣先用事耶? 理先主張耶? 或有先後之互言耶? 〔답〕氣用事時, 便是理主張時, 不可分先後.[30]

삼산재집 : 〔문〕性發爲情時, 理先主張耶? 氣先用事耶? 〔답〕氣用事時, 便是理主張時, 不可分先後.[31]

(3) 미호집 : 〔문〕禽獸亦有一點明處, 其明處與人明處, 固無異同耶? 〔답〕雖一點明, 其明處亦不可謂與人異. 但不能推, 故不得同於人耳.[32]

삼산재집 : 〔문〕禽獸不能推而亦有一點明處. 若論一點明處, 則與人無異耶? 〔답〕雖一點明, 其明處亦不可謂與人異. 但不能推, 故不得同於人耳.[33]

(4) 미호집 : 〔문〕鬼神是形而上乎下乎? 以人身上言之, 則屬性境界耶? 心境界耶? 〔답〕鬼神是陰之靈陽之靈, 二氣之良能, 則其不得屬之形而上者明矣. 然陰陽二氣非鬼神, 靈與良能是鬼神. 語其分, 則雖不離乎形而下者, 而其一往一來一屈一伸, 無非理之自然恁地者, 是孰使之然哉? 豈非氣之極精英而至妙而不可測者乎? 若就人身而言之, 心便是

30 《渼湖集》 권7 〈答金平仲〉

31 권6 〈答李春穉〉

32 《渼湖集》 권7 〈答金平仲〉

33 권6 〈答李春穉〉

那靈與良能, 性情便是那理之自然, 氣質便是那陰陽二氣. 大抵中庸鬼神, 是箇天地公共鬼神, 心是箇人身上鬼神.[34]

삼산재집 : 〔문〕鬼神是形而下也, 不可謂之理也. 若以人身上言之, 則屬性境界乎? 屬心境界乎? 〔답〕鬼神是陰之靈陽之靈, 二氣之良能, 則其不得屬之形而上者明矣. 然陰陽二氣, 非鬼神, 靈與良能是鬼神. 語其分, 則雖不離乎形而下者, 而其一往一來一屈一伸, 無非理之自然恁地者, 是孰使之然哉? 豈非氣之極精英而至妙而不可測者乎? 若就人身而言之, 心便是那靈與良能, 性情便是那理之自然, 氣質便是那陰陽二氣. 大抵中庸鬼神, 是箇天地公共鬼神, 心是箇人身上鬼神.[35]

김이안의 사상과 학문이 김원행의 학문과 유사한 부분이 많을 뿐 아니라 김이안의 문인이 김원행의 문인과 겹치면서 발생한 것으로 보인다.

권8은 서(序) 7편, 기(記) 11편, 제발(題跋) 21편이 실려 있다.

서(序)는 1758년(영조34, 37세) 즈음부터 1790년(정조14, 69세) 사이에 지은 것으로, 시기가 확인되지 않는 작품이 있으나 대체로 저작 연대순으로 편차되어 있으며, 증서(贈序) 1편, 송서(送序) 4편, 서문 2편으로 이루어져 있다. 증서는 김원행의 문인이자 둘째 누이동생의

34 《渼湖集》 권7 〈答金平仲〉

35 권6 〈答李春騋〉

남편인 홍낙순(洪樂舜)에게 준 것으로, 글을 읽는 목적은 사공(事功)이나 문사(文詞)를 더하기 위해서가 아닌 도덕을 이루기 위한 것임을 경계하는 내용이다. 송서는 김원행의 문인 주계장(朱季章)이 경기도 양주의 석실서원을 떠날 때 지어준 것, 김원행의 문인 홍낙진(洪樂眞)이 석실서원을 떠날 때 지어준 것, 김원행의 문인 황윤석(黃胤錫)이 장릉(莊陵) 참봉으로 부임할 때 지어준 것, 벗 윤시동(尹蓍東)이 사군산수(四郡山水)로 유람을 떠날 때 지어준 것이다. 서문은 김원행의 문인 고사행(高士行)이 석실서원에서 배운 뒤 고향인 음성으로 돌아가 고을 선비 10여 명과 계를 만들어 강학한다는 말을 듣고 면려와 경계의 내용으로 이들의 《강당계첩》에 써준 것, 석실서원이 있는 양주의 선비 신구(申球)의 《묵암유적(默菴遺蹟)》에 써준 것이다.

기(記)는 건물에 대한 기문 7편, 유기(遊記) 3편, 시사를 기록한 기문 1편이 차례로 편차되어 있다. 건물에 대한 기문으로는 도연명의 시 〈독산해경(讀山海經)〉에서 글자를 취해 이름을 지은 김이안의 서재 환독재(還讀齋), 고려 충숙왕 때 황해도 해주 목사였던 최영유(崔永濡)의 충절을 기리기 위해 1757년(영조33)에 해주의 아전들이 관아 서쪽에 건립한 사당으로 김이안이 이름을 지은 타충각(妥忠閣), 이성통(李聖通)의 집으로 이성통이 이름을 짓고 김이안에게 기문만 부탁한 묵와(默窩), 김원행의 문인 강정환(姜鼎煥)의 고향에 있는 정자로 강정환의 조부가 건물을 짓고 김원행이 이름을 지어준 영귀정(詠歸亭), 김원행의 문인이자 김이안의 6촌 외재종형제 홍대용(洪大容)의 사설 천문대로 두보의 시 〈형주송이대부칠장부광주(衡州送李大夫七丈赴廣州)〉에서 글자를 취해 이름을 지은 농수각(籠水閣), 김원행의 문인이자 김이안의 둘째 누이동생의 남편인 홍낙순(洪樂舜)의 서재로 《시경》

〈상체(常棣)〉에서 글자를 취해 이름을 지은 체악재(棣蕚齋), 김원행의 문인 강한(姜翰)의 산중 거처로 영조가 이름을 지어준 금래헌(今來軒)에 대한 것이 있다. 유기(遊記)는 김이안이 1746년(영조22, 25세) 4월 7일부터 8일까지 부친 김원행을 비롯하여 외숙·재종숙부 및 김원행의 문인들과 함께 양주 수락산을 유람하고 지은 〈문암유기(門巖游記)〉, 1762년(영조38, 41세) 정월 대보름에 일행 8명과 한성부에서 다리밟기를 한 뒤 기록한 〈상원답교기(上元踏橋記)〉, 김이안이 과거에 유람했던 일을 추억하며 1766년(영조42, 45세)에 쓴 〈기유(記游)〉가 있다. 시사를 기록한 기문은 1763년(영조39, 42세) 김원행의 화상이 완성되자 이를 기념하여 기록한 것으로, 당시 초상화에 뛰어나 영조의 어진을 모사했던 도화서 화원 변상벽(卞尙璧)이 초본을 일곱 차례나 바꾸면서도 완성하지 못하자, 정조의 어진 모사에 주관화사(主管畫師)로 참여했던 도화서 화원 한종유(韓宗裕)가 완성한 내용을 기록한 것이다.

제발(題跋)은 1745년(영조21, 24세)부터 1790년(정조14, 69세) 즈음까지 지은 것으로, 시·시집 뒤에 쓴 것 3편, 족보·정문첩(旌門帖)·보장(譜狀) 뒤에 쓴 것 3편, 연보·행장·가장(家狀) 뒤에 쓴 것 4편, 묵적 뒤에 쓴 것 3편, 문집과 기타 도서 뒤에 쓴 것 8편이 저작 연대순으로 편차되어 있다.

권9는 행장(行狀) 4편, 묘문(墓文) 9편, 제문(祭文) 14편, 고문(告文) 8편, 애사(哀辭) 3편이 실려 있다.

행장(行狀)은 지은 시기가 분명하지 않다. 모친 남양 홍씨에 대한 행장, 부친 김원행이 생전에 써주기로 약속했던 이배원(李培元)에 대한 행장, 김원행에 대한 가장(家狀), 18세의 나이로 요절한 아우 김이직(金履直)에 대한 유사(遺事)가 실려 있다. 이 가운데 김원행에 대한 가장은 미완성이다.

묘문(墓文)은 1776년(정조 즉위, 55세)부터 1787년(정조11, 66세) 사이에 지은 것으로, 묘표 1편, 묘갈명 1편, 묘지(墓誌) 2편, 묘지명 1편, 묘표 추기(追記) 2편, 묘갈 추기 2편이 저작 연대순으로 실려 있다. 묘표는 종숙부 김탄행(金坦行)에 대한 것이며, 묘갈명은 김원행이 써주기로 약속했던 외증조 홍숙(洪璛)의 손자인 홍저(洪樗)에 대한 것이다. 묘지는 종숙부 김위행(金偉行)과 부친 김원행에 대한 것이며, 묘지명은 아우 김이직의 손녀사위 이영규(李英奎)에 대한 것이다. 묘표 추기는 김원행이 쓴 이면지(李勉之)에 대한 묘표에 김이안이 이면지 부인의 행적을 추기한 것과, 생조부 김제겸(金濟謙)이 쓴 김제겸의 아들 김성행(金省行)에 대한 묘지명에 김이안이 추기한 것이다. 묘갈 추기는 송시열(宋時烈)이 쓴 김이안의 고조 김수항(金壽恒)에 대한 묘지문에 김이안이 추기한 것과, 김수항이 쓴 채이항(蔡以恒)에 대한 묘갈명에 김원행이 추기한 것을 김이안이 김원행 사후에 다시 추기한 것이다.

제문(祭文)은 1745년(영조21, 24세)부터 1787년(정조11, 66세) 사이에 지은 것으로, 친인척에 대한 제문 11편, 다른 사람을 대신하여 지은 제문 1편, 벗에 대한 지은 제문 1편, 가뭄에 비를 기원하는 제문 1편이 실려 있는데, 마지막에 수록한 비를 기원하는 제문을 제외하고 대체로 저작 연대순으로 편차되어 있다. 친인척에 대한 제문은 아우 김이직(金履直), 외종조 홍봉조(洪鳳祚), 재종숙 김유행(金由行), 김원행의 외가 쪽 조카 이봉상(李鳳祥), 종숙부 김탄행(金坦行), 서형수

(徐逈修)에게 출가한 첫째 누이, 족조 김시눌(金時訥), 족질 김응순(金應淳), 사촌형 김이장(金履長), 김원행의 이종사촌 송약흠(宋約欽), 외숙 홍재(洪梓)에 대한 것으로, 이 가운데 김유행·김시눌·김응순에 대한 제문은 종중을 대표하여 지은 것이다. 다른 사람을 대신하여 지은 제문은 김원행과 교유했던 이기진(李箕鎭)에 대한 것이다. 벗에 대한 제문은 김원행의 문인 심정진(沈定鎭)에 대한 것이다. 비를 기원하는 제문은 김이안이 전라도 나주의 군수로 재직할 때 나주 경내에 있는 사직단(社稷壇), 조종산(祖宗山), 수굴(水窟), 오미담(五味潭), 구적굴(口笛窟), 대야탄(大也灘)에 기원하는 글이다. 다른 문집들과 달리 대부분이 친인척과 벗과 김이안의 관직에 관련된 제문으로, 마지막 비를 기원하는 제문이 없다면 벼슬하지 않고 은거한 은자로 오해할 정도이다. 평소 세론에 대한 의견 개진을 삼갔던 김이안의 지취를 엿볼 수 있다.

고문(告文)은 축문 2편, 고문 6편이 실려 있다. 축문은 송시열을 사당에 봉안할 때 지은 것과 송시열의 수제자 권상하에게 제사할 때 지은 것이다. 고문은 김원행의 지문을 묻을 때와 영정을 봉안할 때 고한 것 각 1편, 권상하의 화상을 봉안할 때 송시열에 고한 것과 권상하에게 고한 것 각 1편이 있다. 그리고 다른 사람을 대신하여 사당에 고한 것 1편이 있는데, 구례(舊禮)와 달리 기제(忌祭)에 부모 모두를 모시지 않고《가례》에 따라 해당 신위만 모신다는 내용으로, 당시 유자들의 논란을 야기할 수 있음에도 이러한 글을 지은 것에서 김이안의 예(禮)에 대한 확고한 신념을 엿볼 수 있다. 마지막에 실린 고문은 김이안이 70세 되던 1791년(정조15) 정월에 자신이 노쇠하여 더이상 직접 제사를 지내지 못한다는 내용으로 사당에 고한 것이다. 이 역시

'70세에 집안일을 자손에게 넘겨준다'는 《예기》 구절과 이를 따라 행했던 김원행의 뜻을 따른 것이다.

애사(哀辭)는 35세에 세상을 떠난 벗 민백선(閔百善), 벗 윤시동(尹蓍東)의 아우로 24세에 요절한 윤의동(君儀東), 김원행의 문인이자 김이안이 만년까지 우의를 나눈 벗 유한정(兪漢禎)에 대한 것이다.

권10～12는 잡저(雜著)다. 권10은 논(論) 1편, 변(辨) 2편, 설(說) 5편, 상량문(上梁文) 1편, 기의(記疑) 2편, 첨론(籤論) 1편이 실려 있고, 권11과 권12는 기의(記疑)가 실려 있다.

논(論)은 주(周)나라 문왕·무왕 때의 신하였던 산의생(散宜生)이 은(殷)나라의 마지막 왕인 주왕(紂王)에게 뇌물을 주고 유리(羑里)에 갇혔던 문왕을 구출했다는 사마천(司馬遷)의 기록을 오류로 단정하고 반박한 것이다.

변(辨)은 2편 모두 중화와 오랑캐에 대해 논한 것이다. 하나는 공자가 지은 《춘추》의 의리에 따라 중화와 오랑캐를 엄정하게 구분해야 한다는 내용으로, 당시 청나라가 중국에 들어와 주인 노릇을 하는 것에 대해 비판적인 시각에서 논한 것이다. 다른 하나는 동이(東夷)인 우리나라가 중화와 오랑캐 중 어느 쪽에 속하는가에 대해 변석한 것으로, 예전에는 땅을 기준으로 구분하였지만 지금은 사람을 기준으로 구분해야 하므로 우리나라는 중화에 귀속된다고 보았다. 이 역시 중국 땅에 들어와 있는 청나라를 비판하고 우리나라를 중화의 문명을 간직하고 있는 소중화(小中華)로 본 것이다.

설(說)은 김이안이 34세 되던 해에 왼쪽 어금니 하나가 빠지자 이 일을 통해 얻은 교훈을 기술한 〈낙치설(落齒說)〉, 호락논쟁(湖洛論爭)

에서 인물성동론(人物性同論)의 낙론(洛論)을 지지하는 관점에서 인물성이론(人物性異論)의 호론(湖論)을 비판한 〈미발기질설(未發氣質說)〉, 김원행의 문인인 유한정(兪漢禎)의 아들 유헌주(兪憲柱)에 대한 자설(字說), 이해관(李海觀)에 대한 자설, 김원행의 문인 홍낙순(洪樂舜)의 맏아들 홍문영(洪文榮)에 대한 자설이 실려 있다.

상량문(上梁文)은 충청도 옥천에 영당을 세우고 송시열의 영정을 봉안한 용문영당(龍門影堂)에 대한 것이다.

권10에 실린 두 편의 기의(記疑)는, 하나는 주희의 《역학계몽(易學啓蒙)》 중 의심나는 부분을 기록한 〈계몽기의(啓蒙記疑)〉로 모두 7조목이 실려 있으며, 다른 하나는 주희의 《중용장구》 중 의심나는 부분을 기록한 〈중용기의(中庸記疑)〉로, 모두 28조목이 실려 있다. 김이안의 경설과 성리설을 연구할 때 반드시 거론해야 할 자료이다. 특히 〈중용기의〉는 권5 〈답유경여(答兪擎汝)〉 18번째 편지에 실린 《중용장구》에 대한 108조목의 문답과 함께 살펴보면 김이안의 《중용》에 대한 관점을 더욱 깊이 이해할 수 있다.

첨론(籤論)은 당시 예학에 조예가 깊었던 이의철(李宜哲)의 《의례》 주에 찌를 붙여 논한 것으로, 〈사관례〉 3조목, 〈사혼례〉 2조목, 〈향음주례〉 3조목, 〈향사례〉 1조목, 〈대사례〉 2조목, 〈빙례〉 3조목, 〈공사대부례〉 1조목, 〈상복〉 8조목, 〈사상례〉 8조목, 〈특생궤식례〉 2조목, 〈소뢰궤식례〉 2조목, 〈유사철〉 1조목 등 모두 36조목이 실려 있다. 《의례》 17편 중 〈사상견례〉·〈연례〉·〈근례〉·〈기석례〉·〈사우례〉에 대한 논의는 없다. 김이안은 이의철의 논의에 이의를 제기하면서 때로는 정현의 주나 가공언의 소를 인용하고 때로는 경문을 인용하였으며, 의문이 드나 근거가 없는 것은 그 근거를 찾기 위해 고심한 과정을 그대로 실었다.

권11과 권12에 실린 기의(記疑)는 김이안이 46세 되던 1767년(영조 43) 6월 6일부터 1768년 10월 6일까지 거의 매일 일정한 분량을 정하여 두고 주희의 《의례경전통해》와 주희 제자 황간(黃榦) · 양복(楊復)이 정리한 《의례경전통해속》을 보면서 의문이 드는 부분을 기록한 것이다. 이 기간은 김이안의 어머니 남양 홍씨(南陽洪氏, 1702.9.15~1767.1.19)를 위한 자최장기(齊衰杖期)의 거상 기간과 겹치며, 이 가운데 1767년 10월 5일 26~30일, 11월 1~25일, 12월 6~28일, 1768년 1월 1일~8월 21일의 기록이 보이지 않는다.

4. 김이안의 사상과 학문

김이안은 부친 김원행의 학문을 계승하여 경학, 성리학, 예학을 두루 망라하였는데, 이 중에서도 예학을 더욱 발전시켰다. 12권으로 이루어진 《삼산재집》 중 권3~7의 서간문과 권11~12는 거의 모두 경설과 예설이며, 특히 권11~12의 〈의례경전기의(儀禮經傳記疑)〉는 김이안의 예학의 깊이를 엿볼 수 있는 별도의 저작으로 볼 수 있다. 이 밖에 김이안의 성리설은 서간문과 잡저 등을 통해 엿볼 수 있으며, 시는 전고를 거의 사용하지 않은 혼후한 도학자의 시풍을 지니고 있다. 호락논쟁에 대해 질문을 받고 낙론을 지지하는 언급을 일부 한 것 외에는 다른 정치적인 견해나 세론에 대해서는 철저하다고 할 정도로 언급을 거의 하고 있지 않다.

4.1 경학과 성리학

《삼산재집》에서는 경학이나 성리학과 관련하여 논의의 대상으로 《대학장구》, 《대학혹문》, 《중용장구》, 《논어집주》, 《맹자집주》, 《서경》, 《주역》, 《근사록》, 《주자어류》를 언급하고 있으며, 입론의 근거로 삼는 주요 학설은 주희의 집주 외에 정이의 성설(性說), 주돈이의 〈태극도설(太極圖說)〉, 장재의 학설, 이황의 학설, 송시열의 학설, 김창협의 학설, 김원행의 학설, 김원행의 문인 박윤원・이정인의 학설을 언급하고 있다. 《삼산재집》에 이와 관련한 논의가 보이는 편을 살펴보면 다음과 같다.

《대학장구》 《대학혹문》	권3 〈답이선장(答李善長)〉4・5, 〈답박영숙(答朴永叔)〉1・4 권4 〈답조낙지(答趙樂之)〉1, 〈답문입중(答文立中)〉2, 〈답유한신(答兪漢愼)〉2, 〈답한사유(答韓思愈)〉2・3 권5 〈답유경여(答兪擎汝)〉6・7・8・9 권7 〈답도기서원강유(答道基書院講儒)〉1
《중용장구》	권3 〈답박영숙(答朴永叔)〉1・4 권4 〈답조낙지(答趙樂之)〉1, 〈답유득주(答兪得柱)〉 권5 〈답유경여(答兪擎汝)〉18 권7 〈답양치악(答楊峙岳)〉 / 권10 〈중용기의(中庸記疑)〉
《논어집주》	권4 〈답문입중(答文立中)〉1, 〈답유한신(答兪漢愼)〉1 권5 〈답유경여(答兪擎汝)〉10・11・12・16 권7 〈답도기서원강유(答道基書院講儒)〉2・3・4・5・6
《맹자집주》	권4 〈답문입중(答文立中)〉1, 〈답한사유(答韓思愈)〉1, 〈답유한신(答兪漢愼)〉1 권5 〈답유경여(答兪擎汝)〉13・14
《서경》	권3 〈답이선장(答李善長)〉2・3 / 권4 〈답조낙지(答趙樂之)〉2
《주역》	권3 〈답이선장(答李善長)〉8 / 권4 〈답조낙지(答趙樂之)〉2・8
《근사록》	권4 〈답조낙지(答趙樂之)〉3・5
《주자어류》	권4 〈답조낙지(答趙樂之)〉3・7
학자의 학설	권4 〈답조낙지(答趙樂之)〉6・7 / 권5 〈답유경여(答兪擎汝)〉1・15 권6 〈답이춘혐(答李春馦)〉, 〈답이진호(答李晋鎬)〉, 〈답박동형(答朴東衡)〉

경학이나 성리학과 관련하여 김이안에게 질의한 사람을 보면 김원행의 문인을 비롯하여 김이안의 벗과 김이안의 문인, 일반 유자까지 있는데, 당시 김이안의 학자로서의 위상을 짐작할 수 있다. 《삼산재집》에 보이는 김이안의 경학과 성리학의 특징을 살펴보면 다음과 같다.

(1) 주희의 설을 입론의 기반으로 삼았다.

이것은 당시의 일반적인 분위기였으나 별도의 입론을 하지 않고 조술을 근간으로 하는 김이안의 학문에서 더욱 두드러진다. 예컨대 "주자의 해석이 어찌 근거도 없이 그렇게 했겠는가."[36] "경문을 해석하는데 최고의 경지에 오른 주자가 아니라면 어떻게 이렇게까지 말할 수 있었겠습니까. 이제 이를 살피지 않고 그저 상하의 말뜻이 어긋남이 있다는 것만 의심하여 억지로 이를 통일시키고자 한다면 또한 소루하지 않겠습니까."[37] "지금 반드시 한 때의 일로 간주하여 도리어 주자의 말을 의심하는 것은 이해하지 못하겠네."[38]라고 말하였다.

(2) 주희의 설이 문헌에 따라 충돌할 경우 판단의 기준을 제시하였다.

예컨대 "《주자어류》의 여러 설들은 과연 차이가 있지만……요컨대 다만 《대학장구》나 《대학혹문(大學或問)》, 손수 쓴 편지에서 말하는 뜻을 올바른 뜻으로 보아야 할 것이네."[39] "《논어》와 《중용》은 단지

36 권5 〈答兪擊汝〉6

37 권4 〈答韓思愈〉2

38 권5 〈答兪擊汝〉10

39 권5 〈答兪擊汝〉8

그 경우에 따라서 하는 말의 차이가 있을 뿐이니, 이것을 '하나의 이치로 서로 바꾸어 말할 수 있다.'라고 말하는 것은 매우 분명하게 분별하지 못한 것이네."[40] "《주자어류》의 '자성'에 대한 설은 《중용장구》와 같지 않은 것이 참으로 많은데, 모두 아직 확정되지 않았을 때의 논의인 듯하네. '성'과 '도'가 어찌 구분이 없을 수 있겠는가."[41] "대체로 성현이 학문을 논한 것은 본래 다양하니, 반드시 이것을 가지고 저것의 기준으로 삼아서 일일이 짝을 지어 붙이고자 한다면 천착하는 것이네."[42]라고 하였다.

(3) 김원행의 제자들 학설을 종종 채택하였다.

박윤원은 김원행의 문인으로 성리학과 예학에 조예가 깊었던 인물이다. 김이안은 경설과 예설에 대해 박윤원에게서 질의를 받기도 하였으나[43] 성리설에 의문이 있을 때는 박윤원에게 질의하였고,[44] 때에 따라 선현의 설보다 박윤원의 해석을 더 옳게 보기도 하였다. 예컨대 원대(元代)의 명유인 진력(陳櫟)의 해석보다 박윤원의 설을 옳다고 보아 "진씨(陳氏)의 해석을 혹 일설로 갖추어둘 수는 있겠지만 요컨대 올바른 뜻은 아닙니다. '네가 그에게 복을 주면〔汝則錫之福〕'은 영숙(永叔)의 설이 옳습니다."라고 하였다.[45]

이정인(李廷仁) 역시 김원행의 문인으로 성리학에 조예가 깊었던

40 권5 〈答兪擎汝〉16

41 권5 〈答兪擎汝〉18

42 권5 〈答兪擎汝〉18

43 권3 〈答朴永叔〉1・2・3・4・5・6

44 권3 〈答李善長〉4

45 권3 〈答李善長〉2

인물이다. 김이안은 이정인에게서 경설과 예설에 대해 질의를 받기도 하였으나,[46] 성리설에 대해서는 박윤원의 설보다 이정인의 설을 옳게 보기도 하였다. 예컨대 "'휴징(休徵)'과 '구징(咎徵)'에 똑같이 '약(若)'이라고 한 것은 보내준 편지의 설이 매우 순합니다. 영숙(永叔)은 무슨 이유로 별도의 의론을 내었는지 모르겠습니다."[47]라고 하였다.

(4) 선현의 설에 대해 근거가 없을 경우 의문을 제기하였다.

예컨대 송시열의 예설을 대부분 채택했던 김이안은 송시열이 정경유(鄭景由)에게 답한 편지에서 "《대학장구》 전(傳) 10장은 주 선생(朱先生)이 이미 나누어서 8절로 만들었으니 여기에는 필시 모두 이유가 있을 것이다."라고 한 것에 대해, "전 10장을 나누어서 8절로 만든 것은 주자의 본의가 과연 이와 같은지는 감히 알지 못하겠습니다."[48]라고 하였다. 이는 주희가 전 10장을 8절로 구분하였다는 것에 대해 명확한 근거가 없기 때문이었다. 이에 대해 김희(金熹)는 "말하는 자들은 모두 주자가 8절로 구분하였다고 말하지만 주자에게는 본래 이 장을 8절로 구분한 설이 없다. 지금 전(傳)의 글로 보면 분명히 5절이다."라고 말하고 있다. 또한 남송의 유학자 요로(饒魯)의 설에 대해서도 "요씨의 설은 새롭고 기이하도록 힘쓴 것이니 대번에 따를 수는 없을 듯합니다."[49]라고 말하고 있다.

(5) 선현의 설에 대해 초창기와 만년설을 구분하여 만년설을 정론으

46 권3 〈答李善長〉1·6·7·9·10·11

47 권3 〈答李善長〉2

48 권4 〈答趙樂之〉1

49 권4 〈答兪漢愼〉1

로 삼았다.

예컨대 이황의 설에 대해 "퇴계의 이 편지는 곧 기질을 형질로 본 것이니, 참으로 감히 이해하기 어려운 점이 있습니다."라고 한 뒤, 다시 이황이 다른 사람에게 답한 편지를 인용하여 "아마도 이것이 나중에 나온 정론(定論)일 것입니다."[50]라고 하였으며, "이 때문에 저는 퇴계의 만년(晩年) 정견(定見)이 여기에 있다고 생각한 것입니다."[51]라고도 하였다. 또한 주희의 설에 대해서도 "'혈구'의 뜻은 마땅히 본주(本註)를 따라야 할 것이네. 그 강덕공(江德功)에게 답한 편지는 선친께서 일찍이 주자의 초년설이라고 말씀하셨네."[52]라고 하였다.

(6) 자기 수양에 대해 공연한 이론보다는 실천을 중시하였다.

예컨대 "체험하고 수용하는 것이 가장 좋으며 핵심 밖에서 풀기 어려운 의심을 하여 공연히 말을 낭비할 필요가 없네."[53] "여기에서 말한 '많이 배웠다'는 것은 그 말뜻을 음미해보면 '많이 듣고 보았을 뿐이다.〔多聞見爾〕'라고 말한 것과 같네. 성인의 학문이 어찌 '많이 듣고 보아서 기억하는 것'에 그치겠는가."[54] "이를 진실한 마음으로 강구하고 실천하는 자는 또 드물어서 왕왕 구이지학(口耳之學)의 자료로 삼을 뿐이네."[55]라고 하였다.

50 권4 〈答趙樂之〉6

51 권4 〈答趙樂之〉7

52 권5 〈答兪擎汝〉6

53 권5 〈答兪擎汝〉6

54 권5 〈答兪擎汝〉10

55 권5 〈答兪擎汝〉12

4.2 예학

《삼산재집》은 위에서도 언급했듯 과반이 예설이다. 《삼산재집》에서 예학과 관련하여 주로 논하는 예서로는 《주례》, 《의례》, 《예기》, 《소학》, 《의례경전통해》가 있다. 입론의 근거로 삼는 예설은, 중국의 예설로는 한나라 정현(鄭玄), 당나라 공영달(孔穎達)과 가공언(賈公彦), 당나라 두우(杜佑)의 《통전》, 송나라 사마광(司馬光), 송나라 주희(朱熹)의 《의례경전통해》와 《가례》, 송나라 양복(楊復)의 《의례도》, 명나라 구준(丘濬)의 《가례의절》의 예설을 언급하고 있으며, 우리나라의 예설로는 이이(李珥)의 《격몽요결》, 송시열(宋時烈), 이희조(李喜朝), 박세채(朴世采), 이재(李縡)의 《예의유집》, 김장생(金長生)의 《상례비요》와 《의례문해》, 김집의 예설, 김원행의 예설을 언급하고 있다. 김이안이 활동하던 당시 정파와 무관하게 고례와 금례를 절충시키려는 노력이 일반적이었으므로 《삼산재집》 역시 이러한 영향을 받은 것을 알 수 있다. 다만 김이안의 경우 특히 노론의 예설을 정론으로 삼은 것을 짐작할 수 있다.

《삼산재집》에는 김이안에게 예를 질의한 사람이 많이 보이는데, 종제와 조카 등 집안사람은 물론, 김원행의 문인, 김이안의 벗, 일반 유자들까지 두루 포함되어 있다는 점에서 당시 김이안의 예학자로서의 위치를 가늠해볼 수 있다. 김이안은 "선현(先賢)이 이미 정론(定論)을 두었으니 이를 따라 행하는 것이 '감히 자신의 소견을 믿지 않고 스승을 믿는다〔不敢自信而信其師〕'는 의리에 부합할 것입니다."[56]라고 말한 것

56 권3 〈答朴永叔(3)〉

처럼 별도의 의리를 내세우려고 하지 않았다. 대체로 주희의 뜻에 어긋나지 않은 것을 입론의 기반으로 삼고 정현·공영달·가공언의 주소를 입론의 근거로 삼았다. 이러한 태도가 당시 일반적인 흐름이었다고 할 수 있을 것이나 고례와 다른 경우에도 주희의 설을 채택할 만큼 주희의 설을 따른 것은 또한 김이안의 예설의 한 특징이라고 할 수 있다. 구체적으로 그 특징을 살펴보면 다음과 같다.

(1) 변례의 경우 대체로 송시열의 예설을 정론으로 삼아 논의를 전개하였다.

예컨대 "우옹(尤翁)의 설이 가장 간단하고 명쾌하여 세세한 데 얽매이는 것이 많이 없다."[57] "초하루와 보름의 참례(參禮)는 본래 율옹(栗翁)과 우옹(尤翁)의 정론(定論)이 있으니 이를 행하는데 진실로 의심할 것이 없습니다."[58] "제 생각에는 우선 우옹의 논의를 따라 우제·졸곡·부제(祔祭)를 막론하고 시아버지가 모두 주관한다면 도리어 간단명료할 것 같은데 어떨지 모르겠습니다."[59]라고 말하고 있다.

(2) 선현의 설보다도 국법을 상위에 두었다.

예컨대 "기제(忌祭)와 묘제(墓祭)를 간략하게 행한다는 것은 선현들의 논의가 참으로 이와 같은 것이 많습니다. 그러나 조정에서 이미 새롭게 금령(禁令)을 내리고 심지어는 이 내용을 써서 책으로 만들어 팔도에 행하게 하였으니, 이런 상황에서는 다른 논의를 하기 어렵습니

57 권3 〈答從弟伯安〉

58 권3 〈答朴永叔(2)〉

59 권3 〈答朴永叔(5)〉

다."[60] "이번 조령(朝令)에서 또 공제(公除) 뒤에는 사제(私祭)를 행하는 것을 허용하였으니 단지 이를 따라 행해야 할 것입니다."[61] "이제 주자의 가르침과 지금 시행되는 우리나라의 제도를 버리고 멀리 징험하기 어려운 공영달의 소를 따른다면 구차한 것이 아니겠습니까."[62]라고 말하고 있다.

(3) 국법을 어기는 것이 아니라면 인정을 따랐다.

예컨대 "장자의 상에 법령에서는 비록 벼슬을 내놓는 것을 허락하지 않고 과거에 응시하도록 하고 있지만, 이것은 내가 하는 것이니 어찌 굳이 차마 하지 못할 바를 할 필요가 있겠습니까."[63] "비록 조령(朝令)으로 말한다 하더라도 기제(忌祭)와 묘제(墓祭)는 금하였지만 이에 대해서는 애초에 거론하지도 않았으니, 또한 허용하는 쪽에 속한다는 것을 알 수 있습니다."[64] "막중한 변례(變禮)를 어찌 감히 가볍게 의론하겠는가마는……대체로 상복을 입는 법은 은혜와 의리일 뿐이네."[65]라고 말하고 있다.

(4) 고례 또는 주희 이전의 예설이 주희의 설과 다를 때 주희의 설을 따랐다.

김이안은 "새롭고 기발하지 않은 것은 아니지만 주자의 본뜻이 과연 이와 같겠는가."[66]라고 하여 대체로 주희의 뜻을 따르고자 힘썼는데,

60 권3 〈答朴永叔(2)〉

61 권3 〈答朴永叔(6)〉

62 권4 〈答金士久(1)〉

63 권3 〈答洪伯能(6)〉

64 권3 〈答朴永叔(3)〉

65 권6 〈答趙命彬〉

여기에서 한 걸음 더 나아가 주희의 예설이 고례와 다를 때에도 주희의 설을 따르고 있다. 예컨대 "아버지가 살아계실 때 처를 위해 부장기복을 입는 것은 옛날에 그런 예(禮)가 있었습니다. 그러나 《가례》에서는 아버지가 살아계시거나 돌아가셨거나를 막론하고 모두 장기복(杖朞服)을 입으니, 상장을 짚는다면 담제를 지내야 합니다. 이것은 우옹(尤翁)의 설이니 이를 따라야 할 듯합니다."[67] "'먼저 유문을 수습하고 다음에 사판을 수습한다'는 것은 본래 《서의(書儀)》의 글입니다. 주자가 이것을 《가례》에서 이미 고쳤으니, 그 잘잘못을 알 수 있습니다."[68] "《의례》에 '숟가락을 꽂은 뒤에는〔旣扱匙〕'이라고 하였으니 숟가락을 내려놓아야 할 것입니다."라는 물음에 대해 "《가례》에는 모든 제사에 숟가락을 내려놓는다는 글이 없으니, 저희 집에서 따라 행한 것은 단지 이 때문입니다."라고 대답하였으며[69] "주자처럼 취사를 세밀히 살핀 분이 어찌 뜻이 없이 홀로 앞 사람들이 이미 정해놓은 예(禮)를 바꾸어서 후세를 그르쳤겠는가."[70]라고 말하고 있다.

(5) 예에 대해 실사구시의 태도로 접근하였다.

설령 주희의 예설과 다르더라도 김이안은 예의 본래 정신인 시의(時宜)를 강조하였다는 것이다. 예컨대 "고을을 다스리는 자들을 보면 학궁(學宮)에 대한 논의에 있어 일체 직무 밖의 일로 간주하고 상관하지

66 권6 〈答金翼顯〉

67 권3 〈答李善長(3)〉

68 권3 〈答李善長(6)〉

69 권4 〈答洪樂綏〉

70 권5 〈答兪擎汝〉

않으려고 하는데, 옳지 않네. 주자(朱子)는 동안 주부(同安主簿)로 있을 때 소 승상(蘇丞相)의 사당을 세웠고 지남강군사(知南康軍事)로 있을 때는 또 염계(濂溪)의 사당을 세우고 두 분의 정 선생(程先生)을 배향하였으니, 어찌 학궁의 일에 관여하지 않은 적이 있었던가. 단지 관여만 한 것이 아니라 실제로는 모두 직접 주관한 것이니, 주자가 어찌 사리에 맞지 않은데도 하셨겠는가."[71] "그러나 이러한 예사(禮事)는 이미 금지 조항에 들어있지 않으니 굳이 심하게 구애될 필요는 없지 않겠느냐."[72] "사당에 들어갈 때의 복색은 참으로 주자의 심의(深衣)와 복건(幅巾)에 대한 규정이 있지만 지금 사람들은 평소에도 이렇게 입지 않으니, 단지 앞에서처럼 포의에 포립을 쓰고 대는 삼을 포로 바꾸어 착용하는 것이 무방할 듯하다."[73] "《의례경전통해》는 참으로 주자가 정립한 것이지만 그 사이에는 또 고금의 마땅함이 다른 부분이 있습니다.……어찌 한번 수록되었다고 하여 모두 준용할만한 것이라고 말할 수 있겠습니까."[74] "《가례》에는 이런 절차가 없을 뿐 아니라 또 지금 세상에는 그렇게 많은 복색이 없으니, 단지 제사할 때 입는 옷을 그대로 입어야 할 것이네."[75]라고 말하고 있다.

(6) 입론의 근거로 삼던 선현의 설을 때로 반박하기도 하였다.

김이안은 대체로 송시열이나 김장생 등 노론 학자의 예설을 대부분

71 권3 〈答從弟誠道〉

72 권3 〈答三從侄近淳〉

73 권3 〈答洪甥文榮〉

74 권4 〈答金士久(2)〉

75 권5 〈答兪擎汝(17)〉

채택하였으나 경우에 따라서는 이를 따르지 않기도 하였다. 예컨대 "그 제사를 행할 때 입는 복색도 율옹(栗翁)의 흑대(黑帶)를 착용한다는 설을 쓰기는 어렵습니다."[76] "포와 젓갈을 살았을 때와 죽었을 때 다르게 진설하는 것은 고례(古禮)에 들은 바가 없습니다.……현석(玄石)이 이른바 '살았을 때 포는 왼쪽에 올리고 젓갈은 오른쪽에 올린 것을 형상한 것이다.〔象生時左脯右醢.〕'라는 것은 무슨 근거로 그처럼 단언하였단 말입니까?"[77] "시집가지 않은 자가 시집가는 것과 이미 시집간 자가 남편의 집으로 돌아가는 것은 또한 경중의 구별이 있을 듯하니, 우옹이 논한 것은 감히 알지 못하겠습니다."[78] "우옹(尤翁)이 시아버지의 부모를 아울러 이 존속에 해당시킨 것은 조검(照檢)을 잃은 듯하네."[79]라고 말하고 있다.

(7) 정론처럼 여기는 고주(古注)에 대해 근거를 들어 비판하였다.

예컨대 가공언의 소에 "종자의 어머니가 70세 이상이 되었으면 종자의 처가 제사에 참여할 수 있으므로 종인이 이에 종자의 처를 위하여 복을 입는다.〔宗子母七十已上, 則宗子妻得與祭, 宗人乃爲宗子妻服.〕"[80]라고 한 것에 대해, 김이안은 정현의 주에 "아버지가 없는 것이 아니라면 족인이 그 종자를 위해 일찍 죽은 자의 복으로 입어주지 않는다. '아버지가 없는 것이 아니다'는 것은 아버지에게 폐질이 있거나 나이가

76 권3 〈答洪伯能(6)〉
77 권3 〈答李善長(11)〉
78 권4 〈答洪樂綏〉
79 권6 〈答李鉉(2)〉
80 권11 〈儀禮經傳記疑〉〔65.4〕

70이 되어 연로해서 아들이 대신 종묘의 일을 주관하는 경우를 이른다.〔不孤, 則族人不爲殤服服之. 不孤, 謂父有廢疾, 若年七十而老, 子代主宗事者也.〕"라고 한 것에 근거하여 종자의 어머니가 살아계시면 비록 연로하여 제사에 참여하지 않는다 하더라도 족인이 종자의 처를 위하여 복을 입을 수 없으며, 따라서 가공언의 소의 설은 오류라고 하였다.

(8) 박하다는 비판을 들을 수 있는 상황에서도 엄격하게 예를 적용하였다.

예컨대 "서자(庶子)로 아버지의 후사가 된 사람이 자기 생모의 상(喪)에 시마복(緦麻服)을 입는 것은 이미 예경(禮經)에 정해진 제도이니 누가 감히 다른 의론을 할 수 있겠느냐. 이것은 어머니에게 박하게 하는 것이 아니라 전적으로 후사가 된 것을 중하게 여겨서이다."[81] "인정(人情)에는 차마 어렵겠지만 단지 예(禮)로 재단할 수밖에 없습니다."[82] "고조의 사판(祠版)을 매안(埋安)하는 것을 앉아서 보고만 있는 것이 비록 차마 할 수 없는 바이기는 하나, 선왕이 제정한 예(禮)는 또한 어떻게 할 수 없으니 누가 감히 올바르지 못한 예를 가지고 마음대로 그 사이에 변통할 수 있겠습니까."[83]라고 말하고 있다.

(9) 의견을 제시하되 섣불리 단정하지는 않았다.

예컨대 "이것은 사견(私見)이니 단정적으로는 말하지 못하겠다."[84] "제 생각은 이러하나 감히 단정하여 말하지 못하겠습니다."[85] "그러나

81 권3 〈答三從侄達淳〉

82 권4 〈答趙樂之(4)〉

83 권6 〈答張受敎(2)〉

84 권3 〈答洪甥文榮〉

예(禮)에 명확한 근거가 없으니 감히 단정하여 말하지는 못하겠습니다."[86] "다만 옛 근거가 없으니 감히 단정하여 말씀드리지는 못합니다."[87] 라고 말하고 있다. 비록 확신이 들어도 근거가 없을 때는 단정하지 않았다는 점에서 '의심나는 것은 빼놓고 언급하지 않는다'는 옛 도를 따르고 있음을 엿볼 수 있다.

(10) 경문 글자에 대한 교감이 유독 많다.

이는 당시 우리나라 학자들의 취약한 부분 중 하나로, 대부분 판본이나 글자 교감 없이 내용에 대해서만 논의하는 것이 많았다. 더 나아가 학자 중에는 오자가 있는 판본으로 엉뚱한 논의를 전개하기도 한 것에 비추어보면 김이안의 이러한 교감기는 교감학적인 측면에서 볼 때 매우 의미 있는 성과로 볼 수 있다. 특히 권11~12의 〈의례경전기의〉에 글자 교감을 언급한 것이 많은데, 김이안이 본 판본이 어떤 것인지 확인되지는 않으나 현재 통용본과 대조했을 때 김이안이 언급한 교감기는 대부분 정확하다고 할 수 있다.

위의 특징에 근거하면 여러 가지 예설이 상충을 일으킬 때 김이안은 대체로 국법을 가장 상위에 두고 그 다음 주희의 예설, 고례, 선현의 설, 속례의 순으로 두고 논의를 전개하고 있다.

모든 학문이 그러하듯 김이안의 예설 역시 몇 가지 흠결이 보인다.

85 권3 〈答李善長(9)〉

86 권4 〈答金士久(3)〉

87 권4 〈答陳廷杰〉

첫째, 제도에 대해 분명히 알지 못하여 불필요한 의심을 하는 경우가 있다는 것이다. 예컨대 김이안은 "'모두 폐를 고수레하고 폐를 먹는다.〔皆祭擧、食擧.〕'라는 구절은, 앞에서 이미 폐를 고수레하였는데 지금 먹을 때 또 폐를 고수레한단 말인가?"[88]와 같은 의문을 제기하였는데, 이는 희생의 폐가 자르는 방식과 용도에 따라 두 종류로 구분한다는 것을 알지 못한 데서 기인한 것이다. 제사 때 사용하는 희생의 폐 중 자르기는 하지만 조금 남겨놓아서 폐의 중앙과 분리되지 않도록 하는 것이 있는데, 이폐(離肺) 또는 거폐라고 한다. 먹을 때 사용하는 폐로, 다른 음식과 마찬가지로 먹기 전에 반드시 고수레를 해야 하기 때문에 떼기 편하도록 조금 잘라놓는 것이다. 다른 한 종류는 완전히 잘라서 분리한 것으로, 제폐(祭肺) 또는 촌폐(刌肺), 절폐(切肺)라고 한다. 오로지 고수레할 때에만 쓰는 폐이며 맛을 보지 않는다. 김이안은 경문에 나오는 첫 번째 폐는 제폐이며 두 번째 폐는 거폐라는 것을 알지 못한 것이다.

둘째, 그림 또는 경문을 잘못 이해하여 올바른 것을 도리어 오류로 본 경우가 있다는 것이다. 예컨대 김이안은 "'사위는 처가의 대문에 들어와 동향하고 예물을 내려놓는다.〔壻入門, 東面奠摯.〕'라는 구절에 대해, 정현의 주에 '사위는 적침(適寢)에서 알현한다.〔壻見於寢.〕'라고 하였다. 양복(楊復)의 《의례도(儀禮圖)》에는 문 안에 예물을 내려놓는 것으로 되어 있으니 옳지 않은 듯하다."라고 하였다.[89] 양복의 《의례도》 권2 〈사혼례〉에 수록된 〈불친영삼월서현처지부모도(不親迎三月

88 권11 〈儀禮經傳記疑〉〔4.2〕

89 권11 〈儀禮經傳記疑〉〔5.3〕

壻見妻之父母圖)〉를 보면 그림 위쪽에 "주부가 여닫이 문 안쪽에 선다.〔主婦立扉內.〕"라는 구절이 있고, 바로 아래에 "사위가 예물을 내려놓고 두 번 절하고 나간다.〔壻奠摯再拜出.〕"라는 구절이 있다. 이에 근거하면 그림에서 사위가 예물을 내려놓은 곳은 내문(內門) 밖, 대문 안이 된다. 즉 김이안이 말한 '문 안'이라는 곳이 대문 안이라면 양복의 그림은 오류가 아니며, 내문 안이라면 김이안이 양복의 그림을 오해한 것이다.

5. 맺음말

김이안은 서울 지역에 세거한 안동 김문의 적통으로서 가학을 잘 계승하여 김장생과 김집 부자에 비유되기도 하였다.[90] 따라서 김이안과 《삼산재집》에 대한 연구는 곧 김원행의 연구와도 직결된다.

《삼산재집》에는 모두 202제의 시가 실려 있는데, 매산 홍직필은 저자의 시에 대해 혼후하고 순정하며 분명하고 걸출하여 법으로 삼을 만하다고 극찬하고 있다.[91] 《삼산재집》을 통해 시인으로서의 면모를

90 《肅齋集》 권15 〈答鄭萬中〉: "我東聽松之牛溪, 沙溪之愼齋, 渼湖之三山齋, 亦父子相傳之正學也, 何獨於洪果川而疑之也? 然而牛溪、愼齋、三山齋, 畢竟大成就而善繼述者也."

《梅山集》 권19 〈答林來卿〉: "父子繼業者, 聽松之牛溪、沙溪之愼齋、靜觀齋之芝村、楢巢之止庵、渼湖之三山齋是已. 是父是子, 名實純粹, 出則有爲, 處則有守, 炳然爲家國之光焉."

91 《梅山集》 권11 〈答金正宅〔庚午六月〕〉: "當遵朱先生說取三十年前渾厚純正明白

조명해볼 수 있는 고리이다.

또한 《삼산재집》에는 모두 132편의 편지가 실려 있는데, 이 가운데 단순한 안부 편지는 몇 편에 불과하며 대부분 예설과 경설에 대한 문답으로 이루어져 있다. 당시에 이미 예학과 경학으로 명성이 있었음을 알 수 있다.

〈잡저〉에는 별도로 〈의례경전기의〉 2권을 수록하고 있다. 저자가 모친의 거상 중에 《의례》를 읽으면서 생긴 의문과 자신의 견해를 기술한 것으로, 분석과 고증을 통해 이전 주해가들의 설에 대해 의문을 제기하고 정오를 판단하고 있다. 저자의 예학에 대한 깊이를 가늠할 수 있다.

《삼산재집》은 출간 이후 후생의 중요 참고 문헌으로 인용되었으나[92] 현재까지 《삼산재집》과 저자에 대한 연구는 전혀 이루어지지 않고 있다. 이제 《삼산재집》이 완역되었으므로 시인으로서, 예학자로서, 경학가로서, 성리학자로서의 김이안을 조명하기 위한 초석이 마련되었다 할 것이다.

俊偉之文以爲法, 如三山齋詩是已. 斯翁科體, 亦是正音中聲, 非直近世所未有, 有多淵翁所難及, 眞功令家三昧也."

92 《芸窓集》 권5 〈禮說箚錄〉: "芝村、南塘亦以爲不遷之位, 當立別廟, 與三山齋此說相爲表裏, 故並錄之." "櫟泉、渼湖及三山齋文集, 亦言從俗無妨云, 故並錄之."

[표1] 《삼산재집》에 수록된 차운시와 원운 현황

	詩題	차운 대상	번역에서 원운 소개	비고
1	陪家君。訪應天寺。敬次席上韻	席上	金元行의〈節谷宗丈約會于應天寺赴之路中口占〉	
2	再遊山陽洞。次席上韻	席上	-	
3	石林夏夜。次主人從舅洪公[檍]韻	洪檍	-	
4	翌夜。又次諸人韻	諸人	-	
5	與叔輔[庶再從叔弼行]拈唐人韻。共賦	唐人	-	
6	又拈唐人韻。要和	唐人	-	
7	用晦翁別南軒韻。贈別洪德保[大容]	朱熹	〈二詩奉酬敬夫贈言并以爲別〉 2수 중 첫 번째 시	
8	靜觀李先生[端相]延諡。次主人韻	李敏輔	-	2수
9	和寄士毅	徐迪修	-	3수. 화답시
10	可久堂除夕。次三淵集中韻	三淵集	金昌翕의〈石室除夕次仲裕韻〉	4수. 원운은 從弟 金盛後차운
11	士毅入城。次簡易集韻	簡易集	崔笠의〈感時次杜獨坐韻〉	원운은 杜甫 차운
12	次簡易集韻。奉別權戚丈[霙應]	簡易集	崔笠의〈夜坐次杜閣夜韻〉	원운은 杜甫 차운
13	夜風甚。敬次三淵集韻	三淵集	金昌翕의〈秋興雜詠〉 12수 중 11번째 시	
14	翌日。天氣晴暄。又疊前韻	三淵集	金昌翕의〈秋興雜詠〉 12수 중 11번째 시	
15	次韻。贈別韓生[聖路]	韓聖路	-	3수
16	偶吟。次唐詩韻	唐詩	-	
17	卽事。敬次家君韻	金元行	〈卽事〉	
18	可久堂夜酌。次諸人韻	諸人	-	4수
19	上遣官。賜祭于顯節祠。同諸人往參。歸後諸人有詩。次韻。	諸人	-	
20	九日。登釋耒亭舊址。同諸君飮酒。次少陵韻	杜甫	〈九日藍田崔氏莊〉	
21	病裏又疊	杜甫	〈九日藍田崔氏莊〉	

22	石室除夕。次三淵集韻	三淵集	金昌翕의 〈除夕在靑軒念島中燈火不禁悽然隕涕遂次簡齋岳州韻以俟遙寄〉	5수. 원운은 陳與義 차운
23	喜雨。次少陵韻	杜甫	〈春夜喜雨〉	
24	玉流洞。敬次稼齋從曾祖韻	金昌業	〈與敬明養謙濟謙彥謙明行春行卑謙遊水落〉	
25	還至玉流洞。次士毅韻	徐適修	–	
26	追次士毅聖寺韻	徐適修	–	
27	前江觀漲。同俞季積[彥鉄], 尹伯常[蓍東], 洪伯能[樂舜]各拈一韻。輪次	輪次	–	
28	次伯常韻	尹蓍東	–	
29	次季積韻	俞彥鉄	–	
30	次伯能韻	洪樂舜	–	
31	次伯常韻	尹蓍東	–	2수
32	西將臺。次俞興之[漢禎]韻	俞漢禎	–	2수
33	次杜詩秋興八首韻	杜甫	〈秋興八首〉	8수
34	李寢郎[慶甲]作打魚之會。有詩索和	李慶甲	–	화답시
35	次尹學士[集]旌閭時軸中韻	軸中	–	
36	訪李胤之[胤永]梅花始開。主人有詩。次韻	李胤永	〈十一月二日龕梅拆瓣金正禮適自三洲來訪出古器數種相示一笑〉'來' 자운 5수 중 첫 번째 시	
37	胤之又以詩來。次韻以送	李胤永	〈十一月二日…〉'房' 자운 5수 중 첫 번째 시	
38	疊來字	李胤永	〈十一月二日……〉'來' 자운 5수 중 두 번째 시	
39	疊房字	李胤永	〈十一月二日……〉'房' 자운 5수 중 두 번째 시	
40	再疊房字	李胤永	〈十一月二日……〉'房' 자운 5수 중 세 번째 시	
41	三疊房字	李胤永	〈十一月二日……〉'房' 자운 5수 중 네 번째 시	
42	再疊來字	李胤永	〈十一月二日……〉'來'	

			자운 5수 중 세 번째 시	
43	三疊來字	李胤永	〈十一月二日……〉'來' 자운 5수 중 네 번째 시	
44	胤之又寄二詩索和	李胤永	〈十一月二日……〉'朧' 자 운 5수와 '名' 자운 5수 중 각 첫 번째 시	2수
45	四疊來字	李胤永	〈十一月二日……〉'來' 자운 5수 중 다섯 번째 시	
46	四疊房字	李胤永	〈十一月二日……〉'房' 자운 5수 중 다섯 번째 시	
47	疊朧字	李胤永	〈十一月二日……〉'朧' 자 운 5수 중 두 번째 시	
48	疊名字	李胤永	〈十一月二日……〉'名' 자 운 5수 중 두 번째 시	
49	再疊朧字	李胤永	〈十一月二日……〉'朧' 자 운 5수 중 세 번째 시	
50	再疊名字	李胤永	〈十一月二日……〉'名' 자 운 5수 중 세 번째 시	
51	三疊名字	李胤永	〈十一月二日……〉'名' 자 운 5수 중 네 번째 시	
52	三疊朧字	李胤永	〈十一月二日……〉'朧' 자 운 5수 중 네 번째 시	
53	四疊名字	李胤永	〈十一月二日……〉'名' 자운 5수 중 다섯 번째 시	
54	四疊朧字	李胤永	〈十一月二日……〉'朧' 자운 5수 중 다섯 번째 시	
55	洪克之[樂眞]來留石室書院。半月而後告歸。臨行出詩索和。步韻爲別	洪樂眞	-	보운시
56	次韻贈別黃永叟[胤錫]	黃胤錫	-	
57	病中。次友人韻	友人	-	2수
58	陪家君及櫟泉宋叔[明欽]遊俗離山。夜宿福泉菴。謹次宋叔韻	宋明欽	〈水晶峰次任幼輔韻屬金兄伯春〉	원운은 任相周 차운
59	鄭南爲[東翼], 李明叟[敏哲]有詩求和却寄	鄭東翼 李敏哲	-	2수. 화답시
60	兩賢勉余以學。政用見寄韻爲別。兼道愧	鄭東翼	-	

	謝之意	李敏哲		
61	題韓重文[思愈]雲山書屋。用軸中韻	軸中	–	
62	訪李景兪[濟翔]山居。次主人韻	李濟翔	–	
63	宗老僉知[天行]過余稽山。有詩要和	金天行	–	화답시
64	和陶詩三篇。酬金季潤[相肅]	陶淵明	〈停雲〉, 〈時運〉, 〈榮木〉	각 4수 → 12수
65	和陶詩贈族祖長沙公韻。又酬金季潤	陶淵明	〈贈族祖長沙公〉	4수
66	李僉正仲玉[珪鎭]用氷湖帖韻。有詩要和	李珪鎭	–	원운은 《氷湖帖》 차운
67	歇惺樓。敬次淸陰祖考板上韻	金尙憲	〈正陽寺雨留〉	
68	宿正陽寺。雨無霽意。戱次金天季[一默]韻	金一默	–	
69	叢石亭。次天季韻	金一默	–	
70	又賦	金一默	–	*추정
71	鏡浦臺。謹次止菴從叔父韻。奉贈江陵府伯[族侄魯淳]	金亮行	–	
72	又次天季韻	金一默	–	
73	謹次內舅洪公[梓]寄示韻	洪梓	–	
74	又次軸中韻。呈內舅	軸中	–	
75	羅斯文叔章[重晦]惠然遠訪。袖出一詩。屬意甚勤。因次其韻以謝之	羅重晦	–	
76	歸自丹丘。鄭元美[趾煥]以二律見寄求和	鄭趾煥	–	2수. 화답시
77	酬沈景洛[淳希]	沈淳希	–	수답시
78	沈一之携酒來訪。歸以一詩見寄。謹次其韻爲謝	沈一之	–	
79	寧陵令李公阻風留話。誦其舟中作一篇。輒次其韻	李壽仁	–	
80	和寄柳汝思[知養]	柳知養	–	화답시
81	羅叔章訪余渼湖之上。留四月而後歸。間出一詩求和。臨別書此聊見相勉之意	羅重晦	–	
82	和寄汝思	柳知養	–	3수
83	謹賡御製書筵志喜韻	正祖	–	
84	祇受東宮賜曆。又用前韻	正祖	–	
85	謹賡御製韻。題內賜褒忠綸音卷後	正祖	正祖의	2수

			〈眞殿行朔朝展謁。召見四大臣，三將臣，四節度及達城家子孫。唫視一絶。仍令賡此〉	
86	同沈君靜能[公定]乘舟尋銀石寺。靜能有詩。和之	沈公定	-	화답시

[표2] 《삼산재집》에 수록된 상소 분석표

	저본	승정원일기	일성록	정조실록
1	辭持平經筵官疏[甲辰閏三月]	1784년 윤3월 17일 소의 전문과 비답	좌동 소의 대략과 비답	좌동 소의 대략과 비답
2	辭贊善疏[七月]	1784년 7월 22일 소의 전문과 비답	좌동 비답만	좌동 비답만
3	東宮冊禮時。未赴召命引罪疏[八月]	1784년 8월 29일 소의 전문과 비답	좌동 비답만	-
4	別諭後辭免疏[九月]	1784년 9월 19일 소의 전문과 비답	좌동 비답만	-
5	再疏[十月]	1784년 10월 10일 소의 전문과 비답	좌동 비답만	좌동 소의 대략과 비답
6	乙巳歲首別諭後辭免疏[二月]	1785년 2월 11일 소의 전문과 비답	좌동 비답만	좌동 비답만
7	丙午歲首別諭後辭免疏[正月]	1786년 2월 2일 소의 전문과 비답	좌동 비답만	-
8	再疏[二月]	1786년 3월 6일 소의 전문과 비답	좌동 비답만	-
9	王世子喪。未赴哭班引罪疏 [五月]	1786년 5월 27일 소의 전문과 비답	좌동 비답만	-
10	辭祭酒疏[十月]	1786년 10월 27일 소의 전문과 비답	-	-
11	再疏[丁未四月]	1787년 4월 13일 소의 전문과 비답	좌동 소의 대략과 비답	-
12	請免遷園時挽章製述。仍辭職疏[己酉八月]	1789년 9월 3일 소의 전문과 비답	좌동 소의 대략과 비답	-
13	辭工曹參議兼祭酒疏[辛亥正月]	1791년 1월 20일 소의 전문과 비답	좌동 비답만	-

[표3] 《삼산재집》에 수록된 편지 현황

권차	제목	내용		비고
권3				
1	答從弟伯安[履素](1)	國喪 중 私家의 除服	예설	
2	答伯安(2)	庶子喪의 喪主	예설	
3	答從弟誠道[履顯](1)	山祠의 別廟	예설	
4	答誠道(2)	大祥과 禫 사이의 윤달	예설	
5	答從弟季謹[履度]	喪中 혼례	예설	
6	答從弟福汝[履完]	開塋域 때 축문 등 의절	예설	
7	與福汝	부탁받은 誌文을 보내며	實事	
8	與三從弟聖循[履鐸]	국가의 遷葬 중 私家의 節日 墓祭	예설	
9	答從子麟淳	後嗣者의 生父를 위한 服制	예설	
10	答三從侄達淳	庶子인 後嗣者의 生母를 위한 服制	예설	
11	答三從侄近淳	부녀자의 服制 중 首服	예설	
12	答洪伯能(1)	異姓간의 通婚	예설	
13	答洪伯能(2)	출가한 庶女의 生母를 위한 服制	예설	
14	答洪伯能(3)	後嗣者의 養父母를 위한 緬禮 때 제반 의절	예설	4조목
15	答洪伯能(4)	신주에 亡子를 奉祀孫으로 쓰는 것에 대해	예설	
16	答洪伯能(5)	後嗣者가 없을 경우 삼년상의 吉祭 주관	예설	
17	答洪伯能(6)	妻喪이나 祖父喪 중 吉祭, 長子喪 중 출입 복식	예설	
18	答洪甥文榮	長子喪 중 혼례 복식, 뒤늦게 신주를 만들 때 의절	예설	
19	答李善長[廷仁](1)	長者를 위해 後嗣를 세웠을 경우 長者를 위한 服制에 대한 문답	예설	
20	答李善長(2)	《서경》〈洪範〉 구절에 대한 문답	경설	10조목
21	答李善長(3)	《서경》〈洪範〉 구절에 대한 문답 妻喪 중 長子의 복제에 대한 문답	경설 예설	3조목
22	答李善長(4)	《대학장구》, 《대학혹문》 구절	경설	
23	答李善長(5)	《대학장구》, 《대학혹문》 구절	경설	
24	答李善長(6)	《가례》〈通禮〉, 《의례》〈士冠禮〉, 〈士昏	예설	9조목

		禮〉 구절에 대한 문답		
25	答李善長(7)	《가례》〈通禮〉, 《예기》〈雜記〉 구절	예설	
26	答李善長(8)	문안 및 저자의 근황 《주역》〈文言傳〉 구절 斬衰喪에 練祭의 服制, 子婦의 合祔	안부 경설 예설	
27	答李善長(9)	改葬 때 衆子의 服制에 대한 문답	예설	2조목
28	答李善長(10)	父在에 喪主와 祭主의 동일 여부	예설	
29	答李善長(11)	朝夕奠 때 脯醢의 위치	예설	
30	答朴永叔[胤源](1)	《중용장구》 구절에 대한 문답	경설	6조목
31	答朴永叔(2)	禁令下에 國葬 전 각종 私祭의 시행 여부	예설	
32	答朴永叔(3)	禁令下에 國葬 전 각종 私祭의 시행 여부	예설	
33	答朴永叔(4)	《중용장구》 구절들에 대한 문답	경설	4조목
34	答朴永叔(5)	子婦喪에 題主, 喪主, 合祔	예설	
35	答朴永叔(6)	東宮의 상 중 私家의 제사	예설	
36	答柳汝思(1)	前喪의 禫祭와 後喪의 殯	예설	
37	答柳汝思(2)	父喪에 長子가 후사 없이 죽었을 경우 喪主 등에 대한 문답	예설	3조목
		권4		
38	答趙樂之(1)	宋時烈과 李珥의 〈爲學圖〉에 대한 문답 《대학장구》, 《중용장구》 구절에 대한 문답 前喪의 禫祭와 後喪의 殯, 養母가 둘일 경우 外親을 위한 服制에 대한 문답	경설 예설	5조목
39	答趙樂之(2)	《주역》 구절에 대한 문답 支子의 妻의 合祔에 대한 문답 《尤庵集》에 보이는 《後漢書》, 《서경》의 어휘에 대한 문답	경설 예설	4조목
40	答趙樂之(3)	《근사록》, 《주자어류》 구절에 대한 문답	성리설	4조목
41	答趙樂之(4)	後嗣者의 生父가 후사가 끊겼을 경우 喪主에 대한 문답	예설	
42	答趙樂之(5)	《근사록》 구절에 대한 문답	성리설	4조목
43	答趙樂之(6)	주자와 퇴계의 편지에 보이는 氣質과 體用에 대한 문답	성리설	2조목
44	答趙樂之(7)	《주자어류》와 퇴계의 편지에 보이는 氣質에 대한 문답	성리설	

45	答趙樂之(8)	《주역》에 보이는 어휘	경설	
46	答柳原明[星漢](1)	生家의 喪中 後嗣者의 養家 제사	예설	
47	答柳原明(2)	父喪 중 母喪을 당했을 경우 服制	예설	
48	答柳原明(3)	心喪人의 復常 시기와 복식	예설	
49	答柳原明(4)	心喪人의 復常과 吉祭 시기	예설	
50	答柳原明(5)	親喪 중 婦人의 首飾	예설	
51	答柳原明(6)	後嗣者의 長子를 위한 服制 및 부음을 늦게 들었을 때 除服의 시기	예설	
52	答金定夫[鍾秀]	고을 수령인 김정부의 벼슬 천거를 사양하는 글	實事	
53	答李明叟	父喪의 殯 전에 조부모의 喪을 만났을 때의 服制	예설	
54	答鄭南爲(1)	정남위의 선친에 대한 행장 발문 요청을 사양하는 글	實事	
55	答鄭南爲(2)	정남위의 선친에 대한 연보 정리 근황 및 격려	實事 안부	
56	答鄭南爲(3)	부친 金元行의 大祥 때 모임 현황 및 저자의 근황	안부	
57	答鄭南爲(4)	父喪의 除喪 후 저자의 근황	안부	
58	答鄭南爲(5)	상대방에 대한 격려 및 저자의 근황	안부	
59	答金士久[壽祖](1)	緬禮 때의 주관자, 前妻나 後妻의 아들이 前母나 後母의 부모형제를 위한 복제, 異姓 대부의 태조 가능 여부에 대한 문답	예설	3조목
60	答金士久(2)	緬禮와 告由禮의 주관자, 대부의 3廟 제도와 관련하여 別子에 대한 해석, 代數가 다한 墓祭의 주관자에 대한 문답	예설	3조목
61	答金士久(3)	不遷位의 墓祭와 주관자	예설	
62	答奇學祿	景賢書院 配享의 位次	예설	
63	答文立中[躍淵](1)	《의례》, 《가례》, 《논어》, 《맹자》 구절에 대한 문답	예설 경설	14조목
64	答文立中(2)	《대학장구》 구절에 대한 문답	경설	2조목
65	答張泂	長子喪에 상복을 입은 채 벼슬하는 것에 대한 문답	예설	2조목
66	答兪漢愼(1)	《논어》, 《맹자》 구절에 대한 문답	경설	5조목

67	答兪漢愼(2)	《대학장구》, 《대학혹문》 구절에 대한 문답	경설	
68	答李奎普	이규보에 대한 격려 및 경계	안부	
69	答陳廷杰	母喪에 傳重하지 못한 長孫婦의 복제, 신주의 旁題, 각종 제사의 祝文式에 대한 문답	예설	2조목
70	答韓思愈(1)	《맹자》의 '操存舍亡'에 대한 문답	경설	
71	答韓思愈(2)	《대학장구》 구절에 대한 문답	경설	
72	答韓思愈(3)	《대학장구》 구절에 대한 문답	경설	6조목
73	答兪得柱	《중용장구》 구절에 대한 문답	경설	10조목
74	答朴漢欽(1)	祖母喪의 장례 전에 父喪을 당했을 때 복식에 대한 문답	예설	
75	答朴漢欽(2)	長子와 長孫이 없을 경우 次子의 父喪 때 旁題, 신주의 체천, 吉祭에 대한 문답	예설	2조목
76	答李東運	後嗣가 없는 長子喪에 아버지의 服制, 父在時 출가한 여자가 嫡子인 형제를 위한 服制에 대한 문답	예설	2조목
77	答洪樂綏	《소학》 구절, 庶孫이 長房일 경우 신주의 旁題 및 告由式, 主婦가 친정 부모의 상을 당했을 때 본가의 제사 참여 시기, 《가례》 구절에 대한 문답	예설	11조목
78	答裴敬履	《소학》 구절에 대한 문답	예설	4조목
권5				
79	答兪擎汝[憲柱](1)	程子의 性說	성리설	
80	答兪擎汝(2)	《가례》에 보이는 상례 의식과 변례에 대한 문답	예설	15조목
81	答兪擎汝(3)	장례 때 제반 의절	예설	
82	答兪擎汝(4)	祔祭 때 제반 의절 및 喪人의 호칭	예설	
83	答兪擎汝(5)	喪中 祔祭, 上食, 晨謁, 展墓, 虞祭의 제반 의절 및 解産 때 行祭 여부, 父喪 중 母喪의 變除	예설	
84	答兪擎汝(6)	《대학장구》 구절에 대한 문답	경설	11조목
85	答兪擎汝(7)	《대학장구》 구절에 대한 문답	경설	2조목
86	答兪擎汝(8)	《대학장구》 구절에 대한 문답	경설	7조목
87	答兪擎汝(9)	《대학장구》 구절에 대한 답	경설	

88	答兪擎汝(10)	《논어》 구절에 대한 문답	경설	10조목
89	答兪擎汝(11)	《논어》 구절에 대한 문답	경설	6조목
90	答兪擎汝(12)	《논어》 구절에 대한 문답	경설	13조목
91	答兪擎汝(13)	《맹자》 구절에 대한 문답	경설	19조목
92	答兪擎汝(14)	《맹자》 구절에 대한 문답	경설	9조목
93	答兪擎汝(15)	性과 四端의 선악에 대한 문답	성리설	
94	答兪擎汝(16)	《논어》의 '忠恕'	경설	4조목
95	答兪擎汝(17)	禫祭의 제반 의절	예설	
96	答兪擎汝(18)	《중용장구》 구절에 대한 문답	경설	108조목
권6				
97	答李學泳	埋安한 신주의 還奉과 告由式	예설	
98	答李春綵	太極圖說, 河圖洛書, 性情, 意情, 陰陽, 人心道心, 鬼神에 대한 문답 《의례》 〈鄕飮酒禮〉의 '斯禁', 〈鄕射禮〉의 의절에 대한 문답	성리설 예설	13조목 *4조목에 대한 답이 《미호집》과 동일
99	答任聖白	權尙夏의 集成祠 配享과 位次	예설	
100	答崔愼之	宗家에 喪이 있을 때 親喪의 禫祭, 出繼子의 본가에 후사가 없을 때 還歸, 旁題, 친형의 忌祭에 대한 문답	예설	4조목
101	答崔道光	崔沖의 九齋 遺墟 위치	實事	
102	答金義集(1)	신주의 趺方이 갈라졌을 때 신주의 改造 여부에 대한 문답	예설	
103	答金義集(2)	庶子와 後嗣者가 傳重했을 경우 長子喪의 服制에 대한 문답	예설	
104	答李錫	父在時 妻喪에 남편의 喪杖과 禫祭 여부, 그 아들의 喪杖과 禫祭 여부	예설	
105	答張受敎(1)	父와 祖가 없을 때 증손이 증조를 위한 제사의 축문에 대한 문답	예설	
106	答張受敎(2)	出繼者가 본생가의 체천한 제사를 還奉하는 것에 대해	예설	
107	答金翼顯	《가례》 〈本宗五服圖〉, 《擊蒙要訣》 〈設饌圖〉, 《의례》 〈士喪禮〉의 襲禮, 《喪禮備要》 〈服制〉, 《가례》 〈喪禮 成服〉, 《예기》 〈喪	예설	9조목

		服小記〉, 《가례》〈喪禮 朝夕哭奠〉 楊復의 설, 俗節의 奠과 上食, 조문 의절, 婦人의 居喪 중 首飾에 대한 문답		
108	答高時沃	不遷位 신주의 묘소 보관과 別廟 설립 중 선택, 부모 合設 때 旁題와 축문식	예설	
109	答馬游	家廟의 제도를 비롯한 각종 禮疑에 대한 문답	예설	15조목
110	答李晉鎬	人心道心, 天理人慾에 대하여	성리설	
111	答趙命彬	出繼者가 親父의 養父喪에 대한 服制		
112	答兪極柱	母喪의 禫祭 뒤 숙부의 상이 있을 경우 평소의 服制, 죽은 형의 아들이 죽었을 때 아우의 독자를 형의 후사로 삼을 경우 형의 旁題를 고치는 시기, 父在時 妻喪의 喪主와 祭主, 외손이 있을 때 신주의 매안 여부, 《喪禮備要》의 '尸南之奠', 最長房이 죽었을 경우 체천한 신주의 次長房으로 移安 시기, 後嗣者가 養父母의 喪中 친생부모의 상복을 입는 시기, 嫡母 생존시 서자가 私親을 위한 服制에 대한 문답	예설	8조목
113	答朴東衡	形質과 氣質에 대하여	성리설	
114	答崔光浩	性情과 中和, 形而上과 形而下, 〈太極圖〉, 班祔하는 신주의 배치, 後嗣者의 본생 부모에 대한 제사의 축문식에 대하여	예설	5조목
115	答李鉉(1)	《예기》〈間傳〉의 '輕包重特' 구절에 대하여	예설	
116	答李鉉(2)	小祥 후 조석의 展拜, 소상 후 후사가 된 자의 服制, 《가례》의 '同居'에 대한 해석, 父의 新葬에 母를 改葬하여 合葬할 때 의절에 대하여	예설	
117	答金濟亨	선조의 묘소를 잃은 뒤 그 아들과 형의 묘소에 단을 설치하여 望奠을 지내는 것에 대한 문답	예설	
권7				
118	答楊峙岳	《중용장구》 구절에 대한 문답	경설	4조목
119	答或人	서자가 親母의 改嫁 뒤 父의 명으로 다른 妾의 손에 길러졌을 경우 이 첩을 慈母로 볼 수 있는지, 外家는 누구인지에 대한 문답	예설	

120	答道基書院講儒(1)	《대학장구》 구절에 대한 문답	경설	22조목
121	答道基書院講儒(2)	《논어》 구절에 대한 문답 〈학이〉~〈팔일〉	경설	24조목
122	答道基書院講儒(3)	《논어》 구절에 대한 문답 〈이인〉	경설	5조목
123	答道基書院講儒(4)	《논어》 구절에 대한 문답 〈공야장〉~〈태백〉	경설	24조목
124	答道基書院講儒(5)	《논어》 구절에 대한 문답 〈자한〉~〈헌문〉	경설	44조목
125	答道基書院講儒(6)	《논어》 구절에 대한 문답 〈위령공〉~〈미자〉	경설	13조목
126	答集成祠儒	權尙夏의 集成祠 配享에 대하여	예설	
127	答孤山院儒	先賢의 院宇와 尹氏의 私家舊基에 대한 다툼에 대하여	예설	
128	答咸昌儒林	공자와 주자의 영정을 봉안하는 일에 대하여	예설	
129	答湖南道儒	三賢의 追享에 대하여	예설	
130	答謙川院儒	三先生의 追享에 대해 異見을 낸 것에 대한 사과	實事	
131	答淳昌華山祠儒林	祠宇 位次와 別祠 건립에 대하여	예설	
132	答莘巷院任	官帖에 저자의 이름을 올리는 것에 대하여	實事	

지은이 **김이안(金履安)**

1722(경종2)~1791(정조15). 18세기에 활동한 문인으로, 본관은 안동(安東), 자는 정례(正禮), 호는 삼산재(三山齋), 시호는 문헌(文獻)이다. 서울 지역에 세거한 안동 김문의 적통으로서 김창협(金昌協)의 증손자이자 김원행(金元行)의 아들이다. 가학을 잘 계승하여 김장생(金長生)과 김집(金集) 부자에 비유되곤 하였다. 1759년(영조35) 38세에 진사시에 합격하여 이후 보은 현감, 금산 군수, 밀양 부사 등을 역임하였다. 학행(學行)으로 천거되어 경연관에 기용되었다. 63세 되던 1784년(정조8)에는 지평, 보덕, 찬선 등을 거쳐 1786년 좨주에 제수되었으나 모두 사직소를 올리고 나가지 않았다. 북학파 학자인 홍대용(洪大容), 박제가(朴齊家), 아버지의 문인이자 성리학자인 박윤원(朴胤源), 이직보(李直輔), 오윤상(吳允常) 등과 교유를 맺었다. 예설과 역학에 조예가 깊었다. 저서로 《삼산재집》 12권이 있다.

옮긴이 **이상아(李霜芽)**

1967년 전북 정읍에서 태어났다. 공주사범대학 중국어교육과, 성균관대학교 한문고전번역협동과정 석사와 박사과정을 졸업하였다. 민족문화추진회 부설 국역연수원 연수부 및 상임연구부에서 한문을 수학하였다. 한국고전번역원 번역전문위원을 거쳐 현재 성균관대학교 대동문화연구원에 재직하고 있다. 석사 논문은 〈다산 정약용의 『가례작의』 역주〉, 박사 논문은 〈다산 정약용의 『제례고정』 역주〉이다. 번역서로 《무명자집 7, 8, 15, 16》, 《삼산재집 1, 2, 3, 4》, 《일성록》(공역), 《국역 기언 1》(공역), 《대학연의 1, 2, 3, 4, 5》(공역), 《국역 의례(상례편)》(공역), 《교감학개론》(공역), 《주석학개론 1, 2》(공역), 《사고전서 이해의 첫걸음》(공역) 등이 있다.

권역별거점연구소협동번역사업 연구진

연구책임자 이영호(성균관대학교 HK 교수)
공동연구원 이희목(성균관대학교 한문학과 교수)
진재교(성균관대학교 한문교육과 교수)
안대회(성균관대학교 한문학과 교수)
책임연구원 김채식
이상아
이성민
이승현
서한석
연구원 임영걸

교열 임정기(전 한국고전번역원 자문위원)
윤문 정미경

삼산재집 5
김이안 지음 | 이상아 옮김
2020년 12월 31일 초판 1쇄 발행
편집 · 발행 성균관대학교 출판부 | 등록 1975. 5. 21. 제1975-9호
주소 (03063) 서울시 종로구 성균관로 25-2
전화 760-1253~4 | 팩스 762-7452 | 홈페이지 press.skku.edu
조판 김은하 | 인쇄 및 제본 영신사

값 25,000원
ISBN 979-11-5550-441-3 94810
979-11-5550-204-4 (세트)